1.《百官志》(*Notitia Dignitatum*)

在四與五世紀的帝國，首席書記官負責維護一份帝國官職體系大小官員的總清單。五世紀時（可能是在四二〇年代的義大利），兩份實用版的總清單（一東一西，兩者日期稍有出入）經人複製為一份精美的插圖手稿。我們只能推測這份手稿可能具有紀念性質。然而，由於實際使用的版本沒有傳世，這份稱為《百官志》的豪華版，便成為我們對於帝國軍事與民政組織最充分的證據之一。清單上列出各個主要部會的組織，以及資深將領指揮的單位，而各部會與指揮職的職能則用代表性的物品或地點來表示。這兒以美索不達米亞公（*dux Mesopotamiae*）一頁為例，上面可以看到該地區駐軍所駐守的十三個要塞，而地區本身則由流經圖中的底格里斯河與幼發拉底河為代表。我們這份《百官志》的原始手稿未能從中世紀傳下來，而是與許多古代晚期拉丁文本一樣，其內容因為九世紀的卡洛林文藝復興而不至於遭人遺忘。九世紀的複本稱為《斯派爾手抄本》(*Codex Spirensis*)，而這份手抄本本身也在十七世紀亡佚，但在文藝復興時期已經經過數次傳抄。此圖為博德利圖書館（Bodleian）收藏的手稿，由威尼斯人文學者皮耶特羅・多納托（Pietro Donato）於一四三六年委託製作，據信是最貼近亡佚的《斯派爾手抄本》圖像的版本。

2. 來自科普特埃及的修院聖人

薩卡拉（Saqqara，位於今埃及吉薩省〔Giza province〕）是孟斐斯（Memphis）的墓地（埃及法老從西元前第三千年起便以此為首都）。數千年來，人們皆以薩卡拉為墓地。羅馬帝國晚期，有上千名基督教修士來到薩卡拉與埃及沙漠邊緣的其他地方居住，一邊禱告，一邊進行維持社群衣食所必須的沉重勞動。這些修士（有些成為名人）用各種宗教主題來妝點他們的修道院。圖上有兩位蓄鬍的人物，其一舉起雙手禱告，其一拿著一本聖書。他們頭上的光環，點出他們的聖人身分，可能是設立聖耶利米修道院（Saint Jeremiah）的聖人。這張壁畫是二十世紀初期於某個修士個室的牆上被發現的，現在移入開羅的科普特博物館（Coptic Museum）。濃重、清晰的線條，以及正面描繪聖人的做法，是古代晚期埃及繪畫的特色，尤其是跟科普特文（書寫形式的埃及方言）興起，與官方使用的希臘文一同成為禮拜語言有關。

3. 拉溫納的加拉・普拉琪迪雅陵墓

狄奧多西一世的么女加拉・普拉琪迪雅，是五世紀政局中的強人，從四〇〇年代初期直到於四五〇年過世為止。隨著五世紀的進行，朝廷愈來愈常駐蹕於拉溫納，而非羅馬或米底奧拉努姆（米蘭），拉溫納也因此蓋滿為宮廷與皇室所用的建築物。加拉委人修築了諸多這一類的建築，這棟人稱加拉・普拉琪迪雅陵墓的完美十字形結構建築也不例外，只不過這棟建物不見得是為此而設計，但也有可能她確實在此下葬（九世紀以前，並無她葬在此處的說法）。這棟磚造建物有著中央圓頂，圓頂下為封閉式的方塔，以及有著拱形穹頂的四條耳堂，內有善牧基督（Christ the Good Shepherd）、四福音書作者，以及眾多聖人與殉道者等豐富的馬賽克壁畫。後人說，當加拉在四四〇年代初期從積極的政治生活中引退時，她也將兄長——皇帝霍諾留，以及丈夫——先她而去許久的皇帝君士坦提烏斯三世，遷葬於拉溫納。有人甚至主張她的第一個孩子——與阿陶爾夫所生，在巴其諾夭折的狄奧多西烏斯，也葬在這裡，或是原本計畫葬在這裡。這座陵墓與城內幾座其他紀念建物一樣，是研究古代晚期與拜占庭早期人像藝術的重要地點。這類人像作品在帝國東部省份原本比義大利更為常見，但在八、九世紀的聖像破壞時期卻泰半遭到破壞。

4. 阿尼奇烏斯．佩特羅尼烏斯．普羅布斯的象牙雙連畫屏

羅馬官員心目中的最高榮譽，就是執政官職。儘管執政官是個徹底的象徵職位（自從羅馬共和結束之後，執政官就沒有任何特別的權力），但執政官職仍然是公職的巔峰，因為每一年都只會有兩名常任執政官，而皇帝常常將執政官職據為己有。羅馬人不像我們一樣採數字記年，而是說「某甲與某乙擔任執政官之年」；因此，若能在一月一日新年伊始把自己的名字冠上去，可是莫大的殊榮。元老與各級官員原本都可以紀念自己就任，但在三八四年，皇帝狄奧多西立法限制只有執政官可以使用象牙製的雙連畫屏為紀念品。兩片象牙版用鉸鏈拼起，裡裡外外精雕細琢，或是只刻合起來的內面。外表看似寫字用的蠟版，但這種奢華的象牙製品其實是作為紀念展示之用，當成禮物送給新執政官的家人與緊密盟友。阿尼奇烏斯．佩特羅尼烏斯．普羅布斯（Anicius Petronius Probus，四〇六年執政官）的雙連畫屏現存於北義大利的奧斯塔（Aosta），是現有雙連畫屏中唯一刻畫並指明當今皇帝的例子——也就是霍諾留。阿尼奇氏族是羅馬的大貴族：在這位四〇六年執政官之前，他的父親也有過同樣的榮譽，而他的兩名兄長更是在三九五年共同擔任執政官。此處，普羅布斯將自己刻畫為皇帝的僕人（*famulus*）；而皇帝則全副武裝（有鑑於霍諾留從未上過戰場，這種表現方式實在很諷刺），一手拿著上有勝利女神的圓球，一手持拉布蘭旗（*labarum*）——頂著凱樂符號（*chrismon*，希臘字母X與P交疊，代表基督）的帝國軍旗，上寫著*In nomine Christi vincas semper*，「以基督聖名汝將戰無不勝」。

5. 巴爾貝里尼象牙鑲版

這塊來自五或六世紀的象牙鑲板，是由五片飾板榫接而成（右邊的垂直飾板已亡佚），現藏於羅浮宮。物品本身在十七世紀出土，成為教廷使節法蘭切斯科．巴爾貝里尼（Francesco Barberini）藏品的一部分。不若執政官雙連畫屏，我們不確定這塊鑲板的目的，但上面清楚描繪出羅馬皇帝策馬腳踩一名蠻族，這是帝國錢幣上很有名的主題。擬人化的勝利長著翅膀，盤旋在皇帝肩頭，而大地則在他的腳邊獻上自己的果實。中央飾板是羅馬帝國晚期藝術的傑作，馬匹的細節簡直鉅細靡遺。側板為淺浮雕手法，上板為基督及其天使，下板為蠻族請願者納貢，側板則有一名軍官，穿著與皇帝本人同一種軍用斗篷（*paludamentum*）。儘管我們不確定上面刻畫的是哪一位皇帝，但這塊象牙鑲版仍然是晚期帝國象徵符號之大成——普世性的統治，永恆的勝利，基督教的虔敬，以及神意的保護。

6. 米蘭的安博的馬賽克壁畫

安博是四世紀拉丁教士中影響力數一數二、名列前茅的人物。他出身義大利權貴，家人在君士坦丁諸子的內戰中選錯了邊，但他仍然為帝國效力，平步青雲，成為地方行政長官，接著米底奧拉努姆百姓立他為主教。為了擔任主教，他在短時間內一口氣歷任其下的聖秩。安博受古典教育，對權貴政治嫻熟於心，此外更是個死忠的尼西亞派基督徒，有能力將複雜的希臘神學觀念化入拉丁脈絡中。他還是個政治操作大師，數度藉由威脅拒絕——甚至是真的拒絕接受皇帝與教會共融，迫使皇帝做出重大讓步。此處的安博圖像來自六世紀的拉溫納聖維大理教堂（San Vitale）。這座教堂是為了紀念傳奇的米蘭聖人維大理（Vitalis），維大理則是（同樣傳奇的）聖人蓋法削與玻羅大削的父親，他們的遺骸正是安博所發現的，而安博也因為兩人在傳說中受歡迎的程度與所行的神蹟而獲益甚多。

7. 君士坦丁堡的安提米城牆

安特米烏斯是四〇五年（他擔任這一年的執政官）到四一四年的東方總長，為阿爾卡迪烏斯與狄奧多西二世效力。西朝廷政局愈來愈分裂與不穩定，讓君士坦丁堡持續的政權看來更加非凡。安特米烏斯採取許多措施，維持東帝國首都民政上的穩定，其中之一就是修築一道龐大的城牆，將城中心所在的半島與其他地方分隔開來。這道牆從普羅彭提斯海延伸到金角灣，間有高塔與防禦牆。牆高十二公尺，後六公尺，以磚塊和水泥建造，方形的石灰岩砌塊為鋪面，而九十六座方形或八角形的塔樓（相隔約六十公尺）隨地形而異，最高達二十公尺。城牆的目的，在於讓肆虐色雷斯與巴爾幹的暴力，無法穿透進這座城市，而它們也確實有效，尤其是四四〇年代晚期，有了第二道城牆與城濠被強化之後。

9. 多馬尼亞諾寶藏中的鷹形胸針

這個十二公分長的胸針，採用金屬胎嵌琺瑯（*cloisonné*）方式製作，也就是把寶石與半寶石精巧嵌在金屬框中。石榴石嵌在設計精美的黃金框中，結合了傳統的貴族與軍事領導象徵——老鷹，以及基督教的十字。這種便攜的金工流行於古代晚期，不管在羅馬帝國內部，或是在邊境的蠻族之間皆然。黃金與石榴石上的刻花，是所謂的「多瑙河風格」，出現在五世紀文化揉雜的羅馬巴爾幹軍事地區。這個胸針與耳環、項鍊與許多其他胸針等寶藏，在十九世紀晚期的多馬尼亞諾（Domagnano，位於聖馬利諾）出土，如今四散在幾家博物館之間。這些飾品可能是某個哥德貴族女性的陪葬品：儘管這些物品的形式，在六世紀義大利的陪葬品中相當常見，但這批寶藏的品質比一般高得多。

8. 亞拉里克二世的凹紋寶石

亞拉里克二世統治托羅薩的哥德王國，控制阿奎塔尼亞、納博訥高盧，以及部分的西班牙，直到五〇七年在沃格拉杜姆（武耶）戰死為止。這塊藍寶石戒石今藏於維也納藝術史博物館（Kunsthistorisches Museum），可能是作為印章之用，用於王國的文書。藍寶石是最堅硬的寶石之一，以古代技術來說猶難加工，因此這塊戒石的罕見與珍貴不言可喻。戒石上的畫像令人想起錢幣上的皇帝像，而上面的刻文「ALARICVS REX GOTHORVM」也是以凹版染印的方式來雕刻。然而，使用族群名稱是很罕見的作法，畢竟五世紀大多數的王，只會用rex（「王」）自稱，而不會指名自己是哪一個地方、或是哪一群人的王。根據字母的義大利風格，或許可以推測這個封印戒指是亞拉里克的岳父——義大利的東哥德王狄奧多里克所委製的。假若如此，這個禮物可能旨在強調一位強大得多的統治者，對較弱小親戚的支持：亞拉里克當時困在與法蘭克王克洛維的外交拉鋸中，最後以亞拉里克戰死，其王國遭到征服告終。

10. 西奈聖凱瑟琳修道院的基督普世君王像

這幅聖像長八十四公分，寬四十六公分，是在木板上以熱蠟法（encaustic）所繪。這是「基督普世君王」（Christ Pantocrator，意謂基督是「全能者」〔字面意思是「統治一切」〕）聖像已知最早的例子。此外，聖像還傳達了關於基督性質的重要神學訊息。基督的左臉（觀者的右邊）描繪出他的人性，而更抽象、眼神更有穿透力的右臉，則勾勒出他的神性。這幅聖像保存在西奈山腳的聖凱瑟琳修道院（monastery of St Catherine's，五四八年由皇帝查士丁尼所設立），但原本可能是在君士坦丁堡繪製的；有人推測，這幅畫是帝都青銅門（Chalke Gate）上耶穌神蹟像的複製品，而原品在八世紀的聖像破壞時期遭到摧毀。雖然這一點無法證實，但這種聖像繪製漸漸形成聖統，在希臘正教世界流傳數個世紀。

11. 馬德巴地圖

這幅馬賽克為約旦馬德巴（Madaba）聖喬治教堂（Saint George）地板的一部分（上為細部圖，下為原有位置），是已知最早的聖地地圖再現，年代或可上溯至六世紀下半葉初期。圖中央的城池有著「聖城耶路撒冷」（*hagia polis ierousa* [...]）字樣。這張地圖的位置在教堂的半圓後殿，以東為上，忠實呈現圖上各個城市與建築物的相對方位。學者已經指認出地圖上的許多大型建物，例如聖墓教堂（Holy Sepulchre），以及查士丁尼所建的聖母教堂（Theotokos）。這張地圖保存在八世紀地震所震毀的舊教堂廢墟之下，在十九世紀時再度重見天日。儘管多處嚴重損傷，但地圖的精確性經得起考驗，也因此成為拜占庭帝國從黎巴嫩到埃及的重要地理資料。

12. 狄奧多西銘盤

銘盤（*Missoria*）是儀式用的銀盤，皇帝會在特殊的場合，例如登基五週年或十週年紀念時贈與高官。銘盤一方面顯示收禮者的地位，另一方面則是保存財富的方法——用於製作這個銘盤的銀，重量超過十五公斤。一八四八年，狄奧多西銘盤在梅里達（即帝國晚期的西班牙管區首府奧古斯都艾梅利塔）附近的阿爾門德拉萊霍（Almendralejo）的田裡面，和其他銀製品一起出土——顯然被人當成單純的貴金屬埋藏起來，時間可能是動蕩的五世紀。銘盤本身或許是在君士坦丁堡製作，但製作年代與圖像則仍有爭議。根據可能性最高的説法（反映了傳統上對這個銘盤的稱呼），銘盤上描繪了皇帝狄奧多西一世將代表官位的雙連畫屏送給一位高官，他的兩側是年輕的皇帝瓦倫提尼安二世與阿爾卡迪烏斯，衛隊成員則持手持長槍與橢圓盾牌隨侍一旁。從狄奧多西頭上的光圈，以及他居於正中的姿態，可以看出他的威嚴有別於圖上的其他人物。豐饒的傳統象徵符號則出現在銘盤的下半部。假如這個説法正確，這個銘盤或許是為了慶祝狄奧多西在三八八年登基十週年時而製作的，隨著就任高官的輜重，一起到了西班牙。目前已知描繪這位皇帝的銘盤只有十九個，但帝國各地都有找到各式各樣的大量鍍銀盤，是一種在手邊保留現金的實用方式。

13. 霍諾留浮雕

據信，羅斯柴爾德浮雕（Rothschild cameo，以第一位所有人為名）上面的人是皇帝霍諾留，以及他的第一任妻子——大貴族斯提里科之女瑪麗亞。這塊浮雕可能是送給某位重要客人，甚或是西朝廷送給東朝廷的禮物。這塊紅縞瑪瑙雕刻，如今安在年代更晚的銀絲框上。從兩人的衣著風格與頭部比例來看，這塊浮雕可能是古代晚期對一塊早期帝國（儒略—克勞狄王朝〔Julio-Claudian〕）時期寶石的再加工，又或者是故意仿古。無論如何，皇帝桂冠中央的寶石上有個明顯的十字，讓此情此景有了基督教的意味。這塊浮雕的象徵方式（不同於霍諾留之父狄奧多西的銘盤），反映早期帝國的傳統，將皇帝和親人呈現為寫實的家人，不像晚期帝國偏好嚴格的階級描繪，與寫實相去甚遠。

14. 馬克西米阿努斯的主教座

馬克西米阿努斯是達爾馬提亞人，在拉溫納擔任執事，後來在查士丁尼統治時成為拉溫納主教。包括克拉塞的聖亞坡理納教堂（San Apollinare in Classe）與聖維大理教堂在內的幾座教堂，都跟他的主教任期有關，而這些教堂也保留了古代晚期最精美的一些馬賽克作品，其中之一正是馬克西米阿努斯本人站在皇帝的左手邊。圖中這張象牙主教座（*cathedra*），是古代晚期傳世至今最非凡的雕塑之一，近五英呎高，寬兩英呎，四面都有華美的雕飾。主教座可能是在君士坦丁堡打造，有些象牙飾板是特別為此而製作，有些則是現有品，混合了君士坦丁堡與亞歷山卓的風格。在大量的植物與葡萄藤雕之間，椅子的正面有五塊飾板，描繪出四福音書作者與聖若望洗者，椅背則是福音書中的場景。兩旁的飾板是《創世紀》中約瑟（Joseph）的生平：約瑟擔任法老的宰相，有時候人們會以此象徵主教作為皇帝顧問的角色。

15.《梵諦岡維吉爾抄本》

《梵諦岡維吉爾抄本》(*Vergilius Vaticanus*,Vat. lat. 3225)與《羅馬維吉爾抄本》(*Vergilius Romanus*,Vat. lat. 3867)這兩份從古代晚期流傳至今的維吉爾手稿插圖,現藏於梵蒂岡圖書館。《梵諦岡維吉爾抄本》留下了七十六張羊皮紙頁(原有四百四十頁),收錄五十張插圖。由於古代晚期的手繪作品鮮少傳世,《梵諦岡維吉爾抄本》因此堪稱最重要的文獻。《梵諦岡維吉爾抄本》的圖畫都畫在紅色畫框裡,人物以有人居住的自然景致為背景,色調從灰色、粉紅色、紫色到藍色,帶來一種距離與開闊感。手抄本以一手漂亮的平民大寫體(rustic capital)寫成,製作地點可能是義大利,說不定是羅馬。這張插圖在三十三對開頁左頁,描繪迦太基女王狄多獻祭的場面。她的左右有奴隸,其中一人持斧,顯示他是儀式中的屠夫。這幅畫的場景是以羅馬的獻祭為底本,官員主持儀式進行,但犧牲品是由受過特殊訓練的奴隸來屠宰。我們不知道這份手稿如何能流傳過中世紀,但卡洛林王朝的法蘭克人知道這份手稿,而且手稿在十六世紀時就已經回到羅馬。

16. 尤尼烏斯・巴斯蘇斯石棺

這尊石棺是為二五九年的都總長尤尼烏斯・巴斯蘇斯（Junius Bassus）所製作，這一年他在任上過世，得到罕有的國葬殊榮。這尊石棺是早期基督教雕塑中最知名的作品之一，以當代標準來說非常寫實，而且很大，超過兩公尺長。柱子是立體圓雕，而在柱子之間的凹龕中，則是新約的場景，以及預言了這些場景的舊約場面。許多人物同樣是高度的深浮雕，甚至有一部分是完整雕出。上排的場景由左到右，是以掃（Isaac）的犧牲（預示了耶穌受難），彼得被捕，基督在聖彼德與聖保羅之間登基，耶穌受審，以及彼拉多清洗雙手。下排我們看到約伯（Job）在糞堆上（預示了殉道），亞當與夏娃（預示基督受難拯救墮落的人類），耶穌進入耶路撒冷，但以理（Daniel）入獅子洞（預示復活），以及保羅被捕。石棺的背面沒有雕飾，方便靠牆或放進龕中，兩側則有石棺古典式的想像場景。儘管石棺可能是在羅馬製作的，但學者很早便從人物身上衣物的自然垂墜風，看出雕塑者偏好的希臘元素。石棺頂上的銘文譯出來是「可敬的尤尼烏斯・巴斯蘇斯，在優西比烏（Eusebius）與希帕提烏斯（Hypatius）執政年九月初日前七日（即八月二十五日）新受洗禮，在世上四十二年又兩個月後，於都總長任上榮歸主懷」。石棺在一五九七年被發現，但棺蓋的碎片直到一九五一年才出土，上面刻有一首輓聯形式的詩。

17. 伊斯坦堡福音書作者

這尊精雕細琢的圓形（tondo）雕像，勾勒的是四福音書作者之一，或者是一位使徒。雕像雖然可能早在四世紀中葉便開始製作，但更有可能是五世紀君士坦丁堡的製品。人物穿著希臘平民的標準裝束，也就是貼身短袍（*chiton*）外披披風（*himation*）。他的捲髮往前梳，鬍子則修短如基督教聖人，而不是受異教哲學家（以及皇帝尤利安）影響的那種長鬍風格。他拿著一卷書，因此讓學者認為他是福音書作者。以帝國晚期的雕塑來說，這尊雕像的雕刻手法有著非常顯眼的感受性與人味，與平常高度風格化、靜態的效果形成強烈對比。

18. 阿爾罕「匈人」

四世紀時，許多草原游牧民族爭取著古代匈奴的遺產與傳承，而匈奴的帝國已經在幾百年前被中國漢朝所摧毀。我們發現，這些游牧民族有著像「匈諾」（拉丁語與希臘語對草原鄰居的稱呼）或「匈尼特」（拉丁語與希臘語中對波斯帝國中亞草原子民的稱呼）、「匈那」（梵語）與「匈」（粟特語）的名稱，幾乎可以肯定是同一個當地字彙的不同轉寫方式。出現在歐洲草原的匈人沒有留下文字紀錄，也幾乎沒有留下任何實物證據，但占領薩珊帝國東部與古貴霜王國的匈人，則鑄造了大量的錢幣。因此，我們對後者所知也更多。東部的匈人中，我們知道的第一群人是寄多羅人，而第二群人——亦即挑戰寄多羅人對犍陀羅的掌控的，則是阿爾罕人。圖中的銀打蘭幣描繪的是五世紀的阿爾罕統治者金基拉（Kinghila）。錢幣背面的圖像是薩珊式的，雖然銘文是婆羅米文（Brahmi），但上面明顯有一座聖火廟。統治者的肖像則有著特別拉長的頭顱（以顱骨形變〔skull deformation〕為手段達成），這是當時游牧民族貴族喜歡的樣貌。

19. 巴西利烏斯小方磚

五、六世紀時，都總長（偶爾也有禁衛總長）會發行這種郵票大小的小方磚（*tesserae*），祈求皇帝（們）的健康，並提到總長曾經執行或成就的事物。這些青銅質方磚是個不解之謎——字母銘刻在稍微突起的條帶上，表面有銀薄塗層——它們的作用為何？何以要製作它們？我們不得而知。文字的風格與錢幣一致，但它們並非一般人認為的錢幣重量砝碼（*exagia*）。傳世或確實為人所知的方磚大約有二十五塊，它們也許是某種邀請函，或是入場券，用於總長舉行的重點活動。此處的範例寫著SALVIS DD/NN ALBIN/VS FECIT // BASILI/VS REPA/RAVIT，意為「敬吾主皇帝之安康，阿爾比努斯製作〔之〕，巴西利烏斯修復〔之〕」。上面提到的總長為阿爾比努斯（Albinus，四九三年執政官），以及最後一位擔任執政官的普通公民巴西利烏斯（Basilius，五四一年執政官）。

20. 泰西封的塔克基思拉宮

塔克基思拉宮（Taq-e Kesra）位於今伊拉克城鎮塞勒曼帕克（Salman Pak，巴格達東南方三十五公里）附近，是帕提亞與薩珊城市泰西封在地表上唯一殘存的部分。薩珊王朝的權力基礎是伊朗的法爾斯（Fars），但泰西封仍然是美索不達米亞地區主要的王居，也因此是羅馬人入侵的標的，例如三五三年尤利安率軍入侵。塔克基思拉宮是王宮建築群的一部分，可能是宏偉的朝覲廳，其拱頂整整有三十五公尺高，牆壁基座將近七公尺厚。學者對於塔克基思拉宮的建築年代並無定說，有人主張三世紀，有人主張五或六世紀。無論如何，它都是古代現存最大的拱形結構體。塔克基思拉宮從伊拉克二十年來的戰事中倖存，二〇一七年完成修復，卻有部分在二〇一九年時崩塌。

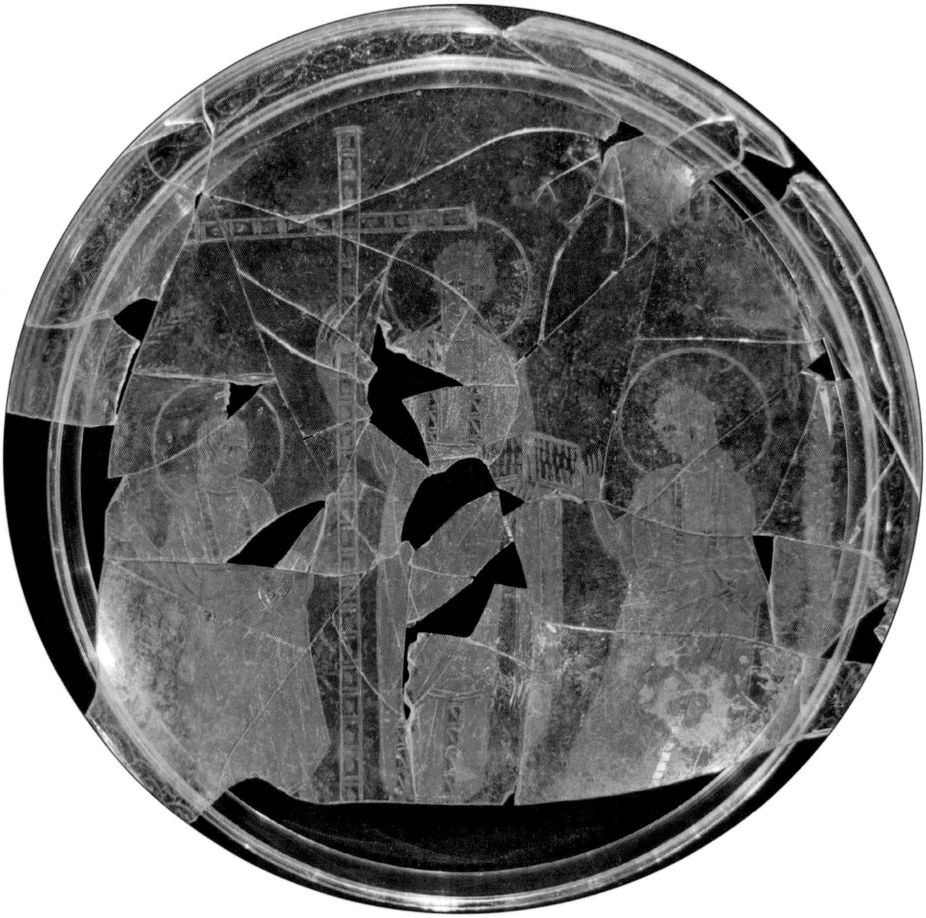

21. 卡斯圖洛祝聖餅盤

這個帶綠色的聖餐盤於二〇一四年出土，直徑二十二公分，是迄今發現最古老的基督描繪之一，以至大姿態（in majesty）出現在聖伯多祿與聖保羅之間。他一手拿著鑲有珠寶的十字架，另一手拿著福音書。人物出現在棕櫚樹林間，代表天堂之永生。圖的上方有凱樂符號，左右分別寫著 α 與 ω。祝聖餅盤（paten）與祝聖酒爵（chalice）是聖餐禮儀式中不可或缺的器具。這個餅盤是在西班牙南部卡斯圖洛（Castulo）的考古遺址中發現的，考古學家認為文物出土的建築物，是個早期的教堂。表面陰刻的裝飾令人聯想到來自四世紀義大利的例子，我們幾乎可以肯定這個祝聖餅盤是在羅馬或附近的作坊中製作的。

22. 濟拉吉索姆約金牌

有兩批豐富的寶藏在相隔一個世紀的時間點（一七九七年與一八八九年），於當時哈布斯堡匈牙利的濟拉吉索姆約（Szilágysomlyó，今羅馬尼亞希姆萊烏—錫爾瓦涅伊〔Şimleul-Silvaniei〕出土。重量超過八公斤的這七十三件文物，如今分屬維也納藝術史博物館與布達佩斯的匈牙利國家博物館（Hungarian National Museum）。這片瓦倫斯金牌是第一批寶藏中找到的七片金牌之一。金牌的中央是三七六年於羅馬鑄造的索幣，此時，瓦倫斯已經跟侄兒格拉蒂安與瓦倫提尼安二世的朝廷重修舊好。大量鑄造的索幣用於獎賞高官與將領，同時也能用來支付邊境的蠻族領袖。在邊境，人們常常會把索幣串在環上，當成項鍊配戴，有時候也會像此圖一樣，安在金框裡。這些加工說明了羅馬的物品如何改變用途，成為權威的象徵與貯藏財富的方式，也點出貨幣與貴金屬塊之間的界線，如何在帝國社會的邊緣變得模糊。從濟拉吉索姆約寶藏的規模來看，學者認為是該地區某個貴族家庭（據推測是格皮德人）經一、兩代人時間攢積而成，然後在五世紀或六世紀初戰雲密布的年代埋進土裡。

23. 來自菲因島的薄片幣

斯堪地那維亞距離帝國相當遙遠，不過好幾百年來，羅馬奢侈品仍舊能透過歐陸的蠻族政體傳到斯堪地那維亞。來自瑞典與丹麥的戰士固然在五世紀的帝國西部擔任傭兵，但羅馬商品對斯堪地那維亞的輸出卻泰半停止了，取而代之的是當地設計的貴重物品（其模版源頭還是來自羅馬）開始流行，尤其是圖上這種稱為薄片幣（*bracteate*）的製品。表面雖像金質的索幣，但這種小圓扁平物體非常之薄，簡直就像金箔。薄片幣原本跟丹麥菲因島古德梅（Gudme）的宗教膜拜與宮殿遺址有關，後來在五世紀時大量出現，上有神話相關的設計、形式化的統治者肖像，以及複雜的動物形狀。薄片幣究竟是一種政治展演形態，抑或是確實作為交流用的貨幣，目前仍未有定論，但圖上的薄片幣確實是個很好的例子。上面有個高度形式化的頭像，左右則是更抽象的動物線條畫——一隻鳥和一匹馬。上面的盧恩文字（runic inscription）歷來有各種轉寫方式，但許多人都認為其意在召喚奧丁（Odin）。

24. 聖古古法特・葡萄牙

這幾個壯觀的磚造拱券是聖古古法特（São Cucufate）別墅的部分立面。別墅的所在地是羅馬行省盧西塔尼亞，今葡萄牙阿連特茹（Alentejo）。盧西塔尼亞素以刺骨的冬天、炙熱的夏天，以及適合橄欖與葡萄甚於其他作物的粗花崗岩土壤而聞名。不像今天，古代的盧西塔尼亞人口眾多而富裕，聖古古法特的發展可為證明。自一世紀開始，樸素的農業建設便占據了這處地產。到了四世紀時，原地興建起一座宏偉的新別墅。這座四世紀的別墅有別於過往單層列柱式別墅，而是分為兩層，上層為居住層，由龐大的拱形穹頂支撐。西側立面內外都有圖上這兩個拱券，至今仍有六公尺的高度，方位與別墅的大廳相垂直。要登上別墅的入口，來人得先爬上與立面同寬的一座大平台。別墅的總居住空間超過八百平方公尺，就算扣掉浴場與一座大蓄水池（*natatorium*，至今猶存），仍然是盧西塔尼亞最大的別墅建築。相較之下，別墅的工作區（包括工人宿舍與監工〔*vilicus*〕住所在內）留下的痕跡不多。聖古古法特無疑是某個元老家族的居所，他們在六世紀時拋下此地，在中世紀時曾經有一間小禮拜堂占用了部分的廢墟。

25. 科布里治銀盤

一七三五年，一批寶藏在泰恩河畔的科布里治（Corbridge）出土，而這個銀盤（*lanx*）便是其中已知唯一留存至今的文物。銀盤重量將近五公斤，是已知最精美的四世紀銀作，其細節與微妙處不亞於同樣知名的麥登荷寶藏（Mildenhall Treasure，亦藏於大英博物館）。有些同類型的四世紀器皿上有戳記，顯示銀守官（*argentarii comitatenses*，廣財伯的下屬官員）會在器品鑄成但尚未裝飾之前，對銀的純度予以保證。我們不確定科布里治銀盤製作的地點，但非洲和小亞細亞都有可能。銀上的主場景由左至右，描繪了兩名女神正在交談，黛安娜（Diana）持弓，米涅瓦（Minerva）帶著頭盔，手持長矛；另外兩位女神的身分眾說紛紜；最後則是神廟入口處的阿波羅，手上拿著弓，他的里拉琴（lyre）擱在腳邊。下排有黛安娜的獵犬，一頭倒下的牡鹿，一座祭壇，以及一頭獅鷲（griffin）。帝國晚期的社會上層喜歡用大型的銀器，作為展示與貯藏財富的方法。

名家談古代世界史系列⑤

從君士坦丁到羅馬義大利的瓦解

帝國的悲劇

IMPERIAL TRAGEDY

FROM CONSTANTINE'S EMPIRE TO THE DESTRUCTION OF ROMAN ITALY

AD 363-568

麥可·庫利科斯基◎著　馮奕達◎譯　翁嘉聲◎審定

MICHAEL KULIKOWSKI

目次

地圖列表

等待野蠻人：《帝國的悲劇》導讀

成功大學歷史學系教授　翁嘉聲

晚期古代的出現

《劍橋古代史》第一版在一九二〇年代出版時，最後一冊的最後一位作者貝恩斯（Norman Baynes）說：三二五年君士坦丁在尼西亞宣布大公會議開始時，形同宣布古代史結束，以及中古史開始；他認為羅馬帝國接受基督教信仰，改變了古代世界的文化。但一九七一年布朗（Peter Brown）發表《晚期古代的形成》（*The Making of Late Antiquity*），宣布在古代史和中古史之間有段「晚期古代」，是段基督教文明吸收轉化、因此保存希臘羅馬古典文化的成果。這一舉將許多之前一直被認為屬於神學或宗教研究單位才會閱讀的大量教會史史料，如教父文學（patristics），一夕間轉變為古代史研究的絕佳素材，讓這段歷史蔚為學術顯學。庫利科斯基（Michael Kulikowski）《帝國的悲劇》（*Imperial Tragedy: From Constantine's Empire to the Destruction of Roman Italy (ad 363-568)*）正是處理這段歷史的最核心部分。

這段時期也被稱為「晚期羅馬帝國」（Later Roman Empire），如研究這段歷史的開創之作，瓊斯（A. H. M. Jones）的《晚期羅馬帝國史》（*The Later Roman Empire, 284–602: A Social, Economic and Administrative Survey*）所顯示，大致是從三〇〇年到六〇〇年。這場學術的寧靜革命促成一九七〇年代陸續出版的《劍橋古代史》第二版，將古代史延長到東帝國皇帝福卡斯（Phocas）垮台的六一〇年。一些接受皮雷納（Henri Pirenne）《穆罕默德與查理曼》（*Mohammed and Charlemagne*）的人，更相信伊斯蘭文明的崛起才是真正宣告古代世界的結束，而將晚期古代更延長到八〇〇年。晚期古代無論何時結束，它的存在幾乎已成為學術共識。但即使晚期古代這斷代已然確立，一些舊問題仍餘波蕩漾，特別是當布朗將我們的注意力轉移到以千絲萬縷的綿延文化為重心的東帝國時，那蠻族在四七六年推翻西帝國，難道不是在西方終結了古代世界？

庫利科斯基《帝國的悲劇》繼續他上一本從哈德良談到君士坦丁王朝結束（一三八至三六三年）的《帝國的勝利》。但在《帝國的悲劇》他先倒退回二八四年戴克里先的改革，然後一路挺進到查士丁尼（五二七至五六五年）發動哥德戰爭，收復義大利，但旋即被隆巴底人在五六八年入侵占領，前功盡棄，滿目瘡痍，以悲劇作終。《帝國的悲劇》基本是部政治、軍事及外交的歷史。如果羅馬帝國在歷經二三五至二八四年黑暗時期的創造性破壞，打造出晚期羅馬帝國的新格局是種「勝利」，那這新格局的崩潰、瓦解及消失，則是帝國的「悲劇」。

晚期羅馬帝國史之所以複雜，是因為除了晚期羅馬帝國新格局有更複雜的組織架構及運作，以及帝國裂解為東西兩部所增加的複雜之外，另外還有基督教會崛起後，和帝國政治相互糾纏，再加上境外民族與帝國互動的「蠻族遷徙」（Barbarian Migration或*Völkerwanderung*）歷史，也成為晚期帝國歷史不可分割的部分。讀者在閱讀《帝國的悲劇》時，會面對比之前馬可孛羅「名家談古代世界史系列」（Profile History of the Ancient World）系列任何一冊還要更多、更歧異的議題，以及更多的官職及人名。另外，《帝國的悲劇》也是本論戰性（polemical）強烈的書，因為作者是多倫多大學戈法特（Walter Goffart）的學生，而多倫多學派堅決反對那被他們認為是「保守」、「右派」如希特爾（Peter Heather）護衛蠻族入侵造成羅馬衰亡的傳統說法。庫利科斯基在本書會辯論是羅馬衰亡才造成蠻族入侵，或甚至才停止了蠻族遷徙，甚至質疑羅馬是否「衰亡」，或是否值得一提。

由上而下的「主宰政治」

但首先我們要問何以晚期羅馬帝國有如此複雜的治理制度？黑暗時期（二三五至二八四年）前的羅馬帝國是個城邦世界。各城市的地方議會（*curia*）菁英在羅馬保護庇蔭下，複製羅馬的寡頭政體，為羅馬執行徵兵、徵稅等政府基本功能，並執行地方自治。羅馬則以約三十個兵團提供「羅馬和平」（*Pax Roman*），保證地方菁英能在安定的環境裡創業積財，享有地位及富貴；地方菁英則投桃報李，成為「願意的子民」（willing subjects），主動「羅馬化」，雙方一起攜手經營羅馬帝國這共同體。在九六到一八〇年的五賢帝時期，根據如岡希（Peter Garnsey）等人的研究，帝國能以單一的政治中心，以不到兩百位官僚，來經營四、五千萬人口以及近五百萬平方公里土地，而其所依賴者便是各處地方菁英階級主動與羅馬中央合作。這由下而上的治理方式，完全不同於我們更常見的頭重腳輕、由上而下的帝國治理方式。這解釋羅馬帝國在元首政治（Principate）時期，在官秩上相當簡略。

但這經濟且高效的系統卻在黑暗時期崩解。支撐原系統運作的地方菁英階級因為政治動盪和經濟困頓，無以為繼。軍營出身的戴克里先最後打造出晚期羅馬帝國的「主宰政治」（Dominate），由上而下來治理帝國的新格局。當皇帝一人無法獨力治理帝國時，便將帝國一分為二、甚至為四，但每個帝國所統轄的地區仍是百萬平方公里規模，於是再將各部分帝國細分為更多不同的層級（如總長轄區、管區及行省）及單位，便於治理。複雜官僚體系除了是為治理帝國，這種將組織及職權割裂細分，甚至是疊床架屋，也可預防潛在篡位者集中資源來挑戰皇帝。庫利科斯基在《帝國的勝利》中用「騎士化」（equestrianization）來形容這官僚系統的建立。這些「騎士」是帝國公僕，來源廣泛，除了傳統騎士階層出身者外，還包括從軍職生涯脫穎而出者，或受教育、有能力的各地人士，但刻意排除元老階級。他們出任各地皇家及國家財務官員，或在朝廷各部門及祕書處服務，且多憑能力升遷。帝國官僚系統朝著理性化、體制化的目標前進。朝廷透過各層級的治理機構，將控制滲透到帝國每個角落，落到每位子民，形成我們對一般帝國那種高度管制化的印象，包括職業世襲、農夫淪為農奴以及限用貴金屬繳納稅捐雜賦等等。

類似現象也出現在軍隊。在黑暗時期前，羅馬沿邊界部署約三十個兵團，配合著其他由非公民組成的輔助兵團（auxiliaries），沿著道路系統迅速橫向移動，互相支援，應付入侵敵人，堵住破口。但黑暗時期，羅馬無法應對同時來自東方薩珊波斯以及多瑙河和萊茵河彼岸，多方外族幾乎同時入侵，於是改採魯拖克（Edward Luttwak）在《羅馬帝國大戰略》（*The Grand Strategy of Roman Empire*）所謂的深度防禦戰略，將邊界兵團降為在地化的戍守部隊（*limitatenses*），提供預警、延緩及牽制入侵敵人，而改由中央野戰軍（*comitatenses*）來機動打擊消滅敵人。這種部署出現在不同的總長轄區（prefecture），也為晚期羅馬帝國（特別在西帝國）的軍閥割據布下引線。

當尤立安在波斯陣亡後，而帝國由瓦倫提尼安及瓦倫斯這對兄弟分別掌控西、東帝國後，中央是否有足夠力量掌控這複雜的治理系統，開始有不同發展。東帝國大體上因為擁有帝國將近三分之二人口，較健全經濟及稅收基礎（加上高加索新金礦的發現），以及容易以外交手段解決邊界問題，因此整個系統運作相對順暢。但在西方，中央政府掌控薄弱，稅基較弱，外敵更多，加上一連串失能統治者，使得各地軍區指揮官發展地方軍閥派系，或是自己圖謀篡位，或扮演造王的角色，或是和境內外的外族合作，最後造成西帝國最終的裂解。

所以晚期羅馬帝國的新格局需要強大皇帝運用龐大資源來運作這系統，但一般百姓需為此付出龐大代價，如三〇三年「大迫害」見證人拉克坦提烏斯（Lactantius, ca. 250- ca. 325 BCE）便批評越來越少、越窮的人要供養突然膨脹數倍的官僚及軍隊。所以帝國在黑暗時期後雖然再度復興，但卻像僅有一雙泥腿的鋼鐵巨人，十分脆弱。

基督教是分裂的力量？

在意識形態上，特別是宗教，也有類似潛在裂解的傾向。希臘化時代史學家波力比烏斯

（Polybius, 200-118 BCE）在討論羅馬征服地中海時，稱讚羅馬人善用宗教或「迷信」來整合人民，但「一個教會、一個帝國」始終僅存於理想及盼望之中。

當君士坦丁在三一二年控制西帝國，宣布基督教為合法宗教（*religio licit*），旋即遇見大迫害後遺症的北非多納徒教爭，讓他親自領教基督教衝突的激烈，遠非帝國干預能輕易壓制。他在三二四年統一帝國時，又遇見另一個以天父天子本質是否「相同」或「相似」的教爭。君士坦丁鑑於之前處理多納徒教爭的經驗，決定在次年以召開大公會議代打，但適時出手干預發展方向，免得再次燙傷。

但他任內這兩次教爭其實凸顯出教會根本上的分裂：教爭在西方拉丁教會集中在教士紀律及教會性質上，特別強調神聖教會在面對世俗帝國的超然獨立性；東方希臘教會則因為是基督教發源於該地，主要神學發展皆以希臘文表述，且經過如俄立根（Origen of Alexandria）或迦帕多家教父（Cappadocian Fathers）融合基督信仰與古典哲學，所以玄奧教義成為教爭重點，特別是人的理性（*logos*）要如何理解上帝的道（也是*logos*）。非洲多納徒教爭始終無解，甚至惡化為武裝抗暴，帝國卻束手無策。另一方面，《帝國的悲劇》涵蓋七次大公會議的前五次，但每次大公會議確定某種教義為正信後，除了製造一批批「異端」外，也引發下個神學爭議，而這又製造出更多的異端。

皇帝有時強迫反對者就範，甚至直接迫害，但亞流異端卻曾在君士坦提烏斯二世支持下，透過「哥德使徒」烏爾菲拉斯，傳到蠻族，結果除了可能尚未皈依的法蘭克人外，其餘幾乎都告解亞流異端，並在這些蠻族進入帝國內，成為他們和羅馬人衝突的來源之一。在四三一年被判為基督雙性論異端的聶斯脫里信徒，不是化身為帝國裡的地下教會，反抗帝國，繼續傳教外，便是在波斯或遠及中國發展。另方面，四五一年大公會議通過有關基督神人合一的迦克墩正信後，迫使敘利亞及埃及等堅信基督唯有神性的一性論信徒，逐漸與帝國分道揚鑣，削弱東帝國的治理系統。當查士丁尼在五五三年大公會議，想用「三章案」挽回一性論者，反而疏離原來的迦克墩正信者，最後兩頭落空，一切枉然。埃及及敘利亞後來在面對伊斯蘭崛起時迅速淪陷，有人懷疑這是否與激烈的一性論教爭有關。但這些例子似乎突顯出帝國接受基督教會，反而促使帝國在政治上更加分裂。

等待野蠻人

「泥腿」的帝國以及分裂的教會影響到帝國如何面對在境外叩門的蠻族。《帝國的悲劇》最具議論性的部分是討論蠻族入侵與西帝國的衰亡。蠻族遷徙中最具代表性，也被認為啟動整個過程的是西哥德人。他們進入帝國、建國的故事，所根據的主要史料是四世紀史家阿米阿努斯・馬爾切利努斯（Ammianus Marcellinus）描述三七八年阿德里安堡戰役，以及六世紀約達尼斯（Jordanes）的《論哥德人起源及作為》（*De origine actibusque Getarum*，簡稱 *Getica*）。哥德人被認為發源於波羅的海，逐漸移向黑海北岸和多瑙河出海口間，並因為其他民族持續受匈人壓迫，在三七六年請求羅馬允許進入帝國避難。但羅馬官員處理不當（庫利科斯基特別強調沒依照「ＳＯＰ」來全面解除武裝），最後失控；當東帝國皇帝瓦倫斯被迫擱置波斯戰爭，從安提阿趕來匆促應戰時，卻在三七八年阿德里安堡戰敗身亡，折損約三分之二東帝國野戰軍。巴爾幹半島陷入空前混亂，而西帝國束手無策（或袖手旁觀？）。最後西帝國皇帝格拉蒂安任命狄奧多西一世復出，收拾東帝國殘局；但新皇帝在戰爭進展有限下，破例接納哥德人成為境內「同盟軍」（*foederati*），由自己國王領導，開始這種「國中國」的情形，啟動裂解西帝國的自爆裝置。接著西哥德人兩次協助狄奧多西贏得內戰，犧牲慘重，但並未獲得適當回報，反而成為東西帝國政治角力的皮球，作為施壓對方的工具。四〇九年冬天汪達爾人、阿蘭人及蘇維匯人跨越結凍的萊茵河，穿越高盧，進入西班牙，讓西帝國陷入更大困局，更無能處理西哥德人要羅馬安頓的請求，讓裂解過程又推進一步。西哥德人終於在四一〇年石破天驚地劫掠羅馬。他們在南下西西里受阻後，轉而北竄，進入南高盧，甚至受羅馬委託，代為驅逐占領西班牙的前述三支蠻族。最後西哥德人在四一八年被給予高盧西南的亞奎丹安置，暫時結束這段從三七六年起的流浪生涯。他們形同代理羅馬治理當地，並在四五一年協助羅馬主政的阿耶提烏斯（Aetius），擊退阿提拉匈人的攻擊。他們在四七五年更將勢力伸向西班牙，建立強大王國，但在五〇七年在武耶（Vouillé）戰役，被新崛起的法蘭克國王克洛維（Clovis）擊敗，退居西班牙，在此安身立命，直到八世紀被穆斯林滅亡為止。

對於上述的故事，我們在一些地圖上會常看到繪圖者使用一系列連續的箭頭，向我們標示西哥德人在各階段前進的地點及時間，彷彿這是同一支民族從出發地開始流浪建國的傳奇故事。類似說法亦被用於其他進入帝國的蠻族，如最後在北非定居的汪達爾人，或到義大利的東哥德人等。這圖像在一九六〇年代以前十分流行，但也受到挑戰。但在二〇〇〇年左右，一些與牛津大學有關的學者，重新挺身護衛這傳統立場。代表人物是《帝國與野蠻人》（*Empires and Barbarians*）作者希特爾。他使用更多資料來支持這傳統觀點，提供一幅大致如上、但更宏大、更嚴謹的圖像：羅馬帝國被一個個因為來自遙遠內亞草原民族的壓迫，而從黑海北岸被迫移動的不同日耳曼蠻族（西哥德、東哥德、汪達爾、勃艮第及法蘭克等），暴衝到羅馬邊界，撞倒帝國，最後在帝國境內建立不同國家；他將帝國衰亡看成像巨人被撞而倒地不起。這觀點十分「天啟」，強調這段歷史所具有的斷裂性：羅馬的結束是蠻族帶來的殘酷撕裂。他也確認蠻族移動的歷史真實性。西哥德人在顛沛流離中，雖然有不少其他民族加入，但因為始終有群相當數量的西哥德自由戰士，維持西哥德人的族群認同，保存語言及習俗，而這甚至從他們離開波羅的海的那刻起便是如此，直到定居西班牙被穆斯林消滅為止。

但從一九六〇年代起，挑戰這圖像的論點逐漸受人重視，認為羅馬帝國轉變成日耳曼後繼國家其實是「發展」及「轉化」的結果。這新觀點的根本理念是歷史的連續性。他們認為五〇〇年前的日耳曼民族遷徙的文字資料原本就已經有限，五〇〇年後的更幾乎是一片空白，唯有依賴考古資料；但考古資料的判讀除政治干擾外，本身即是十分困難的事，模糊空間所在皆是。有人估計所有這些入侵的不同外族人數，加起來恐怕只有七十多萬，混入帝國四千萬人中，實在微不足道；且從生理學觀點來看，在如此長一段時間裡、在如此之多人當中繼續維持如此少人的血統，實在困難；即使語言及習俗等文化特徵持續存在，但現在這些已經被認為無法證明多少東西，因為如東帝國境外的阿瓦爾人，便被他們所統治的斯拉夫人所同化。

但是對質疑者來看，希特爾圖像最大的弱點恐怕是「政治不正確」，被懷疑夾帶種族主義的政治動機，特別是有些這種傳統立場的學者會特別強調西哥德人以及幾乎所有入侵帝國的民族，都被歸為「日耳曼」，更令人懷疑是否想藉著歷史來尋找日耳曼人曾有、因此該有的「生存空間」？以及充滿青春活力的日耳曼人理當取代已經耄耋衰頹的羅馬人？類似的論述也發生在那些支持大斯拉夫主義的人身上，但一樣令人擔心。

因此，例如，維也納歷史學派的學者，如波爾（Walter Pohl），認為西哥德之所以為西哥德，是因為在這長期的遷徙過程中，其領導階層保有穩定的「傳統核心」，但更加強調是一群人在這數十年、甚至百年流浪過程中，因為集體共享種種的歷史經驗，形成某種「想像的共同體」，出現「族群創生」（*ethnogenesis*），形成西哥德王國。簡言之，西哥德是一群人共同歷史經驗的成果，是從出發點到終點之間的旅程中，所凝聚、創造出的有「傳統核心」的新族群。

但庫利科斯基在《帝國的悲劇》認為即使這種借用人類學概念*ethnogenesis*來解釋蠻族遷徙，仍難以擺脫希特爾那種種族「本質主義」的嫌疑。他認為「西哥德人」這概念，正如古代希臘人、羅馬人使用「野蠻人」（barbarian）的概念一樣，是將自己的想像投射到疆界外的未知外族，就如希臘人用「斯基泰人」（Scythian）來指稱凡是在黑海北岸的游牧民族，以及用「野蠻人」泛指所有的非希臘人，這些純粹是希臘人自己的文化建構，與對方究竟如何無關。「西哥德人」的用法也十分類似，是古代史學修辭學的套式呈現（commonplace, *topos*），來呈現出現在某段邊境的外族，將那些已經在帝國邊疆社會居住好幾世代以及新近移民混為一談，都套上「西哥德人」的名稱。而他們認為這種心態也影響到阿米阿努斯．馬爾切利努斯以及約達尼斯，認為其中有關哥德人的資料常只是史學的*topos*！

大致而言，希特爾那強調斷裂的歷史主要是傳統史學依據文字史料而產生的立場，但庫利科斯基強調歷史的連續性，依賴考古資料和人類學及社會學理論，是後現代主義的立場。所以這些不同立場的衝突也是不同學術立場對歷史現象解釋的衝突。對庫利科斯基而言，羅馬人在和「野蠻人」

接觸互動後，由羅馬人賦予「野蠻人」自我認定的機會，也是「野蠻人」在歷經歷史起伏、最後安定下來時，「野蠻人」自己以此投射回到自己過去的歷史，因此是建構性，且是羅馬人為他們建構的。

但如果希特爾算是右派，隱含政治主張，那庫利科斯基的立場也和更激進的哈爾索爾（Guy Halsall）一樣，算是左派，而左派一樣帶有政治議程，例如他們對任何論述以「日耳曼」來形容這些移動的「族群」，都特別敏感、跳腳。也有人指出無論是維也納或多倫多學派的學者，都曾接受歐盟資助，藉由這種立場來研究這段歷史，以淡化掉民族主義色彩，提倡歐盟文化整合的政治議程。歐盟是否已經將自己視為那大一統羅馬帝國的歷史再現？

而庫利科斯基這樣的立場會影響處理問題的方式。他在《帝國的悲劇》裡認為類似西哥德在邊界叩門，並非帝國首見，且從帝國建立以來已經形成一套ＳＯＰ，因此我們無須將西哥德人在三七六年叩門給特殊化。但三七八年亞德里安堡的大災難畢竟發生，後續效應嚴重。庫利科斯基認為這是因為執行ＳＯＰ的羅馬帝國已經大不同，包括東西分治、甚至牽制，大軍區各自為政，皇帝瓦倫斯個人能力，以及現場處理失當等等，使得最後從ＳＯＰ失靈，轉變成局勢失控。而這群野蠻人在君士坦丁堡和羅馬／拉溫納之間來回漂泊，其實也是對東西帝國在傷害彼此的政治角力中做出回應；西哥德人之後入侵義大利以及在高盧和西班牙逐漸安定下來，則是因為西羅馬帝國在政治上的區域集團化的結果。對高盧在地菁英而言，能提供武力保護及尊重在地治理的西哥德人，比失能且遙遠的羅馬／拉溫納朝廷，更是值得合作的對象。最後當西哥德人的地位從事實上（*de facto*）的合法，在四一八年變成法律上（*de jure*）的合法時，這群人終於從羅馬人得到一張「西哥德人」的出生證明！

類似故事也發生其他遷入帝國的人群，使得西帝國逐漸裂解成一個個蠻族王國。在上述中，我如果對「野蠻人」或「蠻族」有些口無遮攔，那是因為這種名詞對庫利科斯基來說會比「日耳曼人」或「日耳曼民族」更好，因為至少這是希臘人、羅馬人的用法外，也傳達庫利科斯基他們自己的學術立場。相反地，我們若用「日耳曼」，那更可能是接受某種更明顯的預設立場了。

所以對庫利科斯基而言，是羅馬帝國自己內部失序瓦解才造成蠻族入侵建國，或更弔詭地說，才使得蠻族停止遷移，安身立命，而非蠻族入侵推倒帝國。從這觀點來看，庫利科斯基當然會進一步質疑羅馬衰亡究竟有何意義，因為逐步瓦解的西帝國，宛如漸漸騰出的空間，讓外族伺機移入。所以他在討論相關議題的第十章，便直接說西帝國結束是「無人聞問的衰亡」，因為此時的西羅馬帝國已經不再重要，特別是對那些與移入蠻族合作愉快、攜手治理的行省地方貴族菁英。若聖奧古斯丁會寫《天國之城》來解釋四一〇年西哥德人劫掠羅馬，是上帝懲罰羅馬人信仰不堅，以及要我們將希望寄託「天國」，那對四七六年奧多阿克爾（Odoacer）強迫最後一位西羅馬皇帝退休，將帝冠印璽獻給東帝國皇帝芝諾（Zeno），自己滿足於擔任義大利國王，是沒有任何作品來悼念、辯護或解釋這一點都不關鍵的時刻。何況接下來治理羅馬的東哥德國王狄奧多里克（Theodoric），比之前半世紀的任何西羅馬皇帝都還更羅馬，甚至比百年前的狄奧多西一世更配得上「大帝」的頭銜。

庫利科斯基認為蠻族遷徙問題的重心是在「帝國」，而非「野蠻人」，所以他對羅馬帝國內部的運作及地區發展描述十分詳細，而這方面的敘述及分析是《帝國的悲劇》最精彩之處。這當然得利於他原先便是西哥德歷史及羅馬西班牙的專家。庫利科斯基這種將論述重點放在帝國發展及變化，來解釋蠻族遷徙的問題，對疆界之外常採取近乎懷疑主義或不可知論的立場，這則和希特爾的《帝國與野蠻人》相比，形成有趣對比，因為希特爾重點幾乎多在疆界外的「野蠻人」，寫得極多又細，但「帝國」則是相對簡略帶過。

至於我個人對這問題的看法，大致如此。我雖承認修辭學在古典史學扮演的重要角色，但我對以後現代方法來理解這方面史料，認為西哥德人或其他蠻族在史料上不過是個 *topos* 或 trope（「比喻」），十分不安，因為這樣說並沒解釋問題，而是取消問題。另外，我或許對晚期古代民族遷徙有個跟現代經驗有關的基本看法：「移動」是這些民族解決問題的主要方式，因為這些民族一直藉著移動來解決生存問題，因此移動幾乎是這些民族的定義，無論是否有西哥德「傳統核心」或相當數量的自由戰士，可能都沒有比「移動」以及移動時所經歷的集體歷史經驗來得重要。我因此比較偏向 *ethnogenesis* 的說法。

羅馬帝國的高度文明及繁榮國度，和境外低度發展蠻族之間的落差，使得羅馬帝國永遠是移動的最終目的地，如水往低處流。這極大差距發展的預設，是 *Völkerwangderung* 會發生的前提之一。晚期古代的四、五世紀這波民族遷徙之後，尚有另一波；但當馬札爾人在十世紀末出現在匈牙利平原後，便沒有再發生如之前的民族移動。這是因為地中海與歐洲其他地方在第一個千禧年前的發展落差，已經不如此明顯。若再有骨牌或撞球效應發生，那或許會往其他方向倒去。希特爾稱這平衡發生的時刻是「歐洲的誕生」，因為之後不再發生劇烈的民族移動。我們再回到今天，不難想像到現在風起雲湧的國際移民，正出於如此發展落差（包括對未來前景的期望），才會發生移動；若沒有這些真實或想像的落差，或許國際移民會比較緩和。

推薦及建議

雖然經過學者辛勤研究及介紹，但晚期古代在台灣仍是一段較陌生的歷史。雖然有些人名（如君士坦丁或查士丁尼），或事件（如尼西亞大公會議或西羅馬帝國滅亡），或文化（如聖索菲亞教堂或修道院運動）在台灣並不完全陌生，但整體且高品質的論述仍是不足。庫利科斯基《帝國的悲劇》適時補足這缺失的一塊。讀者若能和他寫的前一段歷史《帝國的勝利》一起閱讀，那對羅馬帝國如何從鼎盛元首政治時期轉變到晚期古代主宰政治，會有更完整全觀的理解。在篇幅上，這兩冊中文譯本加起來有千頁厚的份量，我想無論是在廣度、深度及細節上，對有興趣的人來說都十分足夠。

但如我之前提及切入本書的三個主要面向：由上而下的治理模式、基督教紛爭以及蠻族與帝國，這些都是極為複雜的問題，而且常交織一起，但庫利科斯基在組織架構清晰，敘述簡潔有力，駕馭及配比資料上得心應手。我認為這本書預設一些知識，雖不會妨害閱讀，但若讀者知道，更能體會作者的用心。我舉一例。

在台灣的基督教信仰中，對布道及社會慈善的投入，超過神學及教會史研究，所以當庫利科斯基談北非多納徒教派的問題時，因為篇幅所限，無法有更多介紹，因此無法讓人感受多納徒教派比現今任何宗教基本教義的激進及暴力，毫不遜色，甚至到「殺土豪、分田地」的程度。以致於整個北非行省雖是基督教國度，但卻是多納徒派系的；正統教派雖在帝國勢力支持下生存，但只是北非信仰大海裡的孤島。多納徒對教會的立場，其實代表著西方教會與帝國分庭抗禮，以及神聖與世俗不相妥協的態度。但北非做為帝國穀倉的政治經濟角色並沒因為這信仰衝突而受顯著影響，所以庫利科斯基點到為止。類似情形也發生在天父天子相同本質的尼西亞信經上。雖然激進的「相似派」，甚至更極端的「不相似派」（Anomoeans），在君士坦提烏斯二世任內最具影響力，而皇帝也願意給力推動，甚至境外傳教。但大體而言，東方更大多數的「相似派」主教是溫和的，願意與尼西亞正信信徒對話妥協，最後在迦帕多家教父努力下開花結果，讓尼西亞正信在帝國普遍生根。若庫利科斯基深究這些發展，會讓故事過度複雜，打斷敘事節奏，所以除了亞流信徒、皇后尤絲提娜的監國時期曾關係西帝國政治大局外，庫利科斯基多所發揮，但其他地方相當節制。相形下，政治效應極大的「一性論」爭議，最終導致埃及和敘利亞脫離堅持迦克墩正信的君士坦丁堡政府，進而和伊斯蘭當局協商出自己的信仰空間，在政治上迅速脫離帝國，成為帝國悲劇的一部分，庫利科夫斯則是深入許多。這些顯示作者是以政治史為優先，而教會史議題要配合政治史來發展，這決定他對議題的配重及分布。

但任何讀者還是會被書中那許多人名、官名及地名感覺快被淹沒。我認為這有時是在閱讀嚴肅學術作品，或面對不熟悉時代時常會面對到、甚至需要習慣的。雖有些無奈，但閱讀時無須受到羈絆，而是繼續下去。另外，《帝國的悲劇》雖提供有用的皇帝年表，但若有世系圖（imperial stemmata），會如虎添翼。網路上可參考 https://people.ucalgary.ca/~vandersp/Courses/stemmata/stemmata.html。原著若也能附有大事年表，更有助於讀者對時間軸的掌握。最後，熟悉地理空間對理解歷史多所助益，因此讀者若遇見不熟悉的地點，能即時查閱作者提供的詳細地圖，會有利理解。對任何讀完本書的讀者，想進一步理解這古代史研究的顯學，儘管原著是在二〇一一年出版，但庫利科斯基對不同議題推薦的書目，仍是十分寶貴，附有簡潔的分析及公允的評價。

但對知識傳播一樣重要的是這點：這本書雖然充滿許多難以轉譯的名詞和不常見的議題表述，但譯者馮先生都能克服，不僅準確到位，且優雅流暢，可讀性極高。《帝國的悲劇》是翻譯界的高手之作！這種高品質翻譯是引領台灣及華文讀者進入這精彩、複雜晚期古代世界的最好嚮導。在出版業經營不斷受到挑戰，馬可孛羅文化仍願意出版這樣高品質的作品，介紹新知，實在是台灣讀者們的福氣！

地圖

鹹海
裏海
色雷斯管區
黑海
多瑙河
斯基泰
默西亞二區
色雷斯
哈埃米蒙圖斯
君士坦丁堡
比提尼亞本都
帕夫拉戈尼亞
狄奧斯本都
波列蒙本都
小亞美尼亞
亞美尼亞
洛多皮
歐羅巴
本都管區
加拉太
赫勒斯滂圖斯
卡帕多西亞
底格里斯河
美索不達米亞
呂底亞
弗里吉亞一區
弗里吉亞二區
皮西迪亞
奇里乞亞
幼發拉底
奧斯若恩
亞細亞
雅典
卡里亞
伊索里亞
呂基亞與潘菲利亞
幼發拉底河
山谷敘利亞
亞細亞管區
賽普勒斯
腓尼基
黎巴嫩
克里特
阿拉伯一區
巴勒斯坦
亞歷山卓
下利比亞
約維阿
阿拉伯二區
東
方
管
區
埃
及
海克利亞
尼羅河
西拜德
紅海

地圖一　君士坦丁治下的羅馬帝國

大西洋
北海
波羅的海
不列顛二區
凱薩弗拉維亞
不列顛管區
不列顛一區
凱薩馬克西姆
比利時二區
下日耳曼尼亞
萊茵河
高盧管區
比利時一區
盧格杜二區
潘諾尼亞管區
多瑙河
阿奎塔尼亞二區
盧格杜一區
上日耳曼尼亞
雷蒂亞二區
河岸諾里庫姆
維埃恩管區
阿奎塔尼亞一區
雷蒂亞一區
威尼提亞與伊斯特里亞
利古里亞
內陸諾里庫姆
潘諾尼亞一區
瓦雷里亞
默西亞管區
薩維亞
蓋萊奇亞
西班牙管區
諾文博普拉納
維埃恩
艾米利亞
弗拉米尼亞與皮凱努姆
潘諾尼亞二區
達爾馬提亞
納博訥一區
塔拉科
圖斯奇亞與翁布里亞
皮凱努姆
默西亞一區
納博訥二區
盧西塔尼亞
科西嘉
羅馬城
達契亞
普萊瓦里塔納
貝提卡
義大利管區
阿普利亞與卡拉布里亞
馬其頓
新伊庇魯斯
薩丁尼亞
盧奇尼亞與布魯提亞
舊伊庇魯斯
塞薩利亞
地中海
迦太基
西西里
亞該亞
廷吉塔納茅利塔里亞
凱薩茅利塔里亞
西提菲茅利塔里亞
基爾塔努米底亞
資深執政省
軍區努米底亞
拜扎凱納
馬其頓管區
阿非利加管區
的黎波里塔尼亞
上利比亞
N
粗體字君士坦丁設置的管區
0　1000　2000 公里
0　500　1000 英哩

鹹海
裏海
河岸達契亞
內陸達契亞
斯基泰
色雷斯管區
黑海
多瑙河
默西亞二區
色雷斯
哈埃米蒙圖斯
君士坦丁堡
帕夫拉戈尼亞
赫勒諾本都
波列蒙本都
洛多皮
歐羅巴
霍諾利亞斯
本都管區
亞美尼亞一區
比提尼亞
加拉太
赫勒斯滂圖斯
安平加拉太
西卡亞帕多二區
西卡亞帕多一區
亞美尼亞二區
底格里斯河
呂底亞
安平弗里吉亞
康樂弗里吉亞
美索不達米亞
皮西迪亞
呂卡奧尼亞
奇里乞亞一區
奇里乞亞二區
幼發拉底
奧斯若恩
雅典
卡里亞
伊索里亞
敘利亞
幼發拉底河
潘菲利亞
呂基亞
安平敘利亞
腓尼基
黎巴嫩腓尼基
亞細亞納管區
賽普勒斯
克里特
東方管區
巴勒斯坦二區
阿拉伯
巴勒斯坦一區
亞歷山卓
下利比亞
埃及
奧古斯塔姆尼卡
安平巴勒斯坦
埃及管區
尼羅河
紅海

地圖二　羅馬帝國，約四〇〇年時

大西洋
北海
波羅的海
不列顛二區
瓦倫提亞
凱薩弗拉維亞
不列顛管區
不列顛一區
凱薩馬克西姆
萊茵河
比利時二區
盧格杜二區
高盧管區
比利時一區
盧格杜三區
塞農盧格杜
義大利管區
伊利里亞管區
多瑙河
阿奎塔尼亞二區
盧格杜一區
大塞夸尼亞
雷蒂亞二區
河岸諾里庫姆
內陸諾里庫姆
潘諾尼亞一區
瓦雷里亞
七行省管區
阿奎塔尼亞一區
布匿
阿爾卑斯
雷蒂亞一區
威尼提亞與伊斯特里亞
薩維亞
達契亞管區
利古里亞
維埃恩
蓋萊奇亞
西班牙管區
諾文博普利
艾米利亞
弗拉米尼亞與皮凱努姆
潘諾尼亞二區
達爾馬提亞
納博訥一區
塔拉科
納博訥二區
圖斯奇亞與翁布里亞
城郊皮凱努姆
默西亞一區
盧西塔尼亞
迦太基
科西嘉
羅馬城
薩莫尼烏姆
坎帕尼亞
達爾達尼亞
普萊瓦里塔納
新伊庇魯斯
馬其頓
貝提卡
薩丁尼亞
阿普利亞與卡拉布里亞
巴利阿里
城郊義大利管區
盧奇尼亞與布魯提亞
舊伊庇魯斯
塞薩利亞
地中海
西西里
亞該亞
廷吉塔納
凱薩茅利塔里亞
西提菲茅利塔里亞
阿非利加
努米底亞
拜扎凱納
迦太基
馬其頓管區
阿非利加管區
的黎波里塔尼亞
上利比亞
N
粗體字《百官志》紀載的管區
0 1000 2000 公里
0 500 1000 英哩

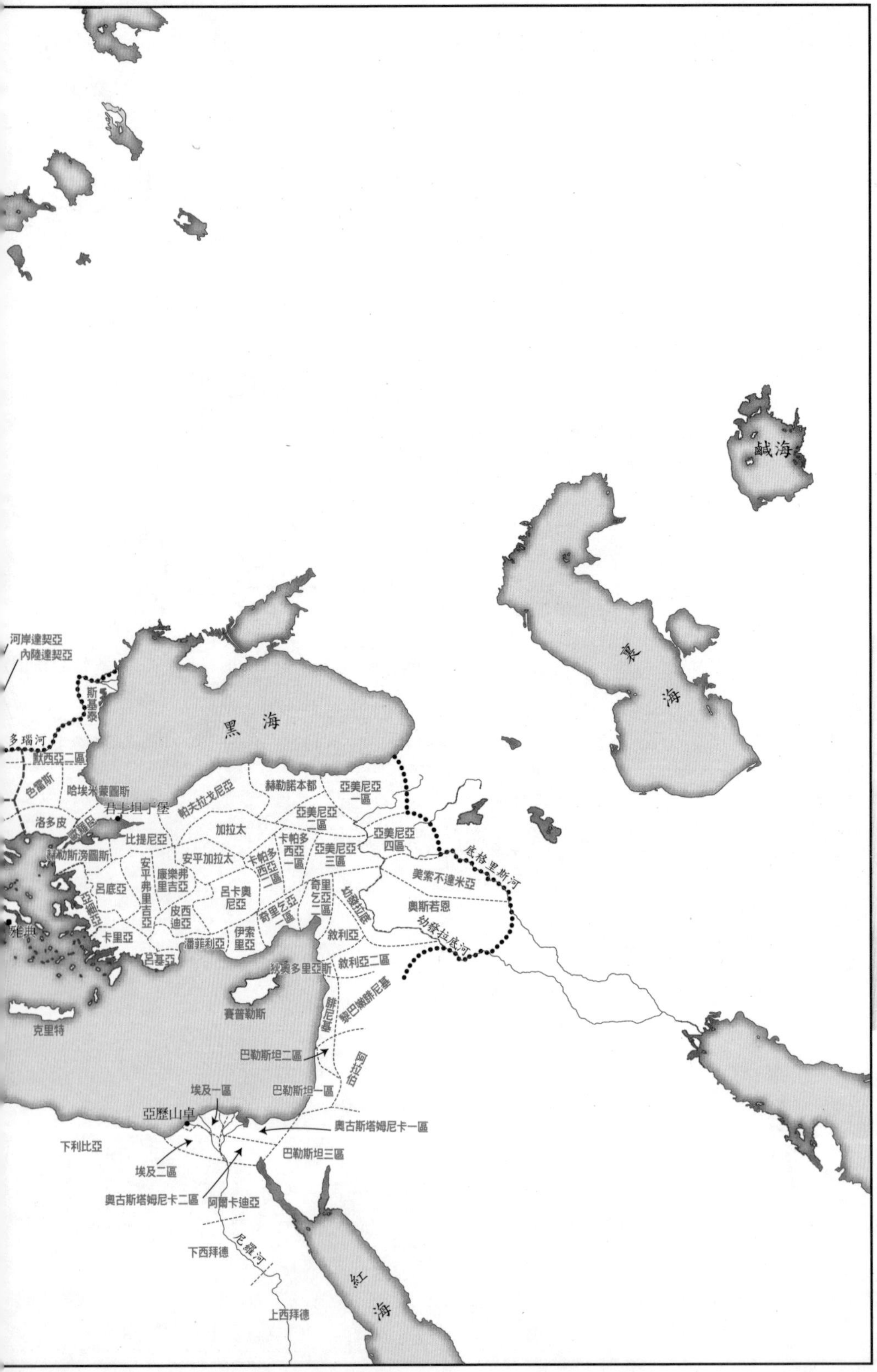
鹹海
裏海
黑海
河岸達契亞
內陸達契亞
斯基泰
多瑙河
默西亞二區
色雷斯
哈埃米蒙圖斯
君士坦丁堡
洛多皮
赫勒斯滂圖斯
比提尼亞
帕夫拉戈尼亞
赫勒諾本都
亞美尼亞一區
亞美尼亞二區
加拉太
卡帕多西亞一區
卡帕多西亞二區
亞美尼亞三區
亞美尼亞四區
安平加拉太
安平弗里吉亞
康樂弗里吉亞
呂底亞
呂卡奧尼亞
皮西迪亞
奇里乞亞一區
奇里乞亞二區
伊索里亞
潘菲利亞
卡里亞
呂基亞
雅典
底格里斯河
美索不達米亞
奧斯若恩
幼發拉底河
敘利亞
敘利亞二區
狄奧多里亞斯
賽普勒斯
克里特
腓尼基
黎巴嫩腓尼基
巴勒斯坦二區
阿拉伯
巴勒斯坦一區
埃及一區
亞歷山卓
奧古斯塔姆尼卡一區
下利比亞
巴勒斯坦三區
埃及二區
奧古斯塔姆尼卡二區
阿爾卡迪亞
尼羅河
下西拜德
上西拜德
紅海

地圖三　羅馬帝國，約五五〇年時

大西洋
北海
波羅的海
萊茵河
多瑙河
法蘭克王國
蘇維匯王國
西哥德王國
SPANIA
巴利阿里
艾米利亞
威尼提亞與
伊斯特里亞
科蒂埃阿爾卑斯
利古里亞
弗拉米尼亞
達爾馬提亞
潘諾尼亞
默西亞一區
圖斯奇亞與
翁布里亞
皮凱努姆
科西嘉
羅馬城
薩莫尼烏姆
坎帕尼亞
薩丁尼亞
阿普利亞與
卡拉布里亞
普萊瓦里塔納
達爾達尼亞
新伊
庇魯斯
馬其頓
二區
馬其頓
舊伊庇魯斯
塞薩利亞
盧奇尼亞與
布魯提亞
西西里
亞該亞
地中海
迦太基
宙吉塔納
凱薩茅利塔里亞
西提菲
茅利塔里亞
努米底亞
拜扎凱納
的黎波里塔尼亞
上利比亞
N
0
1000
2000 公里
0
500
1000 英哩

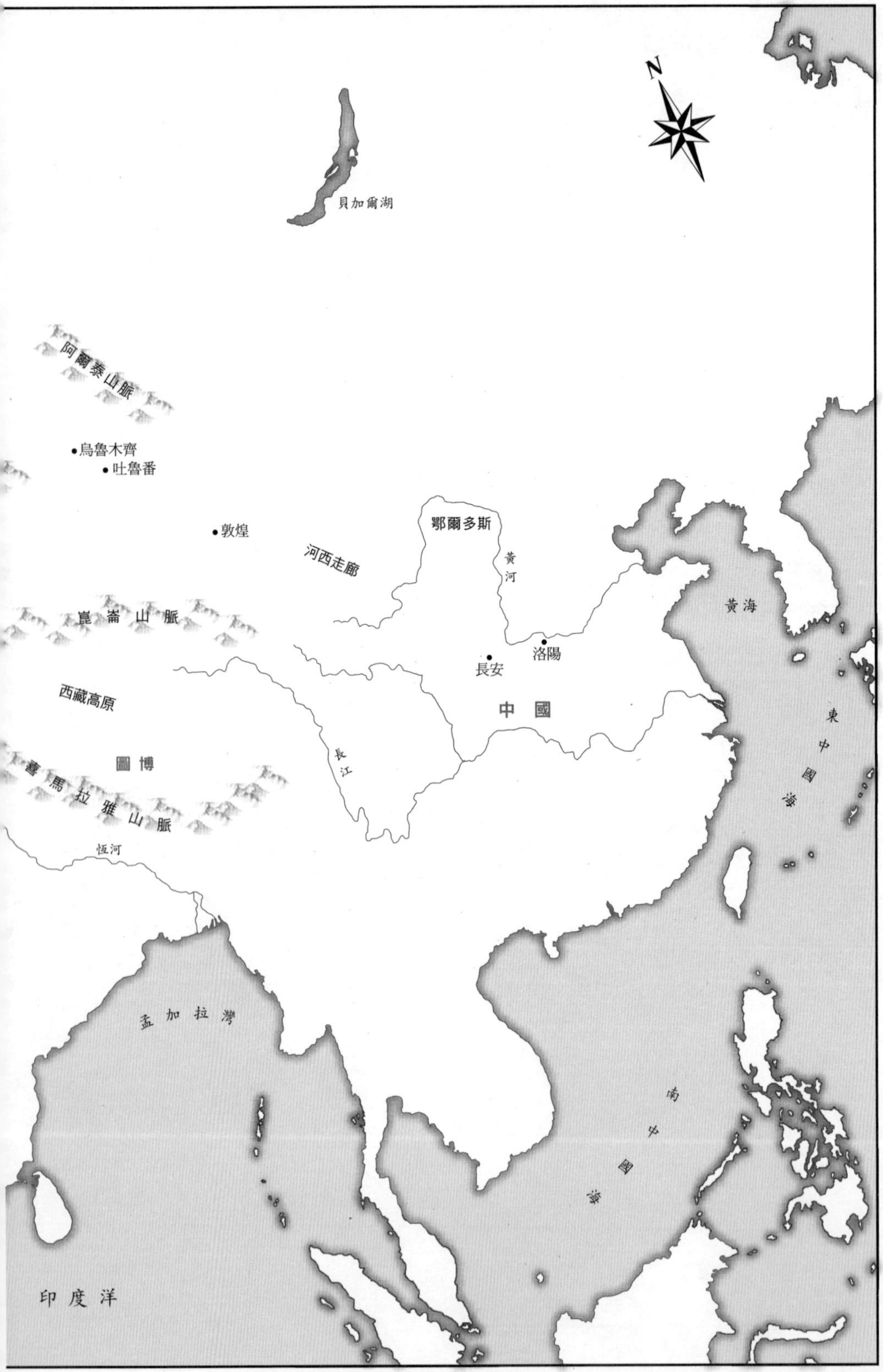

N
貝加爾湖
阿爾泰山脈
烏魯木齊
吐魯番
敦煌
鄂爾多斯
河西走廊
黃河
崑崙山脈
長安
洛陽
黃海
西藏高原
中國
長江
東中國海
圖博
喜馬拉雅山脈
恆河
孟加拉灣
南中國海
印度洋

地圖四　歐亞世界

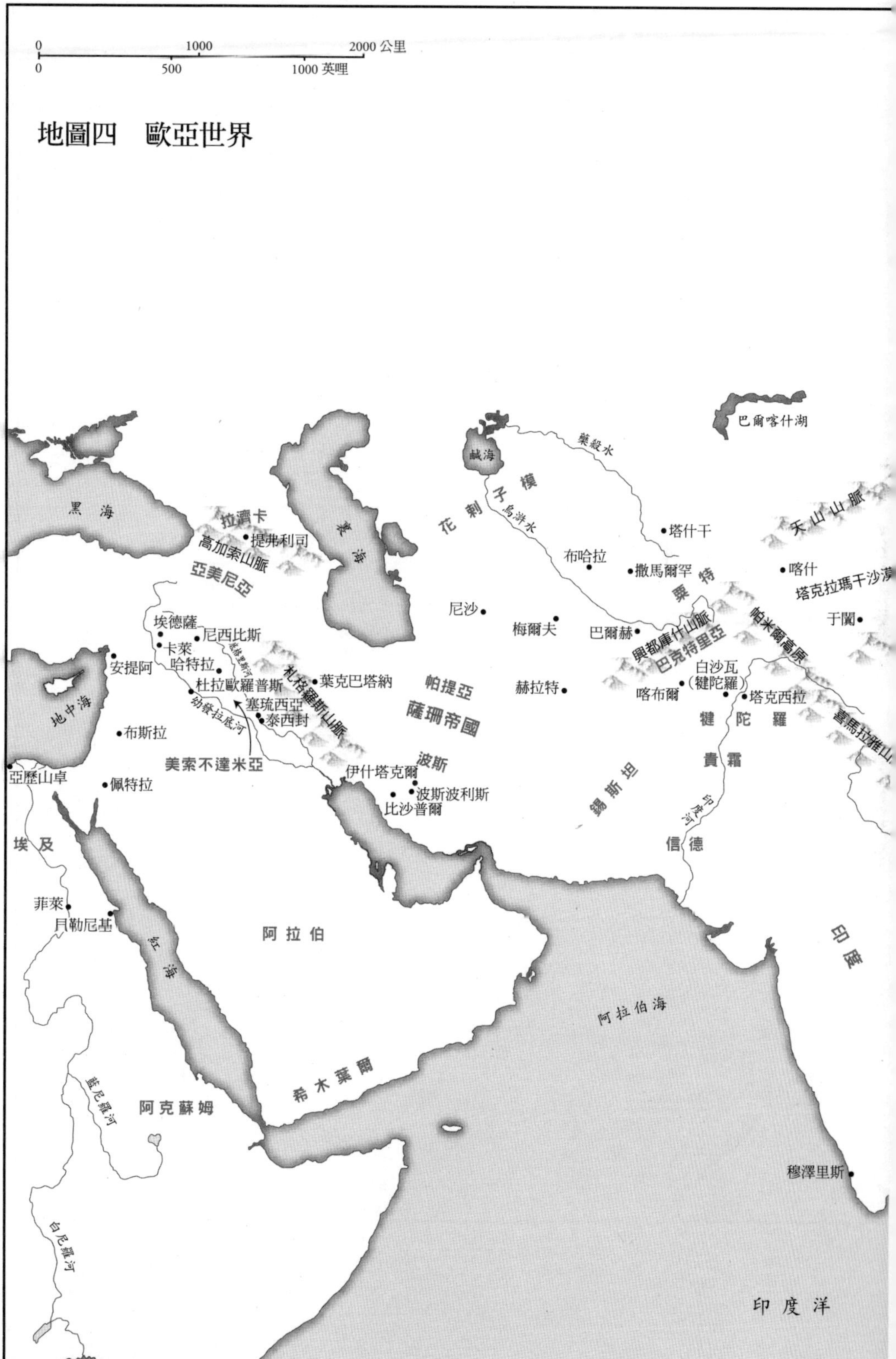

0
1000
2000 公里
0
500
1000 英哩
巴爾喀什湖
鹹海
藥殺水
黑海
裏海
花剌子模
烏滸水
塔什干
天山山脈
喀什
塔克拉瑪干沙漠
于闐
拉濟卡
提弗利司
高加索山脈
亞美尼亞
布哈拉
撒馬爾罕
粟特
尼沙
梅爾夫
巴爾赫
興都庫什山脈
巴克特里亞
帕米爾高原
埃德薩
尼西比斯
卡萊
哈特拉
杜拉歐羅普斯
幼發拉底河
塞琉西亞
泰西封
札格羅斯山脈
葉克巴塔納
帕提亞
薩珊帝國
赫拉特
白沙瓦
（犍陀羅）
喀布爾
塔克西拉
犍陀羅
喜馬拉雅山
貴霜
安提阿
地中海
布斯拉
美索不達米亞
波斯
伊什塔克爾
波斯波利斯
比沙普爾
錫斯坦
印度河
信德
亞歷山卓
佩特拉
埃及
菲萊
貝勒尼基
紅海
阿拉伯
印度
阿拉伯海
希木葉爾
阿克蘇姆
藍尼羅河
白尼羅河
穆澤里斯
印度洋

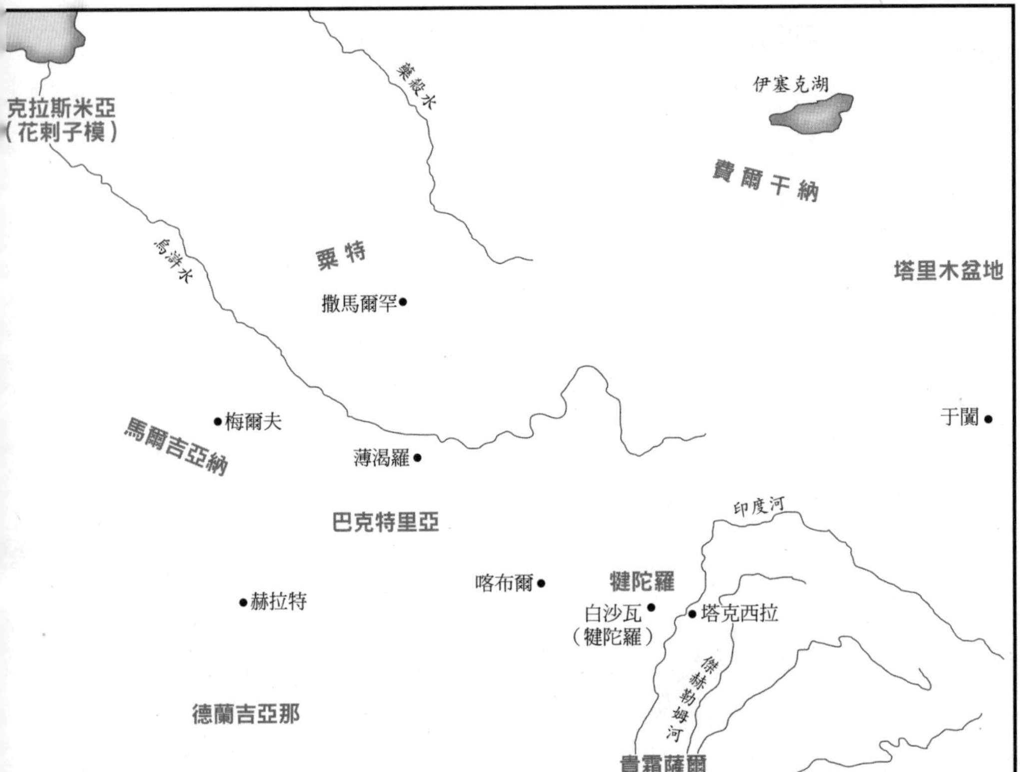

克拉斯米亞
（花剌子模）
藥殺水
伊塞克湖
費爾干納
粟特
烏滸水
塔里木盆地
撒馬爾罕
梅爾夫
馬爾吉亞納
薄渴羅
于闐
印度河
巴克特里亞
喀布爾
犍陀羅
赫拉特
白沙瓦
（犍陀羅）
塔克西拉
傑赫勒姆河
德蘭吉亞那
貴霜薩爾
薩特列治河
錫斯坦
印度河
圖蘭
印度
阿拉伯海

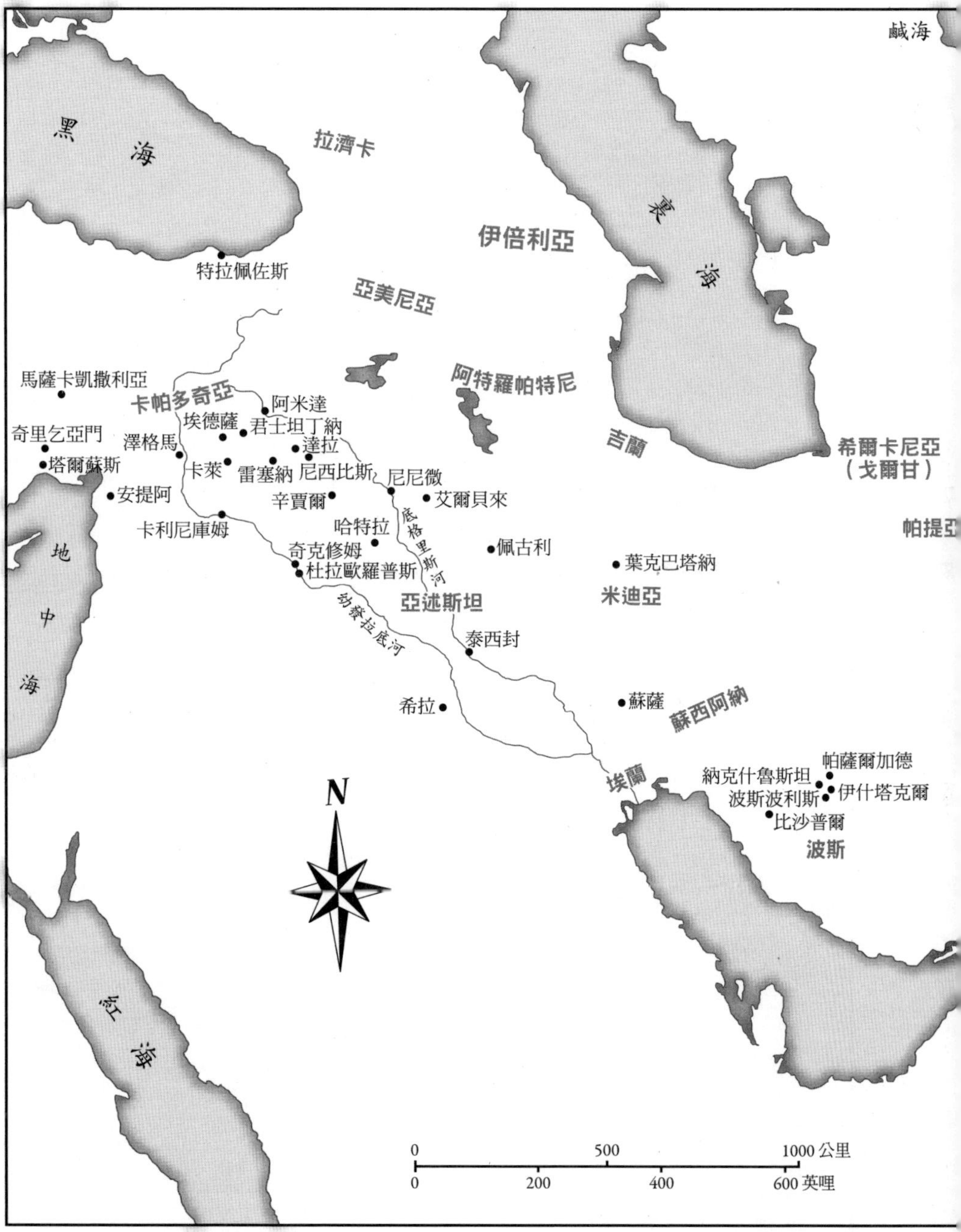
鹹海
黑海
拉濟卡
裏海
伊倍利亞
特拉佩佐斯
亞美尼亞
馬薩卡凱撒利亞
阿特羅帕特尼
卡帕多奇亞
阿米達
奇里乞亞門
埃德薩
君士坦丁納
澤格馬
達拉
吉蘭
希爾卡尼亞
（戈爾甘）
塔爾蘇斯
卡萊
雷塞納
尼西比斯
尼尼微
安提阿
辛賈爾
艾爾貝來
地中海
卡利尼庫姆
哈特拉
底格里斯河
帕提亞
奇克修姆
佩古利
葉克巴塔納
杜拉歐羅普斯
亞述斯坦
米迪亞
幼發拉底河
泰西封
希拉
蘇薩
蘇西阿納
帕薩爾加德
納克什魯斯坦
埃蘭
波斯波利斯
伊什塔克爾
比沙普爾
波斯
N
紅海
0
500
1000 公里
0
200
400
600 英哩

地圖五　薩珊帝國

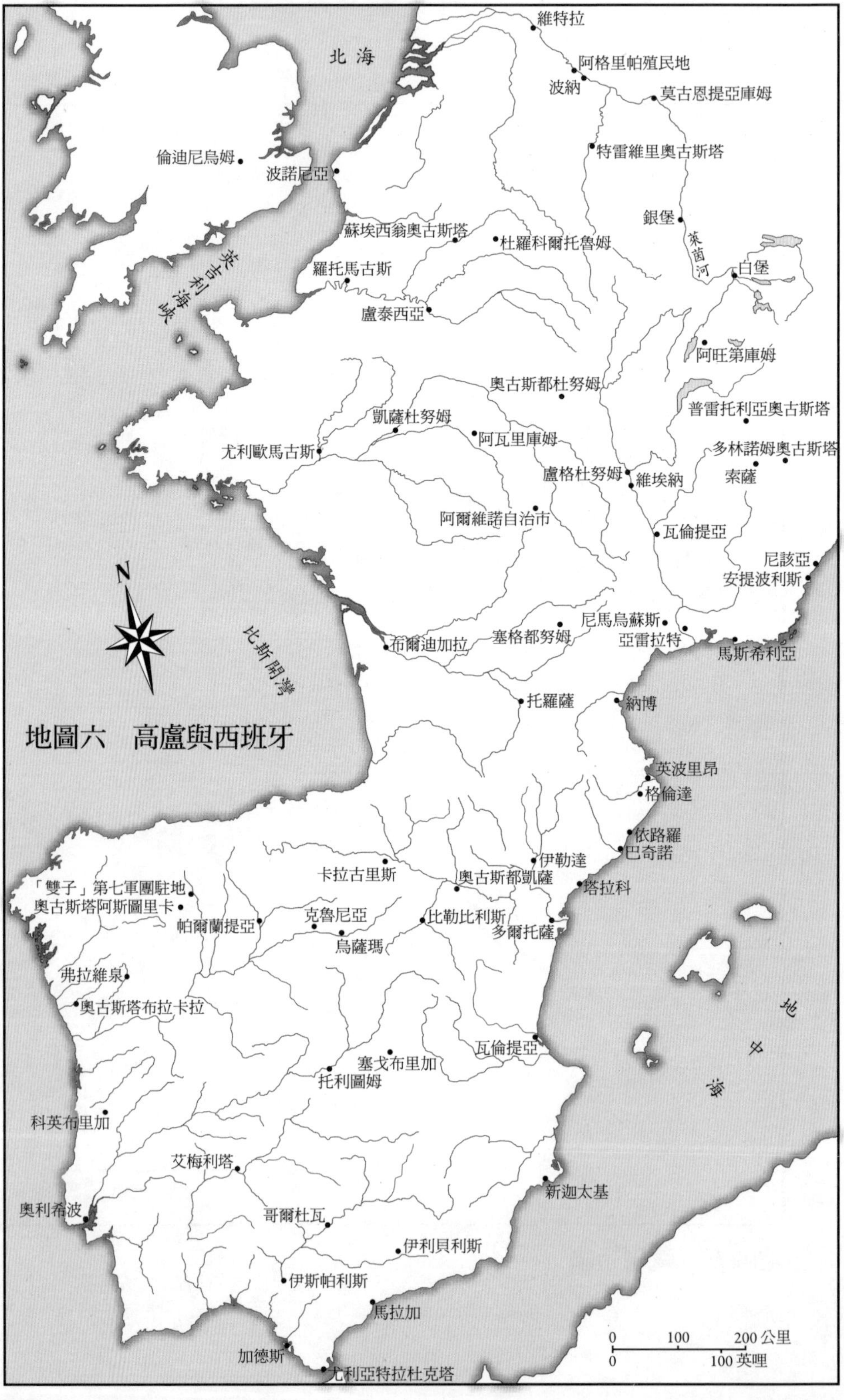
維特拉
北 海
阿格里帕殖民地
波納
莫古恩提亞庫姆
特雷維里奧古斯塔
倫迪尼烏姆
波諾尼亞
銀堡
萊茵河
蘇埃西翁奧古斯塔
杜羅科爾托魯姆
英吉利海峽
羅托馬古斯
白堡
盧泰西亞
阿旺第庫姆
奧古斯都杜努姆
普雷托利亞奧古斯塔
凱薩杜努姆
阿瓦里庫姆
尤利歐馬古斯
多林諾姆奧古斯塔
盧格杜努姆
維埃納
索薩
阿爾維諾自治市
瓦倫提亞
N
尼該亞
安提波利斯
比斯開灣
尼馬烏蘇斯
布爾迪加拉
塞格都努姆
亞雷拉特
馬斯希利亞
托羅薩
納博
英波里昂
格倫達
依路羅
巴奇諾
伊勒達
卡拉古里斯
奧古斯都凱薩
塔拉科
「雙子」第七軍團駐地
奧古斯塔阿斯圖里卡
帕爾蘭提亞
克魯尼亞
比勒比利斯
多爾托薩
烏薩瑪
弗拉維泉
奧古斯塔布拉卡拉
地
瓦倫提亞
塞戈布里加
中
托利圖姆
海
科英布里加
艾梅利塔
新迦太基
奧利希波
哥爾杜瓦
伊利貝利斯
伊斯帕利斯
馬拉加
0
100
200 公里
0
100 英哩
加德斯
尤利亞特拉杜克塔

地圖六　高盧與西班牙

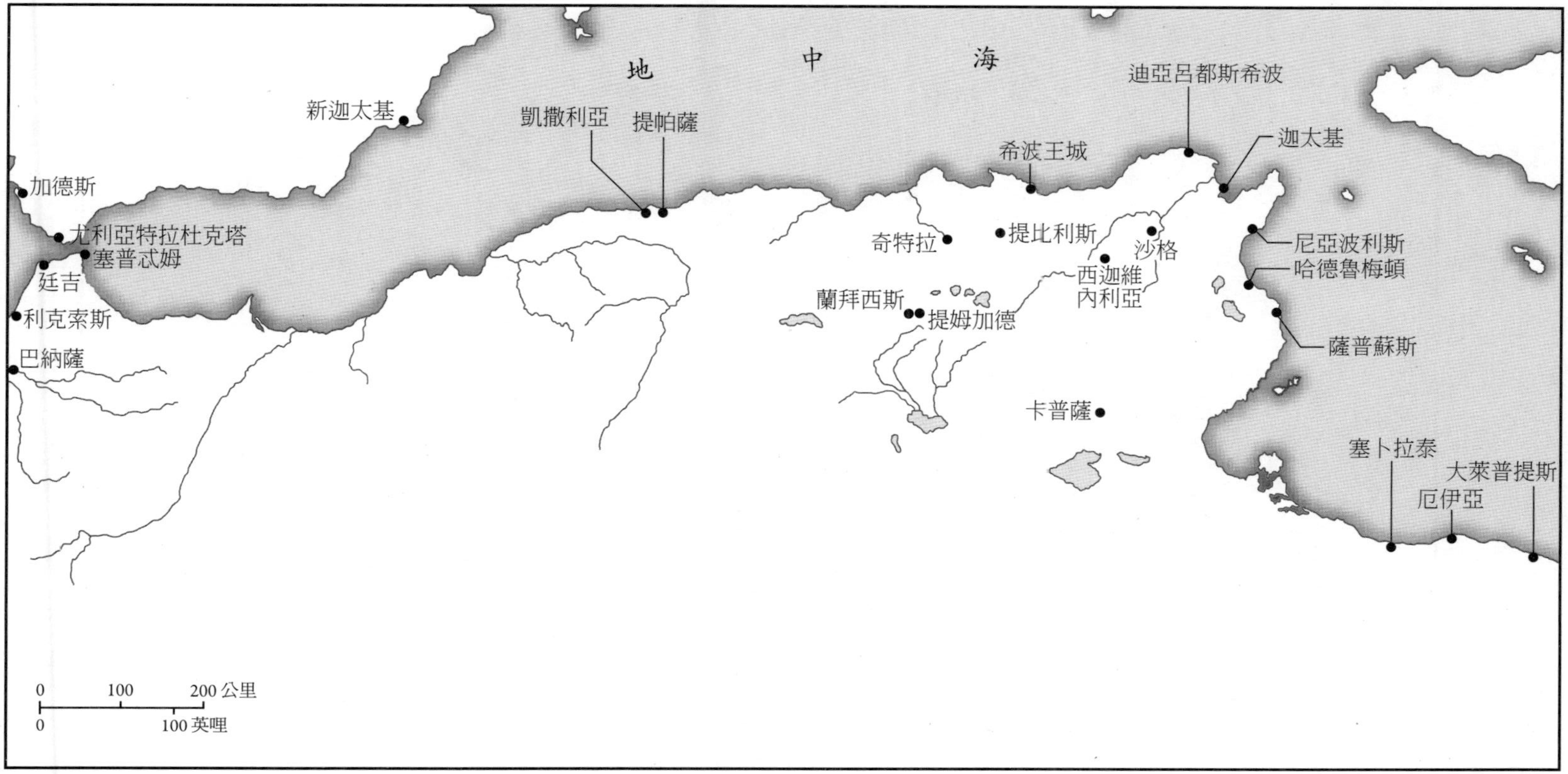
地 中 海
新迦太基
加德斯
尤利亞特拉杜克塔
塞普忒姆
廷吉
利克索斯
巴納薩
凱撒利亞
提帕薩
希波王城
迪亞呂都斯希波
迦太基
奇特拉
提比利斯
沙格
西迦維
內利亞
蘭拜西斯
提姆加德
尼亞波利斯
哈德魯梅頓
薩普蘇斯
卡普薩
塞卜拉泰
大萊普提斯
厄伊亞
0 100 200 公里
0 100 英哩

地圖七　北非

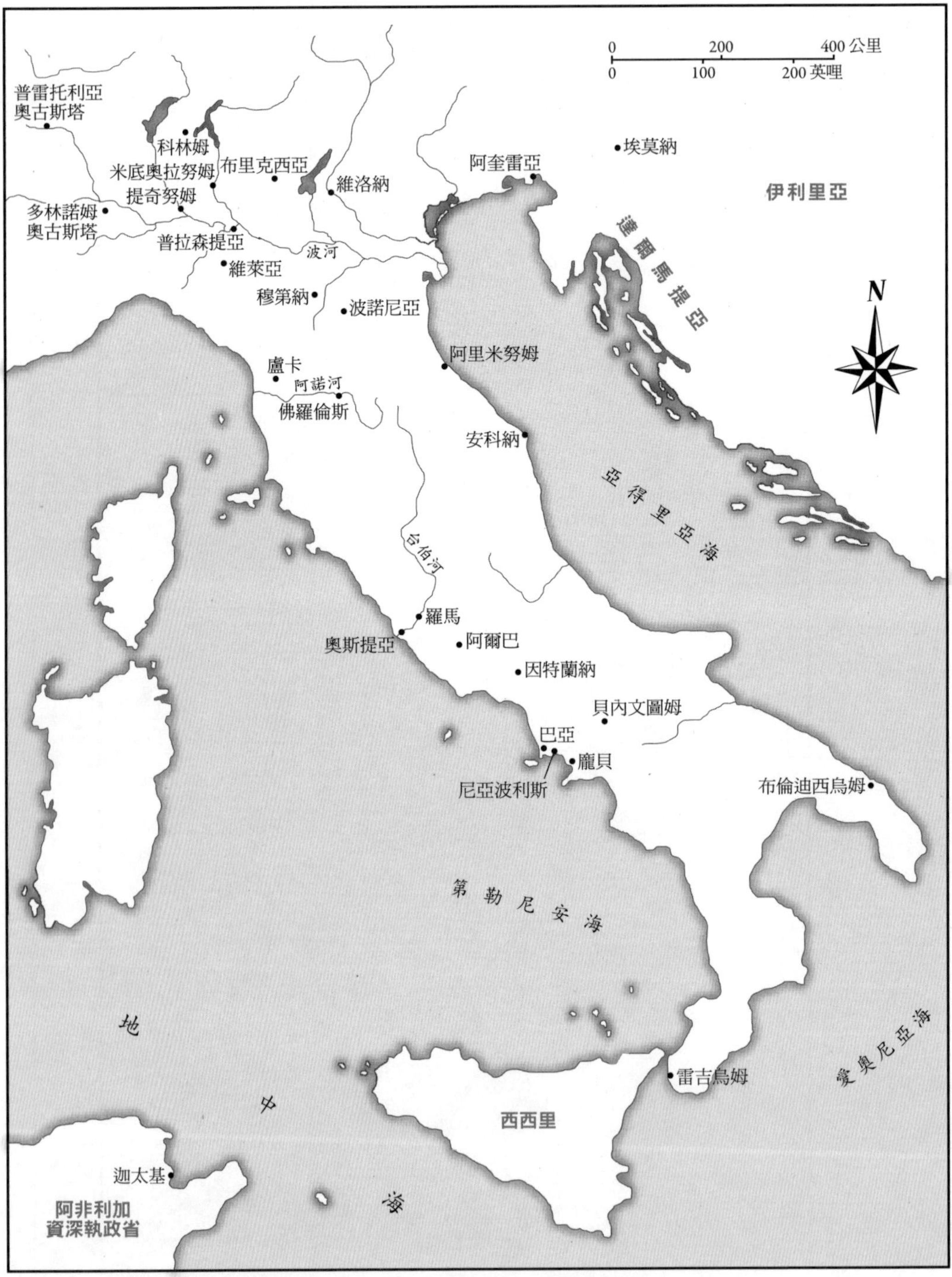
0
200
400 公里
0
100
200 英哩
普雷托利亞
奧古斯塔
科林姆
米底奧拉努姆
布里克西亞
提奇努姆
維洛納
多林諾姆
奧古斯塔
普拉森提亞
維萊亞
波河
穆第納
波諾尼亞
阿奎雷亞
埃莫納
伊利里亞
達爾馬提亞
N
阿里米努姆
盧卡
阿諾河
佛羅倫斯
安科納
亞得里亞海
台伯河
羅馬
奧斯提亞
阿爾巴
因特蘭納
貝內文圖姆
巴亞
龐貝
尼亞波利斯
布倫迪西烏姆
第勒尼安海
愛奧尼亞海
地中海
雷吉烏姆
西西里
迦太基
阿非利加
資深執政省

地圖八　義大利

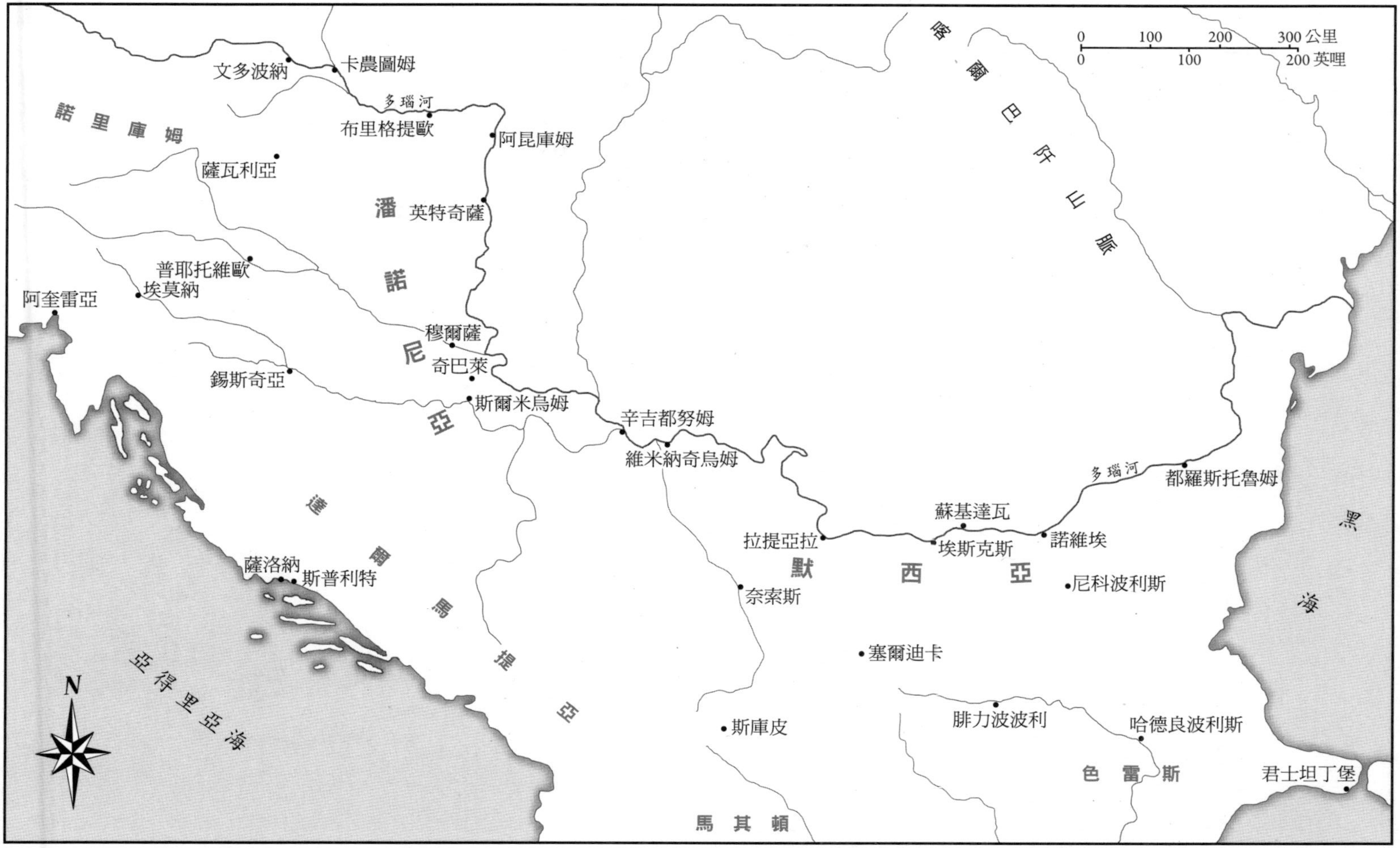
諾里庫姆
文多波納
卡農圖姆
多瑙河
布里格提歐
阿昆庫姆
薩瓦利亞
潘諾尼亞
英特奇薩
普耶托維歐
埃莫納
阿奎雷亞
穆爾薩
奇巴萊
錫斯奇亞
斯爾米烏姆
辛吉都努姆
維米納奇烏姆
達爾馬提亞
薩洛納
斯普利特
亞得里亞海
喀爾巴阡山脈
0 100 200 300 公里
0 100 200 英哩
多瑙河
都羅斯托魯姆
黑海
蘇基達瓦
拉提亞拉
埃斯克斯
諾維埃
默西亞
尼科波利斯
奈索斯
塞爾迪卡
斯庫皮
腓力波波利
哈德良波利斯
色雷斯
君士坦丁堡
馬其頓
N

地圖九　多瑙河各省

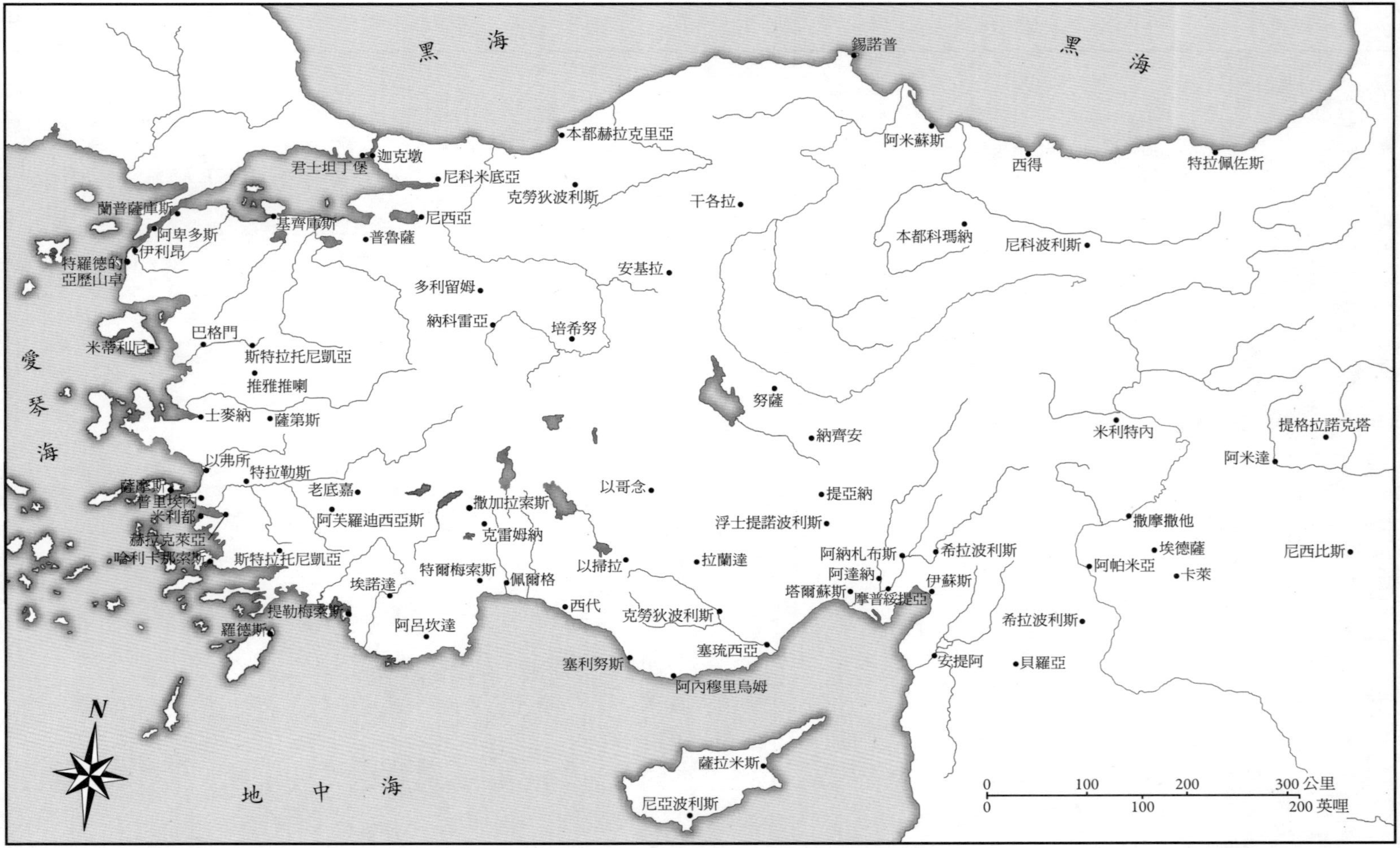
黑　海
黑　海
錫諾普
本都赫拉克里亞
阿米蘇斯
西得
特拉佩佐斯
迦克墩
君士坦丁堡
尼科米底亞
克勞狄波利斯
干各拉
蘭普薩庫斯
阿卑多斯
基齊庫斯
尼西亞
普魯薩
本都科瑪納
尼科波利斯
特羅德的
亞歷山卓
伊利昂
安基拉
多利留姆
納科雷亞
培希努
巴格門
米蒂利尼
斯特拉托尼凱亞
推雅推喇
愛
琴
海
士麥納
薩第斯
努薩
納齊安
米利特內
提格拉諾克塔
阿米達
以弗所
特拉勒斯
薩摩斯
普里埃內
米利都
赫拉克萊亞
哈利卡那索斯
老底嘉
阿芙羅迪西亞斯
斯特拉托尼凱亞
撒加拉索斯
克雷姆納
以哥念
提亞納
浮士提諾波利斯
撒摩撒他
埃德薩
尼西比斯
阿納札布斯
希拉波利斯
阿帕米亞
卡萊
特爾梅索斯
佩爾格
以掃拉
拉蘭達
阿達納
塔爾蘇斯
摩普綏提亞
伊蘇斯
埃諾達
提勒梅索斯
羅德斯
阿呂坎達
西代
克勞狄波利斯
塞琉西亞
希拉波利斯
塞利努斯
阿內穆里烏姆
安提阿
貝羅亞
N
地　中　海
薩拉米斯
尼亞波利斯
0　100　200　300 公里
0　100　200 英哩

地圖十　小亞細亞

底格里斯河
撒摩撒他
貝扎布德
埃德薩
阿帕米亞
雷塞納
尼西比斯
澤格馬
巴特奈
卡萊
居魯斯
辛賈爾
安塔基亞（安提阿）
濱海塞琉西亞
俄倫特斯河
貝羅亞
巴爾巴利蘇斯
尼科佛里姆
雷薩法
地中海
老底嘉
阿帕米亞
依皮反尼亞
奇克修姆
幼發拉底河
杜拉歐羅普斯
拉法奈
埃米薩
帕邁拉
的黎波里
比布魯斯
赫利奧波利斯
貝魯吐斯
西頓
大馬士革
提爾
托勒邁斯
太巴列湖
提比里亞
西拖波利
加達拉
濱海凱撒利亞
佩拉
布斯拉
傑拉薩
約旦河
費拉德爾非亞
耶路撒冷
馬德巴
加薩
死海
拉非亞
埃魯薩
N
佩特拉
阿利亞
0
100
200 英哩
0
100 公里

地圖十一　敘利亞

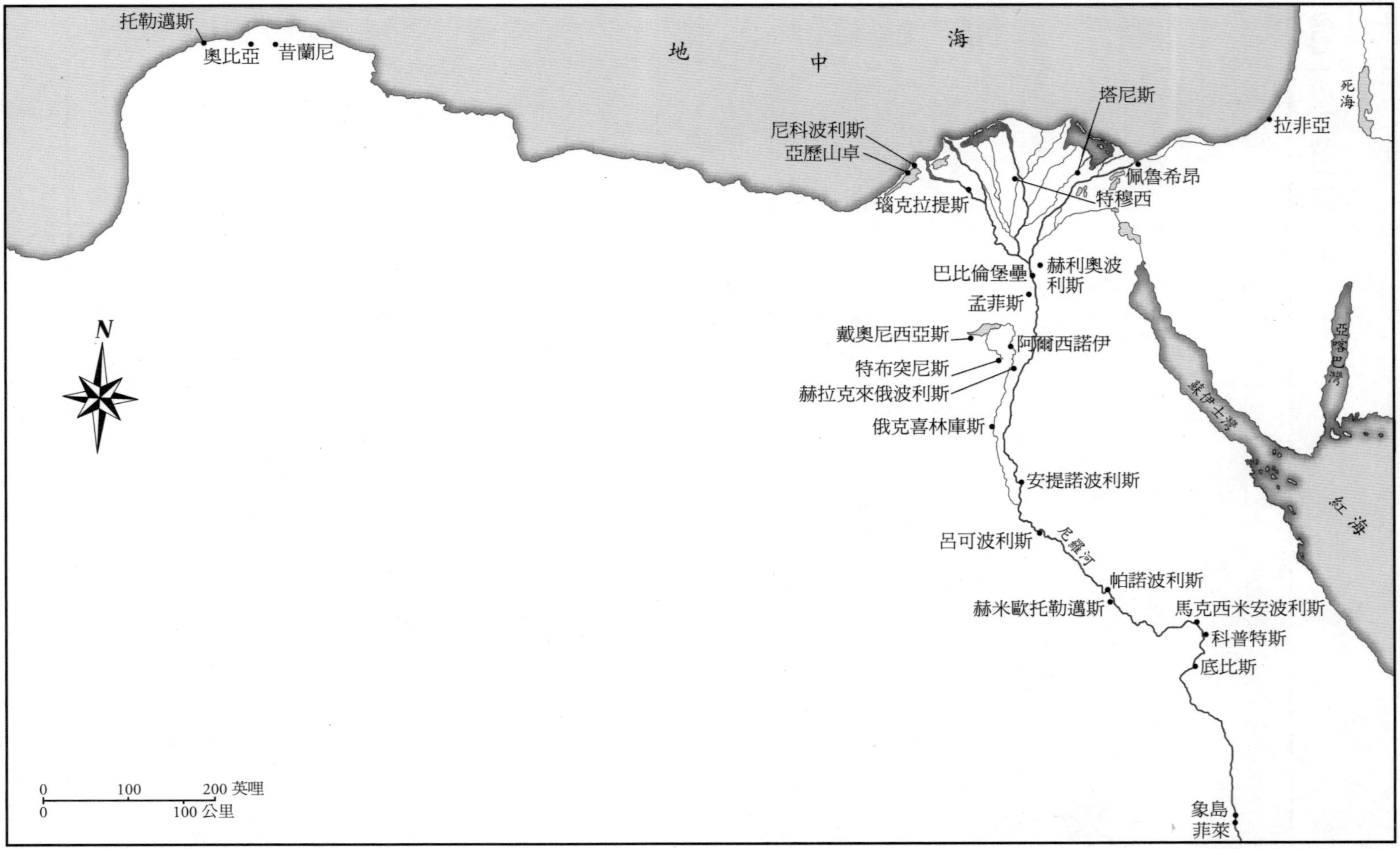

托勒邁斯
奧比亞
昔蘭尼
地中海
尼科波利斯
亞歷山卓
瑙克拉提斯
塔尼斯
特穆西
佩魯希昂
拉非亞
死海
巴比倫堡壘
赫利奧波利斯
孟菲斯
戴奧尼西亞斯
阿爾西諾伊
特布突尼斯
赫拉克來俄波利斯
俄克喜林庫斯
安提諾波利斯
呂可波利斯
尼羅河
帕諾波利斯
赫米歐托勒邁斯
馬克西米安波利斯
科普特斯
底比斯
象島
菲萊
蘇伊士灣
亞喀巴灣
紅海
N
0 100 200 英哩
0 100 公里

地圖十二　埃及

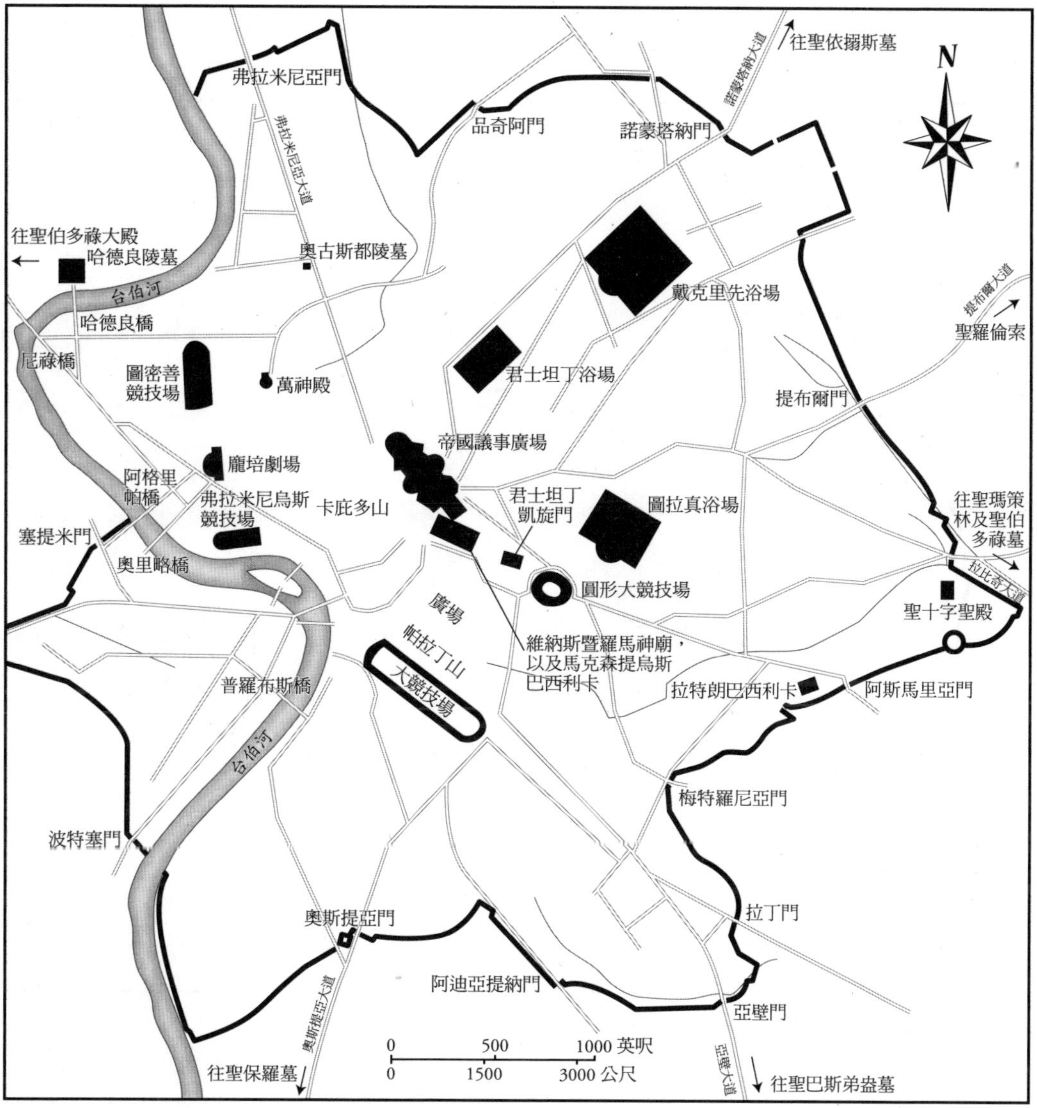

往聖依搦斯墓
N
諾蒙塔納大道
弗拉米尼亞門
品奇阿門
諾蒙塔納門
弗拉米尼亞大道
往聖伯多祿大殿
哈德良陵墓
奧古斯都陵墓
台伯河
戴克里先浴場
提布爾大道
聖羅倫索
哈德良橋
尼祿橋
圖密善
競技場
萬神殿
君士坦丁浴場
提布爾門
帝國議事廣場
龐培劇場
阿格里
帕橋
弗拉米尼烏斯
競技場
卡庇多山
君士坦丁
凱旋門
圖拉真浴場
往聖瑪策
林及聖伯
多祿墓
塞提米門
奧里略橋
拉比奇大道
圓形大競技場
廣場
聖十字聖殿
帕拉丁山
維納斯暨羅馬神廟，
以及馬克森提烏斯
巴西利卡
普羅布斯橋
大競技場
拉特朗巴西利卡
阿斯馬里亞門
台伯河
梅特羅尼亞門
波特塞門
拉丁門
奧斯提亞門
阿迪亞提納門
亞壁門
0　500　1000 英呎
0　1500　3000 公尺
奧斯提亞大道
往聖保羅墓
亞壁大道
往聖巴斯弟盎墓

地圖十三　羅馬城

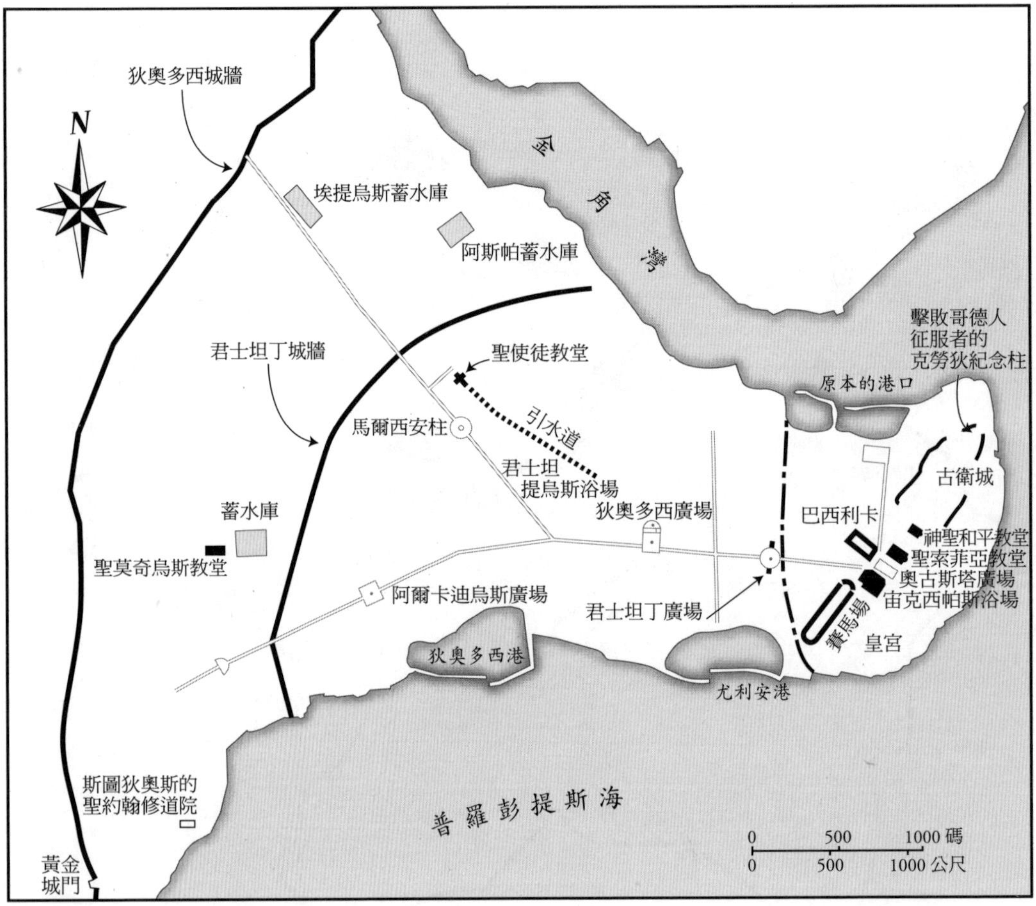

N
狄奧多西城牆
埃提烏斯蓄水庫
阿斯帕蓄水庫
金
角
灣
君士坦丁城牆
聖使徒教堂
引水道
馬爾西安柱
君士坦
提烏斯浴場
狄奧多西廣場
蓄水庫
聖莫奇烏斯教堂
阿爾卡迪烏斯廣場
君士坦丁廣場
狄奧多西港
尤利安港
擊敗哥德人
征服者的
克勞狄紀念柱
原本的港口
古衛城
巴西利卡
神聖和平教堂
聖索菲亞教堂
奧古斯塔廣場
宙克西帕斯浴場
賽馬場
皇宮
普羅彭提斯海
斯圖狄奧斯的
聖約翰修道院
黃金
城門
0 500 1000 碼
0 500 1000 公尺

地圖十四　君士坦丁堡

緒論

西元三六〇年，約莫在二月或三月，羅馬正皇帝「奧古斯都」君士坦提烏斯二世（Constantius II），下了一道無比合理的命令給他的堂弟兼副皇帝「凱薩」尤利安（Julian）。當時，羅馬正與波斯作戰。雙方最近一次交手不過才一年以前，而羅馬人承受了災難性的打擊：波斯國王沙普爾（Shapur）襲擊底格里斯河畔的戰略要地阿米達（Amida，今土耳其東南迪亞巴克爾〔Diyarbakır〕）。經過數個月的圍城戰，阿米達城破，波斯部隊湧入，殲滅守軍並屠殺平民——不打算抓俘虜。這位萬王之王（shahanshahs）之所以沒有深入羅馬領土，純粹是因為秋天來臨，意味著作戰季節結束。但是，只要冬天過去，他肯定會捲土重來，而且力道將遠勝以往。

君士坦提烏斯準備御駕親征，率領下一次對抗沙普爾的行動，於是他從巴爾幹大本營前往羅馬行省敘利亞的母城（metropolis，行省首都），安提阿（Antioch）。尤利安的任務是統治羅馬帝國西半部。但是，無論他在萊茵前線必須採取何種行動以維持秩序，跟波斯問題一比顯然都是小問題。君士坦提烏斯要求他派來四個完整的步兵團，另外從高盧軍團中其餘單位各徵調三百人。君士坦提烏斯身為正皇帝而做出如此要求時，絕對沒有逾越其職權範圍。他對於各種威脅的評估同樣精準無比。服從，顯然是尤利安的責任。但他反而選擇了抗命，決定僭取「奧古斯都」的頭銜，自立為正皇帝，與堂兄平起平坐，而且深知內戰將隨之到來。

尤利安本來被迫退隱，在雅典研究哲學。自從三五五年，堂兄將避居中的他召喚出來之後，尤利安年年都在羅馬的萊茵前線與多瑙河上游作戰。兩人深深恨著彼此。三三七年，君士坦提烏斯策畫了一場大屠殺，殺害尤利安的父親與幾乎所有的男性親人。當時的尤利安還是個小小孩。皇帝君士坦丁一世（Constantine I）根據自己的想法再造帝國，擘畫了帝國的未來。身為他的三個兒子之一，君士坦提烏斯不容許君士坦丁的異母兄弟及其子嗣共享帝國的繼承權。君士坦提烏斯雖然照顧自己的親兄弟（哥哥君士坦丁二世〔Constantine II〕，以及弟弟君士坦斯〔Constans〕），但是他也剪去了家族的旁系枝葉，好讓自己的兒子們絕不會受到他們的挑戰。

尤利安懷藏自己的報復計畫已經很久很久。一直以來，他都料想自己會飛來橫禍——只要君士坦提烏斯的猖獗偏執點燃起來，自己就會遭到暗殺，或是處死。一直以來，他對皇權完全沒有一點希冀。但時運發揮了影響力。君士坦提烏斯的兄弟起了齟齬，演變成戰爭，結果君士坦丁二世戰死。生還下來的君士坦斯固然跟君士坦提烏斯有同樣的虔誠與果斷，但他缺乏兄長的政治遠見與精明自利。君士坦斯在三五〇年被篡位者殺害，但此人在三年後遭到君士坦提烏斯鎮壓。君士坦提烏斯深刻了解，光是靠自己一個人，是無法激發足夠的忠誠心並統治整個帝國的。於是，他把尤利安的異母兄長蓋魯斯（Gallus）——也就是三三七年那場大屠殺唯一留下來的另一名男性堂親（因為蓋魯斯當年也年幼非常），從避居中拉了出來。君士坦提烏斯偏好從巴爾幹進行統治，於是派蓋魯斯去安提阿統治帝國東部，讓他成為「凱薩」（副皇帝）和自己理所當然的繼承人。

但是，事實證明蓋魯斯難堪大用：他跟皇帝堂兄一樣偏執，更是個吹牛大王兼惡霸，很快就不得人心。由於他在政治上並無才幹，因此無法抵擋佞臣與造謠者在正皇帝跟前搧風點火起疑猜。三五四年，蓋魯斯受召返回堂兄的宮廷，途中就在頗拉（Pola，今普拉〔Pula〕，位於克羅埃西亞境內伊斯特里亞半島〔Istria〕）迅速遭到處刑。無論蓋魯斯多麼不得人心，他仍然有他的作用。畢竟三五三年時，君士坦提烏斯無法獨立統治帝國，一年後依然如此。因此解決之道就是尤利安——君士坦提烏斯的妻子尤賽比婭（Eusebia）如此遊說。皇帝並不情願，畢竟過去他一再虧待尤利安，而且即便尤利安從未公然流露過，但皇帝必然懷疑他懷恨在心。可是，他別無選擇。君士坦提烏斯派遣官員就近監視尤利安，盡可能嚴密控制這位年輕凱薩，而尤利安從高盧帶回來的軍事成就倒也貨真價實。此外，尤利安更是讓麾下官員對他死心塌地，部隊對他也滿腔熱血，而君士坦提烏斯（從當代的所有史料來看）絲毫沒有他這種領袖魅力。

蓋魯斯的下場如此，尤利安也難免這般，從來都不可能有快樂的結局。無論情勢如何，這名凱薩想必也在羅織篡位的藉口。君士坦提烏斯徵調高盧部隊之舉，固然是個意料之外的大禮，讓尤利安赤裸裸的野心稍稍掩飾，但其實他早就在準備政變。自從遷往高盧，尤利安便寧可在盧泰西亞（Lutetia，今巴黎）過冬，而非特雷維里（Treveri，今特里爾〔Trier〕）、盧格杜努姆（Lugdunum，今里昂）或亞雷拉特（Arelate，今亞爾〔Arles〕）等傳統上的駐蹕地點。盧泰西亞確實跟高盧邊境的多事之地有點距離，但重點是這兒離高盧各省行政中心甚遠——那些地方的人，都忠於遠在天邊的正皇帝，而非近在眼前的副皇帝。

尤利安在頭幾個冬天，率領親衛隊——帕拉丁衛隊（*scholae palatinae*）與禁軍（*protectores domestici*）前往盧泰西亞的時候，無人提出異議。但到了三五九年冬天，他對於脫離正皇帝掌控愈來愈有信心，這次前往盧泰西亞過冬時，帶著的就不只是親衛隊，還帶了軍團的四個單位。只要有長眼，任誰都曉得這暗示著什麼。終其一生，尤利安都堅持最官腔的否認——是軍方主動要求他承擔奧古斯都之位，他實在勉為其難，不得已才接受。事實絕非如此。聽到他要稱帝的消息時，不光是手邊盧泰西亞的部隊，而是整個高盧的軍團都站在他這邊。自從調動到冬駐地以來，他們肯定都在等這一刻。這就是羅馬帝國在四世紀時的政治操作手法。高盧的軍隊與官僚早已非常習慣自行其是，根據自身的利益而行動，無視於是否符合正皇帝的心意。君士坦丁統治時期已經如此，君士坦提烏斯統治之初的巴爾幹與東方顯然也有類似的區域勢力。地方派系固然能為共同的帝國大業出一分力，但他們寧可把自己與派系首領的事情擺在前面。對高盧軍團來說，失去可觀的兵力有違其利益，尤利安因此成為理所當然的皇帝人選，軍隊也期待他奉高盧最高指揮部的利益而行。

君士坦提烏斯對於這項消息的反應，就算以他狂放的標準來說，也是相當謹慎的。他雖然拒絕尤利安所提出、允許尤利安在西部擁有奧古斯都頭銜的提議，卻保有他東凱薩的身分，而且沒有立即拿蓋魯斯的下場來威脅尤利安。但是，一旦無法徵調尤利安的西方部隊，君士坦提烏斯只能眼睜睜看著沙普爾的軍隊攻陷羅馬疆域極東處的要塞城市辛加拉（Singara，今伊拉克辛迦〔Sinjar〕）與貝扎布德（Bezabde），並且在三六〇年的夏天將辛加拉夷為平地。三六〇年跨三六一年的冬天，羅馬大軍奪回貝扎布德，但這種拉鋸只不過預示了將來更多的爭奪。君士坦提烏斯服從羅馬歷史「先安內後攘外」的鐵則，決定正面迎擊他那叛變的堂弟，後者已經在三六〇年十一月步步進逼。當時，尤利安在維埃納（Vienna，今法國維埃恩〔Vienne〕）慶祝自己登上凱薩之位的五週年（*quinquennalia*）。他不僅採用奧古斯都的整套儀仗，甚至還以奧古斯都頭銜鑄造金幣。鑄幣是一項受到嚴格控管的特權，是皇帝們用來將自己的意思傳達給部隊、官員與彼此的主要公開媒介。尤利安以奧古斯都身分鑄幣之舉，形同宣戰。

當冬日降臨，尤利安在三六一年年初為自己製造了戰端。阿拉曼人（Alamanni）是個獨立的蠻族族群，生活在多瑙河上游的帝國邊界附近，也就是今天的德國西南部。人盡皆知，阿拉曼人其中一位君主瓦多馬里烏斯（Vadomarius）是君士坦提烏斯個人的附庸，而尤利安此時指控他密謀攻擊高盧各省。無論是真是假，這項指控都足以讓他有理由動員整個高盧軍團。此舉表面上是為了跨出邊境展開討伐，實則更為大膽：閃電入侵巴爾幹，將君士坦提烏斯隔絕在多瑙河鐵門峽谷（Iron Gates），以及塞爾迪卡（Serdica，今索菲亞）和腓力波波利（Philippopolis，今保加利亞的普洛第夫〔Plovdiv〕）間的蘇齊隘口（Succi）以外的東部行省。尤利安先撥調部分部隊，提前乘船沿多瑙河而下，接著才率領大軍前進。他最信任的將軍——騎兵統帥（*magister equitum*）弗拉維烏斯・內維塔（Flavius Nevitta）拿下了薩瓦河（Sava）沿岸的軍事要道，攻占錫斯齊亞（Siscia，今克羅埃西亞錫薩克〔Sisak〕）與斯爾米烏姆（Sirmium，今塞爾維亞斯雷姆斯卡米特羅維察〔Sremska Mitrovica〕）。並未隨君士坦提烏斯前往東方與波斯人對陣的巴爾幹駐軍此時倒戈尤利安，尤利安則派了一小支部隊反方向經過伊莫那（Emona，今斯洛維尼亞盧比安納〔Ljubljana〕），翻越尤利安阿爾卑斯山（Julian Alps）進入義大利，打算占領北義大利平原。

這支部隊原本勢如破竹，直到尤利安有兩個兵團在前往義大利途中叛變，轉而效忠君士坦提烏斯，控制了要塞阿奎雷亞（Aquileia，今天的阿奎雷亞是義大利烏第內省〔Udine〕的小鎮，也是重要考古遺址，但在當年可是帝國前十幾大城之一）。由於背面新出現敵軍，尤利安這下得考慮兩面作戰，也無法保證自己跟忠於他的高盧省份之間的補給線能暢通無阻。他在斯爾米烏姆停下腳步，分兵麾下將領率領部分高盧部隊通過阿爾卑斯山，控制義大利平原的主要城市。接下來，他從斯爾米烏姆展開連串的文告攻勢（他學過希臘語，又自詡為哲學家），指控君士坦提烏斯對他的一連串不公平對待。尤利安期待讓社會上層輿論倒向自己，深信相較於君士坦提烏斯嚴肅的基督教崇拜，自己跟社會上層有著共通的希臘化上流文化語言，對自己也更為有利。此時的尤利安尚未公開叛教，那是未來的事。但從他的文句中，誰都能感受到他發自肺腑的敵意——一個和平的宗教，居然會縱容一場針對他出身的家族大屠殺。

虛榮心受了傷的君士坦提烏斯，想必感受到尤利安的嘲弄所造成的心理打擊，而尤利安帶來的軍事挑戰又實實在在。他別無選擇，只能拋下東部行省任憑波斯王處置，自己則出兵對付叛變的凱薩。君士坦提烏斯在三六一年十月率軍離開安提阿，為了趕在冬天之前脫離安納托利亞高地，他急行軍。病魔在奇里乞亞（Cilicia）追上了他的腳步，他再也無法繼續前進。君士坦提烏斯意識到自己病入膏肓，於是決定以政治家的身分死去。自從三三七年發動大屠殺掌權之後，他終其統治皆以帝國利益為務，同時出奇的克己且冷靜。三六一年十一月三日，他任命尤利安為共帝（因此也是他的合法繼承人），並且在同日駕崩。這是官方說法。雖然這可能是君士坦提烏斯的高級將領為了避免進一步的衝突而捏造的說法，但此舉其實也符合我們對於君士坦提烏斯性格的認知。總之，隨著堂兄死去，尤利安也展開他身為君士坦丁王朝最後一位男性倖存者的獨力統治，並決心拆解伯父君士坦丁對羅馬世界帶來的社會與政治變革。

尤利安與君士坦提烏斯之間的衝突，更普遍地勾勒出羅馬帝國晚期歷史的許多主題與結構要素。他們的衝突不僅突顯了正、副皇帝共同統治的內在緊繃，也指出在前現代的通訊條件下，這是統治遼闊領土必不可少的措施。帝國軍事、民政兩方面的組織規模隨之浮現，以及連年戰事會對這兩者做出的需求。這起衝突顯示地方派系如何構成環環相扣的軍事、民政家族網路；從許多角度來看，任何一個皇帝對於羅馬國運的影響力，都比不上他們。最後，此事也揭露了羅馬帝國經歷的社會轉變——雖然還稱不上基督教帝國，但也早已拋棄先前兩個半世紀在宗教上放任的態度。這個獨特的晚期羅馬帝國，以及其政治經濟發展、最終消逝的方式，就是本書的主題。為了方便讀者理解，我們必須簡短從君士坦提烏斯二世之死，跳回去談兩個代表性的瞬間：西元三二四年，亦即君士坦丁成為帝國唯一統治者之時；以及西元二八四年，戴克里先披上皇帝紫袍的那一刻。

第一章　締造君士坦丁帝國

西元三二四年，西奧古斯都君士坦丁徹底擊敗了他的妹婿，也是曾經的盟友、如今的死敵——東奧古斯都李錫尼（Licinius）。打了這場勝仗之後，君士坦丁就此成為羅馬帝國唯一的統治者。兩人從先前的一系列血腥內戰中倖存，我們所說的「四帝共治」便是隨著那些內戰而崩解。四帝共治制度是二九三年時，由皇帝戴克里先所創造的。西元三世紀期間，羅馬政治菁英與軍隊受到連續不斷的危機所苦。戴克里先想出四帝共治，是為了化解危機，而這個制度大體上是成功的。戴克里先深知，這麼一個西起大西洋，東至幼發拉底河，北起萊茵河、泰恩河（Tyne），南至撒哈拉沙漠的大帝國，光靠一個人是無法有效統治的。

戴克里先在先皇出征美索不達米亞、遭到暗殺時透過軍事政變奪權，接著在巴爾幹擊敗先皇的皇子，讓羅馬元老院勉為其難承認了他。當時的元老院徒餘象徵作用，幾無實權。這個紫袍加身的道路早已是三世紀的常態：對立的軍隊擁立自己的指揮官為皇帝，接著為了統治全帝國而戰。如此局面從二三〇年代起反覆出現，其實有諸多原因。其一就是好幾個邊疆地帶出現了更強大的新敵人，尤其是萊茵河畔與萊茵河／多瑙河上游的新興蠻族聯盟（前者稱為「法蘭克人」〔Franks〕，後者稱為「阿拉曼人」），以及波斯的新王朝（推翻了羅馬人知之甚詳的安息統治者）。

這個新王朝根據傳說中的始祖而稱為薩珊王朝（Sasanian Dynasty）。相對於安息王朝來說，薩珊王朝的希臘化程度較低，也不為羅馬人所熟悉，而且更具攻擊性。薩珊王朝的「萬王之王」信奉二元論的瑣羅亞斯德宗教（Zoroastrianism），狂熱擁護其神職人員，而這種信仰為他們武力征服（尤其是羅馬帝國東部行省）的行動賦予一種使命感。三世紀時（尤其是今上遠在天邊的時候），外來威脅一再促成內部有人篡位——為了面對威脅，軍隊會擁立地方指揮官為皇帝。對於今上而言，篡位對於自己存續的威脅都遠勝過任何一種外敵入侵，因此安內的順序永遠先於攘外。結果，就是接連不斷的內戰。

話雖如此，羅馬統治階級的生存危機可不只是內戰肆虐。危機也跟社會與王朝轉型有關——內戰加速了轉變，但內戰本身並非轉變的起因。奧古斯都建立了羅馬帝國體系。頭一百年間，帝國的運作有賴於出身羅馬元老院的政務官。元老院本是舊共和國的統治機構，此時轉型為某種地方行政官員與軍事指揮官的孵化場，而元老院實質上也不再獨立於皇帝。隨著帝國中有愈來愈多人口得到羅馬公民權，這一批「元老階級」（*ordo senatorius*，羅馬人所謂的「階級」〔*ordine*〕，是以其特權與責任來界定的，而非社會出身）也日漸膨脹。一旦地方社會得到政治權利，當地社會上層最富有的成員便有資格加入元老院。於是乎，我們先後看到來自高盧南部與西班牙南部、東部，來自希臘化世界的中心——希臘、愛琴海島嶼與小亞細亞，還有來自非洲和北方行省少數城鎮區的元老。

但是，無論元老院怎麼擴大，元老人數總是趕不上政務官必須進行的諸多任務：稅收、司法行政、維護公共建設、鎮壓土匪……諸如此類。皇帝自己的財富與直轄土地（並非羅馬政府公有的土地與財產）大幅擴張，意味著數十年來，內廷的奴隸與自由人早已包辦從產業管理到稅收的大小事。然而，羅馬統治階級的第二層——人稱「騎士階級」（*ordo equester*）——卻逐漸成為帝國行政的主幹。從二世紀到三世紀，帝國政府逐漸常態化、官僚化與職業化，絕大多數的管理職都由騎士階級出任。與此同時，軍隊的晉升制度也變得更有彈性，連出身行伍的人都有晉身騎士階級、成為軍官的機會。可以肯定，這類人到了三世紀中期已經把元老從大多數的指揮職中擠掉了。

等到戴克里先終結五十年的內戰後，舊的元老階層貴族已蕩然無存。四世紀時，甚至連備受敬重的古老家族，亦即出身羅馬城的那些家族，也只能把自家的祖譜回溯到三世紀的動盪年間（恐怕只有兩個家族例外）。從諸多方面而論，戴克里先可說是銳意改革，但這不包括他對統治階層的處理，元老與騎士階級之間仍然保有分野。改革得等到君士坦丁出現之後。君士坦丁深有體會，知道這兩個階級所發揮的功能，已經實質上毫無分野，於是將騎士階級與元老階級合併，並確保四世紀的元老階級貴族會跟帝國早期的前輩們大不相同。但除此之外，君士坦丁所繼承的多半仍是經過戴克里先從頭到腳重新形塑過的帝國，本書的劇情正是以這個背景為舞台。

二九〇年代，戴克里先打破帝國早期的遼闊行省，將之化為上百個小行省，每一個行省都有一位行政長官，許多行省更設有某種軍事機構。他一以貫之的目的，在於讓任何潛在叛變者可以使用的資源大幅縮水，將部隊的指揮與補給、薪餉（annona）等職能區隔開來，從而減少有人篡位的可能性。戴克里先式行省的明證，是一份來自大約三一二年前後的政府文件，稱為〈維洛納清單〉（*Laterculus Veronensis*）。清單上列出帝國百餘個行省的名稱，每一個行省都有其行政長官。這些行政長官的頭銜不一——例如「資深執政官」（*proconsul*）、「執政官」（*consularis*）、「監察官」（*corrector*）——隨著四世紀演進，明確擁有影響力的階級體系也從各個行省之間浮現。資深執政官，統轄著阿非利加資深執政省（Africa Proconsularis，大致等於今日的突尼西亞）、亞細亞行省（Asia，今日土耳其西北角）以及亞該亞資深執政省（Achaea Proconsularis，希臘與愛琴海島嶼），因為自帝國誕生以來，這三個省份一直居於最重要的位置；其實在四世紀晚期，資深執政還會得到無須透過任何上級官員，就可直接向皇帝報告的法律特權。「執政官」與「監察官」頭銜與「資深執政官」不同，兩者的官職本身並沒有高下之分，但在人們心中，某些省份（尤其是那些隸屬帝國時間較久、都市化較深的地區）分量就是比較高。因此，擔任行政長官一職——比方說義大利南部的行政長官——也就成為未來仕途的良好指標。然而，無論頭銜為何，各種行政長官扮演的都是相同的角色：監督行省內的民政，亦即包括司法體系，以及行省對政府財政負有的各種義務。

百餘個行省的數量與邊界不時會重新安排，此外也構成更大的行政單位。這些行省群稱為「管區」（dioceses），相當穩定，從各方面來說都是構成四世紀政府的真正磚瓦。起先在戴克里先與共治皇帝的統治下，管區主要發揮的功能是財政，將特定稅官階級體系負責的幾個行省組合起來。君士坦丁進一步將管區治理制度化，由稱為「代巡官」（*vicarii*）、有權代表帝國裁判法律案件的官員主事。他的目標不只在讓司法管理趨於一致，更是為了確保行省與管區司法階層重重相疊，有重複彼此工作的可能性。這種重複審理，以及有意模糊誰來仲裁、誰應該做出仲裁的作法，旨在促成各種官員彼此監督——監視與告發，向來是遠在天邊的朝廷約束官員的好方法。

原本的戴克里先管區（參見地圖）基本上保持原狀，直到帝國在五世紀時開始瓦解為止，頂多只有君士坦丁在巴爾幹新成立兩個管區——將原有的單一管區一分為二，成為達契亞（Dacia）與馬其頓（Macedonia）。後來，瓦倫斯（Valens）讓埃及自己成為一個管區，從廣大的東方管區（Oriens，從亞美尼亞與托魯斯山脈〔Taurus〕到阿拉伯與巴勒斯坦）之中獨立出來。這兩個獨特管區的代巡官也有不同於人的頭銜——埃及代巡官稱為「奧古斯都長官」（*praefectus Augustalis*），而東方管區代巡官則是「東方伯」（*comes Orientis*）。大致上，這些管區是帝國政府最重要的層級、最大的轄區，能實際以單一財政單位的身分運作。儘管代巡官重要非常，但他們始終沒有獲得終審權，因為在他們之上還有晚期帝國政府最重要的民政官員——禁衛總長（praetorian prefects）。

晚期帝國的這些禁衛總長，是帝國奠基時一種官職的直系傳人。一開始，禁衛軍——駐守羅馬城的特別部隊——是由兩名總長指揮。但是，由於是騎士階級在政府中的最高官職，加上經常作為皇帝的代表，他們不久後便出現在政府的各個角落，行使職權。禁衛總長的職能在三世紀開始變化，而君士坦丁徹底結束了他們的軍事功能——一次內戰中，禁衛軍支持了對手，於是君士坦丁在內戰結束後鎮壓了禁衛軍。

四帝共治制度下，每個皇帝都有自己的禁衛總長，這個習慣一直延續到君士坦丁讓孩子建立自己的副朝廷為止。總長的人數隨著副皇帝（「凱薩」）的人數而異，而他們始終是帝國政府中最強大的官員。他們可以代表皇帝做出終審判決，監督轄下管區歲入的出納，還能審理下級地方官的訴願。他們在財政上負有重責大任，因為他們負責「薪餉」——帝國民事官員與軍隊所有的薪水與配給。羅馬帝國的稅收有現金、有實物。無論處於哪一個階段，羅馬帝國都是一台將來自各省的稅收重新分配給軍隊與民政機構的機器（事實上，帝國晚期的拉丁語，都是用「*militia*」稱呼效力於軍事、民政階級體系的人）。私人物流網路乘上了公家薪餉網路的順風車——這是晚期帝國政府對於商業經濟運作至關重要的原因之一。總長除了控制龐大的財政機制，還要照顧帝國的基礎建設，維護公共郵政體系，並透過徵收現金、實物稅，或是徵用徭役（*corvées*，無薪水的勞動），來確保前述基礎建設之運作。

君士坦丁死於三三七年。此時，我們可以看出禁衛總長轄區（praetorian prefecture）已經成為實質行政區劃。到了君士坦丁之子統治的時代——尤其是三子君士坦提烏斯二世在三五〇年成為合法皇帝之後，禁衛總長區劃更成為正式制度。屬於特定總長轄區的管區固然會隨時代而改變（由於內戰與外敵入侵之故，總長轄區所屬的管區在四世紀晚期與五世紀初期變化頻仍），但在西元三五〇年時，已經浮現四個相對穩定的總長轄區：高盧總長轄區，通常從特雷維里管理，轄有不列顛（Britannia）、西班牙（Hispania）、「納博訥高盧」（Gallia Narbcnensis，羅亞爾河以南的高盧），以及「三高盧」（Tres Galliae，羅亞爾河以北、萊茵河以西的高盧與日耳曼）等四個管區；義大利與阿非利加總長轄區，負責兩個義大利管區（羅馬以北的「糧倉義大利」〔Italia Annonaria〕與羅馬以南的「城郊義大利」〔Italia Suburbicaria〕）、昔蘭尼（Cyrene）以西的阿非利加拉丁語區、阿爾卑斯山各省，有時候還包括潘諾尼亞（Pannonia，匈牙利、奧地利與部分的斯洛維尼亞和克羅埃西亞）；伊利里亞（Illyricum），有時候跟義大利與阿非利加共同理政，轄有馬其頓、達契亞與潘諾尼亞；最後是東方總長區，掌管色雷斯（Thrace）、亞細亞納（Asiana，小亞細亞）、東方管區（托魯斯山脈、黎凡特與美索不達米亞）和埃及。

由於地位優越，亞該亞、亞細亞與阿非利加資深執政省無須對各自的總長當局負責，但實際上仍需與總長在財政上合作。羅馬城由「都總長」（*praefectus urbi*）與薪餉總長（*praefectus annonae*）管轄，前者是個德高望重的元老階級職位，而後者則是跟禁衛總長有關的較低官職。君士坦丁的新城市——君士坦丁堡在四世紀期間成為第二羅馬城，這座城市也不受色雷斯管轄——君士坦提烏斯在三五九年設立了獨立的君士坦丁堡總長。

每一名行政長官、代巡官與總長都有數十名左右手，人數有時甚至超過百人，但相較於帝國中央政府，他們仍只是一小撮人。御前的宮廷機構統稱為「御衛」（*comitatus*，字面意思是武裝衛隊），隨著皇帝在各個駐蹕處之間移動。內務職員稱為「侍寢」（*cubicularii*），以「御寢長」（*praepositus sacri cubiculi*）為首；幾乎所有的御寢長都是宦官，他們多半出身羅馬、波斯之間的邊境地區，因為禁止羅馬人去勢的禁令在此並不適用。他們監督宮內的大小事，照料皇帝與皇后最私密的需求，並管理統稱為「僕役」（*ministeriales*）或「宮人」（*curae palatiorum*）的教師、文書與僕人。

其他的御衛機構則處理皇帝的公共職能。在眾多機構主管中，最強大的就屬「執事長官」（*magister officiorum*），他轄下的各種「部門」（*scrinia*）必須照顧到皇帝的公開角色——他有三名次官，分別為「機要吏」（*magister memoriae*）、「監查吏」（*magister libellorum*）與「書信吏」（*magister epistularum*），處理皇帝的信件、收受對皇帝的請願、仲裁申訴案與地方官的「正式報告」（*relationes*），並起草回覆。為了外交，執事長官公署設有通譯團，而執事長官同時還控制帝國政府的密件體系，由大約千名「稽查使」（*agentes in rebus*）構成。這些稽查使以信差起家，但最後泰半成為高階間諜與殺手，安靜且迅速地完成所有政府都會幹的那種骯髒活。

執事長官大權在握的另一個證明，就是他身兼皇帝的親衛部隊——帕拉丁衛隊名義上的指揮官。這是羅馬晚期政府唯一握有兵權的民政官員。衛隊的每個「分隊」（*schola*，不同時代的數量仍有爭議）由五百名精銳騎兵組成，以皇帝親自任命的「軍政官」（*tribunus*）為首。皇帝從衛隊中挑選貼身侍衛，由於他們穿著白色制服，因而得名「白衣」（*candidati*）。另一個皇家機構——書記團（corps of notaries），其職能則與執事長官公署有所重複。「書記」（*notarii*）由「首席書記官」（*primicerius notariorum*）管理，他們記錄帝國由東到西、從南到北的官員派任，並為皇帝起草委任書。首席書記官負責維護所有帝國官職的「總清單」（*laterculum maius*）。理論上，書記官雖然只是文職人員，但他們和稽查使一樣，經常受到調任，執行間諜、審訊等不太光彩的祕密行動。

禁衛總長監管的金額，固然是流經政府體系中最大的一筆款項，但君士坦丁仍舊從戴克里先的政府改革中，繼承了兩個皇家財政機構，各自以一名「伯」（*comes*，這個字有兩個意思，一為「官員」，一為「同伴」，此處為前者）為長官。「內庫」（*res privata*）監督五個不同的部門，處理皇帝各個方面的私產，從稅收、租金、買賣到沒入物一應俱全，而「內庫伯」（*comes rei privatae*）也是正皇帝的當然隨員。內庫職能如此，意味著在每一個行省都有大批內庫官員。御衛中的另一個財政機構是「廣財衛」（*sacrae largitiones*）。「廣財伯」（*comes sacrarum largitionum*）主管帝國的鑄幣廠，最重要的鑄幣廠設於羅馬、特雷維里、亞雷拉特、斯爾米烏姆、塞爾迪卡、帖撒羅尼迦（Thessalonica）、安提阿與亞歷山卓（Alexandria）。

經過多年的財政不穩，君士坦丁以純度極高的金幣為基礎，重建了羅馬的貨幣體系。這種金幣重四點五公克，稱為「索幣」（*solidus*）。政府依舊鑄造銀幣與卑金屬錢幣，供小額交易使用，但它們跟索幣沒有固定的匯率，而帝國經濟體的財政面卻完全奠基在黃金上。廣財衛也經營政府的金、銀礦場，並監督那些為軍官武器與甲冑裝飾貴金屬的「兵工廠」（*fabricae*，製作無裝飾武備的兵工廠則由執事長官主理）。最後，各種以銀或金的形式所繳交的稅款，都會送到廣財衛——包括各種通行費與港口稅、「代役金」（*aurum tironicum*，以金幣來折抵兵役）、「加冕金」（*aurum coronarium*，皇帝登基以及每逢五週年紀念日時，各城鎮的「志願」捐獻）、「敬獻金」（*aurum oblaticium*，與加冕金同時間繳交，只是繳交的人為元老）、「土地稅」（*collatio glebalis*（元老繳交的年費），以及「清稅」（*collatio lustralis*，希臘語作「金銀稅」〔*chrysárgyron*〕，是從商店主到妓女等各種生意人都要交的稅，每五年徵收一次。原本金、銀皆可上繳，後來只收金）。廣財伯管理的機構中有十個完整部門，而且和內庫一樣，除了中央御衛層級以外，也有各省層級的分支機構。

在執事長官官署，以及執事長官領軍的帕拉丁衛隊之外，君士坦丁徹底把帝國的軍政與民政分離，將這股三世紀的勁流化為正式制度。野戰部隊（*comitatenses*）由數個大致千人的單位組成。許多行省（尤其是邊境）也有自己的駐軍，稱為「陸邊衛」（*limitanei*）或「河邊衛」（*ripenses*），許多駐衛軍都是從早期帝國的大型羅馬軍團演化而來的。野戰部隊由兩名將軍指揮，他們經常與皇帝御衛同行，因此稱為「御前軍長」（*magistri militum praesentales*）。主將稱為「御前步兵長」（*magister peditum praesentalis*），副將稱為「御前騎兵長」（*magister equitum praesentalis*），但其實兩人都會率領步兵與騎兵，平常也都統稱為「軍長」。假如同一時間有數名皇帝集體統治，則每一位皇帝的御衛中也會設有這些軍職，只不過隨著時間（以及區域性總長轄區的發展）也逐漸演變出野戰部隊的區域指揮官：除了上述御前軍長之外，四世紀中葉還發展出高盧軍長（*magister per*

Gallias）、伊利里亞軍長（*magister per Illyricum*）與東方軍長（*magister per Orientem*）。他們或多或少是穩定的野戰部隊核心，而整個部隊的規模則視區域軍情而定。

邊境的常駐軍由「伯」（*comites*）或「公」（*duces*）指揮，他們轄有各種邊衛，只不過這些單位不時散布在整個行省，結果維護治安、收取關稅的時間和當兵的時間常常不相上下。除了上述野戰部隊與邊衛之外，還有一支禁軍，成員來自民政、軍政體系裡身分尊貴、關係良好的官員子嗣，以及邊境附庸國出身高貴的年輕人。這些士兵執行皇帝親自下達的軍事命令，而整個衛隊也成為各種背景的人所組成的儲備軍官團，構成了帝國晚期的軍官階級。禁軍由御衛的資深成員「禁軍伯」（*comes domesticorum*）指揮。（其他出身「一般」的衛隊由普通士兵組成，他們在職涯末期晉升，分配擔任管理職，通常位在遙遠的行省，作為多年服役的獎賞。）

後面的章節，我們將了解君士坦丁式的政府體制實際上如何運作，又如何劃定皇帝與子民「能與不能」的範圍，這裡只先稍微勾勒。不過，政府結構固然重要，卻不是君士坦丁再造帝國的唯一途徑。他還展開了讓帝國遵奉基督教的過程，不久後便無法逆轉。基督教原本是猶太教的異議教派，但到了二世紀，這些信徒認為自己信奉的是個新宗教，敬拜那一位「派自己兒子耶穌來救贖人類的好妒單一神」。基督教的發展起先局限於巴勒斯坦鄉下小社區與東部希臘語地區大城，但到了三世紀時已開枝散葉。這多少有點出人意料，畢竟以古代標準而論，基督教是個古怪的宗教。長久以來，希臘人與羅馬人都認為猶太人的排外一神教，以及拒絕接受羅馬官方神祇的態度，是一種反常的現象。他們之所以容忍猶太教，是因為這種宗教顯然是少數族群的信仰，走不出範圍有限的社群。不過，基督教的特出之處，在於信仰的效用，而非外顯的儀式。這一點不僅與猶太教不同，也異於希臘—羅馬世界的其他宗教。

非基督徒中，有人對於宇宙與神的本質，有著非常縝密、充滿哲思的信念，也有人只不過是不假思索的迷信者。不過，他們都了解「祭祀犧牲」是人對諸神的義務——無論是以上百頭牲口為供品的大型公共祭典，或是個人前往祭壇捻香祝禱，都是可行的形式（對當時的猶太人來說，規規矩矩的禮拜與儀式行為也有一樣的功能）。基督徒不會參與公共祭典，就怕失去得到救贖的機會，畢竟他們善妒的神禁止他們這麼做。他們也不會遵奉羅馬官方的諸神，或是接受皇帝崇拜，這是很有可能被詮釋為叛國的：結果他們拒絕祭祀犧牲的作法，導致帝國當局在三世紀發動好幾起大規模迫害。在第二起迫害之後，皇帝加里恩努斯（Gallienus）對基督徒開恩，認可基督教會有權根據羅馬法律擁有自己的財產，基督徒人數也因此在三世紀下半葉迅速增加。

對於基督徒的信仰人數，有許多言之鑿鑿卻彼此衝突的說法，我們永遠無法得知確實的數字，因為證據就是不夠充分。不過，到了三〇〇年，基督徒在部分的東部希臘語地區已經成為多數，在西部拉丁語地區，也是人數可觀的少數群體。對於希臘與拉丁世界受過教育的菁英來說，基督教不過是眾多宗教中的一種選擇，甚至只是眾多一神信仰的選項之一，畢竟像新柏拉圖主義（Neoplatonism）等哲學—宗教體系，也蘊含強烈的一神元素。對普羅大眾來說，基督徒的崇拜就跟公開的多神祭典、或鄉下無所不在的民俗信仰一樣是共存的。無論在哪一個社會階層，基督教都還稱不上多數。而且，認為基督教特別吸引、或只能吸引到貧苦人的說法，只是個陳腐的觀念。基督教涵蓋各式各樣的社群，有些信徒的富裕與成功程度，足以破解上述觀念。

大致上在三世紀晚期的同一時間點，基督教社群內也發展出明顯的神職等第，社群領導人——

主教（*episcopi*）——形成一個遍及羅馬世界的網路，甚至超越邊界，深入那些生活在波斯統治下的美索不達米亞基督教社群。特定幾個主教的權威就是比別人來得高，原因或許是來自個人魅力，也可能是因為自己的城市主教座歷史悠久，或是純粹因為城市的規模與整體重要性——有些地方三種因素兼具，像是阿非利加資深執政省的迦太基。有些主教座（羅馬、亞歷山卓與安提阿）自認有權為基督徒代言——不僅有教區中的基督徒，還包括各地的基督徒。他們這麼做的根據，是因為自己的教座相當古老，又有使徒基礎（也就是說，他們宣稱建立教座的人是耶穌的門徒，以及第一代的使徒）。總之，當戴克里先在三〇三年針對基督教發動最後一起迫害（史稱「大迫害」〔Great Persecution〕），把基督教視為對社會秩序的威脅，侮辱了保護羅馬的諸神，因而打算將基督教連根拔起時，基督教已經是帝國宗教景致中廣為人接受的一部分了。這場迫害的根據，以及引發迫害的諸多事件實在太過複雜，跟共治的皇帝及其家族的內部政爭密不可分，因此我暫且按下不表。不過，從三〇三年到三〇五年，帝國各地的基督徒都經歷過某種形式的迫害——西部拉丁語地區的教堂被毀，經典被燒，而非洲與東部希臘語地區則面臨各種充公、刑求與處刑。在帝國西部，迫害行動止於三〇五年，但東部的迫害則以各種形式延續到三一三年。結果，基督教受到的迫害轉變成內戰的導火線之一，最後終結了四帝共治，而君士坦丁本人改宗基督教一事，更是世界史上劃時代的大事之一。

君士坦丁可能從孩提時便對基督教抱持同情的態度。他有家人是基督徒，而他的父親——凱薩君士坦提烏斯，在自己控制的帝國領土部分也執行戴克里先的詔令，但實際在迫害基督徒時，他盡可能輕放。其實，迫害背後有許多動機，其中之一恐怕是為了把君士坦丁從四帝共治繼承線上排除出去。但是，等到君士坦提烏斯駕崩時，他麾下的軍隊還是擁護其子為皇帝，而戴克里先的繼承人——如今的正皇帝奧古斯都加利流（Galerius），也只能勉為其難地接納君士坦丁為皇帝統治團的一名正統成員。三〇六年到三一二年這六年間，君士坦丁統治高盧、不列顛與西班牙，盡可能扭轉先前的迫害在其領土所造成的影響。等到三一二年，他從自己的對手馬克森提烏斯（Maxentius）手中奪得義大利與非洲之後，他也是這麼做的。此時，他已經公開宣稱自己是基督徒了。直到三一二年，他的御衛中同時有傳統國家崇拜的祭司，也有基督教神職人員——哥爾杜瓦（Corduba，今安達魯西亞哥多華〔Córdoba〕）主教何西烏（Hosius，亦作Ossius）就是其中之一。當三一〇年，君士坦丁在帶兵打仗期間看見異象時，這些人便提供他互有衝突的詮釋。

他究竟看到什麼？這一點眾說紛紜，但可能是一種稱為「日暈」的光學現象，這是光線與雲中的冰晶交互作用，在空中創造出有如環狀或柱狀的影像。不管怎麼說，眾人皆同意上天給君士坦丁捎來訊息，唯一的問題在於如何解讀。是不是太陽神阿波羅預祝君士坦丁戰勝？還是像何西烏等基督徒所主張，這來自唯一真神的訊息？君士坦丁說不定認為自己魚與熊掌可以兼得。不過，當他在三一二年入侵義大利，在北義大利平原徹底擊敗馬克森提烏斯的野戰部隊之前，卻在最後交手的前一夜作了個夢。這個夢教他在麾下人馬的盾牌上畫上聖名符號（christogram，希臘字母X與P兩相交疊，代表「基督」），在基督教的上帝保護下進入戰場。他確實這麼做了，馬克森提烏斯的軍隊應約潰敗，這位篡位者也溺死在台伯河中。君士坦丁晚年常常重述自己改宗的故事，而且顯然多次改寫（也可以說重新詮釋）發生的事情。不過，從三一二年之後，他顯然有意以基督徒皇帝的自我認同來進行統治，而且總是積極照顧基督教會。

他旋即了解，改宗不僅意味著絡繹不絕的成功，也代表紛至沓來的挑戰。三一二年，幾乎是馬克森提烏斯才剛身亡，這位基督徒皇帝便應要求介入基督徒之間的紛爭。先前的迫害在北非的教會造成難以抹滅的分裂。有人堅持，一旦神職人員與主教曾經把基督教經典上繳給迫害的當局，就失去了自己的正當性，再也不算神職人員（人稱「叛道者」〔*traditores*〕，意思是「把東西交出去的人」，這個字也是英語「叛徒」的根源）。這些人不只本身再也不具備神職的資格，也不能按立或祝聖他人。當時這場爭議的核心，在於新獲選的迦太基主教凱其里安（Caecilianus）是否有接任此位的正當性，畢竟為他祝聖的那名主教，據說是個叛道者。凱其里安的反對者選出另一名主教多納徒（Donatus）和他競爭，雙方此時訴請君士坦丁仲裁。皇帝向羅馬主教美基德（Miltiades）尋求建議，而美基德在三一三年作出對多納徒派不利的判決。多納徒派再度聲請仲裁，於是君士坦丁在三一四年，於亞雷拉特召開西方主教會議。

人們一度偏好透過主教會議化解教會內部的爭議，但會議是否成功，必須取決於失敗的一方願意接受決議才行，偏偏誰都知道不會這樣。因此，當齊聚於亞雷拉特的主教作出不利多納徒、支持凱其里安正統性的決議時，多納徒派拒不服從命令，依舊堅持多納徒才是這個席位真正的持有者。無論是性情還是位置，君士坦丁都是獨裁者。他指示官員以武力鎮壓不服從者。多納徒派有人殉道、有人流亡，但國家暴力只不過是讓分裂走下檯面，實質上什麼都沒解決。多納徒和其支持者繼續在非洲城鎮與鄉村祝聖與凱其里安派對立的神職人員。凱其里安派與多納徒派之間的衝突成了百年膿瘡，遠遠持續到君士坦丁死後。不過，分裂雖然揮之不去，更長久延續，但這起爭議根本上仍然是行為準則和正統與否的衝突，其起源深植於兩派的地方脈絡。相形之下，一旦基督徒在神學論點上有所爭議，救贖與永生才是關鍵，影響也遠比多納徒分裂更為深遠。等到君士坦丁在三二四年把帝國東部從李錫尼手中搶來後，他就以苦澀的方式體會到這一點。

假如君士坦丁對於權力沒有那麼貪得無厭，他跟李錫尼之間的衝突本來是可以避免的。各種跡象顯示，李錫尼滿足於他統治的帝國東部，把帝國西部留給君士坦丁。但君士坦丁卻在三一六年引發衝突，大獲全勝，結果雙方議和時君士坦丁拿下了大部分的巴爾幹地區。到了三二〇年代初期，君士坦丁再度故意激怒同為皇帝的李錫尼，雙方最終在三二三年決裂——這一年，君士坦丁表面上針對的是多瑙河對岸的薩馬提亞人（Sarmatians），實則是在侵犯李錫尼的領土。雙方免不了算總帳，而君士坦丁的軍隊再度凱旋。兵敗如山倒的李錫尼逃往小亞細亞，麾下軍隊則向君士坦丁投降。君士坦丁承諾保全李錫尼的命，只要他無條件投降。李錫尼照做之後，便被囚禁在帖撒羅尼迦，不久便遭到處死——他被控密謀反對寬大為懷、十分希望饒過他的皇帝。

早在十二年前，君士坦丁在帝國西部打仗時，打的就是基督教大旗。但三二四年這一仗，他確實可以把李錫尼描繪成迫害者。事實上，這位東部皇帝在自己的版圖中，下令採取迫害基督徒的措施，以報復君士坦丁的侵略，但這也意味著君士坦丁可以把自己的征服戰爭，包裝成基督徒的責任。君士坦丁在全面勝利之後，明確表示自己將以基督徒的身分進行統治，不光像先前那樣，在西方厚待基督徒而已，還要在東方的非基督教社群中積極推行基督教，刻意削弱非基督信仰的力量。他還深深涉入希臘教會的神學爭議，狂妄已極，認為自己有能力解決事實上無法解決的事情。

東部希臘語地區的基督教，不僅與西部拉丁語的基督教大不相同，而且教會政局也更為複雜。東部打從一開始的基督教人口就比西部多得多，承受迫害的時間也遠比西部久，被迫害的程度還更為嚴重，以上都讓東部的基督教社群備受折磨。兩種語言的內在差異也有極大的影響。希臘語遠比拉丁語精妙。希臘語就像今日的德語，可以透過捻合既有的構詞元素，創造出差異極其細微的新字。也就是說，希臘語既能處理有意為之（而且是故意無法化解）的歧異，又能精準分別出不同的意義。拉丁語比較單純，詞彙量較小，也沒有造新詞的古老傳統，因此幾乎每一個字都得乘載多重的概念。正由於在哲學與神學上表現不多，拉丁語母語人士才會有以希臘語作為學術討論與寫作的悠久傳統。但是，一旦碰上神學，希臘語極為適合哲思冥想的能耐，卻會帶來危險。

就基督教來說，救贖的前景有賴於信仰，而非一絲不苟的儀式行為。關於基督教的神，假如信錯了內容，就等於危及自己的救贖。哲學細節上的吹毛求疵，向來是希臘智識生活中的醍醐味，但這種樂趣一旦進到基督教的救贖脈絡中，就成了攸關生死的大事。大多數的古代神學家（以及虔誠的當代學者）假裝正確的信念——「正統」（orthodoxy），是種唯一的真理，在「彼岸」等著人類的心靈思維去發現。但正確的信念無論在過去或是今日，都是彼此競爭的神學家因你爭我奪所造成的產物。錯誤的信念恐怕會遭人譴責為異端，但甲教徒認為的異端，很可能是乙教徒的正統。希臘語變化多端的文法，更讓情況雪上加霜——每當某個神學信條化解了甲問題，將全無爭議的一致意見確立為正統信仰（而這種情況少之又少），接著卻又引來需要解決的乙問題，於是造成分裂的整個循環又重頭開始。而在教會裡，人們在個人與政治層面的對壘，無疑讓情況大為惡化，尤其是有些主教主張自己的教座具有特別的屬靈權威。

三二四年，希臘教會正處於這種神學的動盪之中。他們爭辯正是基督教的聖父、聖子與聖靈三位一體中，聖父與聖子的關係究竟為何。我們把這次事件稱為亞流教爭（Arian controversy），原因是爭議的信條，是埃及教士亞流（Arius）提出的。埃及的亞歷山卓主教座（據稱，是《馬可福音》作者聖馬可〔Saint Mark〕為該教座打下了使徒基礎）已經深陷先前造成多納徒分裂的相同「判教者」難題中，但在這一次，爭議又跟真正的神學難題牽扯在一起。亞流曾經在亞歷山卓最大的對手——安提阿——念過書，他反對亞歷山大主教所認為「聖父與聖子為同一『本質』（希臘語作 *ousia*，拉丁語作 *substantia*）」的看法：既然聖父是聖子的「父」，必然代表聖子在某一刻尚不存在，若此為真，則聖子不可能與聖父同質，也必然不同於聖父，只從屬於祂。亞流因為這番批評而見逐於自己的主教，於是他在東方其他地方尋求支持。自君士坦丁擊敗李錫尼的那一刻起，彼此競爭的主教網路便試圖尋求君士坦丁的支持，而亞流的作法立刻讓這個思想問題與主教網路染上政治色彩。

皇帝訴諸他在西部試過的手段，召開教會會議以化解爭端。三二五年，會議於尼西亞（Nicaea）召開。尼西亞位於小亞細亞，大多數東方主教無須長途跋涉，而君士坦丁也設法讓一些拉丁主教與會。最後，據說有三百多名主教出席，包括安提阿的歐大邱（Eustathius of Antioch）與尼科米底亞的優西比烏（Eusebius of Nicomedia，尼科米底亞是小亞細亞主要的皇帝駐蹕處）。亞歷山大主教出於年邁，決定派他絕頂聰明的執事（也是他後來的繼任者）亞他那修（Athanasius）代替他出席。這個決定影響極為深遠。亞流支持者以尼科米底亞的優西比烏為首，他們顯然是少數派，但振振有詞。然而，亞他那修不只是個神學天才，更是無比精明的政治家。經過漫長的攻防與政治交換，會議譴責亞流的教導，並頒布神學信條，表示儘管聖父為聖子之父，但聖父與聖子是為「同本體」（*homoousios*），在存在上或本質上是完全相同的（「*homoousios*」是用希臘語的「相同」〔sameness〕

與「存在」〔being〕組合成的字）。讀者您可能會覺得很弔詭，但尼西亞信條足以達成必要的立即性作用：幾乎每一個人都感到滿意（至少當下如此），就連認為同本體說在理智上站不住腳的人（像是尼科米底亞的優西比烏）也都接受。只有兩名主教加入亞流，拒絕妥協，三人也因此被流放。

新皇帝很滿意這個解決方式，原本這應該對每個人都好——假如基督教對信念的歧異能更加寬容的話。可惜沒有。亞歷山卓的亞他那修與其盟友（包括不見得確實了解問題點的大多數拉丁教士）面對所有的參賽者，必須在政治上與神學上全力以赴才行。亞他那修在三二八年繼承亞歷山卓主教之位，這成為他強大的後盾，也配得上他令人佩服的論證手法，而他在運用這兩者的時候也未曾猶豫過。認為亞流有誤（至少部分有誤）的人當中，也有許多人認為「同本體」同樣有誤（只不過錯的地方不一樣）。例如尼科米底亞的優西比烏，他傾向認為聖父與聖子本質「相似」（*homoios*）但與尼西亞會議的「同本體」說法不同，父與子並不相同。優西比烏在君士坦丁晚年時成為這位皇帝的至交，更在他臨終前為他施洗，而這位尼科米底亞主教也利用他的地位，在東方的主教區中安插贊同「相似說」的人。至於他們在尼西亞會議的對手，則斥「相似說」也為「亞流派」。

亞他那修是相似說支持者娓娓不倦的對手，而他的手法不外乎耍陰招，同時盡可能阻止上述的安插任命——結果害他自己在君士坦丁行將就木時遭到流放。未來的幾十年，他都會是羅馬政局中的一股逆流，尤其是因為君士坦丁之子——君士坦提烏斯既是虔誠非常的基督徒，而且是堅定不移的相似說支持者。君士坦提烏斯花費大量心力、金錢與其他資源，試圖建立一種相似說信條，讓帝國內所有主教趨於一致。他召開好幾次教會會議，以期團結教會——安提阿（三四一年）、塞爾迪卡（三四二年）、斯爾米烏姆（三五一年）、亞雷拉特（三五三年）、米底奧拉努姆（Mediolanum，三五五年）、阿里米努姆（Ariminum）與塞琉西亞（Seleucia，三五九年），以及君士坦丁堡（三六〇年）。每一次會議，他都親自參與信經的起草，希望各地都會接受，也能得到全面的推行。每一回，他的雄心壯志都落空了，部分是因為他試圖掩蓋的神學差距實在太廣，部分是因為派系政治已經在後尼西亞時代的主教轄區中盤根錯節，還有部分是因為皇帝全力推行正統的作法，讓妥協再也不可能。這就是羅馬帝國晚期的結構要點與容貌，尼西亞與其餘波，讓皇帝與官員必須讓甲形態的基督教信仰壓過乙型態的基督教信仰，以取得一致。

理論上，你有機會推動行為上的一致，但你要怎麼強迫信念上的一致？君士坦丁和他的官員所致力推動的，是一件無從證明的事。基督教異議者當然了解這一點，也利用這一點發揮政治力量。長期而論，國家被迫耗費大量資源，來確立百姓應該公開相信什麼，接著強迫他們相信。有一大群人因為拒絕接受特定皇帝擁護的特定基督教信條，而在社會上與政治上遭到邊緣化，甚至不時受到迫害。隨著本書的進行，我們將一再看到這類事情對於帝國統一與政務造成的負面影響。

不妨說，從基督教正統問題開始成為帝國施政重點的速度，就能清楚看出帝國在君士坦丁之後基督教化的速度。頂多兩代人的時間（說不定更快），帝國大多數人口便信奉不是此形式、就是彼風貌的基督教信仰。君士坦丁採取積極措施照顧教會，突顯自己對基督教上帝的支持，除了禁止以釘十字架作為刑罰，改變婚姻法以反映基督教的道德訓誨，並宣布在星期日（聖子上十字架之後復活的那一天）不得從事農事之外的任何公開活動，週末因此誕生。特別把基督徒升去當高官的作法，無疑是鼓勵人們出於自利而改宗。最後，君士坦丁對非基督宗教所採取的措施，必然也有一定的衝擊。西部行省受到的影響相對輕微，但並非無害；而東部行省的神廟財產則遭到充公，影響不可謂不深遠。

千年來，神廟在希臘世界發揮銀行兼博物館的角色。君士坦丁之所以奪走廟裡的金銀財寶，一方面是為了挹注以索幣（前面已有討論）為基礎的新金幣體系，一方面則是為他在君士坦丁堡的宏偉新居買單——這兒的公共空間，將用整個東帝國的財富來妝點。希臘化崇拜的傳統重鎮因此突然陷入貧困，這說不定比君士坦丁的其他措施造成了更大的打擊——其中的一項，歷來引發學界無邊的爭論：君士坦丁究竟有沒有頒布過禁令，禁止異教的犧牲儀式？並無當代的鐵證能證明這項禁令存在，只有君士坦丁的其中一個兒子，在三四一年下令禁止祭祀犧牲時，宣稱他父親過去頒布過類似的禁令。當代詩人巴拉達思（Palladas）的某一首詩還有其他證據，只是沒那麼篤定。總之，君士坦丁很有可能（但無法完全證明）禁止公開進行異教的祭祀犧牲；不只是血祭，連在神龕象徵性的點香也不可以。這些禁令其實與戴克里先對基督徒的迫害並無二致，實施的情況端視地方官的態度，而任何一項禁令對於舊有的非基督教崇拜來說，造成的長期傷害都比不過財寶遭到搶奪。

這些掠奪品的目的地是君士坦丁堡。君士坦丁在古城拜占庭的地點——歐亞交界處的博斯普魯斯（Bosporus）海峽邊——建立這座新城市。他宣稱是一幕異象，指引他興建新城市的位置，還有神蹟協助他劃定城市的範圍。君士坦丁堡是慶祝他戰勝李錫尼，重新統治整個羅馬世界的方式，而這座城市也迅速成為基督教帝國的象徵。三二四年十一月八日，君士坦丁堡象徵性建城、動土開工。六年後完工，於三三〇年五月十一日啟用。君士坦丁希望這座城市成為第二座羅馬城，並且在各個方面皆有意仿效那座古老得多的「帝國之母」（mother of empire）。

四世紀歷史中最重要的一層，就是君士坦丁的城市成為他所希冀的模樣——到了四世紀末，君士坦丁堡已經成為東帝國無庸置疑的首都。君士坦丁堡成為天下第一都的過程中，皇帝君士坦提烏斯二世（本書一開始曾提到他的死）的貢獻遠比其他人更多，他不僅給這座城帶來一座漂亮的元老院，還犧牲安提阿與亞歷山卓，提升君士坦丁堡主教的權威。尤利安——他的叛逆堂弟兼基督教的可憎敵人，原本有能力扭轉君士坦丁治世所帶來的革命性衝擊。他當然想這麼做。但是，他統治的期間之短，讓他想得卻不可得——這一點我們將在下一章談到。

第二章　尤利安的失敗

對於學者來說，皇帝尤利安有著無盡的吸引力，尤其他的孤芳自賞讓許多學者頗有共鳴。不過，他同樣在一些擲地有聲的作者心中留下鮮明印象，而他們的作品也流傳給後世的我們：像是阿米阿努斯．馬爾切利努斯（Ammianus Marcellinus），尤利安是他所寫的史書中英雄般的核心人物；安提阿演說家利巴尼烏斯（Libanius），為尤利安護持古老神祇卻功敗垂成的計畫而哀嘆；口若懸河的基督教主教金口聖若望（John Chrysostom）咒罵尤利安對異教的堅持；還有聖愛弗冷（Ephraim），這位美索不達米亞教士美妙的敘利亞語頌歌，謳歌著尤利安最後的失敗與死亡。此外，尤利安自己也有文字傳世，深刻傳達出他的個人特質，讓史家每每讀到都覺得親密異常。尤利安比聖奧古斯丁（Saint Augustine）以外的任一名古代作者都更像是個業餘的心理分析師，而在現代的羅馬皇帝傳記中，數量能與他匹敵的也只有奧古斯都與君士坦丁。但這不可謂不諷刺，畢竟尤利安的短暫統治，從各個層面來看都很失敗。其實，就連歌頌他最強力的人，也無法掩飾他的行動令人離心離德的程度。

如果不從心理狀態著手，我們便很難解釋尤利安的失敗。情況彷彿當他不再掩藏自己對古代諸神的崇拜，以及對基督教的恨意之後，他心底最危險的衝動就解放了。尤利安在高盧時，他還會擔心堂哥君士坦提烏斯的雷霆萬鈞。所以，他先學會如何成為一名優秀的野戰指揮官。據他本人表示，他會研讀凱薩與普魯塔克（Plutarch），讓自己更精進。他在君士坦提烏斯死前的數個月發動閃電戰，占領巴爾幹，堪稱古代戰略的成就典範。可是，一旦堂兄的威脅消失，尤利安便感受到在快樂孩提時於閹人家教馬鐸尼烏斯（Mardonius）指導下所吸收的那些荷馬榮光，阿基里斯的幽魂開始在他耳際低語，召喚他趕赴戰場。他必將會贏得了堂兄未能克盡的波斯戰爭，而不管自己的備戰措施在不久後是否會讓東部城市轉而反對自己。他的宗教信念也走上了類似的自毀道路。三世紀時，有幾道哲學性宗教支流匯聚於羅馬帝國，普羅提諾（Plotinus）神祕的新柏拉圖主義在此時蔚為主流。到了四世紀，柏拉圖主義再度演化，分岔為波菲利（Porphyry）更注重邏輯辯證與哲思的宗教虔誠，以及楊布里科斯（Iamblichus）的如戲劇般的術法路線宗教。尤利安先後向敏德斯的優西比烏（Eusebius of Myndos）與以弗所的馬克西穆斯（Maximus of Ephesus）學習這兩種新柏拉圖主義，但影響他人格至深者，是馬克西穆斯。如今，尤利安已全無阻礙，盡情釋放他對通靈術與占卜的熱情。他縱情於這些樂趣，還所費不貲，令希臘與羅馬百姓心生憎惡，而且不只基督徒如此，異教徒亦然。

尤利安一得知君士坦提烏斯的死訊，他就開始了——此時阿奎雷亞仍以武力抗拒他。新皇帝一面派御前騎兵長（也就是第二號將領）弗拉維烏斯．尤維努斯（Flavius Iovinus）前去說服阿奎雷亞守軍投降，一面對東方各大城市發動一連串的公開信攻勢。他在這些公開信及他寄給馬克西穆斯等性靈導師的信上，表明自己打算恢復對異教諸神的崇拜。尤利安取道腓力波波利與赫拉克利亞（Heraclea）前往君士坦丁堡，於三六一年十二月十一日抵達帝都。抵達之後，他的第一要務就是下令興建密斯拉神廟，獻給英勇救世主密斯拉神（Mithras），作為對密斯拉崇拜的支持；此外，對於自己痛恨的基督教救世主，他也盡可能打壓。他甚至還開始指派親信哲學家擔任古代神祇的區域祭司，簡直是對基督教會都主教區架構的諷刺模仿。

備受尤利安信任的策士薩魯修．塞昆都斯（Salutius Secundus）成為東方管區禁衛總長，負責一系列高調的叛國審判。審判在博斯普魯斯海峽對岸、與君士坦丁堡遙望的城市迦克墩（Chalcedon）舉行，是個比較不會發生暴動的地點。這些審判是新皇帝的西部高官對先前效力於君士坦提烏斯之人一報夙怨的方式。除了薩魯修之外，我們還看到若干西部高層參與其中：廣財伯兼新任大伊利里亞總長克勞狄烏斯．馬梅提努斯（Claudius Mamertinus），御前步兵長阿吉洛（Agilo），御前騎兵長內維塔，以及御前騎兵長尤維努斯——當年他在高盧效力於凱薩尤利安的左右，後來也幫助尤利安賭贏了堂兄。不過，我們也看到弗拉維烏斯．阿爾比提歐（Flavius Arbitio）的身影：他是三五〇年代的重要將領（此時已經退休），同時也是尤利安的宿敵；他在西部的勢力太大，不容忽略。這個審判團完成了預定任務：君士坦提烏斯手下有些官僚遭到流放（尤其是在尤利安的異母哥哥蓋魯斯失勢過程中出過力的人）；有些被殺，像是廣為人所厭惡的宦官兼祕密政治掮客，御寢長尤賽博（Eusebius）；惡名昭彰的稽查使阿波德謬斯（Apodemius）與「鎖鏈」保祿（Paulus Catena），他們是君士坦提烏斯晚年令元老與百官聞風喪膽的人物，則被活活燒死。然而，其他處死行動卻引發批評，有人認為尤利安實在過頭了。

三六二年新年，尤利安最死忠的兩名支持者——馬梅提努斯與內維塔，舉起了執政官束棒（consular fasces），他們的名字也成為該年年號。（羅馬人沒有按連續數字紀年的制度，而是將特定年份稱為「某甲與某乙擔任執政之年」。）弗拉維烏斯．尤維努斯以御前騎兵長身分返回高盧。尤利安需要一個信得過的人替他掌管西部，自己則鞏固對於希臘世界的控制，並試圖將他的反基督教政策推行到整個帝國。自年初開始，他傷害教會的措施便節節上升。二月上旬，他頒布法律，下令所有因為與尼西亞信條而遭到君士坦提烏斯放逐的主教全數返回，深知此舉百分之百能擾亂帝國各地的基督徒會眾。直到五月，他才從君士坦丁堡啟程，取道安提阿，對波斯發動戰爭。這一仗是為了他自己的榮譽、為了他忠心的異教子民之福祉，而不是為了基督徒——他把尼西比斯（Nisibis，今土耳其努賽賓〔Nusabyn〕，信奉基督教）百姓派來的代表拒於門外，反而因為他們違抗他重啟異教神廟的命令，而要求他們在對波斯的戰事中出力。對尤利安抨擊最激昂的言論中，有些就來自尼西比斯出身的敘利亞人愛弗冷，這絕非巧合。

尤利安跨越小亞細亞時走的路線，顯然可以視為某種朝聖之旅。他從迦克墩前往尼科米底亞，接著前往尼西亞，中途還繞路到培希努（Pessinus）的地母神（Magna Mater）神廟。之後他取道安基拉（Ancyra，今日的安卡拉〔Ankara〕），前往東邊的提亞納（Tyana），憑弔行神蹟者阿波羅尼烏斯（Apollonius）——三世紀的傳記作家斐洛斯脫拉德（Philostratus），把阿波羅尼烏斯描繪成異教版的耶穌。尤利安在六月初抵達安提阿，停留到隔年三月。他用場面盛大的血祭狂歡來點綴自己的生活，並以引發城裡基督徒間的嚴重嫌隙為樂。由於他深信達夫尼（Daphne）的阿波羅神廟之所以不再出現神諭，是因為基督教殉道者巴比拉（Babylas）的遺骨就供奉在附近，於是他開棺掘屍。這引起基督徒的抗議，遊行要求重新安葬這位聖人。

為了進一步讓自己憎恨的信仰感到尷尬，尤利安還用帝國力量照顧猶太人：自從皇帝哈德良（Hadrian）時代以及巴克巴（Bar Kochba）率領的猶太起義遭到鎮壓以來，猶太人都不得進入耶路撒冷，而今國庫卻提供資金，重建耶路撒冷的聖殿。這項建設後來失敗了，原因是無名火災不停中斷重建工程。基督徒將這些神祕火災視為上天的援手，但這更可能是基督徒縱火犯「自立自強」的手段。另一起大火則燒毀了安提阿的阿波羅神廟。雖然最後證明是一場意外，但尤利安從一開始便怪罪於基督徒，基督徒也以同等的恨意回敬他。不過，安提阿的異教徒對於自個兒的皇帝也沒有多滿意，如今他們有機會近距離觀察這個人：他避免在大城市舉辦作為假日娛樂的賽馬活動，就算終於辦了，他也並不重視；糧食出現短缺，部分因為歉收，部分因為他的軍事行動需要，總之讓人火冒三丈；為了祭獻五花八門的異教神祇，他大量屠殺牛隻，這也成了人人大吐苦水的原因——百姓揶揄他是「屠夫」（*victimarius*），而非祭司；加上他身高不高，卻又對自己長長的哲學家鬍鬚悉心照顧，於是招惹更多嘲弄，有人叫他矮子，也有人叫他猩猩。

尤利安的玻璃心受傷了，他無法容忍安提阿人對他的憤怒之情。三六三年，他和高盧禁衛總長弗拉維烏斯·薩魯斯提烏斯（Flavius Sallustius）一同展開了自己的第四任執政官任期。一月或二月左右，他用一部諷刺作品惡狠狠地自我抨擊，其實意在震懾安提阿城民。這部作品先是有如帝國公告般當眾宣讀，接著張貼在安提阿城中心的凱旋門——象群四面門（Tetrapylon of the Elephants）——供民眾閱讀。這本傷人的小書名叫《厭鬍者》（*Misopogon*），把惡毒的「酸液」噴灑在尤利安和他的安提阿子民身上，毫無保留地打擊了民眾的道貌岸然、心浮氣躁與缺乏尊重。不過，《厭鬍者》

除了用來自嘲，也能揭露他自尊心的強度，以及他認為自己所做的一切皆是正確的，並對此堅信無疑。然而他的子民甚少與他有志一同（無論是哪一種宗教信仰），難怪尤利安放棄滿足他們，轉而展開預示已久的波斯入侵行動。

前一年的十二月，萬王之王沙普爾二世派遣使節提議議和，但尤利安拒絕了。當時波斯其他地方也有問題需要沙普爾解決，例如中亞省份粟特（Sogdiana）與巴克特里亞（Bactria），或許還有今日巴基斯坦所說的貴霜薩爾（Kushanshahr），都受到游牧貴族同盟的侵擾，擾亂國王的施政。這些游牧民族都在爭奪古代匈奴王的某種傳承關係——西元紀年開始的前後，匈奴可是中國邊疆的強大草原帝國。在草原上，匈奴的傳承是個具有強烈凝聚力的價值觀。隨著本書進行，我們還會遇見更多這樣的族群，尤其是我們最了解的草原戰士，匈人（Huns）。姑且不論四世紀時入侵波斯東部省份的這些人，跟我們在四世紀晚期於烏克蘭與多瑙河流域遇到的匈人有什麼關聯，入侵者造成的態勢，將大大困擾波斯國王直到整個古典時代結束，迫使波斯人在一個接著一個的帝國遙遠角落採取守勢，而且事發的時間點都很糟糕，羅馬人也樂於好好運用。

其實沙普爾在三六二年末提供的條件相當優渥，但尤利安知道自己手中握有王牌，無須妥協。自三二〇年代中葉以來，沙普爾的兄弟烏拉馬茲達（Ohrmazd）便流亡羅馬帝國。這位薩珊王子身上流著完美無瑕的王室血脈，伴陪著君士坦提烏斯時間已久，甚至在三五七年出席了皇帝進入羅馬城的凱旋儀式。尤利安的大計畫是把烏拉馬茲達推上波斯王座，取代他的兄弟沙普爾。作戰計畫相當縝密，大有成功的可能。尤利安的君士坦丁王朝遠親普羅柯庇烏斯（Procopius）將率領一支部隊，從北方推進亞美尼亞國界，跟亞美尼亞國王阿爾沙克（Arsaces）會師，構成對波斯領土頗具壓力的佯攻態勢。與此同時，尤利安則率領大軍從安提阿出發，途經卡萊（Carrhae）、卡利尼庫姆（Callinicum）與奇克修姆（Circesium，史家阿米阿努斯將在四月一日於此加入遠征軍的行列，以目擊者的身分講述這些事件）。大軍從奇克修姆繼續前進，抵達扎伊塔（Zaitha）與幼發拉底河畔半傾頹的杜拉歐羅普斯（Dura Europus）。當部隊往泰西封（Ctesiphon）行軍時，船隊則載著補給順流而下。北邊的佯攻有效，大部分的波斯軍隊奉命朝亞美尼亞前進，而尤利安往南最遠推至納馬勒查（Naarmalcha）——泰西封附近銜接幼發拉底河與底格里斯河的運河。過程鮮有阻礙。小型的遭遇戰、幾個堡壘的舉手投降，加上兩位將軍弗拉維烏斯．達加萊弗斯（Flavius Dagalaifus）與內維塔（前執政）成功圍困邁歐札馬勒查（Maiozamalcha），都激勵著尤利安繼續前進。但他意想不到的是，沙普爾的將領鑿穿運河河堤，水淹鄉間，在緊要關頭延緩了羅馬人的推進。等到羅馬軍隊在六月抵達泰西封時，這座波斯首都已經有重兵駐防，城外的水鄉澤國也讓圍城部隊難以為繼。

親眼見證這一切的阿米阿努斯，把入侵行動的瓦解描繪成一場無可避免的悲劇。尤利安意識到不可能沿來時路安全返國，或許也受到誤導，認為軍隊可以一面沿著底格里斯河北上，一面在陸地找到給養，於是他燒毀了在幼發拉底河上的運輸艦，也燒毀了船上許多補給。羅馬軍隊在沒有發動圍城戰的情況下棄泰西封而走，開始撤軍，但沙普爾已經從一開始的虛晃一招中回神，神速南下，在尤利安的軍隊正要開始撤退時逮個正著。沙普爾沒有採取無必要的強行對戰，而是在羅馬軍隊千辛萬苦脫離波斯領土的過程中在外圍騷擾。尤利安拒絕締約的提議，認為這太過丟臉。但這是個錯誤的決定，畢竟飽受侵擾的部隊，移動十分緩慢，傷亡一天天增加，波斯斥候也讓蒐集草秣與糧食的任務更形困難。

接著在六月二十六日早上，波斯人無止境的襲擊中就那麼一次，帶來了出人意表的結果：由於受到出奇不意的攻擊，羅馬軍隊有一部分瓦解了，尤利安從帳中衝出來重整部隊，卻忘了穿上甲冑。他跟禁軍打跑了來犯的敵軍，深入追趕，但一支由波斯—阿拉伯援軍投出的標槍卻命中尤利安的身側。他試圖把標槍拔出來時，傷到了手掌肌肉，結果摔下馬，倒臥在血泊之中。他忍受著劇痛，而且顯然命不久矣，眾人連忙把他送回大營。阿米阿努斯利用希臘英雄傳記中的文學修辭，來包裹尤利安的臨終場景：等到痛楚稍歇，尤利安馬上要來自己的甲冑與武器，想再次重整部隊，就像垂死的底比斯英雄埃帕米農達（Epaminondas）在曼丁尼亞戰役（Battle of Mantinea）中的行為，一旦知道自己無法如願，他便和密友哲學家馬克西穆斯與普里斯庫斯（Priscus）探討起人類靈魂的昇華。有人懷疑阿米阿努斯虛構了這一段——確實有可能出於杜撰。但尤利安，一個走向人生終點的夢想家，確實有可能從寬慰他孤獨少年時的古典作品中，摘出這麼一段劇本將演起來。

他和其他許多人一樣死於是日早上，包括執事長官安納托利烏斯（Anatolius）。不過禁衛總長薩魯修．塞昆都斯幸運逃過一劫。士兵們因為他們失去的一切而悲憤莫名，在戰場上贏下了勝利，阿米阿努斯還記錄了波斯高級將領在這天陣亡的人數。但這個小小的勝利一瞬即逝。大本營陷入愁雲慘霧之中，流言四起。害死皇帝的那支標槍，究竟是敵人的，還是羅馬人的？兇手是不是哪個心懷報復的基督徒？更糟的還在後頭——接下來該怎麼辦？無論在大本營裡，還是在其他地方，尤利安都沒有繼承人。參與行動的部隊也缺少理所當然的領袖——這多少是因為這支軍隊是費盡心力之下，將君士坦提烏斯的東部野戰軍，與尤利安帶來征服東方的龐大西方部隊融合而成的。兩個軍官團互不信任，也不信任對方的宮廷官員：君士坦提烏斯統帥部的資深成員如阿林蘇斯（Arinthaeus）

與維克托（Victor），便反對尤利安麾下的將領內維塔與達加萊弗斯。薩魯修・塞昆都斯是各方都能接受的選擇——年長、可靠、經驗豐富、不受派系挾持。但他拒絕了。而大部分軍官都無法想像在沒有皇帝的情況下，還能有帶兵離開波斯的可能。

因此，他們推舉一位資淺禁軍軍官——名叫尤維阿努斯（Iovianus，英文作「約維安」〔Jovian〕）的禁衛軍首席（*primicerius domesticorum*）——來擔任皇帝。他之所以能坐上大位，唯一的解釋是彼此敵對的派系皆無法接受由官職更高的人來接任。此外，讓他成為皇帝的主事者也認為他比較容易控制。軍隊再度開拔，一面受到不斷的突襲所打擊，一面只能緩緩往北走。尤利安死後還不到一星期，沙普爾就在七月一號再度提議，只要羅馬人把當年納塞赫（Narseh）統治時——也就是五十多年前的四世紀初——戴克里先從波斯手中奪走的土地全數歸還，他就讓軍隊毫髮無傷地渡過底格里斯河。新皇帝約維安還加碼讓渡尼西比斯與辛加拉——好幾個世紀以來，這兩座位於底格里斯河與幼發拉底河之間的要塞城市都屬於羅馬。尼西比斯的居民必須撤離，被迫遷往阿米達（之後仍將留在羅馬人手中），而沙普爾則兵不血刃，拿下長久以來影響兩大帝國地緣勢力平衡的兩座城市。這是波斯人的成功與羅馬人的慘劇，再怎麼說都不誇張。這倒不是說尤利安不可或缺，他的死本身也不算災難——當年他在高盧擔任凱薩時展現的能耐，卻在他身為奧古斯都時，於波斯棄他而去。真正的災難，其實是約維安。

約維安與尤利安不同，他是基督徒，性格軟弱，完全受軍隊高層掌控。這就是他的重要性所在。無論是對我們這個時代的人、或是與他同時代的人來說，約維安看來頂多是一段悲傷的終曲，為尤利安與五十年前君士坦丁建立的王朝畫下句點。阿米阿努斯・馬爾切利努斯費盡心思在最微弱的希望中描繪約維安的統治：「他的統治極為短暫，所成就的不過是與波斯的可悲條約。」這是我們最充分的史料來源了。不過，約維安的短暫統治，其實也為四世紀晚期大部分時候的政治史定了調——軍隊高層敵對派系的陰謀畫策主導了政壇發展，而他們的利益所在，就是讓分量遠遠不及大元帥的資淺軍官擔任皇帝。結果，高級軍官與資深宮廷官員在這種政局中構成集團，競爭著不同區域的權力基礎——高盧、義大利、巴爾幹、東方——導致連最有個性的皇帝，對於高級將領們也依賴到無法自由行動的程度。這種權力態勢是三世紀晚期戴克里先改革後理所當然的結果，甚至可以說是君士坦丁治國的後果：帝國行政管理尾大不掉，高官割據也隨之而來。此後，同樣的局面不斷重演，但我們在此應該對約維安在三六三年的立場多加著墨。他之所以成為奧古斯都，是因為高盧指揮部與東方指揮部無法接受任何有強大後盾的人當皇帝，於是彼此妥協，由對任何一方都沒有威脅的下級軍官出任。更要緊的問題是，他能否引發任何人的忠誠心。

疏散尼西比斯的人口後，約維安前往安提阿。他允許尤利安的遠親普羅柯庇烏斯（先前指揮部隊，引誘沙普爾前往北邊的那一位）主持將先皇安葬於奇里乞亞的塔爾蘇斯（Tarsus），再悄悄退隱於家族位於卡帕多奇亞（Cappadocia）的屬地——身為君士坦丁王朝的一員，普羅柯庇烏斯將在此計畫奪回紫袍。約維安召回岳父盧奇里阿努斯（Lucillianus）來效力。無論在巴爾幹或波斯前線，盧奇里阿努斯都是君士坦提烏斯手下戰功最為彪炳的將領。他離開斯爾米烏姆的退隱處，出山確保西部各省的效忠。約維安試圖開鑄新幣，刻有「**羅馬人的凱旋**」（VICTORIA ROMANORVM）字樣，來掩飾政權之傾危，以及自己在波斯潰逃中飾演的角色。我們都知道這騙不過任何人，但他至少在基督教子民的記憶中贏得了一席崇高的地位：他很快便宣布「恢復教會的平靜」，徹底與尤利安的反基督教政策決裂，同時表示自己固然是尼西亞派，但他不會偏袒尼西亞派，也不會倒向相似派的對手。

不過，拒絕尤利安的遺產，不代表就得採取積極措施來對付與尤利安信仰相同的人。就我們所知，約維安繼位之後，唯一從公眾生活中退隱的人只有阿米阿努斯·馬爾切利努斯。身為死忠的親尤利安派，他很可能確信自己的仕途已經徹底失去了前景，不過他也有可能是因為政治理念或異教信仰而遭到革職。總之，一般認為他在這個時候構思出了他的恢弘藍圖——為圖拉真（Trajan）治世以降的羅馬世界撰寫一部史書。倘若真是如此，那麼尤利安的死，還算是為後世帶來一件值得感恩的事。

約維安早期的所有措施，都是在十月抵達安提阿之前，也就是尤利安死後四個月、尼西比斯與辛加拉兩城讓予沙普爾後所實施的。幾週之後，他動身北上，借道莫普須斯提亞（Mopsuestia）、塔爾蘇斯與提亞納，前往君士坦丁堡。西方來的消息相當不妙。盧奇里阿努斯雖是君士坦提烏斯巴爾幹指揮部要員，卻不受高盧當權者信任。高盧勢力以騎兵長尤維努斯為首，他是尤利安政權的關鍵人物，在高盧的勢力不可小覷。當地人對他的記憶延續了很久，甚至到卡洛林王朝，他身為教會建立者的角色仍為人所歌頌。區域派系問題在君士坦提烏斯統治後期便已露端倪，此刻我們稍微談一下：潘諾尼亞（Pannonia）出身的盧奇里阿努斯，試圖用自己的法蘭克裔同僚馬拉里希（Malarich，此時已退休）取代尤維努斯，擔任騎兵長。馬拉里希睿智地拒絕了，這意味著盧奇里阿努斯得下定決心前往高盧，自己掌握兵權。尤維努斯先發制人。尤維努斯的根據地位於今天的蘭斯（Reims），在當時稱為杜羅科爾托魯姆（Durocortorum）或「瑞米人之城」（civitas Remorum/Remi）。當地謠言四起，說尤利安還活著，於是士兵起身反抗盧奇里阿努斯，對他和他帶去幫自己撐腰的其中一位軍政官動用私刑。另一位軍政官是名叫瓦倫提尼阿努斯（Valentinianus）的潘諾尼亞人，他之所以能逃過一劫，是因為尤維努斯及時介入，安撫兵變者，公開宣稱自己支持約維安的統治。於是，瓦倫提尼阿努斯奉命將尤維努斯效忠約維安的消息帶給後者，他在小亞細亞卡帕多奇亞與加拉太（Galatia）之間的驛站阿斯波納（Aspona），找到了約維安。

將近年底時，甫提拔瓦倫提尼阿努斯指揮一支禁軍部隊的約維安，和他的整個朝廷一同抵達了安基拉。元旦當天，他就是在安基拉登上執政之位，一行人中還有他襁褓中的兒子瓦羅尼阿努斯（Varronianus）。但這個嬰兒整場儀式都在嚎哭，實在是不祥之兆。幾週之後，約維安就死了，根本沒有抵達君士坦丁堡：他死於三六四年二月十七日夜裡，地點是達達斯塔納（Dadastana）的驛站，因為寢室起火造成的煙霧而窒息死亡。他的死和尤利安一樣，讓弒君傳聞一時四起，也有人說他是自殺，但官方說法恐怕是真的：正當各方都準備妥協接受新政權的時候，重啟繼承問題實在看不出對誰明顯有利，因此此事說不定只是一場駭人的意外。無論如何，六周前瓦羅尼阿努斯還在執政儀式上一路哭鬧，怎麼可能讓他當奧古斯都？而約維安的其他親人也不適合。指揮部再度望向薩魯修．塞昆都斯——尤利安的前禁衛總長，但他再度拒絕。

於是，高級將領們轉而找上軍政官瓦倫提尼阿努斯，也就是先前將高盧譁變與平叛的消息，帶到阿斯波納給約維安的那一位。瓦倫提尼阿努斯看來和約維安一樣，都是各方妥協之後的選擇——一個分量輕到不足以引發將官或宮廷要人恐懼的人物。更有甚者，他在高盧的表現，以及他缺乏權力根基的事實，說不定也讓西方的當權派比較不那麼懷疑他。眾人決議將瓦倫提尼阿努斯（接下來，我們稱他為瓦倫提尼安（Valentinian）從安基拉召往尼西亞，軍隊於三六四年二月二十六日，亦即約維安死後一週，在此推舉他為奧古斯都。他拒絕士兵們要他任命其他人為共帝的要求，轉而前往君士坦丁堡，並於三月上旬抵達。

隨著時間推演，瓦倫提尼安將清楚展現他極為強悍的人格。阿米阿努斯．馬爾切利努斯把他描繪得有如野蠻人，是個大字不識幾個的潘諾尼亞鄉巴佬，比蠻族好不了多少。但他跟其他年齡或官位相近的羅馬晚期軍官其實相去不遠——喜歡用勃然大怒的方式控制身邊的人，知道殺雞儆猴的殘酷有著管理上的價值。他的仕途在尤利安麾下不見起色，想必是因為他信基督教，但他顯然夠有耐心，只要政權更迭、情況允許，他就會爬上該有的位子。他學得很快，摸索出自己究竟能挑戰指揮部到什麼程度。他在尼西亞的時候，沒有在軍方的催促下挑選出共治者，但他也不會以為自己有獨力統治的能耐——自從君士坦丁死後，已經有許多例子顯示單獨統治是徒勞無功，而近年來禁衛總長轄區與區域性指揮部數量的增加，也加速了共治的潮流。他會找人共治，但人選是由他決定，而非軍隊或軍官決定。

從尼西亞前往君士坦丁堡途中，會經過尼科米底亞。此時他已經拔擢自己的弟弟瓦倫斯（Valens）擔任御馬伯（*comes stabuli*）——理論上，這個職務負責朝廷的運輸與後勤，同時也增添威望，畢竟瓦倫斯的正規行政經驗不足。御馬伯的恩庇派任將帶來大量為個人牟利的機會，但不見得是仕途亨通的燈號。不過，此舉說不定也是一種放風聲，試探看看進一步拔擢瓦倫斯會不會造成問題。根據阿米阿努斯記載，達加萊弗斯公開建議瓦倫提尼安不要從自家人中選擇共帝。但說不定達加萊弗斯的意見是唯一的異見，所以阿米阿努斯才特別點到他。總之，到了三六四年三月二十八日，瓦倫提尼安在君士坦丁堡郊區赫布多蒙（Hebdomon）把自己的弟弟引介給部隊，並宣布自己為奧古斯都。兄弟倆不久後都生了重病，於是懷疑有人使用黑魔法或是投毒——難怪尤利安的若干支持者在此時遭到放逐。普羅柯庇烏斯則認為自己從卡帕多奇亞的避居處逃往遙遠的克里米亞才是上策。然而，兩位皇帝也都康復了，接著一同經由阿德里安堡（Adrianople）、腓力波波利與塞爾迪卡前往奈索斯（Naissus）。

兩位奧古斯都在奈索斯郊外的梅迪亞納（Mediana）分配宮廷職務與禁軍。瓦倫斯將統治亞細亞納管區與東方管區（不久後，他便將東方管區一分為二，成為東方管區與埃及館區），以及歐洲的默西亞（Moesia）和色雷斯，瓦倫提尼安則負責西部的管區；高盧禁衛總長掌管西班牙、不列顛與高盧管區，而阿非利加、義大利與伊利里亞的潘諾尼亞、達契亞、馬其頓管區則由義大利禁衛總長執掌。許多野戰單位都在這時一分為二，目的是為了軍力的合理分配——也就是說，在本世紀後半，西方與東方會同時出現一樣名稱的部隊。瓦倫提尼安未來將統治更大的領土，而萊茵河與多瑙河上游前線的治安也更為棘手，這突顯出他在共治關係中的資深角色。約維安的和約固然恥辱，卻為東部邊境留下了四十多年的和平。

瓦倫提尼安與瓦倫斯在三六四年的協商分配，其重要性值得全面探討。這是第一次有人確確實實承認帝國已經大得無法由一人統治，甚至大得無法用同一套方式統治。奈索斯的這場職責分配，等於在事實上把羅馬世界分為兩個並存的帝國，分界線大致吻合母語為希臘語與拉丁語使用者的界線。瓦倫提尼安與瓦倫斯此後再也沒有重逢，對於各自的難處也沒能給予多少幫助，共帝中的任何一方都得自求多福。奈索斯的分配，也確立了帝國另一項結構性改變：約維安獲選為皇帝一事所定下的模式並非僥倖或意外。地區性指揮部、總長轄區內部與彼此間的派系鬥爭，將成為帝國歷史的主要驅動力，縱使皇帝擁有瓦倫提尼安的強勢與才幹也不例外。

經過奈索斯的大分割之後，瓦倫斯繼續陪著哥哥前往斯爾米烏姆。八月，兄弟倆在此分道揚鑣。瓦倫斯往東，但學界對於他移動的速度與距離沒有共識。瓦倫提尼安的步伐容易掌握得多，因為他頒布了這個時期大多數的法律，而敕令最能揭露皇帝的動向。八月下旬，他人在伊莫那（今盧比安納），而九月則多半待在阿奎雷亞。秋天，他來到北義大利的行政中心——維洛納（Verona）與米底奧拉努姆（今米蘭）處理政務與軍務。

瓦倫提尼安立法的數量與深度，不僅令人印象深刻，也展現出實事求是的行政作風，令人回想起四帝共治。總得來說，三六四年與三六五年，皇帝敕令的數量前所未有，涵蓋各種主題。但這並非文獻保存上的吉光片羽：瓦倫提尼安（或許瓦倫斯也是）顯然利用鋪天蓋地的法律措施，鞏固自己不穩固的權威，並且把自己塑造成帝國所需的那種謹慎管理者。他的作法是發布敕令，而內容並無新意——瓦倫提尼安早期的一項法律，表明要特別照顧解甲歸田的老兵（早已實施多年），顯示皇帝對士兵同袍的重視，同時給予前禁軍較其他人更多的特權。類似的法律接連而來，昭示皇帝對元老、城鎮議員（*curiales*）以及其他重要社會階層的重視。這些措施藉由將日常政務化為一體適用的公開法律事務，有助彰顯新皇帝能勝任統治的工作。

瓦倫提尼安在米底奧拉努姆度過三六五年的新年，也在這裡展開自己的第一個執政年。瓦倫斯則是在君士坦丁堡進行這一切。從這一刻起，東、西帝國的歷史多少必須分別以對，各自敘述——阿米阿努斯·馬爾切利努斯在四世紀時便已採取這種作法，他意識到瓦倫提尼安和他弟弟各自的事物之間，關聯性可說是微乎其微。出乎眾人預料，遭遇最艱困、最迫切挑戰的人，居然不是瓦倫提尼安，而是瓦倫斯：君士坦丁王朝的最後一個繼承人，普羅柯庇烏斯試圖奪權。先前提到，瓦倫提尼安與瓦倫斯即位後不久，普羅柯庇烏斯便逃往克里米亞，在當地尋求舊王朝的殘黨支持。一開始，他的動作極為隱蔽，瓦倫斯似乎也因為在七月離開君士坦丁堡、前往敘利亞的關係，而沒有注意到陰謀的嚴重性。不到一個月，普羅柯庇烏斯便揮軍東部首都，等待完美的出擊時間。

與舊王朝有關聯的人，居然有這麼多人願意追隨普羅柯庇烏斯的大業——不只是尤利安的直接派系，連君士坦提烏斯的資深將領，像是已經退休的阿吉洛與葛摩阿里烏斯（Gomoarius），也都站了出來。君士坦提烏斯的遺孀傅天娜（Faustina）不僅加入普羅柯庇烏斯的陣營，當普羅柯庇烏斯自立為皇帝時，她和年輕的女兒也在隨員中占據顯著的位置。普羅柯庇烏斯公開在另一個王朝紀念建築——由君士坦丁的異母妹妹阿娜絲塔夏（Anastasia）所興建的公共澡堂——舉行儀式。原定前往巴爾幹的兩支步兵野戰部隊——迪維提亞軍團（Divitenses）與小佟古累軍團（Tungricani Iuniores），也加入了普羅柯庇烏斯，而君士坦提烏斯舊部屬的資歷與威信，大有可能招徠其他的部隊。

政變發生在九月二十八日。瓦倫斯的禁衛總長內布里迪烏斯（Nebridius）遭到拔官。薩魯修．塞昆都斯——君士坦丁帝國的老古董，人人認為他「有資格做皇帝」（*capax imperii*），而他不只一次回絕了如此殊榮——如今卻回來擔任原本的禁衛總長職務。君士坦丁堡首都總長也遭革職，由尤利安的高盧支持者佛尼米烏斯（Phonimius）上任。另一個高盧人——尤弗拉西烏斯（Euphrasius），則成為普羅柯庇烏斯的執事長官。綜合起來，看起來彷彿是舊政權的復活。但並非所有君士坦丁王朝的舊人都響應：仍然握有權力的弗拉維烏斯．阿爾比提歐拒絕支持叛變，於是普羅柯庇烏斯沒收了他在君士坦丁堡的財產。有著普羅柯庇烏斯肖像的錢幣很快便鑄造出爐，而且金、銀、銅三種金屬都有，上面有著復古風的「**共和的保障**」（SECVRITAS REIPVBLICAE）與「**快樂時光再臨**」（REPARATIO FELIX TEMPORVM）等字樣，令人想起君士坦丁王朝過往的歲月。相較於約維安、瓦倫提尼安與瓦倫斯臉上無毛的形象，普羅柯庇烏斯刻意留起尤利安偏好的蓄鬍樣貌。類似這種突顯王朝延續性的作法不僅意圖明顯，而且有其必要性，肯定也會造成巨大衝擊。

瓦倫斯肯定嚇出一身冷汗。加入普羅柯庇烏斯陣營的權貴要人如此之多，他無論上哪兒，都無法凝聚這麼多人，而他的王朝正統性不足，軍事指揮經驗也不夠。他也得不到瓦倫提尼安的任何援助——聽說普羅柯庇烏斯舉起叛旗的消息時，瓦倫提尼安才剛離開米底奧拉努姆，前往高盧。當時的高盧指揮部仍然直接掌握在尤維努斯手中，對他們來說，萊茵河上游對岸阿拉曼尼亞（Alamannia）的騷動，才是更值得重視的潛在威脅。瓦倫提尼安必須權衡，看是要疏離自己的將領、結果可能在一個慣於定期譁變的地區引發奪權，還是要幫助瓦倫斯。說實話，其實沒有選擇可言：他那比較沒有才幹的弟弟得自求多福了。瓦倫斯得知普羅柯庇烏斯叛變時，人在卡帕多奇亞的凱撒利亞（Caesarea），於是他從該地進入加拉太，集結可以作戰的部隊。由於普羅柯庇烏斯報復性沒收阿爾比提歐的財產，阿爾比提歐於是加入瓦倫斯，協助他鞏固目前仍在他身邊、但忠誠心不夠穩固的部隊。

到了年尾，東部的野戰軍主力已經從安提阿前來會合，讓瓦倫斯有足夠的勇氣採取行動。他進軍比提尼亞（Bithynia），奪取尼科米底亞，試圖包圍迦克墩但不果，接著從君士坦丁堡渡過博斯普魯斯海峽。當麾下有幾隻部隊倒向普羅柯庇烏斯時，他便採取最安全的作戰方針，撤到安基拉過冬，把比提尼亞地區所有的大城留給篡位者。不過，普羅柯庇烏斯的勢力範圍也沒有更擴大，甚至也沒有太多機會可以擴大：巴爾幹指揮部正由瓦倫提尼安以前的軍政官同僚易奎提烏斯（Equitius）所控制，他擋住了從色雷斯進入西巴爾幹最重要的過道，因此普羅柯庇烏斯沒有機會得到來自西巴爾幹的奧援。

瓦倫提尼安在三六六年任命了兩個執政：由自己七歲大的兒子弗拉維烏斯．格拉提阿努斯（Flavius Gratianus，皇帝以其父的名字為兒子命名，而他的兒子如今也獲得「最高貴少年」〔*nobilissimus puer*〕的頭銜，顯示他是帝位的繼承人），與尤利安麾下大將弗拉維烏斯．達加萊弗斯共同舉起執政官束棒，獎勵他在瓦倫提尼安繼承地位過程中扮演的關鍵角色。至於東方，普羅柯庇烏斯與瓦倫斯的部隊正為無法避免的敵對態勢做準備，等到三月下旬適合作戰的季節降臨，雙方就會開始對陣。瓦倫斯從加拉太的培希努（Pessinus）率領軍隊西進，兩軍在呂底亞（Lydia）的推雅推喇（Thyatira，今阿克希薩爾〔Akhisar〕）交手。年邁的阿爾比提歐把自己的一門心思都用於對付普羅柯庇烏斯的部隊——如今由他的舊部屬葛摩阿里烏斯指揮。阿爾比提歐將普羅柯庇烏斯斥為土匪，並訴諸舊部屬對自己個人、對他們前指揮官的忠誠心。他們聽進去了。葛摩阿里烏斯和麾下部隊倒向阿爾比提歐，普羅柯庇烏斯別無選擇，只能撤退。

瓦倫斯的追兵追著普羅柯庇烏斯到弗里吉亞（Phrygia）的納可里亞（Nacolia）——在這兒，五月時曾發生在推雅推喇的事件又上演一回：阿吉洛沒有跟過去的同袍兵戎相向，反而倒向瓦倫斯。普羅柯庇烏斯雖然脫身，卻遭到殘餘部屬的背叛；他落入瓦倫斯手中，立刻人頭落地。身亡的篡位者有一位名叫馬塞盧斯（Marcellus）的親戚，也是軍隊指揮官。當普羅柯庇烏斯喪命的消息傳開之後，馬塞盧斯試圖在尼西亞與迦克墩繼續叛亂，但此時瓦倫提尼安已經授權易奎提烏斯援助瓦倫斯。易奎提烏斯從蘇齊隘口推進，將普羅柯庇烏斯的剩餘部隊圍困在腓力波波利。易奎提烏斯得知迦克墩的動盪，於是從巴爾幹部隊中分兵鎮壓馬塞盧斯。但在腓力波波利這一廂，守城的一方拒絕投降，直到易奎提烏斯把普羅柯庇烏斯的人頭插在桿子上讓他們看為止。叛軍在隨後的整肅中傷亡慘重。相形之下，君士坦丁堡人只需要演一場誇張的哀悼戲，並對自己的背叛表示悔悟，其餘則毫髮無傷。瓦倫斯保住了帝位，但靠的不是手段，而是運氣，此外也多虧了前政權留下的將領。

這一切進行時，瓦倫提尼安人在萊茵河彼岸的阿拉曼尼亞，發動一系列的軍事行動，只不過多數行動的地點很難精確定位。他在三六五年十月時抵達盧泰西亞（今巴黎），隔年大多數時間只要沒有戰事，他就駐蹕於雷米。雷米城本身並非帝國行政結構的關鍵拼圖，但這座城卻是高盧騎兵長尤維努斯的主要駐地。任命他的人是尤利安，他也忠於尤利安。他的權力基礎實在過於盤根錯節，即便政權更迭，他也不動如山。這一點提醒人們，地區指揮部與總長轄區所能運用的權力。資深官員構成相對穩定的群體，在瓦倫提尼安統治年間大部分的時候都穩居原職，有些人還曾經效忠尤利安。

皇帝本人則演著一場大戲，顯示自己是個活躍的軍人，畢竟帶兵打仗是他行使的權威，以及支持自己身為統治者的正當性所不可或缺的活動。帝國在歐洲邊境的情勢，遠比非洲或東方單純。自從多瑙河彼岸的省份達契亞在三世紀下半葉遭到放棄以來，萊茵河與多瑙河就是劃分帝國域內、域外的清楚界線。不過，無論是萊茵河還是多瑙河，都並非實實在在的屏障，因此對岸的人們都有跟帝國持續互動的經驗。事實上，他們與帝國的來往，正是「蠻族地方」（*barbaricum*）社會變遷的主要催化劑，畢竟羅馬繁複的政府結構，會對其鄰居施加壓力，造成改變。羅馬人為這些處於行省架構外的人提供理想典範，後者則是羅馬商品流入整個歐洲的管道。

我們可以把羅馬的文化影響力，具象化為一系列的紐帶或區域，從帝國邊境往外擴散。在最靠近邊境的區域，大多數人的生活跟隔壁行省的居民差異不大：同樣是農民，日耳曼尼亞一區（Germania Prima）的農民與萊茵河上游彼岸阿拉曼尼亞的農民，差別可能只在是否被正規的羅馬稅收體系規範。農業、貨幣經濟（有時候輔以當地仿製的帝國錢幣），甚至連若干的上流風俗（例如羅馬風格莊園），都是帝國常態的迷你版。至於位置遙遠的區域，對比就更明顯。羅馬的出口品相對稀少，限於奢侈品與地位象徵物，而非日用品；羅馬錢幣則是作為貴金屬使用，而非貨幣，當地也沒有鑄幣廠。走得更遠，例如在立陶宛或斯堪地那維亞，就只有最容易攜帶的羅馬物品出土——金幣與金牌，武器與甲冑則非常稀少，受到菁英戰士階級嚴密控制，作為其威望的象徵。反過來說，這些遙遠地區有帝國所需要的商品，比如波羅的海琥珀、毛皮與奴隸，但多數在考古紀錄上沒有留下一筆一墨，因此我們連大膽猜測這種貿易的規模都沒有辦法。無論規模如何，從事這類貿易的都不是長距離的貿易商，而是經過多個階段轉手交易。因此，從羅馬人的角度來看，歐陸上的遙遠民族多是半想像般的存在——帝國早期的地理學與民族誌把真實與幻想混在一起，而阿米阿努斯也把其中的某些幻想，寫進他那四世紀的作品中，作為民族誌的插曲。

相較之下，邊境地帶在經濟與政治上互相依存的程度令人訝異，尤其是跟軍隊的關係。在羅馬軍隊中服役，不僅能帶來穩定的收入，通常還會有一大筆退伍津貼，而且還能讓這些來自邊境外的人學會戰技，在地方衝突發生時發揮奇效。許多效力於羅馬軍隊的蠻族後來完全適應了羅馬人的生活方式，生活在帝國境內，並在多年服役之後，以羅馬公民的身分死於帝國內。然而，其他人則帶著羅馬人的風俗與品味，以及羅馬貨幣與各式各樣的物品，返回邊境之外的故鄉。他們的存在，進一步提升了邊境外對於羅馬商品的需求，有助於增進帝國與鄰居之間的貿易。來到邊境安家落戶的羅馬人，在靠近邊境的蠻族之間找到現成的市場，而流入蠻族地方的羅馬錢幣，也透過貿易找到路回流帝國。

為了不讓我們描繪的畫面太過和樂，其實邊境也是靠著暴力來維繫的。蠻族社會的上層一定是戰士，只不過隨著時光遞嬗，有些人也改行犁起田來。持續不斷的低強度戰鬥——戰爭、劫掠、行搶、掠奪，隨你怎麼說——是邊境生活的常態。帝國其實仰賴這種局面，把戰鬥的輸家與贏家都吸收進自己的軍隊，並把難民安置在帝國內部成為農民。但認真而論，帝國其實加深了邊境的不穩定——帝國當局對某些國王或酋長的支持甚於其他人，結果讓他們反目成仇，還以變幻莫測的態度來開關商品流動的水龍頭，讓所有人保持猜疑。

不出所料，這種低強度戰鬥的自然結果，就時不時侵入鄰近的羅馬行省——這些省份的富裕總是令人垂涎三尺，等到帝國的注意力鬆弛時，當然要打劫這間「糖果店」。但暴力是雙向的。軍事勝利是帝國統治正當性必不可少的保障，而勝績的累積也需要不斷補充。這意味著定期襲擊鄰人，採用焦土戰略，摧毀村落，屠殺一些人，更要奴役其他人。每一個世代的邊境居民，都在某個時間點經歷過這種殘酷的待遇。一方面，這些襲擊增加了皇帝的威望，另一方面也刺激蠻族領導人提升自己的戰力。

從帝國初期開始，邊境就是以這種結構邏輯在運作，但三世紀時卻出現了根本性的轉變，這發生在三大蠻族集合體上——「集合體」已經是最適合的詞彙了，畢竟他們既非部落，亦非「民族」，更不是凝聚的政體。這種轉變歷時不過數十年而已。阿拉曼人、哥德人與法蘭克人成為帝國晚期政局常駐的要素，他們始終存在，而周圍則有其他比較小的蠻族群體來來去去。三者當中，阿拉曼人在各方面都是最容易被理解的一群人。三世紀時，羅馬人開始稱萊茵河上游沿岸的蠻族為「阿拉曼人」，我們也不時看到大量的阿拉曼人採取集體行動，在混亂的二七〇年代，最南劫掠至北義大利平原。因此不難想像，這個地區許多小一點的蠻族群體，會出現某種共有的認同感，或是共同目的。原因說不定很簡單——羅馬人不再忙著分化這個區域的人，直到了一個程度之後，他們也開始不覺得彼此有多麼不同。（同樣的現象也可以在不久前的帝國關係中觀察到，例如不列顛統治印度時期的西北邊境，以及俄羅斯對中亞的征服。）

四世紀時，阿拉曼人（在阿米阿努斯・馬爾切利努斯書上）似乎形成鬆散的邦聯，不同的國王會為了對抗羅馬人的大戰而把各自的追隨者團結起來，但他們花在彼此齟齬的時間，就和對抗帝國的時間一樣多。我們看到阿拉曼人的不同群體有了不同的名字（倫提亞人〔Lentienses〕，布賴斯高人〔Brisigavi〕等等），每一個群體都有自己的王，似乎大多數的政治活動都發生在這個層級，多數人的認同也都是這個層級。類似的情況也能在法蘭克人之間看到，他們似乎已經從萊茵河下游的各個部落，統一在「法蘭克人」這樣的族群名稱之下。法蘭克人的情況類似阿拉曼人，各個群體中的王權（程度各有不同）主要還是他們面對羅馬帝國時所浮現的產物，是帝國讓他們凝聚在一起。

姑且這麼說吧：大多數沿帝國歐陸邊境生活的「部落」與「民族」，之所以會呈現我們觀察到的狀態，很可能是因為他們跟羅馬接觸所造成的。從西往東走，我們會先在萊茵河下游遇見各式各樣的法蘭克群體，接著在萊茵河中上游與多瑙河上游遇到阿拉曼人，然後在更東處與多瑙河蜿蜒處——多瑙河在今日匈牙利急轉向南，接著在今日的塞爾維亞轉向東，最終流入黑海——遇到形形色色的夸狄人（Quadi）與薩馬提亞人。我們很難解析「薩馬提亞人」一詞在四世紀的意義，主要是因為這個名稱由來已久，早在西元元年前後，就有人用這個名字稱呼黑海以北的伊朗游牧民族。我們對夸狄人的認識，遠遠少於法蘭克人，或是更西邊的阿拉曼人，但他們很可能是在三世紀時以類似的方式形成的：他們原本是小群的蠻族，各有不同的部落認同，卻因為他們在應對羅馬帝國時，漸漸認為彼此並無二致。

來到多瑙河彎以東，我們可以看到喀爾巴阡山脈，山脈最南緣與多瑙河夾了一片遼闊的土地。到了四世紀，這整個地方都可以稱為「哥德河岸」（*ripa Gothica*），我們將在下一章探討當地與東帝國的關係。除了這些「前線」蠻族群體之外，羅馬人還知道許許多多的族群，其中有一些還接觸地相當頻繁，對其他的則所知模糊。我們絕不能高估羅馬人蒐集情報的能力，即便他們在應對近鄰時手法高超，也不必然意味著他們對遠方民族有紮紮實實的好奇心。非得等到七世紀，羅馬皇帝才開始認真關注、理解遠在帝國邊境外的政治事件。在此之前，就只有「邊牆」（*limes*，羅馬人用這個詞來稱呼各種邊界，尤其是帝國的邊境）以外五十公里左右的地方，會持續經歷到羅馬所帶來的衝擊，而瓦倫提尼安積極經略的態度，完全是他個人的特色。

三六六年與三六七年，他對萊茵河上游以外的地方用兵，冠上「阿拉曼尼征服者」（Alamannicus）為凱旋的頭銜，然後在三六七年十月起駐蹕於特里爾（Trier）。此時在共帝集團中，又多了一位新的奧古斯都。三六七年春，瓦倫提尼安生了重病，幾乎就要大去。高盧指揮部未雨綢繆，公開研究相關成員以作為繼承人，以防瓦倫提尼安病死的可能性（完全沒人提到瓦倫斯）。最後，瓦倫提尼安還是康復了。即便他個性火爆，但他似乎沒有打算責怪參謀們的權宜之計，這簡直和他的康復同樣叫人訝異。不過，雖然他讓所有指揮官留任，但他也重申自己和麾下將官對於王朝繼承的承諾：三六七年八月二十四日，他在安比阿尼（Ambiani，今亞眠〔Amiens〕）立自己的兒子格拉蒂安（Gratian，即格拉提阿努斯）為奧古斯都。格拉蒂安當時還是個小男孩，但瓦倫提尼安讓這名八歲大的孩子披上紫袍，藉此確保若他突然死亡，指揮部與廷臣都無法無視於王朝的延續問題。

不過，正當他恢復健康，繼續展開他的高盧軍事行動時，卻接獲來自不列顛的壞消息：幾批來自今天愛爾蘭的阿特克提人（Attecotti），夥同來自北海的法蘭克與薩克森海盜，進犯這座島上的行省；同時間來自哈德良長城（Hadrian's Wall）以外的皮克特人（Picts）也利用了這些騷動，往更南方打劫。兩名老將遭俘並被殺害，分別是不列顛公（*dux Britanniarum*）弗洛法烏德斯（Fullofaudes），以及撒克遜海岸伯（*comes litus Saxonici*，負責瓦許〔Wash〕至索倫特〔Solent〕之間一系列的海防要塞）內克塔里都斯（Nectaridus）。尤維努斯的西班牙後進弗拉維烏斯·狄奧多西烏斯（Flavius Theodosius）奉派以軍務伯（*comes rei militaris*，亦即無任所指揮官）身分處理問題。整個三六八年與三六九年，他都在征戰四方。為了嘉獎他的成就，他獲得拔擢，成為騎兵長，將來好繼承年邁的尤維努斯。狄奧多西烏斯一直擔任騎兵長，直到瓦倫提尼安駕崩。他和斯爾米烏姆與巴爾幹地區的易奎提烏斯，以及按察官（*quaestor*，是個新創的官職，負責起草皇帝的公告，尤其是法律方面）尤普拉克修斯（Eupraxius），構成西帝國皇帝政權的三道屏障。

當狄奧多西烏斯在不列顛戎馬倥傯時，瓦倫提尼安則入侵阿拉曼尼亞，並且在三六八年九月於索利奇紐（Solicinium）打了場大勝仗，才返回特雷維里過冬。同時，他家中也發生了一些大變故。格拉蒂安的母親是瑪麗娜．塞維拉（Marina Severa）——當瓦倫提尼安還是個小官的時候，而且很可能在他成為軍政官之前（也就是讓他躍入歷史舞台的官職），就已經娶了這位父母不詳的女子。如今，瓦倫提尼安的兒子已經成為紫袍的合法繼承人，他自己就有身分去追求一位出身世家大族的配偶。塞維拉被擠到一旁，遭到祕密流放，理由是她參與不法財產交易。瓦倫提尼安以尤絲提娜（Justina）取而代之。尤絲提娜出身的潘諾尼亞家族，遠比瓦倫提尼安自家更有勢力。君士坦提烏斯統治時，還是個小姑娘的尤絲提娜嫁給了高盧篡奪者馬格能提烏斯（Magnentius）。當馬格能提烏斯在三五三年兵敗時，尤絲提娜的父親就遭到君士坦提烏斯處死，但她和她的兄弟卻活了下來。這家族仍舊興旺。如今，一家人為西帝國皇帝提供了恩庇網路與支持，讓他得以更獨立於高盧指揮部。尤絲提娜的兄弟君士坦提阿努斯（Constantianus）與克雷阿利斯（Cerealis）接連擔任御馬伯，也就是瓦倫提尼安曾派給弟弟瓦倫斯擔任的官職，顯示兩人不久後有可能晉升。不過，這樁婚事固然裨益甚多，卻也將西帝國政局自君士坦提烏斯死後多少已消失的問題重新帶入：基督徒之間的宗教爭端。

君士坦提烏斯是個狂熱的信徒，真心擁護相似論立場，認為受造的聖子位居至高無上的聖父之下。在東方希臘語地區，相似論信條得到神職人員相當程度的支持；在西方拉丁語地區，除了少數的巴爾幹地區例外，教會人士簡直是有志一同地抱持敵對的態度。但無論在西方還是東方，君士坦提烏斯都費盡心力，將這種信仰推行到帝國的主教身上。君士坦提烏斯的繼承人是尤利安，對於哪一派基督徒可以在兩敗俱傷的爭論中勝出，他完全不感興趣。其實兩方爭得你死我活，就夠他高興的了。先前提過，約維安是尼西亞派，但致力在神職人員的派系鬥爭中保持中立。瓦倫提尼安也蕭規曹隨。他本人支持尼西亞派，但明顯對神學爭端無動於衷。有人認為這是公平以待的政治家風範，有人則認為這進一步證明他是個野蠻人，缺乏智慧。答案說不定以上皆是。但我們確實曉得尤絲提娜一心信奉相似派，從她出身的區域來看，這也稀鬆平常——潘諾尼亞與西巴爾幹是反尼西亞派神學在拉丁語世界的學術重鎮，和高盧與義大利等地心直口快的尼西亞派教會大相逕庭。何況不只尤絲提娜；在東方，瓦倫斯積極提高相似派信仰，以壓過尼西亞派的信徒，這意味著君士坦提烏斯的眼中釘、永遠的反對派——亞歷山卓的亞他那修，幾乎在瓦倫斯一即位就得承受又一次的流放。瓦倫斯的相似論信仰將是他治世時期的主要特徵，而瓦倫提尼安在三七五年駕崩之後，尤絲提娜的影響力則是愈來愈顯著。

我們先用一點時間，來談談四世紀中葉的宗教發展。由於缺乏實證，我們並不清楚君士坦丁時代之前改宗基督教的情況。不過進入四世紀、君士坦丁離世之後，儘管神學鬥爭在他幾個兒子的統治下方興未艾，但各種基督教派都在民間大為流行，而且跨越每一個階層，遍及希臘語和拉丁語世界。人們在信仰中各有各的追尋。對城市大眾來說，無論是基督教信仰、宗教行伍，或是強烈融合地方忠誠的聖徒崇拜，都可以充作某種形式的集體慶典。這些市民節慶就像是古早以來諸神崇拜本有的節慶，不過前者的參與程度確實深於後者。對於鄉村來說，這種新信仰反而是一種減壓閥，釋放對社會的不滿，否則失望之情很容易演變成打家劫舍。在非洲，與帝國官方教會對立的多納徒派中，有一群人——激進的「出沒在聖徒周圍」（Circumcellions）的宗教武裝力量，他們會劫掠敵對基督徒的村落；至於在東部行省，基督教暴民會破壞非基督教的神像，拉倒異教神龕。以上作法混合著對信仰的奉獻，以及當代你我都熟知的職業運動中運動流氓的行徑。

對於社會上層來說，無論他們生活在城市或鄉間，基督教就和幾百年來的其他崇拜一樣，提供了散財布施與展示的機會。我們曉得西方的大元帥尤維努斯熱心在雷米等地興建教堂，考古學家也發現從四世紀中葉起，出現一股在貴族莊園上興建教堂的熱潮。心理上，基督教提供信徒某種宗教性的內在，以及對個人心靈福祉負責的態度；另一方面，基督教又與哲思性的異教信仰不同，對於追隨者並無高度的知識要求。換句話說，基督教同時提供禮拜儀式與發展成熟的信仰體系，讓信徒對己身得到救贖有著強大的信任感。各種流派的非基督教一神教同樣提供大量的得救機會，但是，成為新柏拉圖主義者所需要的知識門檻，卻比成為一個有教養的基督徒高得多。年輕皇帝格拉蒂安的家教，是出身布爾迪加拉（Burdigala，今波爾多〔Bordeaux〕）的德奇穆斯・馬格努斯・奧索尼烏斯（Decimus Magnus Ausonius）。奧索尼烏斯是個無庸置疑的虔誠基督徒，但他信仰的卻是一種感受非常深刻、卻毫無知識內涵可言的基督教。換句話說，基督教固然為深奧難解的神學知性問題留下豐富的發揮空間，但這個宗教並不要求信徒對教義問題有興趣，而這一點無疑有助於傳教。

確實，在瓦倫提尼安統治時，大多數人（至少社會上層如此）理所當然都是基督徒；若選擇當個非基督徒，比起作為一名基督徒更需要自覺。自君士坦丁以降不過才一代人的時間，改宗的速度令人印象深刻。同樣讓人印象深刻的，還有教會內部階級體系的定型，以及主教權力的增加。四世紀中期與晚期是屬於大教長的時代，主教的權力不只來自於他們與帝國當局對話的能力，更來自他們作為整個社群守護者的角色。他們從會眾中找尋到的支持基礎，泰半獨立於一般所熟悉的社會地位或帝國恩庇階層體系。從哪一種人會成為主教，也可以看出轉變的規模。當君士坦丁在三一二年征服整個帝國西部，甚至到了他在三二四年征服東部為止，都很難找到有哪個教會領袖是貴族或地方議會（curia）出身的。從最早的教會會議文獻中可以清楚看到（例如進入四世紀的前幾年，在伊利貝里斯〔Illiberis〕，今西班牙格拉納達舉行的會議），貴族與城市菁英或許是基督徒，但教會領袖卻鮮少出自他們之中。但到了瓦倫提尼安的時代，卻有愈來愈多主教來自這樣的背景——就算不追求聖職，他們也能輕鬆踏上帝國高官之路。事實上，有些主教得到按立之前，就已經做過政府官員了。

西元三七四年當上帝國大城米底奧拉努姆主教的安博（Ambrose），就是高盧禁衛總長的兒子。他從艾米利亞（Aemilia）與利古里亞（Liguria）的同執政官（*consularis*，行政長官的一種品秩）開始爬上政府職官的階梯。米底奧拉努姆人選他擔任主教。為了讓安博接下新職，他在一週的時間內走完所有的神職階級。與此同時，別的貴族則有意追求主教之位，視其為另一種權力的明確選項。三六六年，羅馬主教立柏（Liberius）過世，隨後舉行的主教選舉卻導致兩名競選人——達瑪穌（Damasus）與伍西（Ursinus）的支持者激烈鬥毆，導致一百三十七人在教堂中身亡。不出眾人所料，出身更高的達瑪穌勝選，而伍西則是在都總長恢復秩序之後遭到驅逐。不過，主教地位水漲船高到什麼程度呢？羅馬異教徒中出身最尊貴的維提烏斯．阿歌里烏斯．普萊特克斯塔圖斯（Vettius Agorius Praetextatus）對達瑪穌的當面挖苦，說不定就是最好的證言：「你讓我當羅馬主教，我就當基督徒。」而且不只羅馬如此。雖然我們最早就是在這些年間，看到羅馬主教主張自己身為伯多祿與保祿的繼承者，因此權威比其他同為主教者來得大，但這距離羅馬主教真正擁有指揮其他主教的實權，還有一段非常長的路要走。達瑪穌固然是一號了不起的人物，畢竟他的教會擁有了財富與威望，而他具備了有效傳遞這些事物的能力。但是，許多大城市的主教也有這種能力，像是米底奧拉努姆的安博，特雷維里的斐理斯（Felix），土爾城（*civitas Turonum*，今都爾〔Tours〕）的瑪爾定（Martin），以及卡帕多奇亞凱薩利亞的巴西流（Basil）。

安博經常把巴西流的思想與洞見化為拉丁文，寫進自己的神學著作中。巴西流堅定反對相似論，而他的立場也領著我們離開愈來愈貴族化、政治化的西方主教世界，進入基督教政局更為複雜的東方，創造出不同的風貌。一來，希臘語本身不僅複雜程度高，又具備吹毛求疵的潛力；二來是東方長久承受著皇帝關注神學的壓力——例如君士坦丁認為自己在宗教上有著跟主教一樣的身分，而君士坦提烏斯二世則把主教納入無止境的微觀管理下。更有甚者，東方至少有三個主教座可以主張自己擁有使徒奠基、有著至高無上的權威，分別是亞歷山卓、安提阿與耶路撒冷。三者之間長久的競爭關係並未減低，此時又受到君士坦丁堡權勢上升的挑戰。君士坦丁堡是一座新貴城市，擁有的不是使徒基礎，而是君士坦丁的基礎。愈來愈多的帝國行政機構設在君士坦丁堡，而這座城市成長的權威性也勢不可當。君士坦提烏斯試圖透過密不透風的教會會議決策清理戰場、規範教會，這無庸置疑會加深各個主教派系之間的競爭——片刻的寧靜底下是幾近沸騰的情勢，只等時機到來就會爆發。瓦倫斯的即位，以及他個人對於極端相似派神學的偏好，恰好提供了噴發的契機。普羅柯庇烏斯兵敗之後的東方政局也是蓄勢待發，我們接下來會談到。

第三章　瓦倫提尼安王朝

羅馬城——城裡基督徒萬頭攢動，又有超級富有的元老階級貴族——是個不容易統治的地方，但因為瓦倫提尼安從未涉險前去羅馬，因此他多少能跟羅馬的複雜性保持距離。從朝廷的角度看，西帝國的政局相當困難，但至少還算清楚明白——瓦倫提尼安出身西部拉丁語區，朝廷內的派系也多是西部派系，而軍事指揮部、廷臣與區域總長轄區之間的平衡，只要小心管理也能維持。瓦倫斯在東方面對的挑戰要大得多，加上他缺乏經驗、缺乏想像力，又有毫無根據的偏執傾向，更是讓情況雪上加霜。加上瓦倫斯是個拉丁語使用者，卻身處變化多端的希臘語世界。因為他非得把時間分給兩個龐大又分量十足的都會——安提阿與君士坦丁堡——於是他天生性格上的弱點也更殘酷地暴露出來。相較之下，萊茵地區的邊境軍營，甚至是特雷維里這種高盧大城，已經簡單到新手即可操帆使舵。

帝國東部的變化萬千有許多原因，君士坦丁堡本身就是其中之一。短短一代人時間裡，君士坦丁堡就從只存在君士坦丁的想像中，化為一座愈來愈接近東帝國首都的城市。而且，君士坦丁堡不像羅馬——早在皇帝統治之前，便征服出了一個帝國。君士坦丁堡是帝國的創造物，是個仍在進行中的帝國建設。這座新城市對東部行省的上層社會有諸多重大影響，其中之一來自於元老院。君士坦丁當年把許多元老帶在身邊，隨著他移動到東邊；此外他還創造了更多元老——一方面是刻意為之，一方面則是自然擴張的結果，畢竟只要擔任過帝國官職，就能躋身元老階級。但君士坦丁的元老仍然是羅馬城的元老，即便住在東部，但他們仍然屬於羅馬城。直到君士坦提烏斯二世時，才以羅馬元老院為典範，建立了君士坦丁堡元老院。而君士坦丁堡自己有元老院的事實，將會讓東都在未來改變整個希臘語世界的面貌。

早在三四〇年，東部的元老就得在這座新城市自費提供執政官等級的表演，而這象徵元老階級的入場券。這是個預兆。三五五年，君士坦提烏斯拔擢知名演說家兼哲學家狄米斯提厄斯（Themistius），進入君士坦丁堡元老院（也就是「宣他進入」元老院，這是皇帝的特權）。狄米斯提厄斯負責從東部各地吸收新的元老。根據狄米斯提厄斯本人所言，君士坦丁堡在三五七年時只有三百名元老，而這個數字卻在接下來五年間提升到兩千名。狄米斯提厄斯成為元老時，元老院的功能有如更大型但常見的市議會，就像拉丁人的「地方議會」（*curia*）或希臘人的「公民議會」（*boule*）。人數擴增之後，君士坦丁堡元老院形成東方的元老階級，逐漸與西方分庭抗禮。君士坦丁堡元老院的誕生，是希臘語羅馬帝國揭開序幕的重要一步，而這個帝國繁榮的時間，將比西帝國長了多個世紀，甚至以或此或彼的型態，存續到近代曙光乍現之時。

無怪乎早在三六〇年代，四面八方對於君士坦丁堡這座位於博斯普魯斯海峽邊的城市，敵意可說是排山倒海而來。它吸引了財富、才幹與若干出身高貴的人，讓他們離開自己土生土長的城市。

這件事對希臘世界來說非同小可——「城邦」(*polis*,複數形*poleis*,已經是希臘政體千年來的特色)的認同感,已深深灌注於希臘世界的都市菁英中,而城邦文化的復興,也隨著羅馬征服希臘化的東方後,繼續在一代又一代的悉心澆灌下成長。新興的君士坦丁堡——有著令人望而生畏的皇宮建築,與多瑙河或敘利亞邊境的距離相等——卻威脅著這個世界數百年來所根據的、本有的內在與城市中心邏輯。我們可以從安提阿辯士利巴尼烏斯的字裡行間,感受到君士坦丁堡造成的「悔恨」。他卷帙浩繁的著作中瀰漫著對逝去的世界所感到的悲傷:逝去的不只古老諸神(對他來說,尤利安的死就是最後的災難),更是一個年輕人不再學習希臘式雄辯與哲學的世界,如今他們蜂擁到首都的法學院進行法律研究,這將讓他們在首都裡高人一等。

歷史學家薩第斯的尤納皮烏斯(Eunapius of Sardis)隱約之中也意識到自己所居住的世界,已經徹底受到基督教與君士坦丁創造的這座「貪婪」新都所帶來的改變。尤納皮烏斯和阿米阿努斯・馬爾切利努斯與利巴尼烏斯一樣,都是虔誠的異教徒,而且尤納皮烏斯跟阿米阿努斯都寫過羅馬帝國史,只不過技巧與敘事天賦上差了後者一大截。尤納皮烏斯寫的歷史(曾受到六世紀歷史學家佐西姆斯〔Zosimus〕的大量引用),如今雖然僅餘斷簡殘編,但仍能作為我們的佐證。不過,尤納皮烏斯的心境,倒是在他的《辯士傳》(*Lives of the Sophists*)中躍然紙上。尤納皮烏斯有意仿效三世紀辯士斐洛斯脫拉德的作品(斐洛斯脫拉德創造了「第二代辯士時期」〔Second Sophistic〕的概念,而第二代辯士正代表了希臘學術與文化的復興),他的《辯士傳》描繪出與斐洛斯脫拉德作品中類似的城邦烏托邦。只不過對尤納皮烏斯來說,這樣的城邦烏托邦可以明顯感受到競爭帶來的威脅——除了帝國朝廷及其拉丁法律文化之外,基督教也否定了這世上充滿神靈,更否定了昔日的希臘浪漫。基督徒也痛恨君士坦丁堡帶來的新挑戰，尤其是亞歷山卓與安提阿的主教——雙方本來就不願意把自己的權威拱手讓給對方，但也不想輸給新崛起的君士坦丁堡主教，兩者讓四世紀無止境的宗教衝突更形惡化。

四世紀中期與晚期，隨著君士坦丁堡的興建，有一項微妙、可見，卻又沒那麼立即性的改變，也開始影響東方的統治階級——異教徒與基督教徒皆然。狄米斯提厄斯按照君士坦提烏斯之意，糾集組成君士坦丁堡元老院，元老則來自歷史悠久的城邦世襲家族，以及懷抱雄心壯志的小資產階級——他們的權力（如果真有權力可言的話），則取決於自身在帝國政府內扮演的角色。這群新貴正是利巴尼烏斯一邊為自己的世界衰落而怨嘆，一邊又嗤之以鼻的原因：胸懷大志的中下階層再也不是以進入公民會議為志向，反而想成為帝國的公務員。由於公務員身分讓許多人成為元老，因此這些人得到了某種吹噓出來的威望。如果只剩最古老的家族還堅守著對各自城邦的認同，甚至要是連某些古老家族也屈服於當公務員的潮流下，那麼原本的統治階級將會萎縮、慢慢走向末日，沉沒於由社會地位低於他們的人所構成的海洋中。利巴尼烏斯對於這種現象的影響或許是誇大了，但他的分析確實一針見血。不過，他忽略了東部希臘語地區社會在四世紀中葉轉變的規模。這種轉變的原因，是黃金。

君士坦丁對帝國以外的人扮演著使徒與主教的身分，展現出傳教士般的熱情。遠至阿拉伯與衣索比亞，近至多瑙河與黑海草原的各個哥德王國，他都試圖傳播自己的新信仰。他還增強了帝國對於高加索地區的干預——這種作法帶有跟波斯外交上的弦外之音，畢竟波斯影響範圍內的高加索國家，頹勢已久。君士坦丁贊助基督教傳教士前去高加索，一方面意味著與波斯王競爭，一方面也讓兩大帝國有新的合作契機，共同處理高加索山以北的草原游牧人口。這兩種結果都不難預見，但第三種可就出人意料了。人們在高加索山的某個地方找到新的金礦脈。因為波斯經濟完全建立在銀上，所以羅馬人可以獨占新發現。一九三〇年代，經濟史學者提出假設，認為新的黃金來源，可以解釋在四、五、六世紀時，東帝國的經濟為何較西帝國一飛衝天。將近一百年後的今天，透過計量方式研究現存的金幣後，學者們的推論也得到證實：古代的鎔金技術無法將鉑從黃金中提煉出來，因此羅馬金幣中的鉑含量，成為得知黃金從何而來的最準確方法。這項分析顯示了三件事：第一，當時確實發現了新的大型礦脈，因為四世紀中葉以降的東部索幣，有著前所未見的大量金屬同位素；第二，這個新礦脈出產的金更純，而且與此前已知的礦脈無關；第三，來自這個礦脈的黃金幾乎沒有進入西方的貨幣循環，長達數十年間都限於東方的貨幣體系之中。

這不僅證明帝國東西半壁在政治上愈來愈脫鉤，也有助於解釋埃及莎草紙財政文件中提到的現象——城邦社會上層的地位可以上溯至希臘化時代的各王國，他們的土地所有權模式原本多元而分散，但這種舊模式如今大亂，漸漸遭到莊園農業所取代，而莊園農業又掌握在那些為帝國效力、因此保證能接觸到黃金經濟的人手中。就算新模式不見得放諸整個希臘或世界皆準，但多少也能說明五世紀的希臘社會上層，何以遠比西方的社會上層更仰賴中央集權的帝國政府；相較於西方的元老與軍閥，東方的權力來源，根本上取決於帝國的結構。說起來，舊貴族在經濟上逐漸消亡，而宮廷與行政公務員新貴的崛起，終究讓東帝國更強大、更有活力。這並不令人費解。所謂的「古代晚期後期」（later late antiquity，介於六至八世紀之間）對西部拉丁語地區純粹是個衰亡的故事，但對東方來說卻是展現非凡文化創造力的時期。這種變化早在四世紀時便已扎根，東部的「古代晚期後期」確實不同於先皇塞維魯斯（Severus）或君士坦丁的帝國，也不同於西部，但東部的富裕無庸置疑，政治上也更穩定，藝術更有創造力，而且這種情況一直延續到阿拉伯人對外征服的初期，以及第一個伊斯蘭哈里發國——伍麥雅王朝（Umayyads）的建立為止。

時至今日，儘管我們手邊有著那麼多的新證據，但對於羅馬帝國東部緩慢發展的經濟轉型，還是只能從史料帶來的吉光片羽中匆匆一瞥。想必當年親身經歷這些轉型的人，一定更加霧裡看花。但他們經歷政治事件的壓力時，感受也一定比我們所能想像的更為鮮活。瓦倫斯幸運捱過了普羅柯庇烏斯的篡奪，這讓他比以往更清楚自己能獨立行動的餘裕有多麼小。他之所以能保存性命，是因為君士坦提烏斯時代的舊當權派倒向他這方。他們不是為了他而這麼做，而是對自己以前的大元帥表露忠誠。他的哥哥正忙著對付法蘭克人與阿拉曼人，最後打了個痛痛快快的勝仗，連出根手指幫忙都沒有。瓦倫斯難免會感到自己缺乏權威，於是他試圖用積極的軍事行動來強化。多瑙河給了他契機，哥德人給了他藉口。

君士坦丁在三三〇年代初期，發動過一系列軍事行動，給多瑙河下游帶來長久的和平，但這顯然也讓該地區的哥德酋長獲得大權。成文史料中罕有哥德人活動的紀錄，因此很難看出不同哥德人群體之間的關係（「哥德」是個很籠統的詞彙，稱呼著好幾個不同的政體與部落，有些更是有自己的名稱）。但考古證據卻揭露了一個充滿生產力的農業世界，從羅馬邊境起算的一百公里內都加入了貨幣經濟，幾個由貴族統治的重鎮則星羅棋布，從喀爾巴阡山脈分布到聶伯河。三六五年，普羅柯庇烏斯尋求哥德特爾文吉人（Tervingi）的協助，靠的就是自己跟君士坦丁皇室的關係，訴諸哥德人遵守他們跟君士坦丁之間三十年之久的條約。特爾文吉人的答覆拖拉遲緩，等到三千哥德大軍出現在色雷斯支援叛軍時，普羅柯庇烏斯早就戰敗了。發現木已成舟之後，特爾文吉人就鳴金收兵了。

瓦倫斯派出騎兵長弗拉維烏斯・維克托（Flavius Victor，自從尤利安治世以來，他都是東部軍事高層的要人）去質問哥德人：他們明明跟羅馬有友好協議，為什麼還決定參戰。哥德王阿塔納里克（Athanaric）的代表捏造出一封來自普羅柯庇烏斯的信，信上堅稱自己是君士坦丁的正統傳人，要求他們出手相助。如今哥德人堅稱自己雖然犯了錯，但這是個可以體諒的無心之過。他們完全承認瓦倫斯的統治正當性。不過，瓦倫斯並不打算輕易滿足於這種理由。他在多瑙河彼岸看到了能輕易施展抱負的破口：為了哥德人支持篡位者之舉，他決定懲罰他們。

三六七年，瓦倫斯發動對多瑙河沿岸、彼岸連續三年戰事的第一戰。該年五月，他已經隨著宮廷與野戰部隊推進遠至馬爾奇亞諾波利斯（Marcianopolis）——多瑙河戰事的首要中繼站。接著，他在六月時渡河到達對岸的達夫尼（Daphne），開始掃蕩哥德人的領土。只要俘虜到哥德人，瓦倫斯就賞。他還派御前軍長弗拉維烏斯・亞靈泰烏斯（Flavius Arinthaeus），盡可能抓捕當地人。但大多數哥德人都逃進山區，哥德諸王也拒絕交戰，於是瓦倫斯在九月時從都羅斯托魯姆（Durostorum）返回羅馬領土，沒能贏得他期待的勝利。他待在馬爾奇亞諾波利斯，試圖來年再度嘗試。這一回，我們只知道他的大本營設在某個叫「卡爾皮人村子」（*vicus Carporum*）的地方——「卡爾皮人」指的是一群原本生活在多瑙河對岸的部落民，戴克里先與之簽訂條約，允許他們在巴爾幹安家落戶，成為農民。豪雨讓戰事無從進行，多瑙河水和沿岸沼澤一片水鄉澤國，無法穿越。

又隔一年——三六九年，瓦倫斯發動第三次入侵。這一回，他不像上一次那樣開進外西凡尼亞

（Transylvania）與喀爾巴阡山，而是取道諾維歐都努姆（Noviodunum），深入北方，接著往東朝黑海草原挺進。特爾文吉王阿塔納里克交戰失利——一旦羅馬軍隊迫使邊境族群進入設定好的戰場，結果通常如此。但瓦倫斯並未乘勝追擊，也許是因為時序已到作戰季的末期。這並無大礙，他已經贏得自己渴望的勝利，回師帝國邊境之後，他就派維克托與亞靈泰烏斯去跟阿塔納里克談判。

三七〇年一月一日，瓦倫斯在馬爾奇亞諾波利斯進入自己的第三個執政年。一月下旬或二月時，他就和特爾文吉王在多瑙河上的一艘船上會面。這對雙方都有象徵意味，瓦倫斯承認阿塔納里克的自治，而阿塔納里克則是展現自己的歸順，但形式是雙方平等的條約。確立了自治地位，這位哥德王得以迫害哥德人基督徒——他們被認為是羅馬的「第五縱隊」——藉此在鷹派追隨者之間重申其權威。但和約也給了哥德人民一線生機，畢竟三年的戰爭已嚴重影響貿易，妨礙他們取得羅馬商品。據阿米阿努斯的說法，相較於戰場上的失利，這才是說服阿塔納里克議和的原因。瓦倫斯在多瑙河邊境展開的這三年戰事，讓情勢重返君士坦丁時代，而且大有可能讓當地維持穩定。之所以未能如願，是因為好幾項歷史上的突發事件所造成的。接下來我們還會談到。

瓦倫斯從多瑙河返回君士坦丁堡，及時趕上了三七〇年的復活節。官方的傳聲筒狄米斯提厄斯在首都內大談：「是什麼樣的人道關懷，讓瓦倫斯用如此和平的方式解決了戰爭呢？既然可以化敵為友，讓他們愛你、敬重你，甚至在未來還會提供自己的人馬充軍，那何必要摧毀他們呢？」狄米斯提厄斯在一場精湛的演說中表露出這種情緒，但他卻沒有提到有另一場戰爭正在醞釀，而這一回的對手，比哥德人危險太多：年邁的沙普爾二世所統治的波斯。

沙普爾與約維安簽訂的和約，讓他無須過於擔心西方邊境的羅馬人。幾座原屬於羅馬東部、橫跨幼發拉底河的城市，如今掌握在沙普爾手中。但數個世紀以來，亞美尼亞都是個爭議點。亞美尼亞王阿爾沙克四世向來是羅馬的忠誠盟友，不僅是君士坦提烏斯二世的堅定支持者，也是唆使尤利安入侵波斯的人；他還協助普羅柯庇烏斯組織佯攻，引誘沙普爾揮軍北方，讓泰西封兵臨城下。約維安的和約並未明確提及亞美尼亞，但羅馬人自三六四年後，等於在實質上忽略這個王國的事務，畢竟瓦倫斯得先對付普羅柯庇烏斯，再處理哥德人。

沙普爾如今已七十餘歲，但仍舊精力旺盛，打算趁機對阿爾沙克復仇。亞美尼亞王受邀與波斯使者協商，卻遭對方擒住下獄、弄瞎眼睛，關在薩珊人的阿迦巴納（Agabana）要塞，最後被折磨至死。沙普爾如今計畫統治亞美尼亞，作為波斯的行政區劃，而非附庸王國。先前背離阿爾沙克的亞美尼亞貴族，如今獲得任命成為行政長官，而波斯的附庸國緩衝區則往北推到高加索伊倍利亞（Iberia，今亞塞拜然、亞美尼亞）——沙普爾罷黜了羅馬盟友薩洛馬息斯（Sauromaces），並安插薩洛馬息斯的堂親阿斯帕庫雷斯（Aspacures），作為波斯的附庸。

這一切都發生在瓦倫斯與哥德人作戰的時候。戰爭一結束，瓦倫斯就覺得自己必須採取措施，以因應波斯對亞美尼亞的行動。這位皇帝在三七〇年四月啟程前往安提阿，於月底抵達。同時，他還邀請阿爾沙克之子帕普（Pap）來到朝廷，承諾他提供援助。有了羅馬人撐腰，帕普返回亞美尼亞，受到一派貴族的接納。沙普爾隨後親自率軍進入亞美尼亞，迫使帕普退位。帕普在拉濟卡山脈（Lazica）躲了好幾個月，但沙普爾一回師過冬，他便重新回到國都，處死沙普爾派的行政長官，把頭砍下來送回去給波斯王。這種挑釁，意味著必須一戰，但這一仗卻不是帕普可以自己打的，他需要羅馬人支援，瓦倫斯也樂於響應。他派弗拉維烏斯・亞靈泰烏斯指揮大軍，前去保護亞美尼亞，並幫助薩洛馬息斯重新登上高加索伊倍利亞王位。薩洛馬息斯同意把王國跟阿斯帕庫雷斯平分，各自取靠近其恩庇者的土地為領土。然而，沙普爾認為亞靈泰烏斯敲定的協議，對波斯的權利來說是不可容忍的侵犯。他斷絕與瓦倫斯的外交關係，準備對羅馬帝國發動全面戰爭。這件事情將耽擱瓦倫斯接下來十年大部分的時間，安提阿也成為他主要的駐蹕地。

但是在此之前，他得先處理好君士坦丁堡的教會政局。長期為君士坦提烏斯效力的相似派主教尤多基烏斯（Eudoxius），在君士坦丁堡過世了。瓦倫斯必須確保此事不會為尼西亞派勢力的復活提供契機，於是從三七〇年跨入三七一年的這個冬天，他都待在博斯普魯斯海峽邊。從三七一年夏末開始，到他在三七八年對哥德人採取軍事行動為止，瓦倫斯一直在東方前線。波斯人年復一年都是戰爭威脅，只不過尚未發動全面性的入侵。年邁的沙普爾很可能已經費盡心力，一方面得控制幾個繼承人的派系對抗，一方面得壓制河中地區（Transoxiana，今日中亞阿姆河〔Amu Darya〕與錫爾河〔Syr Darya〕之間的地帶）與舊貴霜地區（今阿富汗大部分地區與巴基斯坦西北部），很難對羅馬發動他計畫中的戰爭。御前軍長特萊阿努斯（Traianus）與瓦多馬里烏斯（Vadomarius，一位阿拉曼王，原是君士坦提烏斯的盟友，尤利安的敵人，如今成為東部軍隊的資深將官）擋下了波斯的一次小規模攻擊。這場遭遇戰最後以又一次的休戰告終，但如此的威脅依舊，讓瓦倫斯離不開安提阿；只要他人不在，沙普爾恐怕就會決心入侵。經過他在對陣普羅柯庇烏斯與三年哥德戰事中時好時壞的表現，瓦倫斯經不起又一次不具決定性的軍事結果。他形同被情勢困在一座動盪的希臘大城，面對著自己難以應付的複雜局面。

無論過去或是未來，安提阿所帶來的挑戰，都適合比瓦倫斯更有想像力的皇帝來管理。這座城市是帝國裡最多官府所在的城市，每一名官員背後都有一套強大的利益體系，必須有皇帝時時來坐鎮才能控制，包括東方禁衛總長、東方伯（東方管區首長的特殊官職名稱，他負責管理從奇里乞亞至阿拉伯北邊，共十五個行省政府），以及敘利亞執政官——也就是安提阿當地的行政長官。這座城市也是兩大財政機構——內庫與廣財衛——管區級總部。最後還有軍部。敘利亞公（*dux Syriae*，該地區駐軍指揮官）便駐在安提阿，而他的部隊則分布在行省各地的小型要塞（*castella*）。但無論是御前軍長或御前騎兵，也常常駐在這座城市，管理東部的野戰部隊。上述的每一個官職都有一大群參謀，而他們層層重疊的管轄權連同時代的人都很難參透，導致政府內派系間無止境地傾軋。

安提阿還有一個大而活躍的公民議會，其傳統權威與經濟支配權正受到新興帝國官僚階層的威脅——利巴尼烏斯痛切的文字就提過兩者的對立。此外，安提阿難免也有宗教紛歧。主教尤佐烏斯（Euzoeus）代表安提阿教會內相似派的傳承。自君士坦提烏斯統治時期，甚至更早之前，這一派的勢力就很龐大。但相似派並非尼西亞派傳承的唯一對手，因為尼西亞派本身也是分裂的——安提阿主教米立提（Meletius）願意採納相似派教士的部分觀點，但他的支持者卻遭到尼西亞激進派的保利努斯（Paulinus）反對，而保利努斯又得到西部拉丁語地區的眾多主教與亞歷山卓的亞他那修所支持（這並不意外）。當瓦倫斯人在安提阿時，他一次次驅逐米立提，但米立提卻一次次溜回來。至於保利努斯，皇帝認為他太過無力，無須費心處置。

即便狀況好的時候，瓦倫斯也經常心驚膽跳。這些層層疊疊的宗教與政治陰謀，令他懸著一顆心，最後導致一場屠殺。不過，就連阿米阿努斯·馬爾切利努斯等認為瓦倫斯是個糟糕皇帝的人，也承認他的某些偏執是有道理的。古代人想必一致同意，魔法和占卜一旦不在官方認可的脈絡中，就是非常危險的行為，偏偏合法與非法的界線實在很難拿捏。非法的魔術可以揭開對於國運的玄祕知識，一旦操之在個人手中，必然是個危險。因此，非法的魔法歷來都會冠上「叛國」（*maiestas*）或對君主大「不敬」（*lèse majesté*）的罪名，受到懲罰。君士坦提烏斯比瓦倫斯更有政治家風範，但對於魔法和非法占卜的傳言仍然毫不留情，而瓦倫提尼安與瓦倫斯統治伊始，便已對黑魔法產生懷疑（兩人同時罹患重病）。

正是對卜筮陰謀的恐懼，讓瓦倫斯與安提阿人處於對立面。三七一年冬天，瓦倫斯聽到謠言，說安提阿貴族與自己的宮廷成員之間有人偷偷進行占卜。加上發現下級財政官員挪用公款，結果這件輕微情事，牽扯出一連串前任行政長官、代巡官、禁軍成員與大臣，瓦倫斯最大的擔憂彷彿也成了真。有人以德爾菲神廟知名的三腳架為模範，用了類似的腳架作為碟仙來指示接下來的皇位繼承者叫什麼名字。這回占卜出現了讀音為「狄奧多」（Θεοδ）的幾個希臘字母，而當時在場的所有人，都推定預言指的是一位出身高盧、深受愛戴的資深書記官，名叫狄奧多魯斯（Theodorus）。阿米阿努斯寫的羅馬史告訴我們，這樣的啟示帶有一絲事後合理化的味道，畢竟這四個希臘字母，正好跟瓦倫斯真正的繼承人——狄奧多西的頭四個字母相同。

這場卜筮遊戲顯然揭開了宮廷階級內的大規模整肅，許多稱得上忠於皇帝的人，都在一次大規模的判決後遭到殺害。這件事也為解決宿怨與流血清算提供了藉口——哲學家馬克西穆斯（尤利安的昔日知心好友）被控曾經聽聞過關於狄奧多魯斯的預言，而他也承認自己聽了之後一笑置之，認為預言顯然不準。儘管如此，他仍然在自己出身的以弗所上了刑場。阿米阿努斯舉了十多個明確的例子，顯然他本人當時在安提阿，也認識許多遭處死的人。他並不否認瓦倫斯面臨到真正的陰謀，但他痛切地指責瓦倫斯無法分辨真假，必須為濫殺無辜負責。無怪乎多數的安提阿人——而且不分異教徒或基督徒——聽到瓦倫斯最後戰死沙場的消息時，無不額手稱慶，看成天譴。

偏偏家族裡有偏執性格的人，不光是瓦倫斯。瓦倫提尼安同樣容易大發雷霆，刻意威嚇自己的官員。他對於指控人使用魔法的積極程度不下瓦倫斯，但他的「避嫌」功夫更到家，讓人不會直接指責他。事實上，他和先前在位的君士坦提烏斯一樣，有著派人替自己幹髒活、保有推諉空間的天分，有時候甚至會因為官員一字不差地聽話辦事而懲罰他們。我們上一次提到瓦倫提尼安，停在三六八年。此時的他甫在索利奇紐取得對阿拉曼人的勝利。這種稀鬆平常的勝利是帝國政府宣傳工作的基礎。無論是衡量這場勝利的規模，或是這類軍事行動是否讓軍國大計更加完滿，都不是件容易的事。三五〇年代的北高盧行政架構，顯然已經因為馬格能提烏斯叛變及其餘波而受到永久的傷害，基礎邊防似乎再也沒有修復過。考古與文字史料皆證實，瓦倫提尼安耗費大量時間，沿著北方邊境修復古老的防禦工事，並修建新的。但他之所以對界牆之外的農地發動軍事行動，主要是為了掠奪平民，有意地散播恐懼，製造誇耀的凱旋，以說服皇帝的子民。相較於北高盧，他在重建不列顛撒克遜海岸、歐陸英倫海峽與北海沿岸的防禦工事時，不僅仗打得少，誇耀也較少。正是在同一時期，瓦倫提尼安讓帝國的民事與軍事階級體系各自走上更為獨立的職涯道路，為兩者相同資歷的人創造同等的待遇。

三六九年，當狄奧多西烏斯在不列顛征戰，而御前步兵長塞維魯斯（Severus）在阿勒莫里卡（Armorica）鎮壓薩克森海盜時，瓦倫提尼安又發動了一次征伐——這一回討伐的對象是阿拉曼人，因為其中一名阿拉曼酋長攻擊了莫古恩提亞庫姆（Moguntiacum，今美因茨〔Mainz〕），俘虜了許多人。皇帝御駕親征，渡河抵達阿爾塔里帕（Altaripa），深入內陸，抵達內卡河（Neckar River），得到時任羅馬總長的元老階級貴族昆圖斯・奧雷里烏斯・敘馬庫斯（Quintus Aurelius Symmachus）的大為讚許——即便身處一個人人寫信的時代，敘馬庫斯也稱得上是個信件大家。軍隊經由布賴斯高（Breisgau）返回帝國領土，瓦倫提尼安則在特雷維里過冬（如今已經成了他的習慣）。年輕的奧古斯都格拉蒂安在此繼續自己的學業，一面與敘馬庫斯魚雁往返，一面跟父親的參謀學習軍務。阿米阿努斯的記述，將瓦倫提尼安的治世軟化成一系列無關緊要的邊境戰事：三七〇年，狄奧多西烏斯晉升為御前騎兵長，前往多瑙河上游對雷蒂亞（Raetia，今瑞士）作戰，皇帝本人則襲擊萊茵河。三七一年的戰事似乎也差不多不值一提。

羅馬的情勢可就沒那麼盡人意了。薪餉總長馬克西米努斯（Maximinus）是潘諾尼亞人，也是瓦倫提尼安小圈子裡的人。三六八年至三六九年，他發動了一場只能解讀為是對羅馬城貴族精心設計的迫害。馬克西米努斯是個小官的兒子，出生在潘諾尼亞地區瓦雷里亞（Valeria）行省的索皮亞諾（Sopianae），據說是戴克里先安置到當地的蠻族——卡爾皮人的後代。不過，這種說法說不定是勢利眼的阿米阿努斯張口就來的誹謗。馬克西米努斯學習法律，他父親的官職也讓他打入官場，有效利用了恩庇網路，接連贏得科西嘉、薩丁尼亞與圖斯奇亞（Tuscia）等行省的行政長官職位（雖然不算非常顯耀）。正是在行政長官任上，皇帝拔擢他擔任薪餉總長，負責羅馬城的糧食供應，這工作相當仰賴每年穀物艦隊的到來。擔任薪餉總長不用以常態方式來執行司法事務，因此他也獲得觀察（甚至在必要時進行攻擊）羅馬上層社會的有利位置。

儘管從手邊的史料來看，這項行動似乎是馬克西米努斯的個人所為，誘使我們把根源追溯至他自己的階級不滿，但事實上這項行動是有系統的，透過軍隊高層、擔任瓦倫提尼安宮廷大臣的外省貴族以及地方行政機構聯手，試圖削弱羅馬與義大利元老對於重要官職的掌握。雖然受到現存史料所掩蓋，但唯有心照不宣的廣泛支持，才能解釋馬克西米努斯的仕途：儘管似乎人人都討厭他，但他卻不斷升官，先是破格擔任非常設的羅馬代巡官（羅馬通常由首都總長管理，對城外沒有管轄權），接著在三七一年成為高盧總長。老一派的學者喜歡把馬克西米努斯（並推及瓦倫提尼安）當成某種無產階級的先鋒，對社會地位更高的人發動復仇。但這種看法不過是落入阿米阿努斯的圈套罷了，畢竟他是抱著安提阿人的鄙夷觀點在寫作的。

羅馬元老院遭受馬克西米努斯彈壓一事，其實是君士坦提烏斯治世以來，區域總掌轄區與軍隊高層間派系鬥爭的擴散。不過，如今的情況卻有個關鍵差異：縱使君士坦提烏斯輕易被讒言誤導，但他與生俱來的無情謀畫，與他身為君士坦丁之子的優勢，讓他比素有殘忍野獸之名的瓦倫提尼安更能掌握自己的行政機構，程度是瓦倫提尼安遠所不能及。羅馬發生的彈壓並非心懷惡意的單一官員越權而為，而是高盧與巴爾幹指揮部集體為之——潘諾尼亞人與西班牙人，高盧人與阿非利加人——所有人都深知，義大利的大貴族是帝國威望所繫，但只要情勢允許，他們也樂得看著貴族折翼。只要派得上用場，古代貴族後裔就大有所用；巴爾幹參謀們與義大利人佩特羅尼烏斯・普羅布斯（Petronius Probus）密切合作，普羅布斯就是出身於阿尼奇（Anicii）氏族，基督徒元老大族中最古老的一個（普羅布斯是兩位五世紀皇帝的祖父，而且在三六七年至三七六年之間，連續十年擔任一個又一個的禁衛總長職務）。

但是，相較於同樣階級背景的人來說，普羅布斯可說是機敏非常，志向高遠（之後我們還會談到他）。多數的羅馬與義大利元老階級大族遵循的公職模式，是從三世紀加里恩努斯治世時便不斷灌輸予他們的。自此時開始，各方聯合努力不讓元老染指軍事與行政官職。四世紀時，人們心中認定的悠久羅馬氏族，祖上幾乎都可以回溯到塞維魯統治帝國的時候。這些羅馬城的羅馬人，可說跟君士坦丁長期統治時所形成的外省元老貴族大不相同。他們大部分人歷任的都是相當傳統、甚至是象徵性的公職，不時從政府中退下來，長年過著出身高貴的人家優雅的閒散生活。通常，他們先在羅馬當個小官（例如引水道的監察官），接著當個體面的義大利行政長官，然後執掌亞細亞或亞該亞等傳統上的元老院直轄行省，幸運的話則是官拜阿非利加資深執政省，最後在仕途的頂點成為羅馬首都總長。想要在君士坦丁帝國的公務部門出頭天，就得辛苦奮鬥，但羅馬貴族出身的人既沒有必要，也不想要這麼做。他們裝飾性的價值再真實不過了，無論是地方貴族，還是瓦倫提尼安朝廷參謀中的官僚新貴，都無法忽視他們，也無法阻止他們接觸權力。綜前所述，馬克西米努斯才會因為威嚇那些自滿的羅馬元老而備受嘉獎，瓦倫提尼安政權所繫的地方派系也對此一致同意。派系的主導權，以及高盧與巴爾幹這兩極之間的平衡，將在瓦倫提尼安死後浮現出來，過程中也出現許多知名的犧牲者，包括騎兵長狄奧多西烏斯——未來皇帝的父親。

這位老狄奧多西烏斯先前在不列顛打了幾場勝仗，後來奉派前往非洲，處理當地複雜的情況——到底個中多麼複雜，是現代學者很難釐清的。這多少是因為我們只有一部有延續性的敘事——阿米阿努斯．馬爾切利努斯的歷史著作——以獨立、單一的故事線來描寫這些年間的非洲大事。非洲跟他筆下帝國其他地方只有相當模糊的關聯，而各行省的社會之複雜，更是讓我們在理解上困難重重，畢竟這些行省之間差異甚鉅。阿非利加資深執政省以宏偉的大城迦太基為中心，此城是羅馬最早的海外征服之一，但直到西元一世紀左右，非洲管區的大部分地方都掌握在附庸國的國王、或當地的酋長手中。從共和時代的羅馬軍事殖民地開始，一些都市已經成長到相當繁榮，但都市周圍卻是帝國采邑、本地人村莊與自治體，直到皇帝卡拉卡拉（Caracalla）在西元二一二年將公民權賦予帝國內所有的自由民為止，這些地方的人才成為公民。有極大的土地與農業財富（某些省份中甚至是大部分）都掌握在富有的羅馬城元老家族手中，不然就屬於皇帝的內庫，這也是非洲管區與眾不同的重要因素。整個帝國裡，沒有哪個地方的大地主，跟自己最龐大的地產之間有著如此遙遠的距離。

各式各樣的管轄權與社會階級——市政、國政與私人——又因為先前提到西部拉丁語區早期且全面的基督教化而更形複雜。許多小主教區在很小的地方（根據一般的標準，頂多就是個小村子）如雨後春筍般出現。多數的主教座同時有著凱其里安派（Caecilianist，也就是反多納徒派，以多納徒在四世紀初最早的反對者來命名）與多納徒派的階級架構，而且兩者都獲得民眾的真心支持，為潛在的衝突又加上一層問題。最後，儘管非洲都市密集、人口眾多，但大部分都靠在難以深入的山區，或是半沙漠、半草原的土地旁。這些區域的居民並未徹底與羅馬定居社會整合，而是當地大人物的附庸。這些大人物在羅馬秩序中亦有影響力。某些非洲貴族有辦法儲備人力，保有與帝國結構無關的效忠關係，意味著四世紀政局中蔚為特色的地方派系，在非洲管區有著獨特的離心潛勢。

當騎兵長狄奧多西烏斯奉命前去鎮壓一起演變為反抗帝國當局的事件時，他踏入的就是如此局面。事實上，事情的起頭不過是行省小官員與宮廷官僚之間相當典型的小計謀。的黎波里塔尼亞（Tripolitania，今利比亞西部）是塞維魯王朝在兩世紀之前的龍興之地，也是非洲拉丁語區最東邊的前哨，再往東去就是希臘語城市昔蘭尼（Cyrene）了。的黎波里塔尼亞也是草原、沙漠與海岸定居地帶彼此最靠近的地方。因此，當地的羅馬化城市與農業地帶持續跟利比亞沙漠的放牧部落民有持續而密切的接觸；同時是貿易夥伴，也是彼此劫掠與騷擾的受害者。就連設有常駐行政機構的省會大萊普提斯（Leptis Magna），也在部落能輕易劫掠的範圍內。正是中央政府對於某一起劫掠事件的不當回應，引發了後續的問題。

非洲管區有一小支駐軍，指揮官是阿非利加伯（*comes Africae*）羅馬努斯（Romanus）。據說，除非大萊普提斯的居民先賄賂他，否則他拒絕提供軍事援助。這八成真有其事，畢竟侵吞、挪用是古代晚期治理的常態。話雖如此，阿非利加伯麾下最多有兩萬人馬，分布在將近兩千公里的邊境地帶，從斯提非斯茅利塔尼亞（Mauretania Sitifensis）一直到的黎波里塔尼亞。無論大萊普提斯人的情況有多嚴重，羅馬努斯也很可能有其他的索求。他在宮裡也有深厚的關係。的黎波里塔尼亞行省議會派出代表團前往特里爾，向瓦倫提尼安投訴羅馬努斯時，卻被這位阿非利加伯的姻親——執事長官雷米吉烏斯（Remigius）打了回票。我們再回到大萊普提斯，由於當地又遭到襲擊，於是有了另一回投訴，但羅馬努斯買通奉命前來調查的書記官，甚至成功反告控訴者。誰知道幾年之後，羅馬努斯跟茅利塔尼亞當地的大貴族菲爾穆斯（Firmus）起了爭執，最後導致戰爭。

菲爾穆斯出身於羅馬邊境（歐洲、東方與非洲皆然）常見的家族。他的父親努貝爾（Nubel）既是羅馬行省中的社會要人，也是個「王」，對特定的茅利人（Mauri）群體有著世襲的權力。我們可以把他跟阿拉曼王瓦多馬里烏斯類比。瓦多馬里烏斯長時間與君士坦提烏斯和尤利安有著亦敵亦友的關係，他成為傑出的羅馬將領，鎮守東部邊境。努貝爾死時留下了許多兒子，有些是妻子所生，有些是妾所生，而且全部都政商關係良好。比方說，菲爾穆斯就是多納徒派教士的強力後盾，而他的異母兄弟札馬克（Zammac）則是羅馬努斯的密友。菲爾穆斯與札馬克因為父親的遺產起了齟齬，後者因而身亡，羅馬努斯於是將菲爾穆斯一狀告上宮廷。菲爾穆斯動用關係，為自己的清白辯護，但羅馬努斯的姻親雷米吉烏斯卻壓下所有對案情的討論，菲爾穆斯倍感威脅。最後（可能是在三七一年），他得到羅馬努斯麾下兩個單位——君士坦丁步兵隊（*pedites Constantiani*）與騎射隊（*equites sagittarii*）第四大隊的支持，舉兵起事；他還糾集了邊境茅利人。他的統治得到兩個茅利塔里亞行省、甚至是阿非利加資深執政區的廣泛承認。不過，他沒有鑄造錢幣，意味著他並不覬覦皇帝紫袍（只是現代學者有時候把他描繪成篡位者）。戰事四起，凱薩茅利塔里亞（Mauretania Caesariensis）首府凱撒利亞受到大火嚴重破壞。瓦倫提尼安朝廷派出騎兵長狄奧多西烏斯，前往非洲鎮壓叛變。阿米阿努斯則為我們提供一段錯綜複雜的描述，說明隨之而來的襲擊與反攻。

狄奧多西烏斯最早採取的措施之一，就是接替因為引發騷動而受到責難的羅馬努斯。幸虧瓦倫提尼安的資深御前軍長弗拉維烏斯·梅羅保德斯（Flavius Merobaudes）出手，羅馬努斯才逃過進一步的調查或懲罰，但他的姻親——執事長官雷米吉烏斯，則是不名譽地去職，不久後在莫古恩提亞庫姆的自宅自縊。羅馬努斯引發了這場與菲爾穆斯歷時多年的戰爭，影響所及不只凱薩茅利塔尼亞與斯提非斯茅利塔里亞的都市重鎮，還包括奧雷斯山脈（Aurès）與里夫山脈（Rif）的部落地區，甚至深入廷吉塔納茅利塔尼亞（Mauretania Tingitana）南部——這個位於今日摩洛哥的羅馬行省，與其他羅馬的非洲領土聯繫太過薄弱，因此被劃入西班牙管區，由駐奧古斯塔艾梅利塔（Emerita Augusta，今梅里達〔Mérida〕）的代巡官管理。狄奧多西烏斯很早便著手鎮壓叛變的部隊，菲爾穆斯的兄弟吉爾多（Gildo）也加入狄奧多西烏斯和皇帝的陣營，試圖謀求利益，並且很可能在狄奧多西烏斯的下屬、也就是未來的篡位者馬格努斯．馬克西穆斯（Magnus Maximus）麾下效力。阿米阿努斯用了大量篇幅描寫這場戰爭中的小戰役，向共和時代的史家薩盧斯特（Sallust）致敬——薩盧斯特寫過西元前二世紀的朱古達（Jugurtha）戰爭史，兩者都發生在類似的非洲背景。但我們沒有必要在此重述那些伏擊、背叛、謀殺與劫掠的細節。三七五年，四面楚歌的菲爾穆斯自殺了。他的兄弟吉爾多則比他更成功、更長久地掌握權力。菲爾穆斯死後，狄奧多西烏斯便著手恢復這幾個深受破壞的茅利塔尼亞行省之財政。

瓦倫提尼安於三七五年暴卒時，狄奧多西烏斯仍在茅利塔尼亞。當時，皇帝已經把自己的大本營從高盧遷往巴爾幹，如今剛成為小少年的格拉蒂安則留在特雷維里，宮廷內部都已是證明過忠誠心的幹才。瓦倫提尼安最後一次對高盧發動軍事行動，是在三七二年至三七四年間，全都是為了對付在尤利安統治時期躍居邊境要角的阿拉曼王馬克里阿努斯（Macrianus）。最後，瓦倫提尼安給了馬克里阿努斯相當優渥的議和條件，如此自己才能因應巴爾幹內部的新危機：追隨加比尼烏斯（Gabinius）的夸狄人起兵，入侵了位於多瑙河彎頂的兩個行省——潘諾尼亞一區（Pannonia Prima）與瓦雷里亞。過去瓦倫提尼安常駐特里爾時，多半讓巴爾幹指揮部自由行動，放心交由伊利里亞軍長、也是跟隨瓦倫提尼安最久的盟友易奎提烏斯（Equitius），以及阿尼奇氏族出身的羅馬元老兼資深禁衛總長佩特羅尼烏斯．普羅布斯來執掌。兩人有效維持住和平局面——從三六〇年代晚期至三七〇年代早期，由管區首府斯爾米烏姆負責治安的區域完全沒有動盪的紀錄。

多瑙河前線的問題，其實是因為區域性總長轄區的權力平衡被改變所導致的。先前提到，馬克西米努斯在羅馬的成績得到獎勵，從義大利的薪餉總長獲拔擢成高盧禁衛總長。得到如此的權力基礎，他立刻對巴爾幹的同僚用計，指控易奎提烏斯在處理蠻族時大意疏忽，接著設法讓自己的兒子馬切利阿努斯（Marcellianus）獲得任命為瓦雷里亞公（*dux Valeriae*）——潘諾尼亞東北邊境部隊的指揮官。馬克西米努斯宣稱這項任命能讓皇帝達成計畫，建設從高盧到伊利里亞的邊境防禦工事，畢竟易奎提烏斯的成效不彰。自從君士坦提烏斯二世治世以來，夸狄人在羅馬附庸加比尼烏斯王統治下，與羅馬相安無事。因此，當馬切利阿努斯下令帝國軍隊在多瑙河左岸興建大型堡壘時，加比尼烏斯深信馬切利阿努斯是在打破長久維繫的條約。加比尼烏斯在三七四年秋天抗議後，馬切利阿努斯宴請他討論此事，接著謀殺了他。

憤怒的夸狄人在農民即將收成時入侵瓦雷里亞，毀了這一年的收成，並席捲南方。他們差點在驛站普里斯騰西斯（Pristensis）俘虜皇帝君士坦提烏斯的遺腹女君士坦提雅（Constantia）——她當時正前往西方，預定嫁給年輕的格拉蒂安，事發時她正在用餐。行政長官護送皇女穿過自己的轄區，這時候有夸狄入侵者追趕，他們差點回不去三十多公里外的斯爾米烏姆。夸狄人的薩馬提亞鄰居也加入了他們的行列。他們發現斯爾米烏姆固若金湯，難以圍城，於是便破壞鄉間以為滿足。易奎提烏斯派了兩個野戰軍團——潘諾尼亞軍團（Pannoniaca）與默西亞軍團（Moesiaca）對付入侵者，卻蒙受嚴重損失。這一回的入侵是當地幾代以來最嚴重的一次。君士坦提雅最後成功抵達高盧，在三七四年底或三七五年初與格拉蒂安完婚，但瓦倫提尼安一開春就前往巴爾幹。

新年，格拉蒂安展開自己的第三個執政年，與他共同擔任執政官的則是易奎提烏斯——巴爾幹指揮部因為夸狄人的入侵而顏面掃地，讓易奎提烏斯共治是展現皇帝信心的必要象徵。瓦倫提尼安在三七五年五月抵達潘諾尼亞一區的卡農圖姆（Carnuntum），進行大規模備戰。梅羅保德斯與軍務伯賽巴斯蒂阿努斯（Sebastianus）奉命進攻夸狄人的部分領土，皇帝則在八月順流進軍阿昆庫姆（Aquincum，位於今布達佩斯市內）。他把宮廷留在此地，接著渡河進入夸狄人領土。帝國的這兩股軍隊破壞河對岸的大片土地，歷時將近兩個月，然後才返回阿昆庫姆復員過冬。

瓦倫提尼安率領部分的部隊前往布里吉提歐（Brigetio，今匈牙利與斯洛伐克邊境的佐尼〔Szőny〕），駐紮在卡農圖姆與阿昆庫姆之間的戰略位置。十一月時，他在布里吉提歐接見夸狄人使團，夸狄人懇求他收兵，表示願意簽訂和約，未來將為帝國軍隊提供兵丁。由於作戰季節實際上已結束，軍隊大部分也已復員，瓦倫提尼安、易奎提烏斯與參謀團本來就決定先接受夸狄人的條件。易奎提烏斯認為，應該要讓使團得到皇帝本人接見的榮譽，作為帝國寬宏大度的象徵。來到御前，來使低聲下氣認罪，卻也抗議馬切利阿努斯與其他羅馬官員的不公不義，這正是迫使他們反抗的原因。瓦倫提尼安本來就有一種習慣，以大發雷霆為策略——在脅迫友人與敵人時都很有用。阿米阿努斯說，瓦倫提尼安「回覆的過程愈來愈生氣，大聲斥責全體夸狄人，用語難聽」；接著當他設法平撫自己時，卻「講不出話，呼吸不過來，彷彿被天上的閃電擊中，一臉漲紅」。近侍連忙把他拉進比較安靜的地方，但不出幾小時他就死了——看來是盛怒所引起的中風。這位個人勇氣與軍事才幹人盡皆知的五十五歲統治者，就這麼離世了。我們不妨說，易怒的性情也會因為自己的熱度而燃燒殆盡。

瓦倫提尼安的暴卒雖然出乎所有人的意料，但並未造成全面的混亂：西帝國政府在宮廷、總長轄區機構與參謀部手中合作無間，皇帝區區的血栓也無法削弱已穩定的制度根本。但是，皇權過渡不會沒有犧牲者，這一回也不例外。在布里吉提歐，軍隊高層迅速行動，完全沒有知會瓦倫斯或格拉蒂安。瓦倫提尼安的妻舅克雷阿利斯奉命將妹妹尤絲提娜與她的幼子瓦倫提尼安，從姆羅欽克塔（Murocincta，確切位置今已不明）的皇居接來。到了阿昆庫姆——巴爾幹部隊主要的過冬地點——四歲大的瓦倫提尼安在集合的軍隊面前獲得擁立，成為皇帝。過往，巴爾幹參謀部受易奎提烏斯節制，當地的官僚機構則由佩特羅尼烏斯．普羅布斯主事。他們把伊利里亞總長轄區打理得服服貼貼，有十年的時間形同不受皇帝監管，難怪他們現在會主動採取決絕的措施。他們與資深御前軍長梅羅保德斯合作，確保瓦倫提尼安二世順利登基，成為公認的皇帝，連馬克西米努斯主事的高盧官僚與格拉蒂安的禁軍都來不及採取行動。

特雷維里與斯爾米烏姆之間的不信任愈來愈嚴重：薪餉總長先前已經跟普羅布斯結下梁子，整個巴爾幹指揮部也對前一年馬克西米努斯之子——馬切利阿努斯的空降感到憤恨不平。但是，當老瓦倫提尼安駕崩，小瓦倫提尼安繼位的消息傳到高盧時，西帝國當局仍因為自己的措手不及而火冒三丈。他們推遲對新奧古斯都的承認，設法琢磨出如何堅守格拉蒂安的權威，而兩方都試圖得到人在安提阿的叔父瓦倫斯的支持。這位東皇帝（各方顯然都無視他的資歷）在獨任執政官的情況下開始了新的一年，他拒絕在兩名姪兒的宮廷之間做選擇，不過他確實在新年之後沒多久便派使團前往高盧。哲學家狄米斯提厄斯率團，成員還有來自羅馬的元老，他們協助在高盧與巴爾幹指揮部之間磋商出一份協議。好幾名傑出人物的仕途隨之告終，若非退休、受審，就是處刑。禁衛總長馬克西米努斯遭到拔官，在同年稍後接受審判並處死；一同出現在刑場上的還有接替他擔任羅馬代巡官、同樣不受歡迎的辛普里丘斯（Simplicius）與多利佛里阿努斯（Doryphorianus）。馬克西米努斯在特雷維里的同僚——執事長官利奧（Leo）也辭職了。至於伊利里亞方面，佩特羅尼烏斯・普羅布斯從自己漫長的禁衛總長生涯中退休，易奎提烏斯與賽巴斯蒂阿努斯兩位御前軍長更是完全消失於史冊。三七六年初，人在迦太基的騎兵長狄奧多西烏斯遭到處死，他的兒子狄奧多西（Theodosius）則辭去默西亞公（*dux Moesiae*）一職，在家族位於西班牙的莊園中明哲保身。區域指揮部逼迫自己人中最不受對方歡迎的人退休，還處死了不屬於任何一方的老狄奧多西烏斯。對於所有生存下來的人來說，這是他們都可以接受的解決方法。

狄米斯提厄斯如今成為格拉蒂安與瓦倫斯雙方的共同代表，將瓦倫提尼安二世即位的消息在三七六年四月時帶到羅馬，並發表演說稱讚這次的處置。此時，格拉蒂安的政權已經開始修補與羅馬元老院的關係，表態並不支持處死狄奧多西烏斯。即便狄奧多西烏斯被殺的時候，馬克西米努斯早已失勢，但眾人此時仍把前者的死歸咎於這位前禁衛總長，而馬克西米努斯則在三七六年的夏天受審與處刑，也是對元老情緒的重要安撫措施。小瓦倫提尼安其實並無實權，被人送往異母兄長在特雷維里的朝廷中養大。西方所有的總長轄區都由格拉蒂安任命的人管轄，而小瓦倫提尼安只有名義上對義大利、非洲與伊利里亞負責。瓦倫斯雖然協助磋商出一紙能穩定西部各省的協議，但眼下他也只能看著姪子坐大。他其實沒什麼選擇的餘地，畢竟同時得面對東邊及多瑙河下游沿岸突然出現的挑戰。順著這些挑戰，我們將遠離瑣碎的宮廷政治細節，重新回來談在四世紀時影響羅馬帝國的整體歐亞潮流。

第四章　阿德里安堡與狄奧多西兵變

東部的皇帝遭遇過許多的倒楣事，其中就包括三六〇年代發生在歐亞草原與阿拉伯沙漠的嚴重社會動盪，兩者匯聚在瓦倫斯治世的最後兩年。帝國北面的草原世界，是羅馬皇帝與波斯萬王之王面臨的共同問題之一——限制游牧民族往南遷居至帝國內。羅馬並非一直暴露於劫掠的威脅下，游牧民族的南遷，主要是古代晚期的現象。大致上從西元前二五〇至西元一百年間，羅馬透過征服，建立了地中海、歐陸，以至跨越東方的帝國。在這段時期，羅馬人面臨的問題主要是當地的情勢——局部的歷史與地理，以及羅馬人本身造成的衝擊。然而在西元三世紀時，浩瀚的羅馬帝國卻暴露在整體歐亞世界的潮流中——有直接的，也有間接的。

隨著安息帝國被更好戰的波斯薩珊王朝所取代，中亞、興都庫什山與南亞所發生的事也透過羅馬與波斯的關係而影響到前者。但是，歐亞草原走廊的終點就在多瑙河北邊，草原世界的情勢也因此直接影響到羅馬。想了解羅馬與波斯帝國在四世紀末與五世紀時所承受的摧殘，就必須先理解當時的歐亞地理與地緣政治——正是這些情勢，讓遠在中國西北的政治與社會變局，影響到羅馬與波斯邊境。

歐亞大陸北部由四個不同緯度的氣候區所組成。由西往東，這四個氣候區之間的界線會愈發明顯，尤其是烏拉山以東的地帶——因為烏拉山會攔截盛行的西風，擋下了西風從大西洋帶來的水氣。北極圈以北為苔原，苔原以南則是北方針葉林（taiga）。往南走，針葉林將漸漸化成樹林草原，接著變成過度乾燥而無法維持定居農業的草地。草原南方有一系列的沙漠，發源於沙漠南沿山區的河流則注入零星的綠洲之中。從崎嶇多山的安那托利亞、亞美尼亞與高加索高地，山地綿延於伊朗北部的裡海海岸，接著才是分隔伊朗與土庫曼的克佩特山脈（Kopet Dag）。從土庫曼開始漸次是興都庫什山、帕米爾高原，然後是分別從南北夾著塔克拉瑪干沙漠的崑崙山與天山，西藏高原南緣則是喜馬拉雅山。

愈往東邊，山區與沙漠就愈廣大，草原地帶也益發狹長，但將整個大陸維繫在一起的，正是這片從喀爾巴阡山到蒙古的歐亞草原。除了被西伯利亞南部的阿爾泰山與薩彥嶺稍微中斷之外，草原地帶從太平洋延續到多瑙河流域，綿延將近八千公里。從敦煌以西的玉門隘口（古代中國人稱之為玉門關）開始，草原沿著中國邊境的河西走廊發展，繞過今天的新疆自治區和浩瀚的塔克拉瑪干沙漠，接著包裹天山、帕米爾高原與興都庫什山。進入中亞之後，今日土庫曼、烏茲別克與阿富汗境內的穆爾加布河（Murghab）、錫爾河與阿姆河孕育出了星星點點的可耕地，而位於今日哈薩克的沙漠則將草原與這些可耕地分隔開來。

這些地區（古代的馬爾吉亞納〔Margiana〕、粟特與巴克特里亞）曾經標誌著希臘化文明的極東端，但它們在三世紀時落入波斯霸權的勢力範圍，有時甚至直接受其政治掌控。原先由貴霜皇帝統治的興都庫什山與今日巴基斯坦（犍陀羅〔Gandhara〕、斯瓦特〔Swat〕、部分的信德地區〔Sind〕）大部分地區，也一樣受到波斯的影響。貴霜帝國本是來自北方的游牧王朝，幾個世紀以來統治著一個多元的王國，融合了希臘、南亞與中亞的宗教和文化，兼容並蓄——佛教正是在貴霜帝國與波斯的瑣羅亞斯德信仰面對面演進。此外，佛教的比丘和佛經也是從這裡傳入中國。薩珊人在三世紀時占領大半個貴霜帝國，視其為波斯的一部分，認為當地貴族為波斯人，並稱該地區為「貴霜薩爾」，就像他們稱呼波斯為「埃蘭薩爾」（Eranshahr）一樣。四世紀時，貴霜薩爾時叛、時服，由薩珊王的分支世系所統治。同一時期，粟特、巴克特里亞與馬爾吉亞納也遭受新的游牧民族施壓，這就是先前談到沙普爾二世攘外行動的原因。

其他游牧民族讓更西邊的地方都可以感受到他們的影響力。在烏拉山以南與裡海以北的地方，草原與林原區逐漸收窄，成為高加索山與黑海北邊細長的草原帶，接著進入今日的烏克蘭與摩爾多瓦。草原愈來愈窄，形成喀爾巴阡山東麓與黑海沿岸之間的小小分隔，穿過這條狹窄地帶往南則進入多瑙河流域與羅馬尼亞的多布羅加（Dobrogea）地區。類似的狹長草原帶也沿著裡海往南，與今日亞塞拜然及伊朗的草原相連。匈牙利大平原（Puszta或Alföld）介於多瑙河彎與喀爾巴阡山南麓之間，是歐亞草原的最末端。因此，千年來草原戰事的輸家，才會常常最後落腳於此。但這裡的面積太小，撐不起當年在草原上處處見牛羊的那種游牧牲口數量。更重要的是，草原政治與戰事橫跨上千公里的表現方式，在地勢沒那麼開放的地方是辦不到的。

也就是說，我們很難追溯草原世界的歷史，甚至通常無以為之。唯有在歐亞大陸有文字的文化受到草原政治影響時，我們才能一窺大陸內部繁忙、充滿熱力的生活。中國、印度、波斯與地中海地區的文獻、硬幣與銘文都可以透露出幾道規律的光芒，但這些定居、有文字的政體通常都不確定自己正在跟誰打交道。這也難怪。幾千年來，草原上的文化交流意味著差異甚鉅的民族可以共享相同技術、藝術、政治結構與領袖象徵，而這些事物都超越了「語言差異」這類瑣碎的細節。

對於外部的觀察者來說，草原游牧民族看起來全都一樣。既然如此，好幾個世紀以來都用同樣的泛稱稱呼他們也不無道理，而這些稱呼一開始的族群涵義也變得沒有意義。西元前五世紀，希臘歷史學家希羅多德首度描述了黑海北邊的「斯基泰人」（Scythians），但在一千多年之後，「斯基泰」就是希臘人望向歐亞草原時所看到的那些人。一代又一代的斯基泰人來自不同地方，講著不同語言，不認為彼此間有任何相似之處，但這對希臘人來說並不重要。中國人與波斯人也有這種相應的傳統，把來自草原的威脅視為某種亙古不變的事物。這些策馬的戰士和他們的長槍與複合弓，以及他們令人畏懼的機動性，向來都是潛在的威脅，只要他們的帝國鄰居一不留神，便會猛撲而來。但他們也是很有用處的附庸與盟友，可以找他們來打內戰，也可用於帝國與帝國間的戰爭，甚至也是定居文明產業與工藝品的現成市場。總之，自西元三世紀以降，草原世界便持續影響著羅馬、波斯以及中國帝國。

西元四世紀，有個非常古老的族群名再度出現在歐亞草原，也就是「匈人」。語言學上，「匈人」可以回溯到「匈奴」之名。匈奴是個非常強大的游牧帝國，是中文史料中描寫草原帝國的典範，深深影響了中國人數百年來對於草原游牧文化的認知，一如希羅多德的「斯基泰人」對希臘人產生的影響。中國漢朝在西元前一世紀摧毀了匈奴帝國，只剩一小部分的原統治菁英在阿爾泰地區延續下來。到了四世紀，有著匈奴作風的民族再度出現了。他們在各種文獻中以「匈諾」

（Hunnoi，拉丁語、希臘語，及其現代衍生語）或「匈尼特」（Chionitae，拉丁語和希臘語用這個字來稱呼波斯帝國的中亞子民）、「匈那」（Huna，梵語）與「匈」（Xwn，粟特語）之名出現。這些幾乎都是書寫同一個名詞的不同方式，而且幾乎可以確定該人群用這個詞來稱呼自己。但是，這真的代表他們全都是「貨真價實」的匈奴嗎？

上面這個問題，讓我們直接踏進現代研究對於這段期間的大哉問——古代族群的延續性、大規模遷徙，以及我們如何從歷史學的角度深入探究這些現象。現代有大規模遷徙，古代也有。機動力和人類一樣的物種，就只有伴隨著我們前往各地的老鼠與狗，以及生存在牠們與我們身上的寄生蟲。古代文獻偶而能當作一大群人移動的見證，而「蠻族遷徙」可說是最古老的學術修辭之一，不僅跟「羅馬衰亡」的概念密不可分，歐洲學者也會將之套用於近代早期（也就是當歐洲發現、試圖征服世界的其他角落時）世界上的其他文化。

當然，在一般人的想像中，對於「蠻族的入侵導致帝國垮台」都有一種堅不可摧的信念。不過，學界近年來試圖更細緻地討論歷史上的遷徙，無論移動的人群是否來自最黑暗的北地，或是一波接著一波穿越草原來遷徙。傳統的敘述，不光是對古代草原帝國的多樣性過於輕描淡寫，還把人群的遷徙誇大為對定居帝國的敵意入侵，甚至忽視破壞性的入侵其實不需要大量人群一次性的移動。更有甚者，舊論述忽略了身分認同的複雜與多樣——人們無法簡簡單單拋下自己的出身，更無法隨意套用他人的背景，而認同的任何一個環節、特定的歸處感或差異感，也都不是永恆的。

人們從自己的生活經驗中了解身分認同，學者事實上很難把這樣的認知融入自己的研究中。別忘了，一個人最主要的認同感，會隨著生命歷程而改變。對於群體來說，即便他們的族名幾個世代以來都沒有改變，但他們的群體認同也已不再相同。換句話說，無論是「匈人」之名，抑或是裝飾藝術、作戰風格上的文化有多相似，呈現的都不可能是單一的族群或政治群體（匈奴、匈人），更不可能在經過四個世紀、上千英哩的遷徙之後，其認同仍保持原樣；至於基因就更不可能了。無論是文化行為，或顯赫的歷史名稱，還是對統治者的態度，都是可以轉移或入境隨俗的。以漢朝的敵人匈奴來說，即便波斯的「匈尼特」與歐洲的「匈人」之名仍舊不變，但其中的生物學後代卻少之又少。也就是說，匈奴與匈人之間沒有辦法建立什麼「實實在在」的關聯，因為沒有關聯。不過，兩者之間確實有著某種半真實、半想像的一脈相承。

無論是現代的大眾文學、學術敘事，或是電視歷史節目上的地圖與圖像，對於四世紀羅馬史都有一種錯亂的描述。為了與之抗衡，就必須探討這些半真半假的說法。它們全都描繪了一場匈人浪潮（日耳曼人稱之為「匈人風暴」〔*Hunnensturm*〕）在一、兩年之內，從中國邊疆往歐洲邊緣湧來，一路上匯集、摧毀其他游牧民族，最終抵達黑海北邊，讓所有定居在東歐與中歐的蠻族跟著動起來，彷彿撞球開球一樣。我們不費吹灰之力，就能找到「匈人造成羅馬帝國衰亡」的大量主張。對於傳說中匈人控制的領土大小，人們同樣也有誇大的傾向：一些人想像出範圍明確的匈人帝國，從今天的波西米亞一路延伸到阿爾泰山。古代文獻對這種說法的支持寥寥無幾——甚至可說根本不支持。希臘與羅馬作者知道，匈人在三七〇年代時，已經征服、擊敗了高加索山與黑海以北各個由阿蘭人（Alans）與薩馬提亞人組成的政體，接著嚴重擾亂聶伯河以西定居的哥德人社群；除此之外，他們就鮮少有確定的認識。而匈人看起來跟阿蘭人——羅馬人想像中草原游牧策馬戰士的原型——不僅有雲泥之別，也比他們更嚇人。

我們很難蒐集到更多的資訊，畢竟裡海與歐洲草原的「匈人」並未立刻鑄造自己的錢幣，不像中亞、貴霜與伊朗東部的「匈那」或「匈」那樣大量迅速鑄幣。其實，這些東部「匈人」在四世紀時，歷史要比共享同一個族群名稱的西部群體稍微清楚一些。三七〇年代，波斯王沙普爾二世已是個老人了，但他的好戰精神未損幾分。瓦倫斯干預亞美尼亞一事讓他大為震怒。為此，他原本在三七〇年代計畫入侵羅馬東部行省，但匈人的干擾影響了他的打算。儘管成文史料中沒有明確指出這些威脅的性質，但近年來的貨幣證據卻愈來愈明晰——最近二十年來，阿富汗與鄰國的戰事與劫掠，反倒讓新形制的錢幣大量出土。

從大量錢幣在何處鑄造以支付軍餉就能看出，沙普爾似乎有意重新直接統治巴克特里亞，或許還有喀布里斯坦（Kabulistan）、興都庫什山，甚至是犍陀羅，只不過我們無法得知這是一種雄心壯志，抑或只是回應新的威脅。同一個時間點，我們也在巴克特里亞與犍陀羅發現以新的「匈人」統治者——寄多羅（Kidara）——之名鑄造的最早錢幣。寄多羅人（Kidarites）之名便源自於他，他們來自中亞草原，試圖將統治範圍擴及巴克特里亞與犍陀羅的定居民身上。為此，他們顯然採用了當地的傳統，以中古波斯文、婆羅米文（Brahmi），有時也以巴克特里亞文作為錢幣上的字樣。他們採用薩珊錢幣上的瑣羅亞斯德圖像，並自稱貴霜王——他們取代的對象。不過，犍陀羅與斯瓦特的佛寺仍然在寄多羅人的統治下香火鼎盛。出土的錢幣上有著各個寄多羅統治者的名字，有些頂著舊有的薩珊波斯名（如「瓦拉蘭」〔Varahran〕、「卑路斯」〔Peroz〕），有人採用印度名（如「彌陀密多」〔Buddhamitra〕）。從名字多元的程度，可以看出無論這些「匈人」征服者本身講的是什麼語言，也無論他們在自身文化脈絡中使用什麼名字，他們關注的焦點，其實是對被征服者展現出一種安撫人心、熟悉的穩定形象。

根據這些寄多羅統治者鑄造銀幣的地點，可以看出他們實際上的權力中心在興都庫什山彼方的犍陀羅與斯瓦特（銅幣的分布也有相同的模式，這些銅幣照著銀幣的樣式鑄造，可能是為了小額、地方性的交易，以半官方的方式鑄造）。接著在四世紀末，他們征服了從塔克西拉（Taxila）到印度河以東的區域，並開始學貴霜帝國發行金幣，以婆羅米文拼寫「卑路斯」，把這個伊朗的名字變成「佩羅薩」（Perosa）。

與此同時，寄多羅對於中亞以及舊貴霜地區的控制顯然遠稱不上牢固。在這些地方挑戰他們的可不只沙普爾，還有其他來自草原的群體。寄多羅人在四世紀中晚期控制喀布里斯坦時，首次遭遇阿爾罕人（Alkhan，亦稱阿爾罕匈人），阿爾罕人利用薩珊波斯在喀布爾的鑄幣廠，在鑄造的錢幣上將自己的統治者塑造為巴克特里亞巴爾赫（Balkh）的國王。到了五世紀，他們往東推進，越過開伯爾山口（Khyber pass），進入寄多羅在貴霜地區的古犍陀羅核心領土。我們不知道沙普爾究竟是否曾敗於寄多羅人或阿爾罕人，抑或只是無法阻止他們鞏固自己的勢力，總之薩珊王朝在中亞與貴霜的省份，後來再也沒有直接受到波斯王的統治。

上面這些是對錢幣學新證據最基本的解讀。大多數時候，草原歷史的重建工作就是靠猜的——進行歷史猜測的時候，寧可從嚴，也不要出錯。這種方法論的準則適用於寄多羅人與阿爾罕人的歷史，更適用於歐亞草原西部匈人的歷史——這兒的文獻更模糊，也更難靠實物證據做出推測。姑且假設西邊的匈人群體（由於缺乏錢幣，我們無從得知他們的名稱，也不知道其領土主張）確實跟我們在波斯東境的發現按同樣的模式發展，則彼此競爭的匈人戰士氏族，很可能在三五〇至三六〇年代時，在歐亞草原西沿發展出部分重疊的霸權。過去的草原政體（尤其是幾個阿蘭政體）因此化約為一套納貢關係。情況也許是一個氏族或一個家族主宰其餘所有人，或者試圖這麼做——就像寄多羅人在犍陀羅或阿爾罕人在巴爾赫的作法，只不過在進入五世紀之前，我們沒有任何證據能證明西部的匈人有任何這類稱王的主張。過往的游牧群體跟羅馬、波斯帝國發展出一種半劫掠、半依附的關係，我們也許應該推論西部匈人氏族也按照同樣的方式發展。等到他們繼續前進，征服那些定居於聶伯河與多瑙河流域的蠻族之後，這樣的關係才會生變，往更有野心的方向發展——也就是各個哥德王國。

其中一個哥德政體遭遇慘敗，而動盪的漣漪傳遍了聶伯河與喀爾巴阡山之間，最終導致哥德人在羅馬帝國內部大規模叛變，瓦倫斯最後也死在戰場上。儘管結果如此致命，我們也不該把「匈人風暴」的末日敘事老調重彈——草原游牧民族突然間大爆發，後浪推前浪，前仆後繼有如骨牌效應，直到攻破羅馬邊境為止。首先，從中亞與波斯最東端的證據可以看出，歷史改變的步調遠沒有那麼劇烈；再者，三七〇年代發生在羅馬帝國歐洲各省的事件會看起來如此反常、如此獨一無二，其實都是事後論的結果。

羅馬人與邊境外民族的相遇，絕大多數都落入非常類似的模式中。我們已經在北非看過這種模式——菲爾穆斯起事的性質便擺盪於兩端，一邊是羅馬內戰，另一邊是帝國軍隊與摩爾部落之間的戰爭。我們也在另一個沙漠前線看過這個模式——阿拉伯地區的邊緣受到羅馬與薩珊的交替影響。最後，我們也在萊茵河與多瑙河上游看過同樣的模式——格拉蒂安在此面對的問題，完全跟歐亞草原發生的事件無關。有人認為，羅馬帝國未能將匈人降臨歐洲視為一件格外不同的大事，說好聽是短視近利，說難聽則是疏忽大意。但我們必須了解，帝國在三七〇年代遭遇的匈人問題，在當時看來一點也不特別。這一點非常關鍵，不但要盡早提出，同時也需要不斷提起。事實上，少年皇帝格拉蒂安的軍旅生涯雖然差強人意，卻也相當精確地描繪出當時的局勢。所以我們必須先探討他的發展，再回去談他那悶悶不樂的叔叔瓦倫斯所深陷的災難。

格拉蒂安的問題是常見的國內問題，也就是繼承自其父瓦倫提尼安的邊境治安問題。先前提到，格拉蒂安得知父親身死、宮廷政變、異母弟弟瓦倫提尼安二世登上奧古斯都之位後，他身為西奧古斯都的治世才突然展開。儘管對手處心積慮，但雙方協商之後，仍然是由格拉蒂安在西部擔任無庸置疑的正皇帝，而眾人也根據傳統，遵奉他的父親為「神聖瓦倫提尼安」（*divus Valentinianus*）。格拉蒂安孩提時的家教奧索尼烏斯，成為他的按察官。奧索尼烏斯和御前軍長梅羅保德斯，都是皇座後面的大人物。格拉蒂安與瓦倫提尼安二世鮮少巡視，也幾乎沒有在子民的面前現過身——兩人太過年輕，假如太常露面，恐怕會誘使人起篡奪之心。因此，格拉蒂安答應過的羅馬拜會之行從未成真——此行原本有助於修補高盧朝廷與羅馬貴族的關係，畢竟兩者的關係已經因為瓦倫提尼安一世的冷落，以及馬克西米努斯的敵對而深受傷害。但是，縱使皇帝無法親自駕臨，還是可以採取一些措施：元老們盼著行巫術與叛國的審判能撤回、召回遭到流放的元老、歸還沒收的財產、免除欠稅。

昆圖斯·奧雷里烏斯·敘馬庫斯（早在瓦倫提尼安一世統治時便與奧索尼烏斯相識）如今成為高盧朝廷與羅馬元老院之間的橋梁。為此，他的收穫不可謂不豐，不僅有幸向元老院宣讀皇帝的信——宣布處死受人痛恨的馬克西米努斯；他年邁的父親還獲得任命成為三七六年的執政官——此時，普通公民（*privatus*，非皇族成員）已經鮮少得到執政官榮銜了。這名老者其實還來不及就職便過世了，但和解的意思已經表達得很清楚。其他人也需要類似的和解。格拉蒂安的新任高盧禁衛總長安東尼烏斯（Antonius），跟先前遭到處死的騎兵長狄奧多西烏斯是親戚，而安東尼烏斯的兄弟尤切里烏斯（Eucherius）也官拜廣財伯。恢復名譽的措施已經展開，到了三七六年末，政權也得到鞏固。

長久以來，大家都習慣透過奧索尼烏斯的雙眼，來看格拉蒂安治世時的史事。這位修辭學老師出身布爾迪加拉（今波爾多），而他在西方政局中的吃重角色，是從學生的父親過世的那一刻開始的。當時已是按察官的他，在未來將繼任安東尼烏斯，成為禁衛總長。奧索尼烏斯利用這個機會，壯大自己的家族。對於他這種身分的人來說，這是很常見的作法。他的兒子赫斯佩里烏斯（Hesperius）在三七六年成為阿非利加資深執政官，而他的老父尤利烏斯．奧索尼烏斯（Julius Ausonius）則在隔年成為伊利里亞禁衛總長，但似乎不久後便過世了。這時的赫斯佩里烏斯，與人在高盧禁衛總長轄區的父親密切合作，還在三七八年時兼管義大利、阿非利加暨伊利里亞總長轄區。奧索尼烏斯的女婿塔拉西烏斯（Thalassius）先是擔任馬其頓代巡官，然後接任赫斯佩里烏斯，成為阿非利加資深執政官。最後，當奧索尼烏斯在三八〇年獲任命為執政官時，他放棄了自己的總長轄區，讓赫斯佩里烏斯負責義大利與伊利里亞，並提拔另一位來自波爾多的親戚西布里烏斯（Siburius），管理高盧總長轄區。弗拉維烏斯．梅羅保德斯與奧索尼烏斯一同控制著西帝國政府，他的地位也回到尤利安時代的高度。如今，他成為四世紀晚期唯一一位並非皇族、卻能兩度擔任執政官的人。這些大人物，加上他們在地方上的擁護者，就連強大的皇帝都會被牽制。格拉蒂安幾乎沒有機會從深宮內苑的小孩，長成擁有實權的君主。

格拉蒂安的父親對宗教爭議置若罔聞的態度人盡皆知，但格拉蒂安不同，他是尼西亞派，接受高盧、義大利與整個西方強大的尼西亞派主教們所指導。（他確實睿智地容許相似派基督徒繼續在他們的伊利里亞重鎮發展，但這是因為他缺乏影響力，而不是因為他有決心。）至於非洲，由於多納徒派對瓦倫提尼安治世末年的菲爾穆斯叛亂表示支持，因此格拉蒂安再度禁止多納徒派集會，並同意在羅馬舉行教會會議，審判多納徒派主教。但他本人從未前往羅馬，甚至連義大利都沒有踏進去。事實上，他以奧古斯都身分統治的頭幾年，幾乎沒有離開特雷維里附近，只有在三七七年初秋借道莫古恩提亞庫姆與孔弗連特斯（Confluentes，今科布倫茨〔Koblenz〕），短暫發動軍事行動。

東部傳來壞消息：三七七年，移居默西亞與色雷斯的哥德人造反，而瓦倫斯應對緩慢——這件事我們之後還會詳細談到。格拉蒂安的叔叔要求援軍，於是他派了幾個高盧部隊到西巴爾幹，希望自己能在來年親征哥德人。誰知道，上述部隊的移防，卻讓阿拉曼人中被稱為倫提亞人的族群得到機會，大約在三七七年下半襲擊了羅馬領土雷蒂亞。三七八年四月，討伐行動在兩位軍務伯——馬洛巴烏德斯（Mallobaudes）與南尼耶努斯（Nannienus）的指揮下展開。兩人是格拉蒂安的父親帶出來的老將，久經戰陣，在阿爾根塔里亞（Argentaria，今史特拉斯堡〔Strasbourg〕）打了場大勝仗，倫提亞王普里阿里烏斯（Priarius）也在役中陣亡。這段插曲在戰略上微不足道，卻能提醒我們一項重要的政治現實：儘管格拉蒂安個人迫切想對自己的叔叔伸出援手，但高盧指揮部牢牢控制著他們的年輕皇帝，確保在地方治安行動完成後，才派兵援助風雨飄搖的東部政權。此外，此事也顯示帝國內的地方集團眼下有多麼團結，讓格拉蒂安直到三七八年五月才能動身前往巴爾幹。

巴爾幹情勢發展極為嚴峻。從三七一年到三七八年下半，瓦倫斯為了防範波斯可能的入侵，人幾乎離不開安提阿。在羅馬歷史上，亞美尼亞總是能提供戰爭的理由。沙普爾對於瓦倫斯當年幫助亞美尼亞的帕普（其父是遭到謀殺的阿爾沙克）仍然懷恨在心，一直在計畫入侵羅馬，只是對寄多羅人與阿爾罕人的軍事行動，讓他在三七〇年代初期無法分身。

下一回為亞美尼亞較勁的時機很難掌握。阿米阿努斯的羅馬史在時間上並不精確，而五世紀的亞美尼亞史家——拜占庭的法烏斯圖斯（Faustus of Byzantium）雖然提供了詳盡的敘述，內容卻充滿大量的傳說，很難從中解析出史實。就我們所知，羅馬部隊固然曾幫助帕普復位，但他對亞美尼亞公（*dux Armeniae*）特倫提烏斯（Terentius）指揮的帝國駐軍卻愈來愈反感，於是他公然與沙普爾友好通信。亞美尼亞歷史總是如此，他們夾在兩大帝國之間，同時對兩者氣憤難消；他們在文化上接近波斯，但政治上與羅馬人比較合拍，而每當在一方的羽翼下時，總是眼望著另一方。

特倫提烏斯開始懷疑帕普不忠，盡可能將情況回報給瓦倫斯，而瓦倫斯將這位亞美尼亞王召往塔爾蘇斯。帕普遭到審問與監禁，但一段時間之後獲准返回其王國，而他也馬上繼續對波斯示好。三七四年，羅馬的軍務伯特拉伊阿努斯（Traianus）謀害帕普，並安排他年幼的兒子們接替他的王位。帕普之子沒有實權，而羅馬人的專橫卻讓態度友好的亞美尼亞貴族十分反感。此時，沙普爾已經盡可能處理好中亞事務，能對亞美尼亞前線自由用兵。三七六年與三七七年，羅馬與波斯雙方都在集結大軍，而波斯還派了一小股遠征隊開進高加索伊倍利亞，將羅馬駐軍屠殺殆盡。

瓦倫斯和其他羅馬人並無二致，他們不自主地認為波斯是對羅馬利益最大的威脅。只是到了三七七年，色雷斯的危機其實比波斯大得太多。瓦倫斯極不情願，但還是開始把部隊調離東部前線。軍力空虛似乎導致羅馬丟掉高加索伊倍利亞，但這只是個開始。以羅馬帝國的晚期歷史來說，三七六年至三七九年之間的災難，堪稱最常為人所論及的主題。這些歷史書寫從阿德里安堡戰役後開始如江水滔滔，而瓦倫斯便是在此役中陣亡。阿米阿努斯．馬爾切利努斯作品的第三十一冊，就專門寫這場戰役。與他同時代的希臘人薩第斯的尤納皮烏斯推出了自己寫的第一版史書，自許克紹三世紀雅典史家多克西普普斯（Dexippus）之箕裘。多克西普普斯曾親自率領阿提卡（Attica）守軍，對抗早期的「斯基泰」入侵者。尤納皮烏斯主張羅馬之所以會戰敗，是因為整個帝國改信基督教的惡性影響，而尼西亞派基督徒也看到了神旨——上帝在嚴懲他們的相似派迫害者瓦倫斯。近代學者總是將阿德里安堡視為羅馬衰亡的決定性標誌，甚至造出一場想像中的「民族大遷徙」（*Völkerwanderung*）——各民族從「日耳曼」北部遷出，遷入帝國的濫觴。由於現代人對移民危機感到恐懼，於是維多利亞式的詮釋也捲土重來，解釋這次的歷史事件——亞洲的匈人必須為邊境世界穩定的情勢被破壞負責，是他們驅使凶狠的移民進入帝國，隨後摧毀帝國。但真正的故事更複雜多了，並不是非黑即白。

瓦倫斯的跨多瑙河行動在三六〇年代展開時，分布在聶伯河與多瑙河之間及黑海沿海、喀爾巴阡山的哥德政體已經強大而有組織，至少足以擋住皇帝的軍隊。事實上，早在君士坦丁治世之前，羅馬帝國便試圖促進多瑙河下游邊境的穩定，結果是哥德邊境人們益發富有，社會層級出現，政治上也更有組織。正是如此的力量，讓瓦倫斯勞心勞力也要懲罰阿塔納里克竟派兵援助篡位者普羅柯庇烏斯。也正是如此的力量，解釋了阿塔納里克之所以有能力與瓦倫斯締結和約，在形形色色的子民上實施政策。然而，三七六年出現在帝國家門口的哥德部隊規模之大，是皇帝根本無法根據上面這段不久前的發展情勢先做準備的。

阿米阿努斯相信，這些哥德人是受到匈人的壓力，驅使他們湧向邊境。他先來一段老調重彈的歐洲北部民族誌，闡述野蠻的匈人殘暴已極，接著說明他們征服了高加索以北與頓河（古稱塔奈斯河〔Tanaïs〕）以東的一些阿蘭人，將生還者併入其軍隊，然後攻擊格魯森尼人（Greuthungi）的領袖厄爾門里庫斯（Ermenrichus，亦作Ermanaric）所統治的哥德王國。格魯森尼人的王國位於今日的烏克蘭，可能是以聶伯河及其支流為發展中心。至於六世紀的拜占庭史家約達尼斯（Jordanes，他自稱是哥德人後代）的著作則純屬想像，以阿米阿努斯的說法為骨架寫了本小說。約達尼斯用短短幾行，宣稱好戰而駭人的厄爾門里庫斯在漫長的戰鬥後被匈人擊敗，他本人也自殺。一位名叫維提莫（Vithimer）的人接替了他的位子（不見得是他的族人），與部分匈人聯手對抗其他匈人，但最終戰死。

維提莫身後留下年輕的兒子維德里克（Viderich），由阿拉特烏斯（Alatheus）與薩弗拉克斯（Saphrax）兩位將軍輔佐。他們接替了格魯森尼人的領導權，試圖到靠近帝國的地方尋求庇護，進入阿塔納里克和特爾文吉人的土地。阿塔納里克同樣決定面對匈人，在聶斯特河布陣，後來也同樣兵敗。他退到普魯特河（Prut，今摩爾多瓦與羅馬尼亞界河）之後，卻在此遭遇譁變，領頭者名叫阿拉維烏斯（Alavivus），後者帶領阿塔納里克大部分的追隨者前往帝國邊境。阿塔納里克和依舊忠於他的人逃往喀爾巴阡山腳，或許是計畫沿著古老的羅馬外阿魯塔努斯界牆（*limes transalutanus*）重建自己的權威。外阿魯塔努斯界牆是三世紀時，一連串沿著奧爾特河（Olt）興建的防禦工事。當時羅馬帝國仍控制著多瑙河左岸的達契亞各省。阿拉維烏斯和他帶領的部分特爾文吉人隨後向瓦倫斯請願，希望能遷入帝國，在色雷斯落腳。

故事講到這兒，不僅稱不上史無前例的災難，也稱不上舉世無雙的蠻族風暴。事情看起來更像是羅馬的歐陸邊境之外、一代人的時間裡，會發生的那種許許多多的政治動盪。蠻族領袖在帝國的邊緣來來去去，王朝與政體延續的時間有長有短，但總歸是在一場兵敗之後突然消失，而輸家通常都需要羅馬的幫助。羅馬帝國的軍政當局已經習慣處理大規模的蠻族難民安置行動，而且早在西元一世紀時就這麼做了。哥德人的請求完全不特別，也並非沒有先例。當然，此事接下來出乎意料的影響，就是前無古人了。

我們不知道三七六年時，有多少哥德人收拾細軟、攜家帶眷隨阿拉維烏斯而來，期待可以在帝國內部覓得新家園。但雙方都了解自己在做什麼：老練的官僚與軍人曉得如何處理這些遷徙；邊境民族則了解在這種情勢之下移居，意味著歸順羅馬皇帝，放棄自主權，以交換安全。匈人確實粉碎了哥德領導層，但我們必須把心裡內建的那種一九三九年、俯衝轟炸機掃射逃竄人群的現代畫面拋掉。當時的場面並不混亂，也不脫序。阿拉維烏斯牢牢控制了特爾文吉人，磋商更經歷了好幾個月，當地指揮官與安提阿的瓦倫斯也不斷通信。瓦倫斯樂於接受特爾文吉人的請願，他可以利用這些新成員，投入跟波斯之間一觸即發的戰爭。瓦倫斯一應允讓特爾文吉人遷居色雷斯，實際的渡河搬遷過程便在三七六年盛夏展開。渡河的地點可能是都羅斯托魯姆，這兒有良好的道路能通往大城市馬爾奇亞諾波利斯（今保加利亞代夫尼亞〔Devnya〕）。至於哥德人方面，阿拉維烏斯的夥伴是名叫弗里提葛恩（Fritigern）的指揮官。自從瓦倫斯與阿塔納里克對戰以來，羅馬人就知道這號人物，而他也在戰後改宗基督教。或許正因為如此，弗里提葛恩才會成為主要的中間人，負責跟當地羅馬行政官員溝通安置問題。

其中兩名官員不久後就用事實證明自己大有問題。其一是軍務伯盧比奇努斯（Lupicinus）；另一位則是馬克西穆斯（Maximus）——可能是一位無任所公（*dux*）。許多哥德人帶著自己的武器渡過多瑙河——這種劍、長槍與小圓盾的搭配，與大多數羅馬步兵並無二致。不尋常之處，在於羅馬指揮官並未讓大部分的移民繳械。也許是安置行動的規模讓羅馬官員措手不及、也許是他們疏忽、甚或是刻意讓這些不久後就要送往安提阿參加對波斯戰爭的人保有武器，省得帝國兵工廠費工夫重新給他們武裝。總之，允許眾多哥德人保有武器，讓地方官長期習慣的謀利之舉更加危險。羅馬官員指望靠自己的官位賺錢，手段包括收賄、回扣，以及在眾多市場之間套利——畢竟他們擁有高度的行動自由。哥德移民如今面臨帝國各地農民在時局不好時遭遇的那種敲詐——官員限制供給難民的糧食數量，創造出人為的糧食危機，從而把原作為安置一環的糧食配給改賣給他們。官員提供狗肉（傳說中如此），只要每賣一名哥德孩童為奴，就給一條狗。這種剝削讓哥德移民又急又氣。種種緣由加起來，讓他們再度拿起武器。

等到渡河實際展開時，風聲早已傳遍邊境，說皇帝在為即將來臨的波斯戰事招兵買馬。結果，阿拉特烏斯與薩弗拉克斯率領的格魯森尼人在三七六年秋天抵達多瑙河，同樣請求皇帝允許他們安家落戶。老阿塔納里克和麾下剩餘的特爾文吉追隨者也是。這一回，瓦倫斯拒絕了他們的請求，刻意展現自己大權在握，讓所有人了解是誰說了算，也讓可能的移民者清楚知道不是理所當然就能獲得肯定的答覆。阿塔納里克聽得懂——他帶著追隨者回到「高加蘭達」（Caucalanda，也許是東喀爾巴阡山的布澤烏山系〔Buzau range〕）。但阿拉特烏斯與薩弗拉克斯則把賭注押在時機上。羅馬將阿拉維烏斯與弗里提葛恩帶領的特爾文吉人安置在多瑙河以南的馬爾奇亞諾波利斯，不僅與多瑙河有一段距離，而且正好位於貫穿海姆斯山脈（Haemus）、通往色雷斯的要道上。但是，組織渡河的過程，卻讓人忽略了多瑙河左岸的現況，阿拉特烏斯與薩弗拉克斯於是抓準機會，以急就章的運輸船渡河進入帝國。他們期待皇帝會接受既成事實，讓他們在特爾文吉人所在地不遠處紮營，而特爾文吉人當時正魚貫前往馬爾奇亞諾波利斯。

情況還不到失去控制，但盧比奇努斯愈來愈擔心。他讓特爾文吉人主集團住在馬爾奇亞諾波利斯周邊的臨時居所，並且從羅馬野戰軍調了幾個部隊來維護秩序。由於阿拉維烏斯、弗里提葛恩及兩人的親信即將成為同一支野戰部隊的軍官，於是羅馬部隊以應有的禮節待之，也允許他們住進城內。一天晚上，盧比奇努斯在自己的住所設宴款待他們，此時一些野戰部隊與高盧士兵之間卻爆發鬥毆，原因是前者拒絕讓後者進城購買額外的糧食。雙方都有傷亡，盧比奇努斯一慌張，便下令處死弗里提葛恩的侍衛。風聲傳了出去，特爾文吉人擔心自己的指揮官被害，於是作勢要進攻城門。盧比奇努斯釋放弗里提葛恩，消除哥德士兵對他安全的疑慮，但我們再也沒有聽到阿拉維烏斯的消息。弗里提葛恩恐怕是為了鞏固自己的權力，於是背叛了他，把他交給盧比奇努斯。平安回到追隨者身邊之後，弗里提葛恩斷定他甫脫身於一場有預謀的背叛。其實羅馬方面的管理不當與無能，才是比較有可能的解釋。弗里提葛恩開始遁入鄉間，而盧比奇努斯將此舉詮釋為公然叛亂——他是對的。盧比奇努斯在距離馬爾奇亞諾波利斯十四公里以外之處與弗里提葛恩交戰，結果和手下將校全數戰死。

弗里提葛恩與追隨者從倒下的敵軍身上搜刮武器，開始組織性地襲擊周邊區域，有幾次的行動範圍甚至南至色雷斯的阿德里安堡。當地居民中也有同情他們的人士。奴隸(許多本來就是哥德人)蜂擁加入弗里提葛恩,當地的礦工也是——他們寧可打家劫舍,也不想在礦場裡沉重勞動——所有人都利用自己對當地的知識幫助叛軍。其他巴爾幹地區的哥德人也加入了弗里提葛恩的軍隊。當時,名叫蘇耶里達斯(Sueridas)與柯利亞斯(Colias)的兩位哥德軍官與部隊駐紮在阿德里安堡,他們跟弗里提葛恩的處境並無瓜葛。但兩人在三七七年接獲命令前往波斯前線,於是請求阿德里安堡的地方議會提供這一程的給養,但可能因為原本負責補給的帝國官員已被叫去馬爾奇亞諾波利斯了,所以庫里亞堅持他們的合法權力,拒絕補給,畢竟他們早已履行了為軍隊提供給養的法律責任。於是,蘇耶里達斯與柯利亞斯拒絕在沒有適當補給的情況下開拔,雪上加霜的是,地方議會找來了軍械士(*fabricenses*,城內帝國兵工廠的工人)協助,強迫軍人離開。地方議會不該這麼做的。蘇耶里達斯與柯利亞斯因為各種朝他們丟來的東西而勃然大怒,於是讓部隊出手攻擊騷擾他們的人,把所有抓到的人都殺了。事後,他們投效弗里提葛恩。

雖然事件本身的規模微不足道,卻足以提醒我們,發生在巴爾幹地區的哥德戰事並非有計畫、經過整合的起事,更遠遠稱不上大規模的入侵與征服,反而只是一系列起因各不相同的小暴動,最後匯聚成對整個地區的威脅。弗里提葛恩、蘇耶里達斯、柯利亞斯等人,連同各省的不滿分子,以及帝國兵工廠配備精良的一群軍械士,將各自的追隨者結合起來,化為一股強大的戰鬥力。他們甚至有能力安排複雜程度不下於帝國野戰軍的補給線,畢竟許多叛軍曾經在生命中的某一時期服役於羅馬軍隊。因此到了三七七年夏天,他們已經不再是一年前渡過多瑙河的同一批人,而是一支組成複雜的新軍隊,其多樣性連阿米阿努斯這樣的當代人都注意到了:他不再使用「特爾文吉人」稱呼他們，而是轉而統稱為「哥德人」（*Gothi*）。

弗里提葛恩顯然有能力將部隊帶往默西亞各省與色雷斯大部分地區，但他似乎把主力移入斯基泰，也就是今日的多布羅加地區——多瑙河在此折向北方，再往東注入黑海。他的動機不明，但說不定是打算率領這支新的大軍返回哥德故土。然而，東西帝國的朝廷終於意識到情勢的嚴重性。瓦倫斯決定買通沙普爾，派麾下的資深御前軍長弗拉維烏斯．維克托與波斯談和。同時，他派兩名軍務伯——普羅弗圖魯斯（Profuturus）與特拉伊阿努斯（謀殺亞美尼亞王帕普的兇手）試圖牽制弗里提葛恩。至於西帝國宮廷，格拉蒂安派出兩名優秀將領——軍務伯弗里格里杜斯（Frigeridus）與禁軍伯里可梅雷斯（Richomeres）來觀察情勢，行有餘力時則提供援助，但最重要的還是封鎖住通往西巴爾幹與伊利里亞的通道。正當此時，當年在瓦倫提尼安二世即位後失勢的舊禁軍成員也覓得機會，恢復自己在巴爾幹的地位。騎兵長狄奧多西烏斯之子復出，重新回到軍職。

三七七年末，普羅弗圖魯斯與特拉伊阿努斯「在柳樹林間」（*Ad Salices*，介於濱海城市托米斯〔Tomis〕與多瑙河口之間某個不知名的地點）與弗里提葛恩人戰。弗里提葛恩大獲全勝，普羅弗圖魯斯陣亡。里可梅雷斯鎮守西進路線時，他的同僚弗里格里杜斯則進駐位於瓦倫斯帝國領土深處的貝里亞（Berea），殲滅法爾諾比烏斯（Farnobius，弗里提葛恩的屬下）的部隊，將生還的哥德人安置到義大利務農。接著，瓦倫斯派出第二號指揮官——騎兵長薩圖爾尼努斯（Saturninus），遏止三七七年與三七八年之交那場叛亂蔓延。皇帝將在下一個作戰季御駕親征。三七七年夏末，薩圖爾尼努斯與特拉伊阿努斯試圖將弗里提葛恩的擁護者困在海姆斯山脈過冬，但他們失敗了。弗里提葛恩率領主力到海姆斯山脈以南的開闊地渡過冬季，不僅能靠秋收來補給，甚至能襲擊遠至君士坦丁堡等地。冬末，弗里提葛恩的軍隊已經能在色雷斯暢行無阻，而東西皇帝都準備親自走上戰場。

瓦倫斯在三七八年四月或五月抵達君士坦丁堡，人才剛到就面臨不滿的群眾引發的糧食暴動。四月下旬，格拉蒂安帶著整個朝廷離開特雷維里，在八月上旬抵達潘諾尼亞的斯爾米烏姆。此時，瓦倫斯已經重組了軍隊人事，將特拉伊阿努斯革職，找回在三七五年因為政變而被迫退隱義大利的老賽巴斯蒂阿努斯——無論是在君士坦提烏斯麾下參與尤利安的波斯戰事，或是瓦倫提尼安對阿拉曼人多次發動的軍事行動，他都戰功彪炳。賽巴斯蒂阿努斯的復職與狄奧多西烏斯之子的突然回歸，顯示被迫退場的派系如何化危機為轉機，恢復原本的地位。賽巴斯蒂阿努斯旋即在弗里提葛恩分散兵力時，打了幾場小勝仗——巴爾幹方面亟需的士氣當然為之一振，但弗里提葛恩也確實因為這些失利而集中兵力，更加統一行動。弗里提葛恩的部隊在洛多皮山脈（Rhodope）與海姆斯山脈之間的村莊會師，接著往賽巴斯蒂阿努斯的大本營——東南方的阿德里安堡進軍。與此同時，瓦倫斯也在六月十一日離開君士坦丁堡，前往美蘭提亞斯（Melanthias），距離恰好讓他能逃離那騷亂中的城市。八月上旬，傳聞格拉蒂安已經抵達斯爾米烏姆，準備往東進軍，採取鉗形攻勢，包夾哥德人。瓦倫斯也許是對賽巴斯蒂阿努斯的勝仗感到忌妒吧，他快馬加鞭前往阿德里安堡，在郊區紮營，等待姪兒到來。

弗里提葛恩此時駐紮在靠近阿德里安堡的驛站尼奇（Nike），瓦倫斯的探子則回報弗里提葛恩指揮的部隊並不大。儘管如此，當里可梅雷斯率領西帝國的先頭部隊抵達時，他還是建議瓦倫斯稍作等待，讓格拉蒂安帶著西帝國野戰軍的主力應援。瓦倫斯不同意，但他的參謀們可就沒那麼有把握了，阿米阿努斯記錄了兩派人之間的激辯：「兵貴神速派」的支持者有賽巴斯蒂阿努斯，「小心準備派」則有維克多。最後，瓦倫斯聽了廷臣的話，決定不要把確切無疑的勝利拱手讓給姪子，於是選擇立刻接戰。現在換弗里提葛恩擔心了。他的軍隊確實不在狀態，而麾下由阿拉特烏斯、薩弗拉克斯指揮的騎兵部隊，還沒有抵達尼奇。八月八日，他以相似派教士組成使團，向皇帝傳達議和的提議，但瓦倫斯回絕。隔天早上，他在尼奇與阿德里安堡之間的平原布陣，準備作戰。弗里提葛恩按住主力，派出更多使者；同時間羅馬部隊則在烈日下煎熬，而哥德人還生火，讓濃煙瀰漫於戰線。這一仗的戰術細節無法透過阿米阿努斯加以精確重建，不過當代學者還是有作嘗試。我們不確定戰鬥是不是意外展開的，因為羅馬軍右翼有兩個部隊太早往前推進。羅馬戰線出現混亂時，弗里提葛恩陣營由阿拉特烏斯與薩弗拉克斯指揮的騎兵抵達戰場，突襲羅馬軍左翼。左翼受到的攻擊，造成整個羅馬步兵戰線極度擠壓，限縮了戰鬥能力，並於下午潰敗；中路先是分裂，而後在混亂中撤退。瓦倫斯被迫隨著野戰部隊馬提亞里軍團（Mattiarii）尋找庇護，因為他的禁衛軍已全滅了。預備部隊試圖重新集結、扭轉戰局卻不果，此時指揮部尚存的成員里可梅雷斯與薩圖爾尼努斯也投降了。殺戮的場面延續到入夜。

即便到現在，依舊無人知道瓦倫斯是怎麼死的。乏味的版本裡，說他中了一箭，在夜幕降臨時死於普通士兵手中。比較浪漫的說法則說皇帝受了致命傷，由一小群侍衛帶他離開戰場，把他藏在廢棄的農舍中。垂死之際，一支哥德部隊包圍了農舍，但他們不是停下來劫掠，而是放了把火。只有一個人逃出來，告訴敵人，他們原本距離俘虜羅馬皇帝只有咫尺之遙。無論何者為是，瓦倫斯的屍體再也沒有人找到。包括賽巴斯蒂阿努斯與特拉伊阿努斯在內，有三十五名高級將校一同陣亡，而他戴上戰場的野戰軍也有整整三分之二在當天早上戰死。雖然不算是史無前例，但這確實是自皇帝瓦勒良（Valerian）被波斯王沙普爾一世擊敗並被俘虜之後，一百多年來最慘痛的軍事失利。

戰役結束後的情況非常不堪。默西亞與色雷斯的軍政、民政盡毀，格拉蒂安則返回斯爾米烏姆，與逃過屠殺的將領會面。勝利的弗里提葛恩包圍阿德里安堡，但無法攻入城內，於是轉往君士坦丁堡。瓦倫斯的遺孀多姆妮卡（Domnica）在君士坦丁堡成為帝國抗戰的象徵，但阿米阿努斯卻暗示，實際的抵抗來自阿拉伯的外援，也就是阿拉伯女王瑪維雅（Mavia）派來的部隊——從安提阿動身之前，瓦倫斯便力主與之簽訂和約。對於東部行省而言，首要任務在於確保巴爾幹的亂局不會往外擴散。於是，東方管區御前軍長清洗軍中的哥德士兵，而小亞細亞與東方管區大城對哥德人的迫害，將持續到三七九年。與此同時，西巴爾幹卻陷入猶豫不決。冬日降臨前，都沒有因應弗里提葛恩叛亂的好方案出爐，而格拉蒂安恐怕也想返回高盧，畢竟「阿拉曼人的威脅」向來是個現成的藉口。但是，現在離開斯爾米烏姆恐怕會引人奪權，對任何人都沒有好處，因此他留下來過冬，或許在琢磨來年春天對色雷斯發動新的攻勢。

情況不如他的掌控。三七八年初，前默西亞公小狄奧多西烏斯便已重返巴爾幹任職。有個煞有其事但不太可信的版本，說格拉蒂安是在阿德里安堡戰役結束後，才找小狄奧多西烏斯回來扭轉頹勢。時序邁入三七九年，兩名執政官都來自西部，亦即格拉蒂安的禁衛總長奧索尼烏斯，以及昆圖斯．克洛狄烏斯．赫爾莫格尼阿努斯．奧利布里烏斯（Quintus Clodius Hermogenianus Olybrius，出身大族阿尼奇），證明格拉蒂安試圖安撫過羅馬元老院。自從叔叔死後，格拉蒂安便成為正皇帝，而新年的第一件大事，就是皇帝昭告天下：一月十九日，格拉蒂安在斯爾米烏姆為小狄奧多西烏斯披上皇帝紫袍。這份詔書故意讓背景保持模糊，但我們或許可以推測潘諾尼亞與巴爾幹軍隊發生了兵變。

三七八年底，格拉蒂安手握全帝國剩下幾乎所有的野戰軍，只有東方前線還有瓦倫斯留下的幾個鞭長莫及的部隊。但是，格拉蒂安信任的軍隊高層，以及他的民政官員，也都隨著他從高盧來到斯爾米烏姆，意味著潘諾尼亞將領和阿德里安堡慘敗後倖存的少數東指揮部成員，如今在政治上處於相對弱勢。他們認為格拉蒂安個人並不足懼，也推斷他不願意主動對蘇齊隘口以東強勢用兵，這讓他們覺得可以發佈詔令與之抗衡。小狄奧多西烏斯是個理想選擇：他是戰爭英雄之子，人年輕，卻還不算光芒耀眼，應該會很聽話，事事仰賴參謀。因此，小狄奧多西烏斯的即位看似隨機，卻是潘諾尼亞與東部當局的幕後操作，以既成的事實讓格拉蒂安接受。

格拉蒂安沒有要求他的高盧勢力鎮壓兵變，一方面危險，另一方面這個情勢可能很得人心，於是他接受了事實，只是態度顯然並不積極。他不情不願地祝福這位新任共帝，接著在入夏之前就返回西部。他沒有為小狄奧多西烏斯平定色雷斯與默西亞的行動提供任何實質的援助，事實上，他還將默西亞的管轄權正式移交給東部。格拉蒂安很可能打算讓小狄奧多西烏斯自取其辱，事情也迅速如此發展。但是，格拉蒂安的決定確實提醒了我們，自從君士坦提烏斯與尤利安的時代以來，帝國的兩部分（*two partes imperii*）在結構上已經距離彼此非常遙遠了。此外，這件事也顯示為三六四年之後的帝國東西兩半寫一部單一的故事有多麼困難，因此我們要先談格拉蒂安和他在西部的朝廷，接著再回頭看小狄奧多西烏斯和他繼承的哥德戰爭。

對於格拉蒂安的統治，我們最好的史料就屬昆圖斯·奧雷里烏斯·敘馬庫斯的信件。人們透過這些魚雁往返講起他統治的故事，內容通常都是他跟高官、羅馬的達瑪穌與米蘭的安博等強勢主教之間的互動，以及大元老維里烏斯．尼可馬庫斯．弗拉維阿努斯（Virius Nicomachus Flavianus）、維提烏斯．阿歌里烏斯．普萊特克斯塔圖斯等人，抑或在信件中零星出現的人之間的互動。從信裡的敘述來看，故事全都跟宗教危機有關：像是西部城市相似派會眾當下挑起的爭執；從羅馬元老院內移除勝利女神祭壇（Altar of Victory）的爭議；西班牙出現的異端與教規新危機。故事講的從來不是作為統治者的格拉蒂安，至於年輕的瓦倫提尼安二世自然更不用說——他的朝廷設在米底奧拉努姆，母后尤絲提娜（瓦倫提尼安一世的第二任妻子）是相似派的強大支持者。不過，格拉蒂安固然和所有同時代的皇帝一樣，受制於廷臣的壓力，但他絕非某些人所塑造的無能統治者。三七九年夏天，他返抵北義大利，首度前往米底奧拉努姆的行宮，以確保異母弟弟的宮廷繼續在服從的路上披荊斬棘。一年前，也就是前往東部之前，格拉蒂安曾要求安博表明自己的信仰立場。安博是米底奧拉努姆新任的尼西亞派主教，他的前任則是相似派的歐慎思（Auxentius）。一來是為了安撫身邊的相似派，二來則是安撫繼母尤絲提娜的派系，格拉蒂安將米底奧拉努姆的其中一所教會歸還給相似派的會眾，因此當格拉蒂安在返回高盧的途中經過米底奧拉努姆時，安博便拒絕與他會面（他以對抗行動而迅速聞名，這是他的第一次抗命）。夏末，皇帝從米底奧拉努姆出發，穿過雷蒂亞，或許是為了對當地的阿拉曼人來一場迅速的突襲。接著他從萊茵河源頭處往特雷維里發進，停留了一年多的時間。

正值此時，格拉蒂安開始認為必須讓西部的基督教會再度有某種一致性。以帝國西部來說，相似派與尼西亞派的支持者人數可謂相當，尼西亞派在高盧、西班牙與義大利占優勢，伊利里亞大部分地區則是相似派處於上風。我們之後會談到，小狄奧多西烏斯已單方面發布了照顧尼西亞派的命令，並在三八一年將眾多相似派詮釋斥為異端；接著他召開僅有東部主教參加的會議，表面上是為了安排君士坦丁堡主教座的繼承，卻也暗示了希臘教會獨立於拉丁教會，而他本人也獨立於資歷更長的奧古斯都格拉蒂安。格拉蒂安雖然顏面無光，卻也無計可施，只能在三八一年在義大利與伊利里亞交接處的阿奎雷亞召開他自己的會議，決定同樣的事務。與會的主教盡數來自西部拉丁語區。主持這場會議的人雖然是阿奎雷亞主教瓦勒里阿努斯（Valerianus），但參加會議的數十名主教中，安博才是最強勢的人。安博把拉提阿里亞（Ratiaria）與辛吉都努姆（Singidunum）的主教打成相似派，藉此讓自己的地位優於義大利與伊利里亞總長轄區的其他教會。他以不光彩的手段達成目標，會議也以尼西亞派的詮釋重申了聖父與聖子的關係。過程中，安博成為拉丁教會的領袖，同時引來東部眾主教與羅馬主教達瑪稣長久的敵意——安博想對達瑪稣發號施令，而達瑪稣的崇高地位顯然也受到安博的挑戰。

在這個時期，圍繞在教會會議與敵對教士集團之間的爭吵，正好與先前提到的民政與軍事當權派政治動向吻合。君士坦丁和他的兒子能根據自己擁護的神學路線，主導他們的主教，但像格拉蒂安這樣的皇帝卻只能任由圍繞其宮廷的競爭神職派系夾攻與擺佈。這種情況反映出來的不只是格拉蒂安與瓦倫提尼安二世的青澀，也顯示羅馬帝國城市內教會組織力量的增加，尤其是大型皇都——這些地方的主教對當地居民有極大的影響力，而他們支配的經濟力，只有最富有的元老才能與之匹敵。這種新的態勢將在小狄奧多西烏斯統治時鞏固下來——作為個人，他和瓦倫提尼安一世一樣令人敬畏，但連他也難以擺脫身側神職或世俗派系的宰制。

三八一年，格拉蒂安決定把朝廷遷往米底奧拉努姆，取走異母弟弟手中的大權。這座城市的位置比高盧都城更適合聯絡潘諾尼亞、羅馬與特雷維里，但接下來兩年的西部歷史記載奇缺，我們對於發生的事情所知有限。三八三年六月，格拉蒂安離開米底奧拉努姆，對阿拉曼人發動攻擊。之後我們會談到，小狄奧多西烏斯終於解決了巴爾幹問題——表面上是對哥德人的勝利，實際則有待商榷。他還將長子阿爾卡迪烏斯（Arcadius）立為奧古斯都，並提名為三八三年的執政官。對於這種打造王朝的舉動，格拉蒂安選擇不予承認。接著，人在雷蒂亞的格拉蒂安獲知不列顛發生兵變，領頭者為馬格努斯·馬克西穆斯將軍。馬克西穆斯是西班牙人，也是小狄奧多西烏的遠親，曾經在非洲為小狄奧多西烏斯父親效力，但我們不清楚他們之間的確切關係。馬克西穆斯不久前在對付哈德良長城以北的皮克特人時，打了幾場漂亮的勝仗，但歷來都沒有人能確切解釋他何以自立為王。總之，格拉蒂安將野戰部隊從阿拉曼戰事調去對付篡位者，此時馬克西穆斯卻火速登上歐陸，並贏得高盧北方部隊的效忠。

格拉蒂安與馬克西穆斯在盧泰西亞（今巴黎）附近交手了，而野戰軍拋下了正統皇帝，倒向他的對手——最早倒戈的是茅利塔尼亞人的騎兵部隊，他們可能還感念當年參與非洲戰事的馬克西穆斯。後人說，格拉蒂安太照顧寵臣——一名阿蘭騎兵侍衛，結果疏遠了正規軍。他跟三百名支持者逃離戰場，卻在三八三年八月十五日被騎兵長安德拉加提烏斯（Andragathius）抓到，處死於盧格杜努姆。小狄奧多西烏斯並未援助這位共帝，或許是沒有機會，或許是不想麻煩；接下來有好一段時間，他也沒有採取任何措施干預西部的事務。儘管他解決了巴爾幹的哥德戰事，東部仍有勞他費心。

第五章　狄奧多西一世的統治

狄奧多西挺過了預想中最糟糕的局面。哥德危機固然讓他與其他三七五年的受害者有機會再任公職，但留給他們轉換成實權的資源卻少之又少。東部軍隊形同在阿德里安堡遭到殲滅，而格拉蒂安也樂得讓他那位不討喜的新同伴深陷泥淖。我們很難判斷狄奧多西是如何在巴爾幹重建政府的。大部分要員是由其追隨者中的西班牙核心所構成——這不光是現代西班牙學界的研究如此，更是因為我們清楚確認他的西班牙隨員中，有一位是未來的禁衛總長馬特努斯・古內吉烏斯（Maternus Cynegius），而且在詳細檢視之後，狄奧多西的伊比利外表顯然在眾人中並不特別。

這位新皇帝並非西班牙鄉紳，而是典型的軍隊之子。父親是瓦倫提尼安王朝的大將，他天生要踏上父親走過的路，加入禁軍，然後展示出早熟的指揮能力。當父親在戰場上光芒四射時，他的人際網路也在發展，他本人也在三六〇與三七〇年代早期開闢自己的仕途。他嶄露頭角的背景與瓦倫提尼安和瓦倫斯相似，這一點並非巧合。我們很快就會了解到，相較於自己的父親或是瓦倫提尼安，狄奧多西其實更像瓦倫斯。他雖然有能，卻缺乏偉大指揮官的戰略視野，也沒有麾下某些將領展現的那種戰術天才。事實上，要不是他支持的神職派系勝出，寫下這個時代的歷史，並封他為「狄奧多西大帝」與正統信仰的捍衛者，人們恐怕會把他當成第二個君士坦提烏斯來記錄——在內戰中雖然幸運，在其他方面卻不如己意，也不盡人意。

狄奧多西在三七九年成為皇帝，手邊能用來面對挑戰的方法實在少得可憐。先前他之所以能復位，是因為一小批巴爾幹與北非將官還忠於記憶中的他的父親，這些人在東部省份鮮少有支援網路，未來只能憑運氣。狄奧多西成長於瓦倫提尼安軍隊的拉丁軍事文化中，信仰上屬於尼西亞派，但對於這一派實際上意味著什麼，並沒有追根究柢的意思。由於他的政權缺乏王朝世系威信，又沒有軍事成就能為他的統治提供根據，因此為了政權的合法性，他必須仰賴希臘教會，偏偏他對希臘教士之間的宗教政局之複雜毫無準備。

當務之急，是重組一支規模足以與弗里提葛恩一幫哥德人抗衡的野戰軍。更東邊已經沒有其他部隊可以抽調，瓦倫斯已經把東方管區的野戰軍全數調來進行哥德戰事，留在敘利亞的部隊則必須守著，不讓波斯發動攻勢。當沙普爾二世在三七九年駕崩之後，波斯入侵的可能性就小多了。他的兒子是弱勢的沙普爾三世，不僅得面對貴族無止境的反對力量，最後還失去了巴克特里亞、喀布爾（Kabul）周邊、犍陀羅，甚至連遠至旁遮普，都落入寄多羅與阿爾罕統治者手中，於是他放棄爭端不斷的亞美尼亞繼承問題。不過這無法幫助狄奧多西找到所需的資源以重建巴爾幹。

集結瓦倫斯野戰軍殘部是必要的工作，但這樣遠遠不夠，一定要有新兵才行。三七九年七月，狄奧多西將大本營設在帖撒羅尼迦。相較於君士坦丁堡，帖撒羅尼迦更方便前往蘇齊隘口兩側，而且可以透過海路補給，更內陸的地點就不行了。由於難以從陸路攻陷，帖撒羅尼迦就成了可行的駐地，即便弗里提葛恩維持對內陸的控制也不要緊。在希臘語為主的南巴爾幹，帖撒羅尼迦更是一座拉丁文化孤島，讓狄奧多西在這裡的時候無須為君士坦丁堡的政局做準備——將近兩年後的三八〇年十一月，他才終於前往君士坦丁堡。

此時，他跟哥德人還有場大戰。三七九年七月與八月，新皇帝從斯庫皮（Scupi）與奧古斯都村（Vicus Augusti）等偏遠的巴爾幹地點發布敕令，顯然他已經集結足夠的部隊，展開軍事行動。在五世紀的帝國軍政體系表《百官志》（*Notitia Dignitatum*）中，有許多稱為「假野戰軍」（*pseudocomitatenses*）的單位，其成立時間似乎可以上溯到這幾年。它們的單位名稱，暗示了這些部隊是「暫時」或「替代性」的野戰軍，從地方駐軍層級提上來，以填補阿德里安堡之戰損失的部隊。這個期間頒布的敕令提到要集合麵包師傅與廚師，而狄米斯提厄斯與利巴尼烏斯的發言也暗示了農民與礦工也要接受徵兵。還有其他部隊是從多瑙河彼岸、高加索地區的亞美尼亞與伊倍利亞等地的附庸蠻族中徵調而來。這些部隊缺乏實戰力，只能當砲灰，最大的作用就是讓戰場從甲地轉移到乙地，而沒有決定性的效果。雖然狄奧多西在三七九年十一月宣布勝利，但這一仗的重要性並不高。三八〇年初，狄奧多西在馬其頓大敗，有些新兵倒戈哥德人，有些則成群逃兵。眼下，哥德人已經開始向部分巴爾幹地區「索貢」，可能是假冒收取羅馬政府的稅收。格拉蒂安雖然維持對西巴爾幹的控制，但並未出手幫助更東邊的事務。

錢幣上的自信標語、凱旋頭銜與演說家（無論是異教徒或是基督徒）措辭謹慎的歌頌，皆無法掩飾成效甚微的事實。與此同時，狄奧多西本人則生了重病，似乎將一命嗚呼。三八〇年九月或十月，他在帖撒羅尼迦接受主教阿斯克里烏斯（Ascholius，他是西方教會任命的人，不久後就發現自己得還人情）的施洗，所有人都認為他行將就木。但皇帝出乎各方意料，不僅康復，還前往君士坦丁堡，並立刻捲入撕裂這座城市的神職衝突。格拉蒂安決心留狄奧多西自生自滅，可以從三八一年初看出：西帝國將領弗拉維烏斯．保托（Flavius Bauto）與弗拉維烏斯．阿波加斯特斯（Flavius Arbogastes）把哥德人軍隊擋在潘諾尼亞與達契亞管區之間的邊境，並把對手推回東帝國，之後就沒有採取進一步行動。

狄奧多西終於得出必然的結論：他打的每一仗都輸了，而哥德戰爭還在淌血。他不只沒有父親的天才，部隊素質又不佳，而他的參謀之間也沒有人具備里可梅雷斯或阿波加斯特斯的戰術能力。他終究必須跟哥德人談和，因此恐怕也不能讓局面太難堪。他在三八一年展開談和，和約最後在三八二年十月三日敲定。之所以用了這麼長的時間，是因為哥德領導層向來都不穩固，事實上還愈來愈分裂。狄奧多西不僅歡迎瓦倫斯的宿敵——特爾文吉王阿塔納里克到君士坦丁堡安然退休，當阿塔納里克在三八一年一月二十五日以高齡過世時，狄奧多西還予以最高規格的厚葬。除此之外，當年其他參與多瑙河渡河，以及三七六年至三七八年間叛變的哥德領袖，到了三八二年都不見蹤影，弗里提葛恩、阿拉特烏斯、薩弗拉克斯、維德里克……盡數消失於史冊。

也就是說，我們其實不曉得跟哥德人的和約是怎麼達成的，也不曉得協商的對象究竟是誰。不過，對於帝國內部宣傳的內容，則隨著時間的變化，有著充分的紀錄。早在三七八年開始，可靠的傳聲筒狄米斯提厄斯一直胸有成竹地預測勝利——後來都沒有實現。到了三八二年，他話鋒一轉，突然表示與其讓色雷斯滿山遍野都是哥德人的屍體，不如還是讓哥德人都變成農民吧。他的第三十四場演說——也是他政治演說生涯中最高的傑作，他把先前五、六年的歷史完全改寫，把難堪的軍事失利說成是為和平的謹慎安排，而各方都能從中獲益；哥德人則是為自己的勝利、為轉行當農民而慶祝。

學界為了狄奧多西的條約內容爭辯不休，但大部分卻不是從最基本的證據出發，而是出於學者對於哥德人歷史先入為主的成見。狄米斯提厄斯與帕卡圖斯（Pacatus）的演說詞都提到哥德人變成農夫，而哲學家辛奈西斯（Synesius）在二十多年後寫的政論文則宣稱哥德人獲得授田。哥德人有可能得像羅馬地方居民一樣繳稅，也有可能獲准按照自己的風俗過生活——史料中兩種說法都有。我們只能確定，當時的羅馬人一致認為哥德人的威脅已經過去了。有些哥德人（也許絕大多數都是）長居巴爾幹，隱沒在眾多的鄉間人口中。其他人則繼續接受招募，為皇帝而戰。毫無疑問，許多人嚮往成為正規軍的一員，但大部分還是編入「同族人」組成的輔助單位，由相同族群的軍官指揮。與此同時，招募邊境蠻族進入正規軍的常態程序仍然持續，導致出現了兩種軍官階級：野戰單位的軍官可以在軍官團中追求傳統的軍事生涯，而指揮族裔單位的軍官卻仕途黯淡。這種新的情勢，將在四分之一個世紀後帶來嚴重的後果。

然而在三八〇年代之初，狄奧多西還有其他事情需要操煩：東部教會現況危機四伏，不久之後西部又發生馬格努斯・馬克西穆斯的篡位。狄奧多西在三八〇年秋天的那場病，是他接受帖撒羅尼迦主教阿斯克里烏斯洗禮的原因。阿斯克里烏斯是堅定的尼西亞派——羅馬主教達瑪穌提拔的人，也是亞歷山卓的伯多祿（Peter of Alexandria）的盟友。伯多祿是尼西亞狂熱派教長亞他那修欽點的傳人——亞他那修榮辱盛衰的教會生涯影響了整個四世紀中葉，讓君士坦丁以來的一系列皇帝頭痛不已。亞他那修在臨死前為伯多祿祝聖，讓他延續自己對神學事務一步不讓的態度。然而，君士坦丁堡不像帖撒羅尼迦以尼西亞派為主，各大教會反而是由瓦倫斯任命的相似派主教德莫非祿（Demophilus）掌管，而少數的尼西亞異議派則由主教納齊安的額我略（Gregory of Nazianzus）領導——他學養過人，在希臘語區的尼西亞派當中，地位僅次於凱薩利亞的巴西流。三八〇年初，狄奧多西頒布詔令（也許是因為額我略的追隨者大力遊說），確立了在君士坦丁堡只有尼西亞派的教會才具有合法性。但從詔令頒布到狄奧多西本人於年底抵達君士坦丁堡之前，有九個月的時間，德莫非祿對於君士坦丁堡教會的控制依舊穩固。

我們並不清楚狄奧多西來到東部前，對尼西亞派積極到什麼程度，也不清楚他是否像瓦倫提尼安與許多同時代的軍官一樣，讓自己的虔信與對神學爭議的冷淡態度共存。然而到了三八〇年，他已經傾向認真看待自己受洗的意涵，認為既然已受洗接受尼西亞派，就有義務捍衛之。因此，他在三八〇年十一月進入都城之後，便要求德莫非祿立刻做選擇：同意尼西亞派的真理並保住自己的主教位置，或是遭到罷黜，由別人接任。這位主教表示反對，他的會眾也隨著他出走，成立相似派的異議教區，並持續了數十年之久。三八一年一月，皇帝將君士坦丁堡的所有教會都交給尼西亞派管理。君士坦丁堡的輿論也許泰半都反對狄奧多西、支持德莫非祿，而強制改宗也必須動用武力，但狄奧多西並不在乎。事實上，自從君士坦丁以來，皇帝便不時動武來處理教義分裂，這種作法將在接下來數十年間成為常態。狄奧多西畢竟尚未贏得任何與皇帝之名般配的軍事勝利，他必須更仰賴基督教儀式來鞏固自己的正統性，這也讓他在政治上比自己的前任們更需要主教的支持。

這種狀況造成的長期影響中，最重要的或許是狄奧多西認為必須召開那場盛大的帝國教會會議——他搶先格拉蒂安在西部的計畫，於君士坦丁堡召開會議。會議在三八一年五月召開，一開始只有色雷斯與亞細亞行省的主教與會。會議的首要之務，在於拔擢納齊安的額我略為君士坦丁堡主教，確立尼西亞信仰為唯一可以接受的教義，並將三十多名不願放棄若干相似派準則的主教從其座上驅逐。這場會議也試圖化解安提阿的主教座爭議——當時，這座城有兩名尼西亞派的主教彼此競逐，此外還有一名相似派挑戰者。其中一位尼西亞派主教——米立提，在會期中過世，因此會議將尚在世的競爭者保利努斯立為主教。正當此時，埃及主教團（包括亞歷山卓的伯多祿之兄弟兼繼承人弟茂德〔Timothy〕）抵達君士坦丁堡參加會議，一行人中還有來自馬其頓的幾名主教。他們的到來引發了更多問題，因為弟茂德和他的支持者反對按立額我略，認為不合體制——根據某些教規，是不能將主教從甲主教座調任到乙主教座的。羅馬教會也抱持相同看法，加上拉丁語區的教會沒有代表在場，弟茂德身為亞他那修在亞歷山卓的傳人，而亞他那修跟西方教會的關係又向來良好，因此弟茂德儼然成為正統教規的捍衛者。

面對這項挑戰，額我略寬宏大量（或許也只是膽小怯懦），放棄了自己的新教座，返回納齊安——接下來十年，他在納齊安寫了無數通達的神學專論，以及抑揚格詩作，既有古典的優雅，又抒發了他對於教士競爭的不滿之情。無獨有偶，弟茂德與會之後，保利努斯繼承安提阿主教一事亦遭逆轉，改由教士弗拉維阿努斯（Flavianus）擔任主教。會議上，君士坦丁堡元老內克塔里烏斯（Nectarius）獲選擔任君士坦丁堡主教，從平信徒的高度一口氣躍居聖職的寶座。除此之外，會中還有幾項措施，同樣造成深遠的影響。這次的教會會議首度將君士坦丁堡主教的權威，抬升到羅馬主教之後的第二位，因為君士坦丁堡是第二個羅馬。對亞歷山卓的弟茂德來說，這可是個苦澀的打擊——畢竟自從他到達安提阿以來，聲勢似乎扶搖直上。亞歷山卓、安提阿與君士坦丁堡等東部主教座之間的既有競爭，也將因此提升到新的高峰。世人將這場君士坦丁堡會議，視為基督教會的第二次「大公」（ecumenical，亦即具有全面的約束力）會議，而君士坦丁召開的那場劃時代的尼西亞會議，則是第一次大公會議。儘管如此，羅馬教會卻從未承認君士坦丁堡可以與自己平起平坐。會議於三八一年七月九日結束，是君士坦丁堡從皇帝居城轉變為希臘語世界之都的過程中，相當重要的象徵階段。

但是，爭議才沒那麼容易停歇——西方與東方，拉丁與希臘之間又出現了新的斷層。格拉蒂安的會議在三八一年九月於阿奎雷亞召開，主持人是米蘭的安博。會議拒絕承認君士坦丁堡的關鍵安排——例如選舉內克塔里烏斯、弗拉維阿努斯為君士坦丁堡與安提阿各自的主教——並堅持保利努斯是安提阿主教座唯一的正統主教。東部的主教則反過來拒絕承認拉丁教會這些聲明的正當性。作為回應，狄奧多西於三八二年和三八三年兩度召開教會會議，重申三八一年第一次會議的決定，只不過此時亞歷山卓與西部主教站在同一陣線，反對弗拉維阿努斯，支持由保利努斯擔任安提阿主教。這場安提阿的裂教事件仍將延續四分之一個世紀，並影響此後數十年教會會議的結果。

除了上述的教會紛爭，以及三八三年馬克西穆斯在西帝國篡位以外，狄奧多西還面對財政困難——色雷斯在哥德戰爭中受創甚深，難以承受稅務負擔，必須一再減稅。小亞細亞部分地區（尤其是本都管區〔diocese of Pontus〕）也因為不明原因而需要類似的減稅。減稅造成帝國財政赤字，也意味著相對繁榮的省份，必須面臨更沉重的財政負荷，導致東方管區的城市滋生不滿的情緒。儘管如此，狄奧多西還是決定鞏固自己的王朝世系，於三八三年一月十九日立自己的兒子，也就是年僅六歲的阿爾卡迪烏斯為奧古斯都。

此舉傷害了他跟西帝國格拉蒂安政權的關係，而馬克西穆斯篡位一事又讓東西關係進入懸而未決的狀態。儘管遭遇形形色色的挑戰，色雷斯又面臨破產，但多瑙河地區倒是平靜許多，不過河彼岸的情勢依舊動盪。三八六年，一批哥德人在奧多帖烏斯（Odotheus）率領下渡河，但遭到狄奧多西麾下的普羅莫圖斯（Promotus）擊退，潰散的殘部轉移到弗里吉亞，定居下來（很可能成了農民），此後未見於史冊。這件事的重要性，顯示出帝國當局自從三八二年簽訂和約之後，已經恢復了對多瑙河前線的掌控。應對這種入侵時，邊境管理再度恢復正常運作，融軍事行動與精心設計的寬大為懷為一爐——綜觀羅馬歷史，這都是帝國對於蠻族活動的一貫特色。

過往十年間的大部分時候，皇帝並未親臨東部各管區。三八七年時，幾個管區突然發難，提醒狄奧多西當地有其獨特的問題。安提阿向來是一座怒氣沖沖的城市，只有亞歷山卓能與之匹敵。這年，安提阿發生暴動，損及皇帝的威嚴。瓦倫斯駐蹕安提阿年間，不時有行巫術與叛國的審判，顯見安提阿政局有多麼複雜，何況有眾多不同的職官都有充分的理由在此實施管轄權。加上彼此競爭的基督教群體各有其主教座傳承，讓政治上的對立更形嚴重。更有甚者，三八〇年代的安提阿還是古代晚期非凡演說家之一——教士聖若望的家鄉。若望的外號叫「金口」，而這個外號就傳達了一切。金口聖若望出身安提阿，原本是異教辯士利巴尼烏斯的門徒，後來卻在二十多歲時受洗，成為教士。他是一位天賦異稟的傳教士，渾身領袖魅力。儘管他個人的神學思想非常縝密，但他講道時所傳達的卻是對基督教經典、基督徒義務相當直白的理解，遠比當時許多更具哲思、受許多人歡迎的寓言式解讀更容易在日常生活中遵循。三八七年，金口聖若望在神職階級中的品秩頂多是個司祭（*presbyter*），但他卻發現自己置身於一場激烈爭議的中心，而爭議的後續影響，甚至比爭議本身更為痛切。

三八〇年代，這座城市時不時遭逢糧食短缺。造成短缺的原因不只是乾旱，還有阿德里安堡之役後不得不然的財政重負，以及城內龐的大帝國公務體系——都總長、代巡官（東方伯）與各個行省當局——對這座城市的基礎建設與財務造成的壓力。三八七年二月，帝國政府宣布調高加冕金與敬獻金（對城市與元老個別開徵的加冕稅與登基五週年稅），此時安提阿公民議會要求行政長官與主教抵制這些加稅。議會的要求沒有得到回應，於是一群暴民往行政長官官邸發進，試圖攻進官邸，但未能成功，於是他們轉而針對皇帝與其家人的肖像，撕成碎片——按照法律，皇帝肖像就如同他本人一樣神聖且不可侵犯。群眾甚至火上澆油，拉倒並分解狄奧多西與阿爾卡迪烏斯的青銅像（前者正要慶祝自己的登基十週年，而後者才剛慶祝過登基五週年），並威脅焚毀安提阿皇宮。根據利巴尼烏斯的證詞，最初的縱火行動一下子就遭到鎮壓，而東方伯則在隔天早上開始逮捕滋事者，採取決絕的懲罰。

但是，真正可怕的是皇帝即將採取的行動。狄奧多西確實有權將所有議會成員處死，也難怪城裡許多名門貴族開始逃往鄉間，等待皇帝盛怒過去。主教弗拉維阿努斯前往君士坦丁堡，為他的教友們求情，帝國政府派來的調查團也獲得暫時性的授權，將安提阿從尊貴的母城之位降格，再由這座城市痛恨的鄰居老底嘉（Laodicea）管轄；浴場、競技場與劇場被關閉，給窮人的免費麵包發放也遭取消。金口聖若望靠〈論雕像〉（'On the Statues'）成名了——他在這一系列的講道中，指出安提阿人應當從即將來臨的苦難中汲取教訓，同時呼籲他們不要放棄希望。他的建議說中了。調查團在御前軍長赫勒比庫斯（Hellebichus）的大營中開會，建議寬大為懷，而弗拉維阿努斯的斡旋也有了回報。狄奧多西和他的資政團決定，調查進行期間所實施的懲罰便已足夠。

安提阿人犯的過錯如此嚴重，皇帝居然輕輕放下，實屬幸運。集體毀壞皇帝的形象，無異於個人篡位。金口聖若望沒有直接參與調解，但他的舉止風範，確保他的聲望長久不墜，而正是因為這樣的聲望，最後當局才會召他擔任君士坦丁堡主教。不過，安提阿市民之所以能在三八七年逃過最慘的命運，其實不只是因為弗拉維阿努斯的斡旋，甚或是赫勒比庫斯調查團的寬容，其中更多是運氣成分：年末，狄奧多西益發認為必須插手西部。他可以忽略格拉蒂安遭到推翻、殺害，畢竟他跟格拉蒂安的關係素來不睦。但當馬格努斯・馬克西穆斯決定推翻義大利與潘諾尼亞的瓦倫提尼安二世政權時，情況就截然不同了。

馬克西穆斯設法鞏固自己在西部的權威，而且卓有成效。格拉蒂安的死訊在三八三年傳到米底奧拉努姆時，以年輕的瓦倫提尼安二世之名進行統治的軍政府（理論上，此時的瓦倫提尼安二世在共帝集團中，已經繼承格拉蒂安的位子，成為正皇帝）立刻封鎖阿爾卑斯山各隘口，將馬克西穆斯阻於高盧總長轄區的西部。防務空虛的不列顛仍由馬克西穆斯控制，而且他很可能已經開始招募來自北海的薩克遜傭兵，駐衛不列顛。他也很可能將不列顛行省邊境重新安排，以多塞特（Dorset）海岸經塞文河（Severn）出海口至東約克夏白堊丘陵為界線，放棄整個高地，將羅馬行政機構撤到較肥沃的低地。

西班牙管區也加入了馬克西穆斯陣營。先前下令處死格拉蒂安的騎兵長安德拉加提烏斯，始終在馬克西穆斯的軍隊中扮演關鍵角色，確保高盧指揮部支持他。格拉蒂安的追隨者只有極少數遭到整肅，每一項措施都力求一種一切如常的感覺，彷彿篡位從未發生。瓦倫提尼安二世名義上的子民們似乎有意合作，維持這種假象，跟這位在特雷維里的新皇帝打交道。原先格拉蒂安與狄奧多西兩人心照不宣，向來刻意削減瓦倫提尼安二世的實權，如今馬克西穆斯延續此政策。無論是教會中人還是元老，都有人接受馬克西穆斯成為西帝國的正皇帝，例如主教安博就大陣仗兩次前往特雷維里，他認為尼西亞派的馬克西穆斯，比瓦倫提尼安二世宮廷中的太后尤絲提娜更好說話。至於狄奧多西，則是允許東帝國城市展示馬克西穆斯的肖像，顯然承認這位高盧皇帝為共帝集團的正統成員。過去人們相信（若干今日的研究亦這麼想），狄奧多西曾經在三八四年遠行至義大利的維洛納，明確表示他對瓦倫提尼安二世及其政權的支持，但這其實是五世紀帝國法律彙編的抄寫員犯了錯而已。假如此事為真，狄米斯提厄斯這類演說家想必會大肆宣揚狄奧多西有意恢復萊茵河流域的秩序，但事實上這位皇帝從來沒有離開巴爾幹，甚至當瓦倫提尼安二世的朝廷在該年九月駐蹕阿奎雷亞時，狄奧多希也沒有與瓦倫提尼安二世會面。

十年前，格拉蒂安的朝廷發覺自己愈來愈仰賴羅馬城的元老貴族，十年後瓦倫提尼安二世的朝廷也有一樣的體會。數十年來在多個政權下常居帝國最高官職的佩特羅尼烏斯．普羅布斯又重回高層。馬克西穆斯反叛時，他正擔任義大利、伊利里亞暨阿非利加禁衛總長。普羅布斯是基督徒大家族阿尼奇氏族德高望重的長老，但米底奧拉努姆政府同樣致力於禮遇其他異教徒元老：昆圖斯．奧雷里烏斯．敘馬庫斯成為羅馬都總長，而維提烏斯．阿歌里烏斯．普萊特克斯塔圖斯（正是對教宗達瑪穌開玩笑，說只要讓他當羅馬主教，他就受洗為基督徒的那一位）則在三八四年取代普羅布斯，擔任義大利與伊利里亞總長，並在三八五年獲命成為西帝國執政官——只不過榮譽尚未加身，他就逝世了。敘馬庫斯擔任都總長時，曾強烈要求重建羅馬元老院內的勝利女神祭壇，但他受到基督徒元老的反對而沒有成功——這些元老身後有安博在撐腰。安博威脅，假如瓦倫提尼安二世做出如此叛教之舉，將會對他施以絕罰，驅逐出教。這件事本身不甚要緊，但重要性常常受到不成比例地誇大。有各種截然不同的證據，指明羅馬元老貴族的「異教復興」，但如此交織出的一幅畫，卻無法真正展現整體情境。少數極有權勢的元老確實是非基督徒，但這不能證明有異教「派系」存在，也不能證明元老對宮廷的基督教信仰抱持敵意。以上這些異教貴族，代表的反而是小說《慾望莊園》（*Brideshead Revisited*）或是《浩氣蓋山河》（*The Leopard*）裡透出來的那股懷舊感，追憶的是個正在消逝的世界。

神職派系之間的鬥爭，遠比這些異教元老影響大得多。安博在這些鬥爭中，證明自己是屬靈大混戰的專家，無論面對什麼對手，都能將對方一軍。瓦倫提尼安二世與尤絲提娜的禁軍（許多似乎是哥德人，至少在充滿敵意的證人詆毀中如此），跟尤絲提娜一樣是相似派。三八五年，朝廷決定將城外的一些教堂讓渡給相似派，讓信徒得以齊聚一堂，結果安博便率領其會眾滋事。當朝廷在三八六年一月頒布法律，將許多權利授予相似派時，這位主教的回應更加憤怒。面對他的滔天大怒，朝廷甚至在四月時收回成命。最後到了六月，安博挪神意為己用：他在天啟的指示下，找到了兩位此前不為人知的初期殉道者——蓋法削（Gervasius）和玻羅大削（Protasius）——兩人的遺骸適時在安博的狂熱會眾面前行奇蹟。

對我們來說，重點在把這場表演放進羅馬貴族造勢技巧的脈絡中。安博來自貴族世界——事實上，他很可能是敘馬庫斯的遠親，只是他出身的家族在君士坦丁諸子內戰期間站錯了邊，財產因此在三四〇年遭到充公——在成為主教之前，曾擔任一省的行政長官。他知道怎麼鼓動群眾，也知道如何操縱龐大的恩庇關係，為自己的政治利益服務。這位主教對朝廷的謙遜態度（後來他也會用類似的方法來控制狄奧多西）點醒了我們，神職體系在義大利與東方的局面可是有雲泥之別。相似派在義大利是小眾，信徒多半出身巴爾幹；尼西亞派的龐大會眾在他們魅力獨具的主教大聲疾呼之下，很輕易就能孤立相似派。相形之下，狄奧多西發現自己在君士坦丁堡支持的尼西亞派，其實缺乏大多數居民的支持。對他來說，把自己的意志施加在教會上，可是一大挑戰。

安博一方面在宣傳戰上勝過了瓦倫提尼安二世，一方面也留心著馬克西穆斯的宮廷。後者正在搬演一套尼西亞正信大戲——這實在輕鬆寫意，畢竟相似派在高盧連有力的少數派都稱不上。我們暫且回頭談君士坦斯，也就是君士坦丁諸子與繼承人中最年輕的一位。君士坦斯掌權時，曾經在亞歷山卓的亞他那修遭君士坦提烏斯流放時，多次為亞他那修提供庇護。高盧主教的神學立場向來一致，相較於總堅持把細微末節帶進神學對話的希臘語主教，高盧主教總感覺格格不入。馬克西穆斯和他的義大利競爭者一樣，都是軍人專政造成的產物。他對西帝國以外沒有實際經驗，實在不太可能打破西部教會的這種常規。馬克西穆斯堅守尼西亞信條是再自然不過的事，而且也有助於和他的義大利對手做出區隔。他的政策只在一件事情上適得其反。我們在書中鮮少提到西班牙，因為這個管區鮮少影響帝國政局。但在三七〇年代晚期，西班牙管區各門派的主教之間卻爆發了一次爭執，問題的關鍵則在於應該採取何種作法，回應一位名叫普利西里阿努斯（Priscillianus，英語作普利西里安〔Priscillian〕）的虔誠貴族所傳遞的教誨。

這位普利西里安是個學養極佳的平信徒，他皈依、擁抱了極端苦修形式的基督教，但他信奉的這一派並未要求遠離人群，成為隱士。事實上，普利西里安頗能吸引相同社會階級的人，而這正是西班牙教會階級體系恐懼的原因——這位奮發向上的聖人，正在鼓勵同道中人在自己的鄉間宅邸或郊外莊園私下祈禱，而不是到城鎮中禮拜；但在城裡，主教才能盯著信徒。貝提卡（Baetica）與盧西塔尼亞（Lusitania）兩省省會各自的主教——哥爾杜瓦的敘吉努斯（Hyginus of Corduba）與奧古斯塔艾梅利塔的敘達提烏斯（Hydatius of Emerita Augusta）合力對付普利西里安，並在三八〇年於奧古斯都凱薩（Caesaraugusta，今薩拉戈薩〔Zaragoza〕）召開會議，審查他的觀點。

他們集合了一小批主教——主要來自西班牙，但也有一些局外人從庇里牛斯山彼側的阿奎坦尼亞（Aquitania）來參加——譴責普利西里安與追隨者據信從事的各種行為，但普利西里安並未與會。幾位支持普利西里安的主教（比他的敵人地位更低，而且名不見經傳）反而按立他為阿比拉（Abila，今阿維拉〔Ávila〕）的主教。許久之後的未來，阿比拉將因為聖女德肋撒（Saint Teresa）而聞名於世，但在當時只是個名不見經傳的小村莊，而這正是他們選擇此地作為普利西里安主教座的原因。對於普利西里安的敵人來說，此舉實在太過挑釁。他們投書當時仍在世的格拉蒂安，指控普利西里安是摩尼教徒——由於各門派的異教徒與基督徒都一致同意，摩尼在三世紀時從波斯傳入羅馬的二元宗教是種可憎的罪孽，假如這項指控成立，那可是要殺頭的。格拉蒂安在回信中全面譴責摩尼教徒，重申反摩尼教的法律早已實施，但他沒有指名道姓說誰是摩尼教徒。

普利西里安曉得自己面臨威脅，於是乘船前往羅馬，先是希望謁見達瑪穌，接著到米底奧拉努姆試圖與安博會面，但兩次都不得其門而入。不過，他的支持者卻為他爭取到在格拉蒂安的執事長官——馬其多尼烏斯（Macedonius）面前申辯的機會。馬奇多尼烏斯個人與安博為敵，於是說服皇帝支持普利西里安。普利西里安與盟友返回西班牙，返回各自小小的主教座。事情原本該就此停歐，至少淡入基層地方的陰影中才是，偏偏馬克西穆斯發動了政變。普利西里安的敵人抓住機會，把這個案子提給新皇帝——既是西班牙人、也是個眾所周知的尼西亞派。於是馬克西穆斯從善如流，下令在布爾迪加拉召開會議，而且顯然已經料到會議的結果將是上訴。儘管有幾位頗具影響力的主教——包括土爾城的聖瑪爾定（Saint Martin）——表示異議，但皇帝仍接著在特雷維里親自審判普利西里安。這起審判巧就巧在不是異端審判（屬於教士及其宗教會議之範疇），而是行巫術的審判。普利西里安被判有罪，幾名追隨者也和他一起遭到處死。這件事情又造成兩派人嚴重分裂：其中一派是指控普利西里安行巫的人；另一派人則認為他是異端，所以無法接受世俗裁判干預。

安博和更具領袖魅力、但政治上沒有那麼精明的瑪爾定一樣，皆反對馬克西穆斯的越權。不過，當瑪爾定盡可能與篡位者保持距離時，安博則是出於對派系優勢的渴望，跟篡位者在特雷維里的宮廷保持聯繫，甚至同時跟米底奧拉努姆的尤絲提娜、瓦倫提尼安二世宮廷打交道。不過，假如真有選擇，大多數的義大利主教無疑會傾向特雷維里。這影響了馬克西穆斯的下一步——三八七年初，他翻越阿爾卑斯山，發動突襲。歷史上，通常只要北部平原易主，義大利其他地方就會風行草偃。尤絲提娜和兒子連同整個朝廷逃往阿奎雷亞，在彼尋求人在東部的狄奧多西給予庇護——如此一來，瓦倫提尼安二世就不再是西皇帝的馬前卒，而是東皇帝的棋子。帖撒羅尼迦成為流亡者的新居，王朝繼承也很快便安排好了：狄奧多西迎娶瓦倫提尼安一世與尤絲提娜之女加拉（Galla），雙方聯姻帶來的子嗣將會讓瓦倫提尼安的血統再延續兩代人。回來談義大利，馬克西穆斯以米底奧拉努姆為居城，成為隔年的執政官，並接待熱情擁抱他的羅馬元老院代表團。東皇帝動身確保巴爾幹省份，並主張對整個伊利里亞地區有控制權，只不過潘諾尼亞管區北部顯然掌握在馬克西穆斯的支持者手中。

狄奧多西的進攻計畫很簡單：他本人領軍，沿跨越巴爾幹、穿過尤利安阿爾卑斯山的主要入侵路線行軍，而瓦倫提尼安二世與尤絲提娜則乘船從帖撒羅尼迦前往羅馬。接下來，東皇帝將協助新妻舅奪回原本的王位。三八八年初，狄奧多西的四名大將——提瑪希烏斯（Timasius）、普羅莫圖斯、阿波加斯特斯與里可梅雷斯，先是在庫帕河（Kupa）與薩瓦河匯流處的錫斯齊亞，大敗馬克西穆斯。他們接著在普耶托比歐（Poetovio，今斯洛維尼亞德拉瓦河〔Drava〕河畔的普圖伊〔Ptuj〕）重挫篡位者，馬克西穆斯的兄弟馬爾切利努斯（Marcellinus）也於該役戰死。馬克西穆斯試圖守住尤利安阿爾卑斯山彼側的阿奎雷亞，但他的部隊太少，無法撐過圍城。他向阿波加斯特斯投降，不久便遭處死。戰鬥還在進行時，尤絲提娜便過世了，狄奧多西因此再沒有與她競相控制瓦倫提尼安二世。

狄奧多西一抵達北義大利，便拔除新子民們曾經從馬克西穆斯政權得到的榮譽，並宣布篡位者的法律無效。他還改革西部的行政機構，安插自己的東部追隨者提里佛利烏斯（Trifolius，原任狄奧多西的廣財伯），擔任義大利與伊利里亞禁衛總長。儘管瓦倫提尼安二世嚴格來說仍是正皇帝，但狄奧多西的措施已經清楚表明帝國真正的權力歸屬何人。不過，在羅馬歷史的這個階段，地方派系總是比任何個人更強大，也更歷久不衰，哪怕是皇帝也無以比擬。提里佛利烏斯可以當禁衛總長，但舊格拉蒂安指揮部也開始在格拉蒂安的近親兼死忠支持者——阿波加斯特斯的率領下開始重整，阿波加斯特斯也得到西帝國資深御前軍長之位。

狄奧多西從來不是天生的將才，於是他把掃蕩行動的主導權交給阿波加斯特斯，自己則留在義大利。這位將軍在三八八年下半入侵高盧，馬克西穆斯僅剩的支持者未能對他構成多少抵抗。抵達特雷維里後，馬克西穆斯之子維克托（即便只有五歲，但他仍是理論上的共帝）在阿波加斯特斯的明令下遭人勒死。由於部分法蘭克人先前趁羅馬內戰、無暇他顧時劫掠比利時高盧（Belgica），阿波加斯特斯緊接著就是對他們懲罰性攻擊。然而北高盧地區的界河防務，已經因為抽調部隊因應馬克西穆斯入侵義大利而削弱，此時仍未完全恢復。西部野戰軍也遭到縮編，狄奧多西還強制徵調幾個野戰軍單位的殘部，併入當時仍孱弱的東部野戰軍。

進入三八九年，兩位在世的奧古斯都皆駐蹕於米底奧拉努姆。這一年的執政官是兩位東部的將領——也就是輔佐狄奧多西，戰勝馬克西穆斯的提瑪希烏斯與普羅莫圖斯。皇帝持續將自己的追隨者安插到義大利政府，甚至在六月時遣瓦倫提尼安二世前往特雷維里，免得礙事。等到完成之後，狄奧多西才前往羅馬，於七月十三日舉行進城禮（*adventus*）。他在羅馬城停留超過一個月，期間多半在和曾經支持馬克西穆斯的元老（其實大多數都是）進行公開和解。僅僅一年之前，敘馬庫斯才歌頌過馬克西穆斯，如今也得到皇帝大度的原諒。克依歐尼烏斯・魯菲烏斯・阿爾比努斯（Ceionius Rufius Albinus）獲得任命為都總長，形同為這些和解姿態預先鋪路。阿爾比努斯出身地位崇高的元老家族之一，四世紀初，他的曾祖父曾經在馬克森提烏斯統治時出任執政官，並且在君士坦丁治下成為都總長；他的同名祖父曾在三三五年出任都總長，並且在同年與君士坦丁的異母弟弟一同擔任執政官；而他的父親曾在君士坦提烏斯統治時擔任高盧總長，後來更成為瓦倫提尼安的第一任羅馬都總長。即便羅馬貴族泰半都支持過篡位者，但狄奧多西必須把他們視為整體，握手言和，而阿爾比努斯這樣的人物——第四代都總長——可以影響其餘的元老院成員紛紛歸位。

皇帝正式向羅馬元老院及羅馬人民介紹自己四歲的兒子霍諾留（Honorius）。儀式的其中一環，是由高盧演說家德雷帕尼烏斯・帕卡圖斯（他是格拉蒂安的老家教與後來禁衛總長奧索尼烏斯的朋友及附庸）發表演說。這份演說是現存最長的四世紀演講詞之一，帕卡圖斯靠著這次的演講得到足夠的好感，讓他成為阿非利加資深執政。以元老的職業生涯而論，這個位子令人垂涎三尺，受人嚮往的程度僅僅次於羅馬都總長。帕卡圖斯的講詞基本不脫其文類，先是恭維狄奧多西擊敗暴君，恢復自由，並強調皇帝對自己的新妻舅瓦倫提尼安二世有著父親般的關懷——只不過通篇講詞中，狄奧多西無疑是唯一重要的皇帝，而狄奧多西本人想必也這麼想。

狄奧多西留在西部時，東部政府主要執掌在尤托勒彌烏斯・塔提阿努斯（Eutolmius Tatianus）手中。塔提阿努斯從君士坦提烏斯統治時開始當官，接下來每一任皇帝麾下都有他的身影。狄奧多西離開東部之前，便提拔塔提阿努斯擔任禁衛總長，而皇帝遠行期間也由他持續擔任此職。塔提阿努斯在呂基亞（Lycia）土生土長，他的生涯可說是東西帝國又一項對比的好例子。不若狄奧多西在羅馬應付的那些大元老，塔提阿努斯出身尋常人家，從擔任地方行政長官的主秘（*assessor*）開始發跡，接著爬到行省長官的位子，也擔任過奧古斯都長官（專門給埃及代巡官的古怪頭銜）。之後，他成為廣財伯，也就是東部兩大資深財金官員之一。歷任這些官職之後，他累積了財富、人脈與附庸。雖然克依歐尼烏斯・阿爾比努斯這類貴族可以把羅馬都總長職位視為理所當然，但塔提阿努斯這種人則不然。如此的現實令他和同儕更無法脫離帝國政府的結構，也讓他們比西部的元老們更有動機保有自己的職務。社會上層對於政府投注心力的程度，是東部與西部另一個顯著的差異，而這個差異將在下一個世紀益發重要。

他以「親臨的榮譽」榮耀羅馬之後，狄奧多西就無意久留。他在八月三十日離開羅馬城，返回米底奧拉努姆。三八九年餘下的時間與三九〇年多數時間，他都駐蹕於此。無實權的瓦倫提尼安二世，則是跟隨狄奧多西來到西部、與身受信任的民政官員弗拉維烏斯・尼歐特里烏斯（Flavius Neoterius）同任執政官。無論狄奧多西西行之前制定了什麼樣的計畫，以義大利北部為大本營統治整個帝國相當困難（尤其是國內不安定的地區），迫使他不得不在三九〇年四月面對。

在帖撒羅尼迦（帝國多數的大城市也是），競技活動位居民眾社交生活的最核心，而人氣戰車手的地位，有如今日的足球員和流行巨星。三九〇年初，伊利里亞軍長弗拉維烏斯・布帖里庫斯（Flavius Buthericus）逮捕了一名試圖強暴他僕人的戰車手。競技場群情激昂，要求釋放這名戰車手，布帖里庫斯拒絕，結果民眾暴動，私刑殺害了布帖里庫斯和他麾下的許多人。狄奧多西不久後得知消息，怒不可遏，下令將犯法的市民處死。伊利里亞軍各單位在執行命令時殺紅了眼。有文獻指出（作者是教會史家狄奧多里特〔Theodoret〕，不能盡信），困死在競技場與後來遭系統性屠殺的人數，達到七千人。

安博肯定真的感到震驚。他選擇在這一刻，展現自己如何左右一位皇帝的能力。前一年，他曾因為狄奧多西的某個決定，公然向這位皇帝提出抗議。東部邊境城鎮卡利尼庫姆（今飽受敘利亞內戰摧殘的拉卡〔Raqqa〕）的尼西亞狂熱派暴動，拆毀了一間猶太教會堂，以及敵對基督徒派系的教堂。狄奧多西命令該城的尼西亞派主教自己出資修復上述建物，並懲罰犯下這些罪行的會眾。重點不是猶太人或異端遭到針對，而是暴動破壞了公共秩序。為了對狄奧多西的決定表示不滿，安博在皇帝出席的一次講道中表示：皇帝只能照顧、保護正統信徒，異端與猶太教徒既不值得，也不該期待受到照護。當下狄奧多西勉為同意，並放過卡利尼庫姆那些蓄意破壞的人。但在帖撒羅尼迦大屠殺後，安博伸展拳腳的方式更是強勢。他透過公開信非難皇帝，並且關上米底奧拉努姆教會的大門，不讓皇帝領聖餐。狄奧多西非得悔罪八個月不可，期間有一段時間他待在維洛納——北義大利平原的另一個軍事重鎮，幸好那兒沒有那麼傲慢的主教。八月，人還在維洛納的狄奧多西頒布法律：任何死刑判決都必須自動附帶三十天的暫停執行期，如此一來，帖撒羅尼迦事件才不會再度發生。直到十二月，米底奧拉努姆教會才歡迎他來領聖餐，皇帝跟主教則在聖誕節公開和解。

我們不該忽略，安博採取這種作法，其實連皇帝也樂得接招。在不久前的內戰，狄奧多西與年輕的皇帝瓦倫提尼安二世同一陣線，但義大利教會卻傾向倒下的篡位者；安博的高調形同讓皇帝有機會公開表現自己是虔誠的基督徒，遠非這位主教呈現給後人看的「世俗政權低聲受辱」。與此同時，這件事也顯示主教在政治圈中的關鍵影響力。君士坦丁與君士坦提烏斯認為，他們怎麼樣對自己的主教都可以，只不過他們通常沒有選擇這麼做。到了三八〇年代，像安博這樣的主教不僅受人敬重，又能運用民意的支持，這意味著再也沒有可能忽視或躲避他們的期望了。

隔年——三九一年——由忠誠的塔提阿努斯成為先執政官（consul prior，根據紀年規則，名字在先的那一位為「先」），敘馬庫斯則擔任後執政官（consul posterior），作為修好的象徵。然而，此番榮譽其實也帶著刺，因為狄奧多西在兩年前，就拒不同意於羅馬元老院內重建勝利女神祭壇。如今到了三九一年二月，他比過往的皇帝更進一步，確立羅馬帝國本質上是個基督教帝國。二月二十三日，皇帝下令禁止所有異教崇拜——接令的人竟然是時任羅馬都總長，跟敘馬庫斯相同社交圈的克依歐尼烏斯·阿爾比努斯。同年稍晚，這項禁令還延伸到私人家中，一旦有人繼續祭拜家宅神拉雷斯（*Lares*）與佩納帖斯（*Penates*），就會受罰。一般認為，自君士坦丁（據說）在東部禁止神廟崇拜以來，就不免會走向這個最終結果。然而，狄奧多西此舉所突顯的，其實是他從一個對神學滿不在乎的人，變成虔誠尼西亞派的生命旅程。

接下來我們還會談到，安博的勢力與日俱增，而且自從羅馬的達瑪穌在三八四年過世之後，身為義大利最資深、最重要主教的他，就再也沒有值得一提的對手。從基督教歷史的大脈絡來看，他算是轉型期的人物。君士坦丁的統治時期，主教們必須仰皇帝鼻息。但安博再也不用如此，他所仰賴的權力根柢，是自己的學養聲望、權威口吻與階級出身。不過，他在個人聖潔方面，名聲倒沒有特別過人，但聖潔在這個時代也逐漸成為精神權威的另一種來源。

比方說，在阿爾卑斯山另一側的高盧，土爾主教瑪爾定就是個好例子。在高盧各主教中，瑪爾定絕對最知名，甚至稱得上最有影響力。土爾並非主要的行政中心，跟帝國當局的關係也不緊密，因此當地主教座本身的影響力，就不像特雷維里或亞雷拉特——這兩座城市駐有帝國的行政官員，對當地主教的地位有放大效應，即便是個平庸之輩也無妨。儘管如此，瑪爾定卻是當時一位了不起的人物：他是野戰軍官之子，生於四世紀初的潘諾尼亞，在北義大利的屯駐地提契努姆（Ticinum，今帕維亞〔Pavia〕）長大，年紀剛滿就從軍了。服役多年後，他在駐守高盧時經歷了某種轉化的體驗：有這麼一段知名的聖徒傳記故事說，基督以衣不蔽體的乞丐之姿現身在他面前，瑪爾定拔劍割下自己半截的軍人披風，披在乞丐身上。此後，他體會到軍旅生涯完全無法與基督信仰相提並論，於是他退伍，撐過一段時間的流放，接著來到皮克塔維姆（Pictavium，今普瓦捷）附近修院，然後接受請求成為土爾主教。安博憑藉發現玻羅大削和蓋法削的遺骸，來表現自己的殊勝，但瑪爾定卻是靠自己的苦修，甚至讓人相信他自己就有能力創造奇蹟。只是，瑪爾定的高潔不見得都有用——先前提到，他曾試圖為普利西里安求情，卻沒有成功。但瑪爾定依然代表著君士坦丁成為皇帝時，仍未出現的另一種基督徒領袖模式，而這種模式將比帝國本身的結構延續得更長久。

剛剛說過，安博那種基督徒領袖模式是轉型期的模式，不僅跟瑪爾定這樣的苦修大師大異其趣，在某種程度上，安博還代表羅馬在他有生之年時，四海一家的性格逐漸黯淡。他出身的社會階級，是要接受希臘語與希臘文學教育的。這種「雙語」的上流文化概念能回溯到共和時代與帝國早期，但希臘菁英往往不會學習拉丁語，相對來說，拉丁菁英卻仍得學習希臘語。安博稱不上原創的思想家，但他受的貴族教育使他能隨心所欲閱讀希臘語的神學典籍，還能根據拉丁語的脈絡加以翻譯——不是死譯，而是為新的受眾重新調整希臘思想。正是透過安博的傳遞，尼薩的額我略（Gregory of Nyssa）、納齊安的額我略，以及凱撒利亞的大巴西流這三位迦帕多家教父（Cappadocian fathers）的神學思想，才能涓滴滲入拉丁教士的論述裡，影響持續到中世紀。

但在拉丁語使用者之間，希臘語能力與安博相仿的人愈來愈少。羅馬的大元老們還是會使用希臘語，有些元老出於對希臘與拉丁古典文學的愛好而持續以古非今。然而，從長期發展來看，西部拉丁語地區上流社會中關係良好的尊貴之人（*honestiores*）多半已經沒有學習希臘語的必要，因此希臘語教學的機制也日益受限。在帝國早期，甚至是安東尼王朝（Antonines）統治時，帝國級的官職數量相對有限，身為元老自然會住在義大利，也比較容易維持單一而標準的統治階級文化，達到同時通曉希臘與拉丁世界經典作品的要求。但隨著帝國政府擴大，深入行省與城市，人們無須離鄉背井便能擔任公職，自然不太需要一套從此端到彼端、放諸全帝國皆準的上流文化。

儘管東部各行省的官方文件經常提供希臘語版本，市議會成員與其他地方顯達無須學習西方語言，但羅馬行政語言向來是拉丁語，這一點並未改變。然而，羅馬法的施用範圍在三世紀遍及全帝國後，意味著拉丁語更深入東部行省的地方政府。即便有志於公職的希臘語使用者，是在家鄉附近任職，也必須學習拉丁語。有些四世紀的希臘文人（例如安提阿的利巴尼烏斯）對此哀嘆不已，但反過來說，拉丁語使用者卻沒有相應的需求，因此許多人就不學希臘語了。

我們不妨以當時比安博年輕許多的奧雷里烏斯・奧古斯提努斯（Aurelius Augustinus，也就是後代所說的聖奧古斯丁）為例，說明上述現象。奧古斯丁出身於努米底亞（Numidia）小鎮塔加斯特（Thagaste），堪稱在所有教父中名氣最響亮，至今仍是天主教與聖公會虔敬尊崇的對象，甚至可說是西方歷史上第一位真正的自傳作者。他的母親莫妮卡（Monica）是基督徒，父親則是異教徒帕特里奇烏斯（Patricius），在當地行政階級中算是關係不錯的人。奧古斯丁家境小康，足以讓他接受不錯的教育，於是家人把他送去距離塔加斯特不遠的馬達烏魯斯（Madaurus），隨城裡的一位文法老師學習。這男孩展現出自己的天賦，於是一位富裕的塔加斯特顯貴便贊助少年奧古斯丁前往迦太基。他一面研習修辭學，一面浸淫於這座大城市的多元文化中。儘管他接受基督徒教育長大（他的異教徒父親對基督教向來抱有好感，最後在臨終前改宗），他卻覺得刺激、非法的摩尼教祕儀獨具魅力。他在迦太基過著隨意灑脫的生活——不用自己賺錢的年輕人大抵如此——但他仍然證明自己書讀得極好。他與一名不知其名的情婦同居，情婦後來為他生了個兒子，名叫阿德奧達圖斯（Adeodatus）。

奧古斯丁是典型的城市人，他在三七〇年代中葉回到塔加斯特教文法，接著又到迦太基開了一所修辭學學校，隨後十年間也泰半留在這座城市。到了三八三年，他遷居羅馬，經摩尼教友人介紹而受到敘馬庫斯的照顧。敘馬庫斯為這名青年教師在帝都米底奧拉努姆覓得修辭學教席，而他在那兒深受苦修式的基督教所吸引，心裡的激動簡直和當年對摩尼教的熱情相比不分軒輊。奧古斯丁當時帶著母親莫妮卡一道前往米底奧拉努姆，她是個想往上爬的外省中年婦女，於是她為了奧古斯丁談了一門好婚事，而他也為此在三八五年拋下了自己多年的情婦。但在未婚妻成年之前，他卻經歷了悔改的瞬間。據他說，當時他正在花園中緩步冥思，突然聽到有個聲音，敦促他拿起《聖經》來讀。打開書，翻到保祿書信的《厄弗所人書》（Letter to the Ephesians），當下他竟看到真理現前，於是立刻決定為基督徒的神和他的正統信仰獻身。他解除婚約，在三八七年接受安博洗禮，收拾行囊帶著母親與兒子返回非洲。

一行人尚未從奧斯提亞（Ostia）出航，莫妮卡便過世了。但奧古斯丁回到故鄉，散盡家產濟貧，成立了隱修團體，並為之制定清規。不久後，他宣教對抗摩尼教徒、多納徒派與異端，聲名鵲起，他也進入神職，接著成為阿非利加資深執政區濱海都市希波城（Hippo Regius）的主教。接下來將近四十年的時間，他就是在希波城躋身為西部拉丁語地區無庸置疑的教會名人，興許也是歷史上最多產、最有影響力的拉丁語作者。

但是，他不諳希臘語（或者說，只有初級程度），而他的生涯焦點與影響力也完全以西方為主。將來，奧古斯丁位居聖職的名聲將無遠弗屆，但他對當時希臘教會的發展，影響力微乎其微，甚至當他的思想揚名各地時，希臘世界卻加以忽略，甚至毫不理睬。雖然他在非洲教會政局中牽一髮動全身，並試圖遊說皇帝，終結凱其里安派與多納徒派的分裂，但他向來都不像安博那樣有一股政治力。換一種方式來說，安博是個屬於君士坦丁帝國的人物，他的權力同時來自他本人、他的階級地位，以及帝國賦予其主教座的名望。相形之下，奧古斯丁則是未來世界的初步展現——在未來的世界中，主教的權威不假他人，完全奠基於自己打下的基礎之上。

希臘主教從未發展出與拉丁主教程度相同的行動自由。無獨有偶，東帝國公職貴族的力量，也無法與西帝國那些元老階級食利者（*rentiers*）相比擬。東西帝國之間的這種分野，將在狄奧多西統治後期不斷擴大。狄奧多西在三九一年離開米底奧拉努姆，前往東部。此時有三名奧古斯都治世——按照統治時間的長短，依序為瓦倫提尼安二世、狄奧多西本人與阿爾卡迪烏斯，但狄奧多西才是唯一有統治權的皇帝。長久以來，學界習慣說狄奧多西統治的是個一統的羅馬帝國——事實上，他是最後一位統一全帝國的統治者。但是，這種說法充其量只是過度簡化，甚至是從根本上扭曲了事實。先前提到，自瓦倫提尼安王朝以降，帝國的東西半壁基本上就各自獨立行動，只是有時東影響西，又有時西影響東。上述的模式因為區域性宮廷與軍政當權派的割據，以及中巴爾幹管區處境日益模糊而逐漸強化——潘諾尼亞無疑屬於西帝國，而色雷斯則屬於東帝國，但達契亞與馬其頓管區的地位卻始終存疑。帝國最嚴重的若干問題點就位於這兩個管區之間，而它們也是希臘語與拉丁語使用者的分界線。

狄奧多西在三九一年四月或五月離開米底奧拉努姆，六月時幾乎都待在阿奎雷亞，針對東部官員制定一系列的法律，為自己的回歸預作準備。他在七月時已抵達君士坦丁堡，並於初秋前往帖撒羅尼迦，為了要討伐「匪徒」的大本營——所謂的匪徒，可能是譁變的士兵，抑或是某些自三八二年之後便定居下來的哥德人，也可能兩者皆是。

十一月初，他再度重返君士坦丁堡，接下來兩年都留在這座城市。該時期制定的法律中，傳世至今者絕大多數都跟教會有關，我們也能隱約從中看到未來拜占庭皇帝處理教會事務的模式：君士坦丁堡及其教會是一個焦點，東帝國的其餘教會則是另一個焦點。君士坦丁堡的儀禮生活也是在同一個時期更為細緻地基督教化，最明顯者莫過於狄奧多西迎接無敵珍貴的聖人遺骨——洗者若翰（John the Baptist）的頭顱時，皇帝用自己的紫袍包裹聖骨匣，親自帶領從君士坦丁堡到赫布多蒙閱兵場之間長達七公里的遊行。此前，皇帝已經下令在閱兵場興建新的教堂，好供奉聖人遺骨。在狄奧多西的統治下，皇帝的健康、帝國的國運與全體基督徒的福祉變得密不可分。也正是在這段時期，前執事長官魯菲努斯（Rufinus）在皇帝的屬意下，取代了年邁的塔提阿努斯，在三九二年末成為東方禁衛總長。

此時，西帝國的實際統治權則掌握在高盧軍長弗拉維烏斯·阿波加斯特斯，以及最有力的羅馬元老貴族——義大利與伊利里亞總長維里烏斯·尼可馬庫斯·弗拉維阿努斯手中。這些軍事與民政要員彼此不太往來，但隔著阿爾卑斯山倒也相安無事。從狄奧多西離開起至三九二年初，西部可說是相當平靜。

如今駐蹕維埃恩的瓦倫提尼安二世，一直未能躍居我們的眼簾。他雖然年已十八，卻一如既往受到別人掌控，一樣無力。對一個等於生來便是皇帝的人來說，處境可說是既黯淡又屈辱。他迫切想自己掌權，於是親自對高盧軍長阿波加斯特斯下達革職令。誰知道軍長公然藐視皇帝，撕毀令狀，說當初任命自己的人並非瓦倫提尼安二世，自然也輪不到他革自己的職。這件事一方面顯示狄奧多西才是掌握實權的人，另一方面也點出軍事與民政高官各行其是的程度。瓦倫提尼安二世在沮喪與絕望中結束自己的性命：三九二年五月十五日，人們在維埃恩的皇居找到了他的遺體。謀害皇帝的傳言甚囂塵上，這也難怪，但真相恐怕只是阿波加斯特斯讓一位從未體驗過自己作主、卻又突然間自知無望作主的年輕人精神崩潰罷了。

無論如何，皇帝的自殺讓阿波加斯特斯騎虎難下。他本人的軍歷過於資深，不能打寶座的主意。先前說過，只有中階軍官能安然披上紫袍。新皇帝必須有良好的人脈，但資歷跟權力不能大到威脅指揮部或宮廷要人。假如阿波加斯特斯披起紫袍，弗拉維阿努斯的義大利政權幾乎不可能接受他，狄奧多西也不可能容許他這等傑出而又獨立的軍官擔任共帝。因此，這位將軍以拖待變，敦請狄奧多西派長子阿爾卡迪烏斯擔任西皇帝，其餘一切照舊。為了展現自己提案之真與忠誠之深，他僅以兩位奧古斯都——狄奧多西與阿爾卡迪烏斯的名號開鑄新幣。誰知狄奧多西無動於衷，阿波加斯特斯只好找上宮廷修辭學教師尤蓋尼烏斯（Eugenius），在八月二十二日立他為皇帝。阿波加斯特斯繼續期待理想局面。雖然他現在有了自己的新皇帝，但還是承認狄奧多西與阿爾卡迪烏斯，並且以這三位奧古斯都之名鑄幣。瓦倫提尼安二世的遺體以應有的莊嚴肅穆送回米底奧拉努姆，主教安博則應邀在尤蓋尼烏斯與狄奧多西兩政權間搭橋。

但一切都是徒勞。狄奧多西拒絕承認新的西皇帝，他在三九三年自居執政官位，另一位人選則是東部的將領弗拉維烏斯．阿布恩丹提烏斯（Flavius Abundantius）。同年一月二十三日，他將幼子霍諾留立為奧古斯都。這些作法暗示他決定開戰，問題只是何時。從狄奧多西在三九三年頒布的詔令來看，他正在為一場大戰做準備。至於來年的執政官，狄奧多西指定阿爾卡迪烏斯與霍諾留擔任（分別是三度與二度擔任），只不過兩人皆未獲西部的承認。四月二十九日，皇后加拉因難產而死於君士坦丁堡，讓狄奧多西更無高舉瓦倫提尼安王朝記憶的必要，但這個事實不會讓他對尤蓋尼烏斯和藏鏡人阿波加斯特斯更友善。意識到東政權不會善罷干休之後，阿波加斯特斯只能草草與義大利的尼可馬庫斯．弗拉維阿努斯結盟。羅馬元老院認可尤蓋尼烏斯，因此弗拉維阿努斯也繼續代表新皇帝，擔任禁衛總長。羅馬大宅與軍隊營帳之間這種有趣的結盟，令人回想起二十年前佩特羅尼烏斯．普羅布斯與潘諾尼亞將軍易奎提烏斯聯手一事。

然而，雙方結盟並不是為了一場「異教復興」，更不是異教徒貴族面對狄奧多西令人窒息的基督教正統而起身反抗。多年來存在於學界的這種詮釋，如今已遭到全面推翻。沒錯，尤蓋尼烏斯與阿波加斯特斯都不是基督徒，但非基督徒在軍隊指揮部或是修辭學教師之間都不罕見。弗拉維阿努斯在羅馬的異教徒元老中，確實也是一位高調人物，但不代表兩者構成了有志一同的異教徒聯盟。這只不過是一場老式的內戰，發生在無法和解或合作的政權之間罷了。等到戰爭終於來臨，準備萬全的阿波加斯特斯和弗拉維阿努斯還是輸了。一來是部隊人數不足以在潘諾尼亞迎擊入侵者，二來是阿波加斯特斯也記得自己當年如何讓馬克西穆斯兵敗，於是他把兵力集中，用於防守尤利安阿爾卑斯山，以對抗進擊的狄奧多西。戰事在三九四年八月開打。皇帝把年紀尚輕的長子（但在法律上已是成人）阿爾卡迪烏斯交由魯菲努斯保護，這位軍長已經成為繼塔提阿努斯之後，狄奧多西最信任的民政官員。當時的波斯因為沙普爾繼承人之間的爭議而無暇他顧，皇帝因此認為可以率領幾乎全數的東部野戰軍，去對付尤蓋尼烏斯及其支持者。不過，他手中的軍隊，仍然不及當年瓦倫斯在阿德里安堡慘敗時的人數，因此必須像先前對馬克西穆斯採取行動時一樣，他從三八二年新定居的哥德人當中招募額外的部隊。哥德部隊由同族軍官指揮，並未與正規軍整合，而這將招致不可預見的後果。

狄奧多西軍毫不費力便通過巴爾幹——確實阿波加斯特斯也如此盤算，但決定性的戰役卻發生在九月五日與六日的「冷河」（Frigidus）。戰場的精確位置始終不為人知：畢竟伊莫那（今盧比安納）與阿奎雷亞之間不缺這樣的河流。有人主張戰事發生在索查河（Soča，又名伊松佐河〔Isonzo〕），但維帕瓦河（Vipava）沿岸或其支流（如呼貝利河〔Hubelj〕或貝拉河〔Bela〕，今皆位於斯洛維尼亞）才是比較可能的地點。冷河戰役是一場血腥的近距離戰鬥。第一天，狄奧多西讓哥德援軍去承受傷亡的衝擊，但入夜時狄奧多西還是敗退了。不過，第二天卻吹起了暴風——所謂的布拉風（Bora），在這個地區非常有名——阿波加斯特斯的人馬逆風作戰，不僅難以施展，也讓箭雨失去效用。結果，他們潰不成軍。尤蓋尼烏斯遭到俘虜，即刻處死。阿波加斯特斯與弗拉維阿努斯逃離戰場，與其面對勝者必然的震怒，兩人寧可保全自己的性命。由於沒有進一步的抵抗，於是狄奧多西便從冷河戰場開拔前往米底奧拉努姆。馬克西穆斯的戰敗才剛過不久，居然就有這麼多元老跟尤蓋尼烏斯站在同一邊，簡直是明目張膽的不忠。但狄奧多西拒絕整肅，幾乎是立刻再度跟羅馬元老院重修舊好。三九五年的新年，就是以元老中最輝煌的家族——阿尼奇氏族的後人奧林布里烏斯（Olybrius）與普羅比努斯（Probinus）擔任執政官作為開始，足以說明狄奧多西寬大為懷的姿態。

狄奧多西還來不及在三九五年一月底慶祝自己的登基日，便突然病重駕崩，身後留下十歲大的霍諾留及阿爾卡迪烏斯作為自己的繼承人；但阿爾卡迪烏斯人在君士坦丁堡，受到禁衛總長魯菲努斯牢牢掌控，霍諾留是現場唯一的傳人。西帝國政府的控制權，也因此完全落入王朝的資深成員——狄奧多西姪女塞蕾娜（Serena）的丈夫，弗拉維烏斯・斯提里科（Flavius Stilicho）手中。安博在皇帝的葬禮上演說，表現精湛，內容明哲保身，承認政治現實——畢竟好牌都在斯提里科手上。在這場對付尤蓋尼烏斯的軍事行動裡，斯提里科不僅是眾多軍長中的上首，當狄奧多西重建自己在義大利的權威時，也一直由他擔任御前軍長一職。皇帝死後，他宣布自己同時監護兩位尚在世的奧古斯都：阿爾卡迪烏斯與霍諾留。結果完全在意料之中：不到十年內，東帝國與西帝國指揮部已經兩度動員，跟對方打了兩次真刀真槍的戰爭，如今局面又化為一場長期冷戰——西邊是斯提里科，東邊則是一連串把阿爾卡迪烏斯當魁儡的操偶師。三九五年至四二五年之間的三十年，也因此成為羅馬帝國歷史上最為動盪的年代。

第六章　斯提里科與競爭對手

狄奧多西留下兩名繼承人，一個是孩子，一個是少年。如果在三世紀，八成會有人起來篡位，但現在不會了。政府的實際控制權，掌握在軍隊高層，以及他們在各總長區和宮廷官僚機構的盟友手中。他們需要的不過是個充作政府門面的皇帝，提供象徵性的政統。他們再也不需要皇帝實際領導他們。阿爾卡迪烏斯與霍諾留的父親是位備受尊敬、有時還算有能力的統治者。對於真正掌握大權的人來說，兩人是再理想也不過的皇帝人選，他們可以彼此瓜分大權。斯提里科與魯菲努斯分別是西部與東部最強大的人物，他們的相似處也值得我們注意。

魯菲努斯是高盧人，出身小省份諾文博普拉納（Novempopulana，今日庇里牛斯山以北的法國巴斯克地區）。我們幾乎不知道他如何崛起，但狄奧多西在三八八年討伐馬克西穆斯期間任命他為執事長官，而他也大幅擴張執事長官的職權，甚至凌駕於按察官等原本更資深的宮廷官員。他同時跟帝國東西半壁的大人物保持良好關係——以西部來說，他的名字同時出現在安提阿辯士利巴尼烏斯與羅馬元老敘馬庫斯的書信集中。狄奧多西討伐馬克西穆斯時，魯菲努斯都跟在他身邊，三八九年的羅馬行也隨侍左右，並敦促狄奧多西在帖撒羅尼迦大屠殺之後悔罪，與安博和解。等到皇帝返回君士坦丁堡之後，魯菲努斯策謀讓兩位老將提瑪希烏斯與普羅莫圖斯降職——兩人的戎馬生涯可以回溯到瓦倫提尼安王朝，而且也都是討伐馬克西穆斯有功的將領。不久後，他取代了同樣資深的禁衛總長塔提阿努斯，後者急流勇退。

斯提里科在普羅莫圖斯失寵後取而代之。他是騎兵軍官之子，父親自瓦倫斯時代服役。後世有些對斯提里科不友善的文獻，把他父親說成汪達爾人（Vandal）。斯提里科的父親在東帝國軍隊高層中關係良好，他娶了一名羅馬女子（想必也是軍眷），後來也透過門路幫自己的兒子捐了個軍政官，在三八〇年初期派往波斯的使團中占有一席之地。後來，這位年輕軍官娶了狄奧多西的姪女塞蕾娜，官拜備受關注的宮廷職位御馬伯，顯示他將平步青雲。到了三八五年前後，他成為禁軍伯，意味著他將在討伐馬克西穆斯期間指揮皇帝的貼身護衛。接著他獲得拔擢，成為軍長，時間與魯菲努斯晉升為禁衛總長相當。從上述的一切可以看出，狄奧多西在三八〇年代後期按部就班，提拔自己治世後任官的人，而非前任或競爭對手留下的人。在馬克西穆斯戰敗後，情況更為明顯。等到開始聲討尤蓋尼烏斯，而阿爾卡迪烏斯則由負責東方事務的魯菲努斯照顧時，斯提里科便成為對陣阿波加斯特斯與尤蓋尼烏斯的兩名主將之一。

皇后加拉在三九四年過世，而她的丈夫也在不久後隨他而去，斯提里科與塞蕾娜因此成了小皇帝們僅有的成年親屬。臨死前，皇帝將霍諾留託付給他們，這一點並無爭議。但斯提里科卻宣稱（很可能是真的）狄奧多西交代他同時擔任阿爾卡迪烏斯與霍諾留的監護人，而安博在皇帝葬禮上所作的演說，也提到同一件事。斯提里科的主張絕對會激起魯菲努斯的敵意。大量的東部史料（但卻不是當下的紀錄）表示魯菲努斯為十七歲的阿爾卡迪烏斯監國（但他在法律上已成年，其實不需要監護人），而斯提里科負責照顧的則是年紀小得多的霍諾留——也就是說，這種說法是魯菲努斯和東帝國宮廷添上去的。三九五年一月時，好牌大多在斯提里科手中：他手中有先皇遺體，有其中一位皇子，還有帝國的東、西野戰軍——只不過雙方才剛打過一仗。而且，他有干預東部事務的口實。

三九五年初（時間可能就在狄奧多西駕崩後不久），哥德軍官亞拉里克（Alaric）率哥德援軍叛變。他這麼做，不光是因為自己的人馬在冷河戰役中傷亡慘重——這很可能是皇帝刻意的戰術選擇所造成的——更是因為他以為自己能晉升軍長，指揮正規軍單位，卻遭到拒絕。這是三八二年哥德新移民的奇特地位所造成的結果，他們不像野戰軍、禁軍等菁英單位直接招募的蠻族指揮官，而是長期受困在補充部隊的次級地位上（當時的補充部隊還沒有得到「同盟軍」〔*foederati*〕的稱呼）。譁變的亞拉里克率軍全副武裝開往君士坦丁堡，並開始與魯菲努斯談判。魯菲努斯很可能打算把他當成對付斯提里科的籌碼。根據文獻，魯菲努斯得為亞拉里克劫掠巴爾幹各省負責，但這種流言肯定是後來對魯菲努斯的抹黑（等到斯提里科失勢之後，也遭逢類似的命運）。實情更有可能是魯菲努斯拒絕談判，畢竟君士坦丁堡基本上堅不可摧，亞拉里克的追隨者才因此被迫打劫過活。斯提里科以此為藉口，進軍巴爾幹，表面是為了鎮壓亞拉里克，但無疑也是為了威脅魯菲努斯。

魯菲努斯的應對相當善巧。他讓阿爾卡迪烏斯下令召回東部野戰軍（這是必要之舉，尤其匈人在七月時越過高加索山，進入小亞細亞劫掠），而他本人也很有可能命令斯提里科撤出伊利里亞。斯提里科從善如流，他返回義大利，並且將大批東部部隊交由弗拉維烏斯・蓋納斯（Flavius

Gainas）指揮，班師回朝。這個決定相當實際，畢竟東、西野戰軍不久前才彼此對陣過，無法高效併肩作戰。斯提里科的妻子塞蕾娜與兒子尤切里烏斯（Eucherius）護送狄奧多西的遺體返回君士坦丁堡。兩週後，率領東部單位的蓋納斯，也途經巴爾幹的主要道路回師首都。

十一月二十七日，阿爾卡迪烏斯與魯菲努斯出城，檢閱歸來的部隊時，蓋納斯在大庭廣眾下以叛國罪名殺了魯菲努斯。無論動手殺人是不是斯提里科下的命令，東帝國御寢長——皇宮中的大太監尤特羅比烏斯（Eutropius）顯然是默許的。尤特羅比烏斯跟阿爾卡迪烏斯關係緊密。魯菲努斯的財產遭到沒收，而尤特羅比烏斯就得到其中的一大部分，但他允許魯菲努斯的妻子與女兒保留部分在耶路撒冷的產業，在該城退隱。尤特羅比烏斯讓阿爾卡迪烏斯與愛莉亞．尤多克希婭（Aelia Eudoxia）結婚，希望能鞏固自己的主導權。她是已故的弗拉維烏斯．保托之女，跟阿波加斯特斯是遠親，受將軍普羅莫圖斯監護長大，而魯菲努斯策畫了普羅莫圖斯的死。尤多克希婭跟幾個軍隊世家的關係，有助於尤特羅比烏斯對抗斯提里科手中的優勢。

對於斯提里科來說，尤特羅比烏斯並沒有比先前的魯菲努斯更合拍。無論如何，斯提里科有自己的王朝計畫。早在三九五年，他就讓霍諾留與自己的長女瑪麗亞（Maria）結婚，鞏固自己身為帝室成員的地位。三九六年，他人在高盧處理邊防，直到亞拉里克給了他又一個干預東部的藉口。三九六年初，亞拉里克與追隨者經由溫泉關（Thermopylae）入侵希臘本土，在接下來一年多的時間裡，最南曾劫掠到伯羅奔尼薩半島，情況得等到斯提里科率部分西帝國野戰軍抵達伯羅奔尼撒後才結束。斯提里科從義大利渡海，讓亞拉里克措手不及，逼他往北遁入多山的伊庇魯斯（Epirus）。這次的干預令尤特羅比烏斯政權怒不可遏。尤特羅比烏斯終於下定決心：亞拉里克雖惱人，但還在控制範圍內，絕對比恐怖的西帝國御前軍長來得好，於是尤特羅比烏斯將亞拉里克渴慕已久的軍長職授予他。此舉堪稱出奇制勝，只不過大筆一揮，斯提里科就從希臘救世主淪為內戰中的交戰方，而他的對手可是合法受職的將軍。為了充分表達這一點，阿爾卡迪烏斯朝廷宣布斯提里科為「全民公敵」（*hostis publicus*）。

斯提里科很清楚，這一回自己輸了，於是撤回義大利。亞拉里克的威脅平歇了好幾年。我們不妨從政爭的細節後退一步，來看整個大局。羅馬帝國大部分的人口——甚至社會上層也不例外——並未受到宮廷與軍隊高層的困局所影響。其實，對於帝國拉丁語區的許多地方來說，四世紀下半葉可說是歷史上最富裕、最蓬勃的一段時間。有些地區在現代是人口稀少且相當貧窮的，但在當時卻很豐饒，農業財富任富裕的地主階級予取予求：例如葡萄牙阿連特茹（Alentejo）在今天是國內人口最少、最貧窮的地方之一，不僅農業有限，觀光業更是乏善可陳，但在當時卻有數以百計的農舍坐落在田地與葡萄園間，有些甚至相當豪華。西西里島則不時登上今日義大利最貧窮、民風最慓悍的省份榜首，但在四世紀末卻是元老的財富天堂。皮亞扎阿爾梅里納（Piazza Armerina）的卡薩勒別墅（Villa of Casale）建於四世紀初，在四世紀下半葉風光一時。這個占地數千平方公尺的別墅，擁有現存古典時代晚期最令人嘆為觀止的馬賽克壁畫——鉅細靡遺的狩獵場景與競技女子的情慾描繪……遍布數十個客廳與房間。許多當今不大繁榮的地方也有這類精緻的鄉間炫富出土——西英格蘭的赫瑞福郡（Herefordshire）與格洛斯特郡（Gloucestershire），比斯開灣（Bay of Biscay）沿岸的坎塔布里亞海岸（Cantabrian coast），以及匈牙利巴拉頓湖（Lake Balaton）周遭的肥沃平原。當時只有高盧北部有繁華落盡的跡象。

政府的活動與上述的鄉間榮景密不可分。一直到四世紀，羅馬帝國都是一架機器，不停將糧食與其他原物料從產地運往糧倉與倉庫，供應政府與軍隊。國家的其餘活動皆從屬於「薪餉」——為政府與軍隊供應體系運作。因此，帝國的資本經濟泰半跟主要的薪餉路線相連，並仰賴這些路線聯繫各地。與薪餉一同流動的商品得以在帝國內分送，銷售到更遙遠的地方，區域性、地方性的物產自不例外。在西班牙、南高盧大部分地區與不列顛低地區，倉庫、驛站與簿記等基礎建設，都是當地經濟的火車頭。但在北高盧，這套體系卻開始崩壞（可能早在對抗馬格能提烏斯的戰爭時便已如此，馬克西穆斯統治時期更為嚴重），失去與地中海地區之間的若干經濟與文化聯繫。

社會變遷也以其他形式出現，例如四世紀下半葉，教會機構開始在鄉間如潮水般湧現。羅馬帝國衰亡後許久，西部拉丁語地區的農民仍保有眾多非基督教習俗，直到八世紀都還讓教會中人瞠目結舌，但西部上層社會的大莊園從三七〇年代以降，便明顯朝基督教發展。西部大地主的土地上可以看到長方型的鄉間小教堂與朝聖地，只不過我們無法明確指出這些設施主要是供地主大家庭自己使用，抑或是為了將基督教帶入勞動人口所做的諸多措施之一。個別地主的信仰程度或許有異，但除了非常小的羅馬元老圈子之外，西部貴族此時在表面上絕大多數都是基督徒，他們的贊助對象也從澡堂、公共娛樂等傳統的城市娛樂，轉向城市或鄉村的教會。

至於帝國東部，不僅鄉村人口基督教化的程度更高，城市內最菁英階級所保存的希臘化文化也更豐富。儘管如此，東部社會的基督教化卻造成一種戲劇性的影響——希臘語以外的語言有了嶄新的文學發展。其中最驚人的就屬敘利亞文學——這種亞蘭語（Aramaic）文學形式盛行於帝國內陸城市，從埃及的阿拉伯邊界一路到底格里斯河與幼發拉底河源頭。文雅的敘利亞語原本是翻譯希臘神學著作的載體，但人們旋即用來寫詩、寫歷史，以及原創的基督教神學和靈修作品——比方說，尼西比斯的愛弗冷（Ephrem of Nisibis）的讚美詩，就在抨擊尤利安，哀嘆約維安的恥辱議和害他的故鄉城市落入沙普爾手中。在五十年前，學界還傾向分別處理希臘語和敘利亞語基督教世界，但近年來的研究卻清楚顯示，希臘與敘利亞文化其實透過不間斷的對話過程交織在一起。希臘—敘利亞文化則進一步影響更東方的文化區，亞美尼亞語與喬治亞語也是透過這種方式，一前一後開始在基督教脈絡中用於書寫、創作文本——亞美尼亞語在五世紀初，而喬治亞語則在五世紀下半葉。

到了六世紀，阿拉伯語也開始在波斯與羅馬帝國之間的地帶，成為文學語言。這一切或多或少，都是四世紀起的敘利亞基督徒寫作者所揭開的區域文化全盛期。更往南走，來到紅海與阿拉伯海周邊，吉茲語（Geʿez，古典衣索比亞語）在同一時期成為宗教儀式語言的文字載體，而埃及與本土教會及其最知名的代表——上埃及白修道院（White Monastery）主教謝努特（Shenoute）也推動了科普特語的發展。東部的語言發展與西部拉丁語區在境界上的逐漸萎縮大相逕庭，而這多少也說明了古典時代晚期為何既是個創造力大幅成長的時代，卻也是政治衰亡的時代。

正是三九五年之後的政治動盪，造成這種衰亡的局面，畢竟直到四一〇年代中期為止（只有三九一年至四〇一年這短短幾年例外），羅馬帝國幾乎處在接連的內戰與邊境紛爭之中。大部分的混亂都降臨在西部（但並非全部），而高盧、義大利和潘諾尼亞則是受影響最深的地區。先前談到，經過斯提里科的兩次軍事行動之後，尤特羅比烏斯已經在三九七年成功招安亞拉里克，給予他心心念念的指揮職。尤特羅比烏斯則是忙著鞏固自己的位子，用手下聽話的人取代提瑪希烏斯等狄奧多西時代的將領。

尤特羅比烏斯居然能主動指揮軍隊，甚至跟一批深入亞美尼亞的外高加索匈人打了一仗，以內廷官員來說很不尋常。這一仗後來造成極為深遠的影響——他擊退的這些掠奪者從波斯領土撤退，結果遭到波斯萬王之王的部隊攻擊，搶來的東西多數又被波斯搶走。羅馬戰俘因此輾轉落入波斯人手中，安置在泰西封。不過，這段插曲反倒讓兩大帝國進入一段前所未有的合作期，共同捍衛高加索隘口，抵擋來自歐亞草原的襲擊。

三九九年，巴赫拉姆四世（Bahram IV）遭到謀殺，伊嗣俟一世（Yazdgerd I）在同年繼位，而泰西封與君士坦丁堡的關係也因此改善。伊嗣俟以迫害國內的基督徒作為治世的開端，但廣財伯安特米烏斯（Anthemius，弗拉維烏斯．菲利浦斯〔Flavius Phiippus〕之孫，菲利浦斯曾任君士坦提烏斯二世的禁衛總長）與亞美尼亞索非尼地區（Sophene）主教馬祿他（Marutha）率領的羅馬使節團，卻跟波斯王有了一場氣氛融洽的會面，期間馬祿他還行了治療，舒緩了伊嗣俟不時發作的頭痛。國王本人逐漸相信，對於波斯人所說的「世界的雙眼」——君士坦丁堡與泰西封來說，和平最能符合雙方的利益。伊嗣俟把巴赫拉姆部隊搶來的許多羅馬戰俘送回國，兩國統治者同意共同防守所謂「裡海門戶」（Caspian Gates，主要是高加索山中段的達里耶〔Dariel〕與打耳班〔Derbend〕過道）所需的花費。

因此，從多個角度來看，尤特羅比烏斯的領導權都比魯菲努斯當年更有效率，與伊嗣俟的結盟（波斯人傳統上視他為暴君，但希臘人普遍尊重他）將延續到阿爾卡迪烏斯治世結束，甚至到他兒子統治時。以阿爾卡迪烏斯本人的年紀來說，其實完全可以在治理中扮演更多角色，但他似乎對此興趣缺缺，廷臣也不鼓勵他往這方面發展。他反而投身於年輕妻子尤多克希婭偏好的虔信活動中，而且妻子似乎比丈夫更常公開露面，不僅負責監督將聖人遺骸運往君士坦丁堡的過程，還積極查禁城內的相似派會眾——軍隊裡許多哥德人後裔都是相似派，他們的禮拜場所逐漸遭到剝奪。恐怕尤多克希婭讓他們大失所望了。

尤特羅比烏斯在東部邊境取得戰功之前，也曾插手斯提里科與阿非利加伯吉爾多之間的衝突。吉爾多出身努貝爾家，先前談瓦倫提尼安一世統治時，曾經第一次提到他。吉爾多和努貝爾以及自己的哥哥菲爾穆斯一樣，把摩爾酋長與羅馬貴族的界線拿捏得很好——例如，吉爾多的女兒薩爾薇娜（Salvina）就嫁給了狄奧多西第一任妻子愛莉亞·芙拉琪麗雅（Aelia Flacilla）的外甥，內布里狄烏斯（Nebridius）。吉爾多成功在羅馬體系中任官掌權，同時跟大批附庸保持關係——包括跟羅馬帝國關係若有似無的邊境部落民。因為出賣自己的哥哥菲爾穆斯，吉爾多不僅收獲了包羅萬象的阿非利加附庸（*comitiva Africae*），還得到軍長地位，在狄奧多西死後成為與斯提里科、魯菲努斯同樣大權在握的人物。

君士坦丁堡在三九七年與斯提里科政權徹底決裂，此時吉爾多嗅到機會強化自己的地位，提議將原本供應羅馬城的非洲穀物轉往東都。他在三九八年按住運糧船不發，斯提里科只得從西班牙與高盧尋求薪餉，以供應羅馬。斯提里科計畫復仇，命令吉爾多的兄弟馬西查爾（Mascezel，吉爾多過去趁亂殺了他的孩子）率軍攻擊吉爾多。到了三九八年夏天，馬西查爾與高盧野戰軍單位擊敗了吉爾多，並在七月三十一日處死他。馬西查爾不久後身亡，可能是斯提里科煽動的結果。吉爾多和家人廣大的產業充公，但由於規模太大、太複雜，必須為此成立獨立的財政單位來處理。斯提里科對於西帝國事務的控制則進一步鞏固，而安博在三九七年四月過世之後，義大利教會政局也變得更容易控制。

無獨有偶，尤特羅比烏斯也想方設法，讓自己屬意的教士登上君士坦丁堡主教的寶座。他安排的人是金口聖若望，讓他在三九七年就任。然而，金口聖若望的主教任期卻風雨飄搖，他所認為的虔誠與合宜，讓他唾棄帝都富有元老們所期盼的奢華社交行程。不過，他對尤特羅比烏斯的忠誠是真的，對皇帝的忠誠也是真的。當尤特羅比烏斯失勢時，儘管皇帝反對，他仍然為之說項。對斯提里科來說，尤特羅比烏斯垮台是個驚喜，不過他確實沒有從中運作。三九八年末，尤特羅比烏斯獲任命為三九九年的執政官，超過輿論容忍的限度。讓閹人指揮軍隊是一回事——有人嘲笑尤特羅比烏斯怎麼帶兵，但他證明自己是個有能的將領——而且身為朝中最受寵的官員，甚至有機會得到最尊貴的「派特里興」（*patricius*）榮銜。但有個閹人執政官就太過火了，這項創舉不只讓斯提里科的宮廷喉舌克勞狄烏斯·克勞狄阿努斯（Claudius Claudianus）有機會大展身手，連東帝國當權派都嚇得不知所措。

一場發生在弗里吉亞的起義，成了宮廷政變的藉口。名叫特里比吉爾特（Tribigild）的軍官在三九九年譁變，而帶領中央野戰軍去鎮壓的人則是弗拉維烏斯·蓋納斯。事件的細節很難梳理，畢竟我們大部分資料來源都來自一部古怪的充滿寓言劇性質的戲，作者是未來的昔蘭尼主教——哲學家辛奈西烏斯（*Synesius*）。他的《天道論》（*De Providentia*）充分表現出洛可可式的繁複，跟第二代辯士時期晚期任何一部作品一樣晦澀難解，例如用一對埃及兄弟彼此兵戎相向的荒誕故事來講述當時的朝局；而他慷慨激昂的《王權論》（*De Regno*）則是討論政變的早期階段，內容也不比前者好懂。總之，我們從上述文獻中擠出幾段故事，而可信度最高的是：蓋納斯視這場兵變為機會，設法推翻尤特羅比烏斯，自己取而代之，成為阿爾卡迪烏斯寶座後主要的操盤手。他把特里比吉爾特的主要訴求刻畫成「罷黜閹人貴族」事件，藉此贏得尤特羅比烏斯對手的支持。

由於尤多克希婭也跟尤特羅比烏斯不共戴天，阿爾卡迪烏斯最後終於對譴責的聲浪屈服，尤特羅比烏斯則逃進聖索菲亞教堂（Saint Sophia），尋求盟友金口聖若望的庇護。確保自己的性命得以保全之後，尤特羅比烏斯同意離開教堂的庇護，在財產盡遭剝奪的情況下流放塞普勒斯。新任禁衛總長弗拉維烏斯・奧雷里阿努斯（Flavius Aurelianus）不久後召尤特羅比烏斯回宮，用莫須有的指控將他處死。結果，這場政變最大的受益人反而是奧雷里阿努斯，而不是蓋納斯——奧雷里阿努斯因此獲得功賞，成為四〇〇年的東執政官，與西帝國先執政官的不二人選斯提里科並列。

蓋納斯怒不可遏。四月時，他進兵博斯普魯斯海峽亞洲一岸的迦克墩，與君士坦丁堡遙望，要求免去奧雷里阿努斯的職位，將御前軍長的地位授予自己，作為自己忠誠心的報償。兩件事情都如願以償。奧雷里阿努斯遭到流放，金口聖若望也是，而尤特羅比烏斯過去的盟友弗拉維烏斯・凱薩里烏斯（Flavius Caesarius）則成為新任總長。就創造新局而論，尤多克希婭（已於一月上旬獲得奧古斯塔〔augusta〕頭銜）和蓋納斯的利益是一致的。蓋納斯當然希望採取與西帝國斯提里科相同的模式共管帝國，但尤多克希婭向來對他感到不悅，只是表面上虛應功夫。兩人對遭到流放的金口聖若望與已故的尤特羅比烏斯皆報有敵意，但這就是他們僅有的共通點。蓋納斯和麾下人馬一直被拒絕進入教堂，他們自行以相似派的儀軌來敬拜。（帝國招募蠻族士兵的地區，通常都是在相似派主教的推動下皈依基督教的。蠻族士兵對於相似派神學相當虔誠，有時候造成他們與君士坦丁堡與米底奧拉努姆等城市的尼西亞派會眾產生摩擦。）蓋納斯缺乏斯提里科的政治遠見，人脈更不及他，因此無力駕馭君士坦丁堡朝廷的錯綜複雜。他只好帶著貼身侍衛出城，前往色雷斯，與野戰軍中效忠他個人的單位會兵。在色雷斯的話，帝都就在他的攻擊範圍內，更不會天天想起自己所處的地位，其實遠超過自己能力所能掌控。

他一離開，城內其餘的相似派士兵就更沒人照顧，君士坦丁堡城民於是以「哥德」部隊為目標，展開宗教迫害，而禁軍則作壁上觀。即便如此，蓋納斯還是猶豫了，結果這一猶豫就要了他的命。九月，奧雷里阿努斯和盟友獲召，結束了短暫的流放；這位原遭免官的總長，也重新參加因流放而中斷的執政比賽。政府宣布蓋納斯為全民公敵，並派遣傑出的哥德裔將領弗拉維烏斯・弗拉維塔（Flavius Fravitta）去消滅他。跨四〇〇年的這個冬天，弗拉維塔在色雷斯半島某個地方大敗蓋納斯。蓋納斯盡可能逃得遠遠的，甚至渡過多瑙河進入蠻族地帶，卻還是被匈人酋長烏爾丁（Uldin）俘虜並處死。與此同時，特里比吉爾特在弗里吉亞那場風雨飄搖的叛變中也遭鎮壓。凱旋而歸的弗拉維塔成為四〇一年的執政官，擔任西帝國先執政的則是斯提里科的親密戰友——高盧禁衛總長弗拉維烏斯・溫肯提烏斯（Flavius Vincentius）。

自十九世紀起，世人解讀「特里比吉爾特叛變」至「蓋納斯之死」這一連串的事件時，總解讀成「羅馬人」奧雷里阿努斯對抗「日耳曼人」蓋納斯的簡單敘事，甚或是東帝國宮廷內「挺日耳曼派」對抗「反日耳曼派」這種更簡化的意象，原因多少跟辛奈西烏斯的詭異小冊子脫不了干係。上述的分析並非四世紀人們理解當下政局的方式，而是近代民族主義使然；一邊是日耳曼與蠻族的北方世界，另一邊則是一神信仰的羅馬世界——這種想法是我們的，不是他們的。四世紀的人很清楚什麼是「族群認同」；有些人像阿米阿努斯一樣討厭潘諾尼亞人，但也有人像辛奈西烏斯那般討厭哥德人。維多利亞時代與稍微晚近的敘事，在提到東西帝國各自的命運時，是從東帝國成功將「日耳曼人的控制」從國內排除，而西帝國則容許「日耳曼人」斯提里科掌權的角度來分析。不過，雖然亞拉里克、蓋納斯、特里比吉爾特與弗拉維塔都是哥德人——以十九世紀的說法，都是「日耳曼人」——可無論是阿米阿努斯或辛奈西烏斯，抑或是與他們同時代的人，都不會貿然把「軍人」以外的標籤貼在他們身上。這正是過往的分析之所以遭到近年最優秀的學術研究強烈挑戰的個中原因。

其實，帝國東西半壁的政治動態，差異很簡單：主宰東帝國的統治菁英們，必須有帝國政府才能運作，因為這些菁英的個人力量是運作中的政府賦予他們的。魯菲努斯死後不到二十年間，弗拉維烏斯·凱薩里烏斯、尤提奇阿努斯（Eutychianus）兄弟，以及他倆中間的奧雷里阿努斯，隨著派系紛爭斷斷續續當了六任的禁衛總長；但是，他們掌握的資源都不足以挑戰、忽視，或是從政府實際結構中抽身。西帝國的政局與權力來源則不同：古老的元老家族（即便不到巨富的層級）必須一代接著一代，一個分支接著一個分支，與帝國部會及其執政官僚重建聯繫——因此像克依歐尼烏斯·魯菲烏斯·阿爾比努斯的都總長一職，其實他祖上一連三代都是都總長。但這同一批人也總有能力在局面不利時完全跟政府脫鉤，只用自己的資源，退隱到他們富裕的莊園小世界。東、西帝國之所以在五世紀時劃出不同的發展軌跡，並不是因為統治菁英的族群背景，而是因為階級結構的根本差異。西帝國有很多類似奧雷里阿努斯的人，但他們合作的對象無論是否能進入帝國政府機構，肯定也家大業大。東帝國就沒有這種人了。

東西半壁的階級結構對經濟與行政都有影響。最富有的西部菁英也是最有可能參與治理的人，但是，無論他們的支持者是否能打通關節、讓他們通往行省官位，他們自己的地產就能創造收入了——元老們有一半的機率不讓帝國的手染指他們的收入。但東部的人不可能跟西部元老一樣有同等規模的財產，財富更常透過帝國財政部門而再流通。由於經濟節奏大異其趣，加上君士坦丁堡更能取得大量的貴金屬，東、西帝國在施政可行性上的分歧也就可以理解了。

其中一項關鍵影響是，東帝國政府有能力選擇是否打仗。早自四〇一年起，連同整個第五世紀，君士坦丁堡都可以選擇用賄賂的方式化干戈為玉帛，至少是把威脅往西轉移；西帝國政府可就沒有這種餘裕了。亞拉里克恰好是塊試金石。從三九七年起，他和追隨者只求能在馬其頓管區以編制內正規軍的身分領薪水。但到了四〇一年，蓋納斯一死，他就有新的企求——到帝都擔任御前軍長。先前擊敗蓋納斯的弗拉維塔，與奧雷里阿努斯有了齟齬，而且輸了，付出要命的代價，不到一年就遭處死。這件事勾起了亞拉里克的胃口，但接下來發生的事情卻叫人不解。亞拉里克非但沒有取代弗拉維塔，而且似乎還受到東帝國政府鼓動，在四〇一年底趁著斯提里科在雷蒂亞與阿拉曼人作戰時入侵北義大利。

亞拉里克會在接下來的十年展現他無藥可救的優柔寡斷，如今他游移在義大利邊境，對斯提里科造成入侵的威脅，卻沒有明確的目的：文獻無法告訴我們他究竟要求些什麼。四〇二年春天，他確實入侵了北義大利平原，斯提里科也不得不採取動作。不過，對斯提里科來說，這次的軍事行動只是個惱人的分心而已。他認為，無論亞拉里克怎麼策畫，都不會比雷蒂亞與諾里庫姆（Noricum）的邊境情勢更危急，後來的發展也證明他是對的。斯提里科回師義大利，迫使亞拉里克遠離米底奧拉努姆，並兩度逼亞拉里克開戰。在復活節這天的波倫提亞（Pollentia），斯提里科不僅俘虜了亞拉里克的妻子和孩子，還把亞拉里克在過去六年間掠奪來的財寶搶了大半。斯提里科接著追趕撤退的敵軍，並提議歸還戰俘。要求遭到拒絕後，斯提里科又在維洛納取勝，再度向亞拉里克提議休兵。

斯提里科處於上風，尤其亞拉里克有許多追隨者都改投效自己。他允許亞拉里克撤出義大利，畢竟自己正在跟君士坦丁堡冷戰，而亞拉里克說不定會是個聽話又強大的潛在武器，毀了它就太傻了。接下來兩年，至少到四〇四年末或四〇五年初，亞拉里克腳步都不出潘諾尼亞的四個行省。自從狄奧多西討伐尤蓋尼烏斯之後，潘諾尼亞管區就成了東西之間的某種真空地帶。亞拉里克以此為根據，既可以有效在東西之間挑撥離間，又能對雙方造成潛在威脅。

四〇二年北義大利戰事還有另一個影響——霍諾留朝廷放棄以米底奧拉努姆為主要駐蹕地，遷至亞得里亞海濱的拉溫納（Ravenna），皇帝將在此度過四〇二年冬天，其實整個四〇二年也都留在此處。對於這段時期，無論是東邊或是西邊，我們所知皆極為有限，但阿爾卡迪烏斯與霍諾留共享了四〇二年的執政官職務，而四〇三年所任命的執政官人選——阿爾卡迪烏斯襁褓中的兒子狄奧多西二世（生於四〇一年四月，於四〇二年一月成為奧古斯都），以及年邁的西帝國將領弗拉維烏斯·魯默里都斯（Flavius Rumoridus，自從將近二十年前為瓦倫提尼安二世效力後，他已經沒沒無聞了好一陣子）——都可以看出雙方的緊張關係有所緩解。霍諾留膝下依舊無子，但他長兄的家庭成員則不斷增加，在四〇三年二月又生了個女兒瑪麗娜（Marina）。瑪麗娜的母親——皇后愛莉亞·尤多克希婭，依舊是東帝國朝廷的主導人物。其實，接下來數十年一再出現的現象，就是狄奧多西家族女性扮演的關鍵角色，尤其是阿爾卡迪烏斯的女兒普克莉雅（Pulcheria），芙拉琪莉雅（Flacilla）與瑪麗娜，以及未來狄奧多西二世么女莉琪妮雅·尤多克希婭（Licinia Eudoxia）。至於西帝國，我們很快就會談到，斯提里科的妻子塞蕾娜（本身就是狄奧多西王朝的公主）即將發現加拉與狄奧多西一世最小的孩子——甫成年的加拉．普拉琪迪雅（Galla Placidia），是個難以對付的競爭對手。五世紀初期也浮現出該世紀政局另一種典型的模式：阿爾卡迪烏斯的女兒皆保持獨身，透過能上達天聽的有利關係，以及有意展現的基督教虔誠之舉，發揮自己的權力。她們或許擁有「奧古斯塔」或「最尊」（*nobilissima*）的頭銜，但沒有生兒育女的機會——這是狄奧多西王朝當朝皇帝之妻獨有的權利，如此才能避免生出太多潛在的繼承人。君士坦丁諸子在三三七年夏天透過血戰才獲致的結果，如今以一種比較和緩的手段實現了。

東西之間相對和平的狀態，在四〇四年與四〇五年瓦解了。最早的跡象出現在雙方拒絕了彼此所提名的四〇四年執政官人選——西執政官為霍諾留，而東執政官則是安提阿演說家利巴尼烏斯的遠親，以及三九二年曾任君士坦丁堡都總長的阿利斯泰內圖斯（Aristaenetus）。四〇四年，禁衛總長一職又回到尤提奇阿努斯手中，而金口聖若望也從幾年前的流放中歸來，再度成為君士坦丁堡主教——但這位激情的傳道者從未與帝都的生活妥協，而尤多克希婭也始終與他勢不兩立——金口聖若望在四〇四年六月最後一次遭到流放，結果大批支持群眾暴動，許多更因此橫死街頭。三年後，他在流亡生活中過世，不過迫害他的尤多克希婭先他一步進了墳墓——她血崩難產，並在四〇四年十月六日死於感染。她是狄奧多西王朝呼風喚雨的皇后，未來她的女兒將繼承她的角色。

近代學者傷透了腦筋，不知如何解釋為何阿爾卡迪烏斯的每一團策士，都反對西部的斯提里科政權。說不定，他們真的認為斯提里科有意染指如今由東帝國控制的巴爾幹各省，只不過自從五、六年前與魯菲努斯和尤特羅比烏斯起了齟齬之後，還沒有明確的行動能佐證他有如此野心。斯提里科反而是把軍力集中在義大利的防務上。先前在波倫提亞與維洛納對陣亞拉里克的戰事，已經驗證了加強防務是有效的，而且也突顯出北義大利平原的防務仍然是關鍵。他的改革措施之一，是將作戰單位從萊茵河與多瑙河的上游前線，調來強化北義大利的御前野戰軍，而這想必也連帶為高盧帶來行政上的其他改變。但到了四〇四年，為了因應東政權持續不願認可西政權任命的執政官，或不肯宣布西部的立法，斯提里科只好答應，將五年前尤特羅比烏斯曾授予亞拉里克的職位，同樣也授予亞拉里克。

四〇五年初，亞拉里克的追隨者返回伊庇魯斯，他們的領袖再度獲得委任狀，被指派為軍長，而這一回是西帝國頒發的。同時，斯提里科提名一位此前默默無名，名叫伊歐維烏斯（Iovius）的官員，擔任伊利里亞總長。這個舉動已經是斯提里科最靠攏東政權的一次，但這純粹是象徵之舉：斯提里科向來認為自己理應主導東部官員的任免，而這只不過是再度重申而已，何況亞拉里克已經在伊利里亞，說不定可以用他來煩不合作的東朝廷。回來談君士坦丁堡，安特米烏斯成為禁衛總長（他的祖父當年為君士坦提烏斯效力時，也擔任過一樣的職務），並且成為四〇五年的東執政官。不久後，他就躋身為「派特里興」——如今，各個朝廷中的要人常常會得到這個榮銜。安特米烏斯將在這個新職位上停留將近十年，就一個不以穩定性為首要特色的朝局來說，這可是驚人的時間。然而，情勢的發展將以最難預料的方式，讓各方措手不及。

四〇五年末，一支哥德軍隊在某個名叫拉達蓋蘇斯（Radagaisus）的人指揮下（他的名字此前完全沒有出現於史冊），穿過雷蒂亞，越過阿爾卑斯山，入侵了義大利。拉達蓋蘇斯是何許人也？他與追隨者是如何來到這裡的？這些問題帶來許多猜測，但主軸大概是「匈人擴張進入中歐，引發大規模遷徙」的宏大理論，而拉達蓋蘇斯的行動，則是三七六年以降，由匈人引發的一連串災難之中最新的一起。由於證據有限，上述的可能性自然無法排除，但光是有個簡單的故事線，將一個個不同的點根據因果關係串在一起，就已經難能可貴了。但是，滿足我們對故事的預設觀點，不見得就是真的：拉達蓋蘇斯的入侵，以及一年後高盧所經歷的嚴峻攻勢，看起來更像是三世紀末大規模劫掠行動的延續，而不是全新的事態。那些堂而皇之的理論，都忽略了一個難圓的事實——拉達蓋蘇斯的部隊一進入北義大利平原、旗開得勝之後，便分成三股，其中兩股完全消失於歷史上，可能是因為他們已經搜刮到想要的戰利品、回家去了，只有拉達蓋蘇斯親自率領的一股留在義大利。但光是這樣便夠嚇人的了——拉溫納當局面對前所未有的危急跡象，驚動到允許地主武裝自己的奴隸。整個四〇五年冬天到四〇六年新年，斯提里科漸漸將拉達蓋蘇斯趕進亞平寧山區，而後者為了突圍，嘗試襲擊小城佛羅倫斯，結果卻被斯提里科的軍隊團團包圍在山丘上的城鎮弗埃蘇萊（Faesulae，今佛羅倫斯的漂亮郊區非索列〔Fiesole〕）。拉達蓋蘇斯在八月二十三日被俘，並即刻處死，殘存的追隨者則獲得赦免，編入斯提里科的御前野戰軍。

偏偏這位將軍享受勝利果實的時間並不長。四〇六年的最後一天，一支由汪達爾人、阿蘭人與蘇維匯人（Suevi）組成的集團，擊敗了萊茵河東岸的法蘭克軍隊，接著在莫古恩提亞庫姆附近渡河，肆虐高盧北方行省。關於此事，同樣有人老調重彈，說是「匈人造成的大規模遷徙」，但這場襲擊和拉達蓋蘇斯的入侵一樣缺乏實證。我們看到的似乎是高度組織性的戰鬥集團，他們意在劫掠，並試圖使帝國政府讓步，尤其是希望獲得收編，成為帝國的軍隊。畢竟亞拉里克率領的明明是自己的私兵，卻成功賭到了羅馬軍隊資深指揮職，如今風聲傳遍歐陸的蠻族地方，人人都急著仿效他的作法。也就是說，蠻族地方原本穩定的政體確實面臨新的壓力：同一時期的粟特、巴克特里亞、犍陀羅與斯瓦特有著遠比西方更為充分的錢幣學證據，擲地有聲地說明匈人確實稱霸一時，因此我們也不該小看高加索山以北的匈人及其附庸所造成的「翻騰」。但我們同樣得認清，東西帝國政局不穩提供了驚人的獲利機會，亞拉里克相對成功的領導模式也蘊含著吸引力。

蠻族在四〇六年跨四〇七年渡過萊茵河之舉，最終引發了新的篡位循環，拉溫納當局被迫面對遠比拉達蓋蘇斯入侵北義大利更危急的情勢。先前提到，馬克西穆斯垮台後，北高盧的行政與防務始終沒有完全恢復，而斯提里科在四〇〇年代強化義大利野戰軍時，想必也把北高盧最優秀的可用之兵搶了過來。這或許也解釋了莫古恩提亞庫姆遭受入侵時，何以沒有野戰軍能退敵。當入侵者兵分多路，遍布比利時一區（Belgica Prima）、比利時二區（Belgica Secunda）和日耳曼尼亞一區時，反而是不列顛的軍隊譁變了。名為馬爾庫斯（Marcus）與格拉蒂安（Gratian）的兩人先後自立為皇帝，也先後死於非命。我們對於這兩人的過往一無所知。此後，軍隊推舉一位名叫君士坦丁的普通士兵披上紫袍，想必是因為他有個了不起的名字。這位新奧古斯都率領著似乎是全數的不列顛野戰軍，渡過英吉利海峽，迅速控制高盧，結果駐在特雷維里的正統高盧總長先後撤到盧格杜努姆與亞雷拉特，而特雷維里此後再也不是主要的行政中心。

西班牙管區也跟著高盧的腳步，投效篡位者的陣營。君士坦丁把其中一個兒子從修院的退隱生活中拉出來，任命他為凱薩、讓他成親、生出繼承人。君士坦丁的軍長尤斯提努斯（Iustinus）與內比歐加斯特斯（Nebiogastes），在四〇七年底或四〇八年初攻占亞雷拉特，而霍諾留的禁衛總長利梅尼烏斯（Limenius）和高盧軍長卡里歐保德斯（Chariobaudes）則雙雙撤退到阿爾卑斯山彼側。斯提里科派出下屬薩魯斯（Sarus），將篡位者趕出納博訥高盧。薩魯斯是哥德裔指揮官，最晚從拉達蓋蘇斯戰敗時，就已經為西帝國皇帝效力了。他擊敗並誅殺君士坦丁的大將尤斯提努斯，緊接著將篡位者圍困在瓦倫提亞（Valentia，今瓦隆斯〔Valence〕），並謀害試圖協商的內比歐加斯特斯。君士坦丁的回應是，將自己在不列顛指揮部的同僚格隆提烏斯（Gerontius）與伊多比克（Edobich）升為軍長，而兩人又把薩魯斯趕回義大利。亞雷拉特如今成為篡位者實際上的首都。斯提里科跟四〇六年的眾多入侵者簽訂條約，將他們約束在比利時高盧北部，兩年過去，他們都沒有對塞納河以南造成任何影響。君士坦丁鑄的錢幣上標榜他是「共和國重建者」（*Restitutor Rei Publicae*），而他也重啟特雷維里的鑄幣廠，重建該城防務。這一切都是為了改頭換面，讓自己看起來更像共帝集團的正統成員。

義大利的政局讓他得以為之，而我們也愈來愈難抽絲剝繭，找出眼下霍諾留朝中的詭譎多變，因為安博與敘馬庫斯已經分別在三九七年與四〇二年過世，兩人的書信集並未涵蓋這個時期，而斯提里科的頌辭文膽克勞狄阿努斯也在四〇四年過世，他的詩作隨之而去。也就是說，我們無法掌握一場反斯提里科大陰謀的發展過程，直到陷阱觸發時。但我們或許可以推斷，只要朝廷還在米底奧拉努姆，斯提里科就有能力壓制對手，不分軍政或民政。但朝廷移到拉溫納後，廷臣也就愈來愈能控制扶不起的霍諾留。當年，年輕的瓦倫提尼安對阿波加斯特斯忿忿不平，如今的霍諾留對斯提里科也諸多憤慨，而廷臣自然會大加操作。

四〇七年下半，皇帝駐蹕羅馬時，跟妹妹加拉．普拉琪迪雅有更密切的接觸，而普拉琪迪雅向來都是狄奧多西王朝在羅馬能見度最高的代表。如今的她和霍諾留一樣，已經到了可以扮演政治角色的年紀，就像她的堂姊塞蕾娜二十年來的作法。兩人之間似乎有著明確的敵意，而塞蕾娜與斯提里科粗魯的繼承算計對關係並無幫助，兩人一味將女兒一個個嫁給霍諾留。長女瑪麗亞（Maria）在四〇七年過世，而次女忒曼媞雅（Thermantia）的婚禮則在四〇八年初舉行。假如有任何一段婚姻中誕生了繼承人，就能確保普拉琪迪雅未來被排除在權力之外。假如普拉琪迪雅真有密謀對付堂姊和堂姊夫，我們也不用大驚小怪——從羅馬元老院在斯提里科的倒台過程中積極作為來看，就算無法證明，我們也可以懷疑她在背後發揮影響力，畢竟對元老院來說，她一直是王朝的門面。

正當君士坦丁的篡奪行動在高盧成形時，斯提里科發現自己得再度面對亞拉里克。亞拉里克先前幾年在伊利里亞與伊庇魯斯安分發展，重建自己在波倫提亞與維洛納失去的一切。身為合法的軍長，他可以任意支配帝國軍需庫網路，只不過我們並不清楚行政部門在這些省份能正常運作到幾成，也不確定其民政官員應對誰負責。一如既往，鎮壓反賊比對付其他威脅更要緊，斯提里科肯定是計畫先處理君士坦丁。亞拉里克可以勝任這個角色，畢竟他人就在巴爾幹。但對斯提里科相當不幸的是，亞拉里克的價碼很高。四〇七年底，亞拉里克已經率部隊前往諾里庫姆過冬。他要求支付部隊薪水——顯然積欠已久。

出於我們不清楚的理由（或許是朝中的對手反對他的計畫），斯提里科請羅馬元老院擺平這件事，指出若不支付亞拉里克，他想必不會去跟君士坦丁作戰，反而會再度入侵義大利。元老院分裂成兩派，一派顯然像斯提里科，早在狄奧多西一世時便已為政府效力，另一派則是年輕世代，惟大貴族馬首是瞻。皇帝本人也加入了斯提里科與羅馬城大老的辯論當中。斯提里科雖然面對抗議聲浪，但終究強行通過決議，支付亞拉里克所要求的四千磅黃金，以彌補他率領人馬從伊莫那到伊庇魯斯的開銷。元老蘭帕迪烏斯（Lampadius）的評論一針見血：「這不是和約，而是賣身契。」但是，兩害相權取其輕，即便遭受諸多反對，付錢讓小害去打大害才是帝國的標準政策。

正當準備和近臣從羅馬返回拉溫納時，皇帝聽到傳言，說阿爾卡迪烏斯已經在君士坦丁堡駕崩。消息後來獲得證實。五月一日，六歲大的狄奧多西二世繼承了霍諾留長兄的皇位。實際攝政者是總長安特米烏斯，他也因此確保自己能穩居職位達五、六年之久。霍諾留與斯提里科都認為這是對東部重申權力的好機會，霍諾留如今也是個相當資深的皇帝了，而斯提里科則是皇帝的岳父，也是下一個潛在繼承人的外祖父。但是，從亞拉里克到君士坦丁，這一連串的威脅並不會因為東方的前景而稍減，連御前野戰軍也出現不穩的跡象。皇帝必須親臨波諾尼亞（Bononia，今波隆那），才能消除譁變的傳聞。霍諾留接著計畫離開義大利，前往君士坦丁堡，但在波諾尼亞時，斯提里科說服霍諾留：假如他離開，恐怕會危及王朝的存續。雖然已經付了錢讓亞拉里克安分，但他很可能還是會入侵義大利，而君士坦丁則是絕對會這麼做。

斯提里科的論點相當充分，而他也如願以償。最後的定案是由他單獨前往君士坦丁堡，歡迎新皇帝加入共帝集團，並重申狄奧多西王朝要長幼有序，以長者為首。然而正是這個策略上的勝利，給了斯提里科的對手可乘之機。某個叫奧林匹烏斯（Olympius）的人，發動了一場進展極為迅速的政變。奧林匹烏斯在宮中任職，但我們並不清楚他確切的官位。當時流言四起，說斯提里科計畫讓自己的兒子登上東帝國皇位，畢竟他也是狄奧多西王朝的成員，不下於還是個小童的狄奧多西二世。奧林匹烏斯設法讓霍諾留聽進了謠言。八月，皇帝前往提奇努姆，討伐君士坦丁的大軍正在此集結。斯提里科最仰仗的支持者們泰半都在城內，像是還在等待復職的高盧軍長卡里歐保德斯、前一年被君士坦丁趕出來的高盧總長利梅尼烏斯等等。霍諾留和隨員一抵達，討伐軍旋即譁變——其實安排得非常小心，讓表面的混亂放到最大，但破壞減到最小。兵變始於八月十三日，延續了四天，而斯提里科派的軍官在第一天便被人抓出來殺害。接下來三天，執事長官奈墨里烏斯（Naemorius）、廣財伯帕特魯努斯（Patruinus）、按察官薩爾維烏斯（Salvius），以及義大利總長馬克羅比烏斯・隆吉尼阿努斯（Macrobius Longinianus）也全數死於非命。

斯提里科得知消息時，人在波諾尼亞。他和其他人都不知道霍諾留是生是死——策畫者本就如此安排這場政變，讓人看不清到底是皇帝還是他岳父才是真正的目標。斯提里科困惑但警惕，他決定將副手薩魯斯的傭兵團升為正規軍，以免皇帝真的遇刺。但是，當霍諾留生還、返回拉溫納的消息從提奇努姆傳出來的時候，斯提里科也正在往拉溫納的路上。他在政變中幾乎失去了整個支援體系，可即便如此，他個人的權勢仍然不可小覷。假如他能見到皇帝本人的話，說不定就足以恢復自己的地位。可惜他沒有機會。

八月二十一日，斯提里科剛進拉溫納，就聽到皇帝宣布他為全民公敵，下令逮捕他。他的家人在恐懼中執起武器自衛，而他則躲進教堂尋求庇護。隔天早上，一隊禁軍在拉溫納主教陪同下來到教堂，發誓他們只是奉命逮捕斯提里科，帶他去見皇帝，如此而已。斯提里科是個虔誠的基督徒，他相信這些誓言，離開了教堂。結果一出了大門，押送他的人便宣布皇帝下的第二道命令：立即處死自己的岳父。根據五世紀最寫實的歷史學家——奧林匹奧多魯斯（Olympiodorus）的記載，斯提里科的貼身侍衛準備「將他從命運中拯救出來，但斯提里科阻止了他們，並引頸就劍」。對帝國晚期最強大的野心家之一來說，這實在是個悲劇的結尾。

第七章　加拉·普拉琪迪雅與弗拉維烏斯·君士坦提烏斯

斯提里科走出教堂時處死他的人，是個叫赫拉克里阿努斯（Heraclianus）的下級軍官。為此，他得到阿非利加伯一職。但斯提里科的死，對西帝國來說卻是場十足的災難。斯提里科的侍衛，也就是最後想保護他卻被阻止的人，迅速將斯提里科之子尤切里烏斯帶到羅馬，結果立刻在羅馬被捕殺害。他的支持者也遭到整肅，從軍隊與義大利周遭城市往外清洗。蠻族盟軍（主要是拉達蓋蘇斯的殘部）的妻子與孩子遭到殺害，數以千計。生還者逃往諾里庫姆，並加入亞拉里克。斯提里科的財產盡數充公，而宮廷的政治陰謀還在繼續。奧林匹烏斯取代被殺的奈墨里烏斯，成為執事長官。元老蘭帕迪烏斯曾經譴責斯提里科付錢給亞拉里克的提案，而他的姪子狄奧多魯斯（Theodorus）如今則成為義大利暨伊利里亞總長。任命狄奧多魯斯之舉，清楚顯示即便斯提里科已死，但西帝國並不準備放棄對巴爾幹各管區的領土主張。

眼下，亞拉里克拿不到原本要支付給他的四千磅黃金。他給霍諾留政府最後一次機會，要了一筆難以置信的黃金數目，並交換人質——據信是斯提里科支持者還活著的家人。在霍諾留的鼎力支持下，奧林匹烏斯與狄奧多魯斯粗暴地回絕這項提議。於是，在四〇八年十月，從諾里庫姆進入義大利的隘口仍然暢通的情況下，亞拉里克發動全軍，直接進入義大利半島，劍指羅馬。自從八月的動亂後，駐提奇努姆的討伐部隊既沒有按原定計畫出兵，也沒有解散，更沒有因譁變而整肅，甚至也沒有採取行動阻止亞拉里克。

四〇八年跨四〇九年的這個冬天，亞拉里克包圍了羅馬（這是他三度圍城的第一次），並封鎖從奧斯提亞附近的人造港波爾圖斯（Portus）溯台伯河而上的路線，以飢餓來威脅羅馬人。驚慌失措的情緒席捲了全城，人們開始找代罪羔羊。加拉．普拉琪迪雅趁機消滅對手，假手元老院的命令，將斯提里科的遺孀塞蕾娜絞死。不過整體而言，元老院表現得猶豫不決，亞拉里克得到的支持則與日俱增，來自義大利各地的奴隸與農民紛紛加入他的行列。拉溫納方面並未針對這次圍城採取應對措施，奧林匹烏斯反而把心力用於系統性整肅潛在的斯提里科一黨，並撤消先前惹惱東帝國政府的法律措施——現在，他可以把這一切怪到死去的斯提里科身上。這算是奧林匹烏斯為數不多的精明之舉，在接下來一年的關鍵時刻達成與狄奧多西二世政權的和解。與此同時，為了回應不列顛叛軍君士坦丁的來使，霍諾留將一襲紫袍與皇帝儀仗送去給君士坦丁，承認他為共帝。這是義大利政權疲弱的跡象，顯示該政權再也不考慮討伐篡位者。正是這種態度，讓君士坦丁得以在四〇九年大書特書——霍諾留第八度擔任執政官，而君士坦丁則是第一度。當然，東帝國從未承認這名篡位者，至於狄奧多西二世則在這年第三度擔任執政官。

進入新年之後，霍諾留政府依舊危機重重。羅馬遭到圍城的情況下，元老院終於對亞拉里克讓步，懇求停戰。為了交換他放行糧食進城，元老院的代表團將前往拉溫納，以他的名義進行磋商。

以凱其里阿努斯（Caecilianus）、普里斯庫斯・阿塔魯斯（Priscus Attalus）與馬克西米阿努斯（Maximianus）為首的團員，在朝廷得到體面的接待。總是在陰謀畫策的奧林匹烏斯抓準機會打擊對手，將義大利總長一職授予凱其里阿努斯，把狄奧多魯斯從這個位子上趕下台，同時任命阿塔魯斯為廣財伯。幾個月後，亞拉里克應邀前往位於羅馬與拉溫納之間的阿里米努姆（今里米尼〔Rimini〕）議和。凱其里阿努斯的總長職務也當不了多久——等到和亞拉里克的協商在四〇九年春天展開時，伊歐維烏斯（斯提里科的老盟友，也是奧林匹烏斯的競爭者）已成為總長，率使團前往阿里米努姆。亞拉里克知道自己能左右局勢，於是把要求訂得很高。他要錢要糧，還要最高的軍職——步騎軍長（*magisterium utriusque militiae*），也就是斯提里科先前的職務。伊歐維烏斯贊同這樣的安排，但皇帝和奧林匹烏斯都感到猶豫。他們願意盡可能滿足亞拉里克要求的錢糧，但帝國階級體系中的官位不行。遏不住怒意的亞拉里克轉身離開阿里米努姆，由弗拉米尼亞大道（Via Flaminia）進軍羅馬，打算再度圍城。奧林匹烏斯對霍諾留的掌控迅速瓦解，被迫逃往達爾馬提亞（Dalmatia）。但這場變局對亞拉里克沒有絲毫幫助，伊歐維烏斯因為無法達成協商而顏面無光，誓言（據說）與這名哥德將領永無和平之日。他跟禁軍伯弗拉維烏斯・阿洛比庫斯（Flavius Allobichus）聯手，對奧林匹烏斯任命的將領策畫了一場兵變，而阿洛比庫斯則成為拉溫納的御前軍長。

原本的篡位者君士坦丁，如今可以合法宣稱自己為君士坦丁三世。對他來說，時機已經成熟，可以從整個義大利政權狼狽的局面中得益，但他自己的運氣似乎也正好在同一刻開始不穩。四〇八年夏天，以斯提里科為目標的政變在義大利方興未艾時，君士坦丁還得面對西班牙的一場叛變。儘管西班牙當局一致默認了他的篡位，但並非所有西班牙貴族都表示同意。西班牙是狄奧多西王朝的故鄉，當地還有皇親國戚，例如霍諾留的遠房兄弟狄都慕斯（Didymus）、維里尼阿努斯（Verinianus）、狄奧多西奧魯斯（Theodosiolus）與拉哥狄烏斯（Lagodius）。前兩人放下了原先的反目，動員各自的貼身侍衛和莊園工人，以個人的資金組織一支軍隊。一得知消息，君士坦丁便派出其子君士坦斯（Constans，如今是他的副皇帝）、軍長格隆提烏斯和禁衛總長阿波利納里斯（Apollinaris，他是詩人、羅馬都總長與主教昔多尼烏斯·阿波利納里斯〔Sidonius Apollinaris〕的祖父，我們之後還會談到他的孫子）。兩軍在伊比利半島深處交戰，雖然狄都慕斯與維里尼阿努斯在第一次大會戰中取勝，卻在盧西塔尼亞的第二役中一敗塗地。兄弟倆被俘，由君士坦斯與阿波利納里斯押回亞雷拉特處死。至於活下來的兩兄弟——並未參與叛亂的狄奧多西奧魯斯與拉哥狄烏斯，如今逃去投靠親戚，前者去了羅馬，後者去了君士坦丁堡。格隆提烏斯留在西班牙。但真正讓高盧總管區分崩離析的，並非狄奧多西家起事，而是格隆提烏斯自己在四〇九年舉起的叛旗。

君士坦丁先得到了拉溫納的認可之後，霍諾留才獲知這對遠房兄弟遭處死的消息。君士坦丁如今可說是高盧總長轄區正統的皇帝，於是他決心鎮壓格隆提烏斯，再度派遣君士坦斯與新任軍長尤斯圖斯（Iustus）前往西班牙。格隆提烏斯立了附庸之一為奧古斯都——我們只知道他名叫馬克西穆斯（Maximus），其餘的一無所知。這下子，羅馬世界有了四名皇帝：霍諾留、狄奧多西二世、君士坦丁三世與馬克西穆斯。最後一人完全是個謎，但在巴其諾（Barcino，今巴塞隆納〔Barcelona〕）有以他名字鑄幣，而他與格隆提烏斯兩人將自己的政權穩穩扎根在塔拉科（Tarraco，今塔拉哥納〔Tarragona〕）。沒有文獻能說明其他西班牙行省是否依舊忠於君士坦丁，或是倒向格隆提烏斯。但格隆提烏斯斷定，如果想確保自己的初生政權能取得成功，最好的方式就是煽動北高盧的蠻族軍隊，開闢對付君士坦丁與君士坦斯的第二戰場。

對於隨之而來的發展，史料描繪出一幅叫人不安的晦暗景象：「全高盧如火葬場般煙霧瀰漫。」詩人奧里恩提烏斯（Orientius）如是說。四〇九年仲夏，汪達爾人、阿蘭人與蘇維匯人在格隆提烏斯的鼓動下離開了比利時高盧，肆虐阿奎塔尼亞與諾文博普拉納，接著跨越庇里牛斯山，於九月下旬進入西班牙。他們在南高盧造成的破壞雖然嚴重，但歷時不長，不過他們的出現將永遠改變西班牙各省的動態。蠻族居然輕易通過庇里牛斯山，這恐怕是格隆提烏斯無意間造成的結果——他沒有在隘口駐軍。格隆提烏斯決心在納博訥高盧對陣君士坦斯，雙方的軍隊接下來到年底都耗在這裡，未能取得決定性的戰果。儘管西面受敵，但君士坦丁對義大利還是有計畫，希望與霍諾留的軍長阿洛比庫斯聯手。阿洛比庫斯和他的盟友伊歐維烏斯一樣，堅決反對與亞拉里克談判，如今亞拉里克在朝中已無支持者。

經歷了阿里米努姆的失敗，亞拉里克冷靜下來，提出合理的條件——一批不多不少的糧食，以及幾個類似諾里庫姆的二流行省供他安居。此舉也許是個花招，又或許是他真的考慮退休，畢竟十年來的劫掠，並未讓他贏得多少。但是，這些新的要求兩度遭拒，於是他旋即再度包圍羅馬。隨後他認為必須採取更激烈的手段，才能迫使霍諾留政權聽話。君士坦丁先前強迫拉溫納當局退讓的方法，遠比自己有效得多，亞拉里克可不會漏掉。

一如既往，篡位才是皇帝心中最專注對付的事。亞拉里克判斷，他以往缺少的就是個由他掌控的篡位者，於是他著手尋找對象。他與羅馬元老院某個和他一樣不滿拉溫納的派系聯手——這一年稍早前去拜會霍諾留、代表羅馬城去協商的人當中，其中一人正是這個派系的代表。他就是普里斯庫斯・阿塔魯斯，元老院的明星之一。阿塔魯斯祖上來自東帝國，早在狄奧多西一世統治時就是元老。到了四〇九年十二月，拉溫納的伊歐維烏斯政權任命他為都總長，想必是為了維繫他的忠誠心。但沒有用。

十二月，阿塔魯斯在羅馬獲立為皇帝。一般習慣把他描繪成完全受亞拉里克指使的人，但他其實很重視自己的獨立性。有些羅馬人支持他，希望多少從霍諾留及其臣下令人生厭的無能中解脫，而他顯然也相信與亞拉里克結盟，有助於自己派系的利益。他把軍隊的最高指揮權交給亞拉里克及其妻舅阿陶爾夫（Athaulf），但新生政權的其餘成員，都出自元老院的核心人物。阿塔魯斯試圖制定自己的政策，但這形同刻意無視自己能坐上這個位子，有一大部分是亞拉里克的意志及他高人一等的軍事能力。

亞拉里克建議拿下迦太基。迦太基的糧食供應是羅馬的生命線，但阿塔魯斯懷疑這位將軍，對於奪城感到猶豫。等到局勢漸漸明朗，阿非利加伯赫拉克里阿努斯明確忠於拉溫納之後，他才派一名自己挑選的將領前往非洲，結果後者兵敗被殺。儘管失敗，他還是拒絕讓亞拉里克率領一批哥德人去攻占阿非利加，可能是覺得亞拉里克不安好心。阿塔魯斯反而進軍拉溫納，在阿里米努姆停下大隊人馬，展開協商。霍諾留提議與阿塔魯斯共享帝位——顯示他的政權有多悽慘；阿塔魯斯則拒絕了霍諾留的提議，堅持霍諾留必須退位，並流亡到小島上，這則顯示了自己多麼盲目傲慢。事實證明，這段拉鋸所造成的延誤極為致命，因為拉溫納突然天降甘霖。東帝國安特米烏斯政權派出將近四千名士兵來，正好在此時抵達；求援是斯提里科掌權時的事情，沒人敢盼望他們真的會像現在這樣實現。拉溫納絕非某些人所說的固若金湯，卻也比羅馬更難包圍，因為周遭都是沼澤。有了援軍，霍諾留就有底氣能跟對手一樣固執。

亞拉里克受夠了。如今的情勢證明，霍諾留與阿塔魯斯在治國上一樣無藥可救，而且兩人都不打算把他想要的東西給他。至少霍諾留還是狄奧多西王朝正統。四一〇年初，亞拉里克罷黜阿塔魯斯，但允許他在自己的羅馬大宅院中安穩退隱。他以為此舉能提升自己在拉溫納的聲望，卻沒料到該政權慣常的無能。伊歐維烏斯與阿洛比庫斯如今關係不睦，後者甚至去信請君士坦丁三世入侵義大利。一等到四一〇年初，隘口可以通行後，這位高盧皇帝便即刻進軍。誰知他抵達波河流域的利貝羅納（Liberona）時，卻傳來阿洛比庫斯已經因叛國嫌疑而遭處刑的消息——他確實有罪。失去自己的義大利盟友之後，君士坦丁就回師亞雷拉特，與其子君士坦斯會合——格隆提烏斯終於在西高盧擊敗君士坦斯。君士坦丁的御前軍長伊多比克前往北方的萊茵地區招募新兵，而君士坦斯則率領不列顛野戰軍殘部拖延格隆提烏斯。

此時，亞拉里克需要一勞永逸的答案——任誰在他的位子都需要。由於愈來愈難提供補給，他對部隊的威信也在削弱。他離開駐有重兵的羅馬，在拉溫納附近占領某個易守難攻的地點，並重啟協商。運氣再一次插手了。薩魯斯——早在波倫提亞與維洛納之役，便與斯提里科並肩作戰的強大哥德軍閥，在斯提里科死後回到拉溫納復役，卻從未獲得正規軍的指揮權。我們不知道薩魯斯為何恰好在此時攻擊亞拉里克，但有一份文獻表示，他擔心若亞拉里克簽訂和約，自己的地位將被削弱。從後來的事件來看，他跟亞拉里克的妻舅阿陶爾夫也有未解的宿怨。他肯定沒有知會顛三倒四的拉溫納朝廷——此時再度由回鍋的執事長官奧林匹烏斯來領導。

亞拉里克視這場無端的攻擊為霍諾留依然不守信用的證明。他不會再嘗試議和了。第三度，也是最後一次回軍羅馬，亞拉里克要洗劫這座永恆之城。從四一〇年八月二十四日起，為時三天，他的追隨者將這座城市數世紀來的財富搶個精光。他們搶來的財富規模之龐大，令人吃驚不已：五年後，亞拉里克的繼承者給了自家出身的新娘「五十名年輕英俊、穿著絲衣的男子，各舉著兩個大盤子，其一裝滿黃金，其二滿是寶石（自然都是無價的），以上都是哥德人洗劫羅馬時搶來的」。據信是出於對聖伯多祿的尊敬，亞拉里克並未破壞梵諦岡山上有著他陵墓的教堂，而哥德人整體上也努力不侵擾教會。但是，無論這些僅有的克制能不能給人任何安慰，世人依舊驚駭：羅馬，世界之母，已經香消玉殞。

一百年後，霍諾留的愚痴已成為「常識」，甚至有傳說提及他聽到羅馬城陷落時的反應：他得知羅馬倒下時，還以為是他最心愛的雞「羅馬」死了；知道信使口中的「羅馬」其實是帝都時，他鬆了一口大氣。這個故事成了英國畫家約翰・詹姆斯・瓦特豪斯（John James Waterhouse）的靈感，讓他創作出那幅維多利亞式的庸俗傑作《皇帝霍諾留的最愛》（*The Favourites of the Emperor Honorius*），畫中描繪正在餵鳥的皇帝，而群臣則試圖吸引他的注意力。但是，羅馬城陷不只對羅馬城本身是個壞消息，對亞拉里克也是，甚至毀了他此前所努力獲得的一切。洗劫羅馬並未解決他的任何問題，除了無法為麾下士兵帶來更美好的未來，甚至讓所有人必須在看不到美好劇終的情況下不停備戰。他的追隨者搶來的財富固然比原本想像的更多，但糧草依舊短缺，義大利半島上也沒剩幾個地方能養活他們。

亞拉里克決定前往義大利南部，試圖從雷吉烏姆（Rhegium）渡海前往西西里島。該島還有完好的田地，是當下帝國最富庶的地方，說不定能為他的支持者提供長期給養，甚至再之後讓他們得以轉往阿非利加。但他到不了西西里島，更遠的地方更不用說。由於惡劣的海象難以渡海，甚至有故事說是一尊充滿法力的神像阻擋了他的去路。往南不通，只能往北。正當開始掉頭進軍羅馬時，他因為高燒而倒下了。亞拉里克死於科森提亞（Consentia，今科森札〔Cosenza〕）附近，距離世人所銘記、讓羅馬崩潰的圍城頂多才過一個月而已。人們祕密埋葬了他，追隨者的指揮權則移到他的妻舅阿陶爾夫身上，而阿陶爾夫的任務，就是讓軍隊和軍眷從義大利解脫。

疾病讓霍諾留少了一個心頭大患。不過，當高盧的君士坦丁帶來愈來愈難應付的挑戰時，真正拯救他於水火的，則是該政權新竄起的人物。接下來十年，弗拉維烏斯・君士坦提烏斯（Flavius Constantius）將有如先前的斯提里科一樣，主宰西羅馬歷史。君士坦提烏斯是奈索斯（今塞爾維亞尼什〔Niš〕）本地人。我們對他迄今的仕途發展一無所知，但他早在狄奧多西一世統治時便已從軍。尤蓋尼烏斯討伐戰時，他可能就到了西帝國，並留在斯提里科麾下。斯提里科遭處死後的亂局中，他並未扮演任何受矚目的角色，而是一直到四一〇年才登上舞台，官位可能是禁軍伯，此時他策畫了奧林匹烏斯的第二次垮台，讓後者被人打死。君士坦提烏斯隨後升官，成為步騎軍長——禁軍的最高指揮官。

相較於亞拉里克支離破碎的擁護者們，他更關注君士坦丁。四一一年初，就在霍諾留於羅馬舉行登基二十週年的慶典不久後（其實他成為奧古斯都才十九年，不是二十年），君士坦提烏斯便率麾下騎兵長烏爾菲拉斯（Ulfilas），帶領野戰軍翻越阿爾卑斯山。大軍與格隆提烏斯同時抵達亞雷拉特。格隆提烏斯先前已於維埃恩再度擊敗君士坦斯，如今正計畫推翻其父君士坦丁。面對君士坦提烏斯與烏爾菲拉斯的大軍，格隆提烏斯選擇撤退，但他麾下的大部分部隊都轉投對手，延續格隆提烏斯先前已經展開的圍城戰。當君士坦丁忠心耿耿的軍長艾多比克從萊茵地區出發，沿著隆河河谷幹道進軍亞雷拉特時，也遭到他們的攔截。艾多比克遭到君士坦提烏斯與烏爾菲拉斯的部隊包夾，只好尋求老朋友——高盧貴族艾克狄基烏斯（Ecdicius）庇護，但他的新軍隊則潰敗四散。艾克狄基烏斯選了贏家這一方，勝過朋友間的道義；他殺了艾多比克，把艾多比克的頭項當成禮物送給君士坦提烏斯。

人在亞雷拉特的君士坦丁，意識到自己的霸業已然夢碎。他躲進一所教堂，接受按立成為教士。鬆了口氣的百姓為君士坦提烏斯打開城門，他則逮捕君士坦丁和他還活著的兒子尤利安（Julian），把他們押回義大利給霍諾留。四一一年九月上旬，兩人在明喬河（Mincio）河畔受刑。九月十八日，他們的頭顱在拉溫納插棍示眾，然後才送往西班牙的新迦太基（Carthago Nova），讓他們的支持者相信大業已經徹底粉碎。

西班牙和北高盧、不列顛一樣，長久以來都不受霍諾留政府掌控。我們之所以知道，是因為五世紀晚期的弗拉維泉（Aquae Flaviae，今葡萄牙查韋斯〔Chaves〕）主教希達提烏斯（Hydatius）留下了非常詳細的紀錄。儘管希達提烏斯有時候文采大過於史實，他卻有管道取得豐富的地方歷史，而且所寫的史事，他大部分都經歷過。他告訴我們，在汪達爾人、阿蘭人與蘇維匯人突破西庇里牛斯山不設防的隘口之後，他們就在西班牙管區內四處劫掠。城市雖然有所防備，但也受到他們的橫衝直撞，引發大規模的飢荒。先前提到，君士坦斯與格隆提烏斯率領的軍隊，是西班牙管區唯一有戰力的軍隊。兩人原是同路人，後來卻陷入一場血腥內戰。戰場從西班牙轉往高盧，結果讓西班牙各省的軍力更加空虛，而霍諾留政府還要幾年，才有餘力關注西班牙。兩者意味著配備齊全的戰鬥集團橫行於鄉間（有時城市亦然），入侵者跟元老地主、市鎮地方議會的民兵與私兵互相較勁。到了四一一年，蠻族入侵伊比利半島最初的衝擊已經過去，不同族群的戰鬥集團也劃出了勢力範圍：阿蘭人占領盧西塔尼亞與迦太基西班牙（Hispania Carthaginiensis），其中一支人稱席林人（Silings）的汪達爾群體占領了貝提卡，部分汪達爾人與蘇維匯人則瓜分了蓋萊奇亞西班牙（Hispania Gallaecia）。這樣的分配不時引發學者的激辯，背後也沒有明確的邏輯（希達提烏斯說，上述群體的領導人抽籤決定省份，這實在不太可能，但其他的解釋也同樣沒說服力）。

阿蘭人、汪達爾人與蘇維匯人雖然在這些行省落了腳，但我們無論如何都不該想像他們控制了當地的行政機構，而是視情況需要，有時劫掠，有時與行省高層合作。對於西部行省來說，五世紀有新人口移入是現在進行式。這不見得是蠻族政府征服、取代羅馬政府，而是新的軍事力量初來乍到；當地人認為他們雖然危險卻有用，而行省與帝國中樞的紐帶也因此被弱化。

西班牙的情勢有相當充分的紀錄，而類似的情況也能在西帝國各地看到。自從馬格努斯・馬克西穆斯的時代以來，北高盧也有相仿的力量發揮作用，這一點也有實物可以證明。四世紀晚期與五世紀初期，萊茵河中下游鄉間（位於舊羅馬邊境內）出現了一種新文化，以排列整齊的新型態大規模墓地為特色（德語中稱之為行列墓地〔*Reihengräberfelder*〕，英語學界也沿用了這個詞）。曾經有人把行列墓地詮釋成外來人口大規模移入的證據，但我們如今知道，這種風俗上的變化其實始於本地，是後來才向外輸出到過往的非羅馬領地。新的喪葬習俗反映出聚落模式的變化，甚至是新的社會權力型態。隨著北高盧與西北高盧居民逐漸與羅馬政府的正式架構失去聯繫，權力便益發往地方層級發展。新的權力不是由遠在天邊的帝國正統加以認可，因此掌權者需要更鋪張地公開展現財富與力量。

雖然無法從實物證據中直觀看出，但不列顛的變化卻更為劇烈——我們知道，當地人在四〇九年或四一〇年，把他們的羅馬地方官趕了出去，實質上脫離了帝國。有時候，不列顛的情況甚至引發比高盧或西班牙史料更多的爭議，尤其是因為不列顛的羅馬政府已經消失，帶來了「亞瑟王時代」（Age of King Arthur）——連最嚴謹的學者，也會在這個泥濘的臆測沼澤中遭遇危險。

不列顛的實情仍然撲朔迷離。馬格努斯．馬克西穆斯在三八〇年代帶去的野戰軍單位，恐怕始終沒有恢復元氣。君士坦丁三世的叛變，讓不列顛行省的軍力益發稀缺，只剩小地方的駐軍。因此，帝國需要軍人從事的日常任務——護送薪餉、剿匪、阻止掠奪者——也就無人聞問了。來自愛爾蘭的劫掠急遽增加，北方皮特克（Pict，今蘇格蘭）地區或許也是如此。四〇九年前後，不滿的布立吞人（Britons）派地方代表團到拉溫納，向處於戒備狀態的霍諾留政府求援，卻接獲指示，要他們自求多福。如此這般的回應，激起各大行政中心的動亂，布立吞人把羅馬行政長官丟出去的事情也因此為史料所銘記——不光是亨利耶塔．伊莉莎白．馬歇爾（Henrietta Elizabeth Marshall）的愛國大部頭著作《吾島吾民》（*Our Island Story*，一九〇五年）和現代的同類書籍高舉這段氣味相投的傳說，連德高望重的學術著作也如此。

事實上，不列顛的證據跟高盧與西班牙是一致的，只是表現的方式不同：帝國中樞已無法化解危機，無論地方接不接受，都得自保、自治。對於帝國上層結構有所復原的地方（例如高盧與西班牙的大部分地區）來說，地方自治時期就像一段不幸的插曲；至於結構沒有恢復的地方，人們就會把自治當成對抗羅馬的民眾起義來紀念。即便是恢復帝國治理的地方，復原的過程也很緩慢，而且不見得受到人們的熱烈擁抱——從君士坦丁三世垮台之後的發展就能清楚看出。

我們已經見識到君士坦提烏斯與烏爾菲拉斯是如何解決篡位的。曾經的戰友死後，格隆提烏斯也旋即步上後塵，逃回西班牙，回到其附庸馬克西穆斯的朝廷所在地，卻在當地面對麾下殘兵的叛變；譁變者把他躲藏的房子一把火燒了。情勢無望的他殺了自己的妻子和最後一位忠僕，接著自刎。馬克西穆斯逃往蓋萊奇亞，投奔汪達爾人。未來他還會二度嘗試稱帝，只是不果。

雖然霍諾留王朝取得這些勝利，並不意味著高盧恢復平靜。當君士坦丁政權崩潰時，萊茵地區又爆發另一起叛變。雖然無法得到文獻明確證實，但我們實在很難不認為這些叛變之間有若干延續性。在高盧社會上層，顯然有不少人並不情願再度受到阿爾卑斯山以南的政權所控制。這場新的反叛，以一位名叫約維努斯（Jovinus）及他的兄弟賽巴斯蒂阿努斯（Sebastianus）、薩魯斯提烏斯（Sallustius）為中心。他們出身貴冑，家族與君士坦丁政權或許有聯繫。約維努斯的家人主要在日耳曼尼亞二區（Germania Secunda）活動，很可能幫助過篡位的君士坦丁穩定北方，而他們跟鄰近的邊境軍閥肯定有密切的關係：勃艮第人領袖貢提阿里烏斯（Guntiarius）、阿蘭人果亞（Goar）都是關鍵支持者。在不列顛與西班牙，地方上層顯然有意與新的區域霸主保持友好關係，以強化自己在本地的地位。類似的合作在約維努斯的起事中更為明顯。約維努斯稱帝一事絕非無謂之舉，威脅程度甚至嚴重到讓君士坦提烏斯與烏爾菲拉斯在四一一年末逃到阿爾卑斯山以南。

在山南的義大利，亞拉里克的繼承者阿陶爾夫正面臨困難的選擇。他本身就是個強大的貴族，跟哥德裔將領薩魯斯也是敵人——薩魯斯破壞了亞拉里克與霍諾留之間最後一次的議和。儘管阿陶爾夫與追隨者在四一一年大部分的時間裡都不受打擾，但義大利對他們來說並非能維持生計的久居之地。不為別的，光是因為阿陶爾夫身邊有曾經稱帝的普里斯庫斯・阿塔魯斯，以及皇帝的妹妹加拉・普拉琪迪雅，此地就不宜久留了。（不久後，阿陶爾夫與加拉・普拉琪迪雅聯姻，成為狄奧多西王朝繼承權的另一個焦點。）因此在四一一年尾或四一二年初，阿陶爾夫便率領人馬，帶著洗劫羅馬城所得到的全部財富，沿濱海路線進軍高盧。這些財富當然夠他們買所需的給養，但值得一提的是，他們前往高盧的這一路上軍紀嚴明，絕非破壞性的入侵。

一進入納博訥高盧，阿陶爾夫就在阿塔魯斯的建議下浮想連翩（後者的政治餿主意從沒有好轉的跡象），打算支持約維努斯對抗顯然與之為敵的君士坦提烏斯。然而，無論這條行動綱領的魅力何在，當他發現薩魯斯加入了萊茵地區的叛亂後，便立刻把結盟的考量一掃而空。阿陶爾夫追殺薩魯斯，表明自己支持的是約維努斯，卻又在約維努斯立兄弟賽巴斯蒂阿努斯為共帝時改變了心意，轉而摧毀約維努斯政權：賽巴斯蒂阿努斯被殺，頭顱送往拉溫納；約維努斯活著送往霍諾留處，卻在途中遭到處刑，時間可能是四一三年初。忠於拉溫納的官員，對約維努斯的支持者（或許也包括君士坦丁的支持者）展開大規模整肅，直到皇帝在四一三年六月給予特赦才停止。除了特赦之外，當局還採取其他措施，試圖與高盧貴族和解，但兩地元老貴族之間的熱絡關係已經永遠破裂了。雙方逐漸視彼此為一群外人，跟自己鮮有共同利益，甚至完全沒有。

在這一年，義大利政權面對的問題可不只高盧的叛變。迦太基的阿非利加伯赫拉克里阿努斯也有不穩的跡象。他靠著背叛斯提里科贏得地位，不僅心向奧林匹烏斯，先前也透過不讓阿塔魯斯與亞拉里克染指非洲穀糧，擊敗了兩人。君士坦提烏斯的突然竄起引起了他的嫉妒，也給了他一個效法的目標。拉溫納當局一開始試著安撫他，任命他為四一三年的西帝國執政官。但這不夠，他甚至在執政之初就公然叛亂，切斷對義大利的糧食供應。雖然有人說他自立為皇帝，但他並未鑄幣的事實並不支持這種說法；他要的不是取代霍諾留政權，而是加以控制，跟隨斯提里科、奧林匹烏斯以及現任的君士坦提烏斯等人的腳步。

四一三年入春，海象一允許，赫拉克里阿努斯便將一支艦隊開往義大利，卻被君士坦提烏斯派的副將馬利努斯（Marinus）擊敗。叛變的阿非利加伯逃走，馬利努斯則追到了迦太基。由於看不到成功的可能，赫拉克里阿努斯自己的追隨者不久後便殺了主上，而馬利努斯也在迦太基城內大規模整肅。結果，馬利努斯在不經意間得罪了阿非利加教會與貴族中的大人物。九月，當局將馬利努斯召回義大利解職。赫拉克里阿努斯的執政官職遭廢止，財產沒收，賞給君士坦提烏斯，作為忠誠的報償。有這麼一段短暫片刻，霍諾留是唯一坐上西帝國至尊之位的人。事情本身在當時可謂凱旋，但西部大部分的管區卻接連起事，顯示群雄割據已經是根深柢固的模式，是五世紀剩餘時間的特色。

激烈鎮壓約維努斯的作法，對於安撫高盧貴族、或修復他們與拉溫納之間的關係幾無幫助，如今部分高盧貴族更是與加拉·普拉琪迪雅和阿陶爾夫攜手。霍諾留膝下依舊無子，兩人認為時機已經成熟，應該為狄奧多西皇室提供另一個選擇，抗衡無常、無心、無能的霍諾留朝廷。長久以來，納博訥高盧都是高盧最富裕，城鎮最密集的地區，也是過去十年內戰和蠻族入侵造成傷害最少的地方。這裡將成為新政權的根據地。四一三年九月，阿陶爾夫與普拉琪迪雅定都納博（Narbo，今納博訥），而阿奎塔尼亞的托羅薩（Tolosa，今土魯斯〔Toulouse〕）也投向其陣營。馬斯希利亞（Massilia，今馬賽）市議會倒是依舊忠於拉溫納，擊退了阿陶爾夫派來的占領軍，至於亞雷拉特則依舊牢牢控制在霍諾留政府手中。然而，根據地只不過是第一步而已：四一四年一月一日，君士坦提烏斯這廂在義大利慶祝自己的第一個執政官任期，普拉琪迪雅與阿陶爾夫那廂卻在納博舉行盛大的婚禮，由普里斯庫斯．阿塔魯斯宣讀證婚詞。普拉琪迪雅若非已有孕在身，不然就是很快便懷孕了，因此她一門心思都擺在成為皇太后上。為了避免夜長夢多，這孩子將會被命名為狄奧多西。

統治王朝無庸置疑的正統成員，與活動於羅馬帝國西部疆域的大將之一聯手，直接威脅到了弗拉維烏斯．君士坦提烏斯。與此同時，君士坦提烏斯與狄奧多西二世東政權之間的關係也在惡化——這一年的東執政官，一直沒有得到西部的承認。事實上，普拉琪迪雅與阿陶爾夫遠比霍諾留此前碰過的地位挑戰者都要危險。霍諾留幾乎別無長才，唯一的優勢就是出身正統。普拉琪迪雅就算了，若是她生下男性繼承人，幾乎肯定能吸引許多人來效忠，尤其是那些純粹因為別無選擇才支持霍諾留的人。

君士坦提烏斯迅速行動，進軍亞雷拉特，集中攻擊新政權最嚴重的要害——無法為軍隊提供充分補給。海軍的封鎖行動，讓補給無法靠船隻送到納博。阿陶爾夫既不能將兵力分散到足以讓追隨者自給的程度，也無法確保糧食足以讓他們集中於一地又保持戰力。眼看支持者開始動搖，他只好推舉皇帝普里斯庫斯．阿塔魯斯二度登場，但阿塔魯斯知道，假如普拉琪迪雅生的是男孩，自己就沒用了。這位不幸的貴族（如今已接受哥德主教席格薩里烏斯〔Sigesarius〕洗禮，成為相似派基督徒）再度上場，也只是證實自己無法激發他人的忠誠心。普拉琪迪雅才是高盧人理所當然支持的對象，而不是阿陶爾夫。為了確保補給，若採取任何嚴格措施都會造成人心背離，於是這對夫婦放棄了納博，翻山過嶺進入西班牙——狄奧多西王朝的龍興之地。阿塔魯斯再度遭到罷黜，還被留在高盧，任由君士坦提烏斯發落——接下來兩年，他被囚禁在拉溫納，在凱旋勝利中示眾，施以肉刑，最後流放到第勒尼安海（Tyrrhenian Sea）的利帕里島（Lipari）。這會是近十年來的蹣跚統治中，霍諾留面對的最後一次嚴重叛亂。

來到東部，事實證明霍諾留的姪子狄奧多西二世不僅和他一樣長期在位，而且和他一樣不稱職，但狄奧多西二世得天獨厚，得到一個有能太多的政權支持自己。父親在四〇八年駕崩時，狄奧多西不過七歲大，因此交由宮廷官僚攝政。連阿爾卡迪烏斯仍在世時，這孩子就已經是別人的工具了。他的母親皇后尤多克希婭精心設計，在他受洗這一天，由加薩主教向小嬰兒狄奧多西呈上一紙請願書，求他關閉城內供奉宙斯—馬爾納斯（Zeus Marnas）的神廟。抱著嬰兒的官員輕輕晃動嬰兒的腦袋，表示同意，請願獲准（有人說，這整個故事都是六世紀的虛構——即便真是虛構，那也是滿有說服力的虛構）。

從出生的那一週，到他死的那一天，狄奧多西的大多數決定，都是別人幫他下的。阿爾卡迪烏斯死後，總長安特米烏斯掌權。他在任十年，任期之長與西部瞬息萬變的權力更迭形成鮮明對比。照料小狄奧多西的任務，落到波斯宦官安提阿庫斯（Antiochus）身上，他擔任小皇帝的家教已有一段時間。東帝國自阿爾卡迪烏斯死後算是風平浪靜。財政穩固的君士坦丁堡得以無視邊境偶而傳來的悶雷聲——再不濟也可以用錢擺平。如今的多瑙河也有一支新的大艦隊在巡邏。政府與波斯人的關係相當融洽，當年在金口聖若望擔任主祭期間蔚為特色的宗教紛爭也已成為明日黃花。事實上，東政府的財政實在比西政府好太多——四一四年四月，安特米烏斯在擔任東方總長晚期，甚至能將整個轄區裡四十年來的欠稅一筆勾銷。

就是現在這時候，君士坦丁堡名正言順成為東帝國的首都，尤其是狄奧多西二世成年之前的這段時間，發展甚至比狄奧多西一世與阿爾卡迪烏斯統治時更好。無論是城市的規模，或是富麗堂皇的程度，都讓安提阿與亞歷山卓瞠乎其後。考慮到君士坦丁堡建城歷史比這兩座大城晚得多，這可是非凡的功業。這座城市也愈來愈堅不可摧，厚實的新牆（今日稱為安提米城牆〔Anthemian〕，紀念當時下令興建的總長）結實守護著城中心所在的半島。儘管如今安提米城牆所在的城區，觀光客想進去就得自負風險，但城牆風華依舊，也確實讓整座城固若金湯。無論色雷斯或巴爾幹等其他地方受到何等動盪肆虐，都無法影響城內。五世紀晚期，政府興建了濱海牆，不久後又在距離安提米城牆六十公里以西的色雷斯興建色雷斯長城（Long Walls），君士坦丁堡更是固若金湯。來犯的軍隊再怎麼龐大，都必須冒著分散兵力的風險，無法集中攻下。

表面雖然太平，但東帝國政府內部卻在四一四年發生一場無聲革命：安特米烏斯過世，狄奧多西原本的家教和幕僚盡數解職，照顧與教養的任務由他的姊姊普克莉雅接手。這位公主跟她在西帝國的姑姑普拉琪迪雅一樣志向遠大。四一四年七月四日，普克莉雅得到奧古斯塔的尊號。為了和父親阿爾卡迪烏斯的政權之間建立延續性，她召回退休的前總長奧雷里阿努斯。奧雷里阿努斯復任舊職後卻沒做多久；至於普克莉雅任命的另一個人——執事長官希利翁（Helion），則在任超過十年，一直做到四二七年為止。普拉琪迪雅的策略是靠婚姻，產下潛在的繼承人；普克莉雅則訴諸自己的童貞，她還說服妹妹們照做。成為奧古斯塔的一年前，普克莉雅在聖索菲亞教堂內捐獻了一座祭壇，「彰顯她自己的童貞與她弟弟的帝權」。這句話精準總結了她的政治規畫：她的弟弟狄奧多西將獨自承擔王朝的命運，而她可以從表面上不具個人野心的位置影響國家大事。她既無須受丈夫派系的利用來追求競爭的利益，自己也不會成為抵制的焦點，而是在幕後保有對弟弟的人身掌控，以維持自己強大的影響力。

五世紀教會史家索若門勒斯（Sozomenus）已經看出這種精巧的政治策略，而普克莉雅也是他偏好有加的人物之一。她真心推動正統信仰，讓君士坦丁堡皇宮裡擠滿修士與宗教領袖，同時鼓勵弟弟培養類似的神學熱情。一方面是普克莉雅使然，另一方面則是因為她成功喚醒弟弟的興趣，狄奧多西的統治確實以對君士坦丁堡的宗教挹注，以及皇室成員對於市容的主導而聞名——甚至有城區直接以瑪麗娜與普克莉雅兩位公主來命名。這種宗教方面的恩庇，是皇室女性追求政治野心的嶄新方法，而且是在皇帝與朝廷逐漸駐蹕在單一地點之後，才意外開闢出來的道路。整個四一〇年代後半，普克莉雅都主掌著弟弟的政務，並安排他與愛莉亞．尤多基婭（Aelia Eudocia）的婚事，之後她才自己成家。

此時的君士坦丁堡正如一位滿心讚嘆的作者所說，本身就是一所巨大的教堂，包裹在統治者的虔敬中。隨著時間推演，如此程度的虔誠也結出了好壞參半的果實——從先皇們的統治中就能看出，一旦正統信仰與帝國政局混在一起，可是會中毒的。君士坦丁堡愈占優勢，亞歷山卓與安提阿就愈嫉妒，城際間不同教派的居民也益發不滿。君士坦丁堡政權的宗教狂熱，也以直接與間接的方式，讓羅馬與波斯的關係緊張起來。我們將在下一章的開頭談這幾個議題，現在先來探討霍諾留治世的蜿蜒盡頭。

處死赫拉克里阿努斯與流放普里斯庫斯．阿塔魯斯之後，未來幾年西帝國就不再有嚴重的篡位發生——短暫為格隆提烏斯當過魁儡皇帝的馬克西穆斯，會在霍諾留治世之末再度嘗試挑戰大位，但這次在西班牙的行動就像管區本身一樣，基本上只是點綴。高盧向來比西班牙更令人擔憂，畢竟部分高盧貴族仍然抱有敵意。君士坦提烏斯在四一四年迫使阿陶爾夫與普拉琪迪雅的新生政權遁入西班牙後，等於把他們邊緣化了。兩人生下的孩子原本會是個大患，但這個被寄予厚望、命名為狄奧多西的小嬰兒在出生不久後便夭折了，入殮銀棺，葬於巴其諾。只要阿陶爾夫的帝國大夢還有可能，他的敵人就不能妄動。誰知道嬰兒狄奧多西一死，阿陶爾夫也命喪在暗殺者的刀下。他在巡視馬廄時被殺，確切日期不明，但消息在四一五年九月二十四日傳到君士坦丁堡。兇手是個僕人，一度效忠阿陶爾夫個人的敵人——長久以來，人們推測他效忠的對象，就是阿陶爾夫兩年前殺害的匪將薩魯斯。眼下，薩魯斯的兄弟西格里克（Sigeric）接過領導大位，指揮阿陶爾夫頓失依靠的追隨者們。這個事實也強化了前述的推測。只不過，西格里克並非人們一致的選擇，不到一星期後他也死於暗殺。這支曾洗劫羅馬的軍隊，兵符落入新任領袖瓦利亞（Wallia）手中。

雖然普拉琪迪雅在西格里克極為短暫的掌權期間，遭到刻意的公開羞辱，但她仍然是這個政治集團內最重要的人物——並非因為當時她掌控著少少的資源，而是因為她的身分。她固然再也沒有機會建立王朝的根據地，此後也無法真正威脅到自己的哥哥，但她和阿陶爾夫的聯姻，卻為她留下長久的哥德追隨者基礎，她也可以靠著這些追隨者來確保個人的獨立。於是，她讓自己成為瓦利亞與君士坦提烏斯協商時的籌碼，君士坦提烏斯也決定利用普拉琪迪雅謀求自己的利益，而不單純是為了消除她的威脅。這位軍長承諾提供所需的糧食給瓦利亞和他的人馬，條件是他們放棄普拉琪迪雅，為君士坦提烏斯鋪好一條進入皇室的路。

經過幾個月艱難的談判後（瓦利亞率領的哥德人甚至被迫以不合理的價格，向西班牙其他地方的汪達爾軍閥購買糧食），他們不僅得到羅馬政府豐富的補給，甚至可以自由離開：離開這個被阿蘭人、汪達爾人與蘇維匯人群體占領的半島，離開這個從四一一年起為家的地方。以薪餉招安這些半依附的軍閥，將成為接下來幾代西帝國皇帝的重要生命線——只是收效愈來愈低。四一六年與四一七年的戰爭季，瓦利亞的人馬是認真投入自己的任務中。他們的戰鬥取得巨大的成功，徹底消滅了獨立的阿蘭人戰鬥群體，以及原本以貝提卡為主要活動範圍的汪達爾—席林人。這些席林人從史冊上消失，而殘存的阿蘭人則逃往蓋萊奇亞，向稱為阿斯丁人（Asdings）的另一個汪達爾群體尋求庇護，所以後來的汪達爾領袖才會自稱「汪達爾人與阿蘭人之王」。普拉琪迪雅重返兄長在義大利的宮廷。四一七年一月一日，君士坦提烏斯二度擔任執政官，並且在同一天與普拉琪迪雅結婚——她的哥哥同意了，但她可不情願。她從來沒有計畫在君士坦提烏斯的野心中扮演輔助的角色，而她跟哥德人之間的特別關係，也永遠讓她比古代晚期大多數的女性、甚至是大多數的公主，擁有更多的行動自由。

此時的高盧靜悄悄的，但並無證據顯示萊茵地區獲得了有實際意義的增兵，或者有正常運作的政府回到了比利時高盧各省或日耳曼低地區；事實上，帝國恐怕已經放棄了北高盧大部分地區——尤其是如今位於索姆河（Somme）以北的亞眠（Amiens），以及萊茵河以西之外的部分——到了四一五年前後，這一點已成定局。法蘭克人征服、滲透的傳統敘事太過誇大，但整個高盧地區的政府似乎都退化到城市領地（*civitas*）的層級，尚存的城市菁英與來自五湖四海的軍閥為地方權力而爭。儘管義大利政權定期用兵，但對於上述北方領土的控制權已一去不復返，因此政府改採實際措施，恢復在高盧其他地方的權威。特雷維里的政府與周邊地區得到重建，但沒有恢復實力。即便如此，監控（而非持續地控制）萊茵河中游邊境兩岸的情勢，仍然是必要之務。然而，從高盧總長的駐所並未遷回特雷維里，而是留在南方深處的亞雷拉特，就能看出中央政府面臨的局限。

隨著五世紀演進，我們的史料也益發殘缺，但還有一部潛力獨具的文獻：《百官志》。如今的文藝復興時代抄本，是抄自中世紀早期的抄本，其原本則是一份古代晚期的精裝手稿。《百官志》旨在說明羅馬西帝國與東帝國的行政架構。在我們今日所見的精美插圖下有一系列的說明文字，而且西帝國的部分，其內容直到四二〇年代都有定期更新。藉由這些更新的內容，我們見證了御前野戰軍的縮水，只剩君士坦提烏斯及其屬下是唯一可用的正規軍；萊茵河與多瑙河上游沿岸的管轄權則分割出去，由小規模的地方部隊負責——它們雖然能監控並維持轄區治安，但沒有充分的軍事控制或行政管理能力。例如，在銀堡（Argentoratum，今史特拉斯堡〔Strasbourg〕）設立的獨立指揮部，恰好是這種模式的證明，而莫古恩提亞庫姆也有類似的獨立指揮部。到了四一〇年代晚期，這種治理主要邊境城鎮周遭的方式，為殘存的軍政與極為有限的民政提供了架構，而且情況一直延續到接下來數十年。日子一久，這些駐軍城市愈來愈像是一座座帝國施政的孤島，混亂的周遭環境滿是義大利、高盧、哥德、法蘭克、阿蘭、阿拉曼與勃艮第軍閥，最後連這些孤島都成了軍閥割據不斷易手的要地。

南高盧帶給君士坦提烏斯和義大利人的，則是一套不同的挑戰——過去十多年間的入侵與內戰，對當地造成的傷害遠少於北高盧，而或此或彼的帝國政權也從未停止對這裡的管理。從中央政府的觀點來看，恢復南高盧的秩序，關係到如何預防未來再有南高盧的貴族篡位，畢竟隨著鎮壓君士坦丁三世與約維努斯而來的整肅，讓他們完全有不滿的理由。

為了確保自己獲得南高盧的支持與效忠，君士坦提烏斯因此主導、成立了新的區域資議機構，稱為七行省會議（*Concilium Septem Provinciae*）。會議是根據四一七年的詔令而設立的，每年在亞雷拉特召開，讓南高盧社會上層有個正式的場所，公開陳述他們關注的焦點、表達他們的不滿、將他們的關懷傳達給中央政府。參與會議的只有南部行省：庇里牛斯山以北的諾文博普拉納、西邊的兩個阿奎塔尼亞行省、南邊的兩個納博訥行省、東南的維埃恩，以及臨義大利管區邊界的海岸阿爾卑斯（Alpes Maritimae）。

七行省會議與先前北方的軍政下放一樣，都是中央政府權力萎縮的明確跡象。義大利政權其實已經意識到，只有阿非利加、義大利、南高盧、部分西班牙，或許還有伊利里亞的少數角落還能維持完整的民政體系。我們並不清楚這種情況如何影響其他西部行省居民的日常生活，但至少意味著司法的崩潰，有些地方開始轉為半官方的性質，不然就是完全落入神職人員或軍事強人手中。對帝國政府來說，領土縮水的結果，就是無法恢復此前既有的稅基。稅基的破壞與其他諸多因素，讓西帝國踏上一條與東帝國不同的不歸路，畢竟東帝國的稅基與貨幣供應從來都沒有受到威脅。

從義大利的角度來看，最糟糕的恐怕是「高盧人再也無法證明自己值得信賴」的懷疑，而高盧方面也一而再、再而三埋怨新行政體系的建立。這說明了君士坦提烏斯為何在四一八年使出殺手鐗——瓦利亞與哥德人。此時，瓦利亞已經掃除了塔拉科西班牙（Hispania Tarraconensis）、貝提卡、盧西塔尼亞與迦太基西班牙（伊比利半島五行省中的四個）的軍閥，為恢復帝國治理鋪平了道路。我們在行省的大都市中找到帝國民政管理重建的證據。汪達爾人與蘇維匯人仍舊控制蓋萊奇亞部分地區，但這個行省就跟不列顛及西北高盧一樣，地處羅馬世界的最邊緣，戰略和經濟價值皆不足以讓收復該地成為要務。相形之下，控制高盧人的野心才是當務之急，因此瓦利亞接獲停止行動的命令，改屯駐阿奎塔尼亞二區（Aquitania Secunda，包括今日法國亞奎丹〔Aquitaine〕、波瓦圖—夏宏特〔Poitou-Charentes〕到利木森〔Limousin〕西部）。一旦七行省任何地方出現叛變的跡象，他的人馬都可以從這兒迅速行動，加以鎮壓。

三十年後，這個屯駐地已經在帝國土地上長成一個以托羅薩為實際首都的半自治王國，但在四一八年時，沒有人會料到有這種結果。亞拉里克當年夢想著讓追隨者跟帝國關係正常化，他的願望終於在瓦利亞治下實現，但瓦利亞本人則在屯駐地建立之前便過世了。狄奧多里克（Theoderic）繼承他，領導這些哥德人——我們姑且稱他們為西哥德人（Visigoths），但要記得這個名字用在這裡是個時代錯置。據說，狄奧多里克是亞拉里克的孫子。他將成為接下來數十年政壇的風雲人物，但在四一八年，只要霍諾留還活著，他就跟萊茵河邊境的各大伯、公一樣效忠拉溫納。高盧貴族受到這支令人不安的駐軍所威嚇，在接下來一代人的時間裡幾乎都乖乖的。

君士坦提烏斯怎麼會不滿意？如今的他，顯然成為政府內的主導勢力，從我們對於他身邊的宮廷派系所知甚少便可以看出，沒有哪一個派系能挑戰他的霸權。一整代在四二〇年代嶄露頭角的將領——阿斯特里烏斯（Asterius）、波尼法提烏斯（Bonifatius）、弗拉維烏斯・阿耶提烏斯（Flavius Aëtius）與弗拉維烏斯・卡斯提努斯（Flavius Castinus）此時官愈做愈高，可惜從有限的史料中很難爬梳出他們的軍旅生涯。

君士坦提烏斯顯然成就了阿陶爾夫的未竟之志——成為皇位繼承人的父親。四一七年末或四一八年初，普拉琪迪雅產下了女兒尤絲塔・格拉塔・霍諾莉亞（Iusta Grata Honoria）——未來將和自己的母親一樣，嫻熟於宮廷政治遊戲。差不多一年後的四一九年七月二日，加拉又生了個兒子瓦倫提尼安（Valentinian）。我們雖然看不見這兩個孩子出生後隨之而來的宮廷鬥爭，但密謀肯定存在：四二一年二月八日，君士坦提烏斯披上皇帝紫袍，成為奧古斯都，而普拉琪迪雅也晉為奧古斯塔，兩人襁褓中的兒子瓦倫提尼安則成為「最尊貴少年」太子。據說霍諾留非常反對這個安排，是在勉為其難的狀況下才升君士坦提烏斯為皇帝。終君士坦提烏斯一生，東帝國都沒有承認他。

史料上雖然沒有明說，但霍諾留願意容忍君士坦提烏斯的其中一個原因，是因為他本人顯然無法激起人們的忠誠心。四一八年，篡位者馬克西穆斯——曾經在靠山格隆提烏斯垮台前，短暫於塔拉科西班牙稱帝，後來投靠其中一個西班牙蠻族軍閥的那一位——此時捲土重來，再度稱帝，這一回是在蓋萊奇亞。西班牙貴族阿斯特里烏斯成為西班牙伯（*comes Hispaniarum*），奉命前往塔拉科——歷來一直有記載，指控他牽涉令人眼花撩亂、與魔法書有關的教會醜聞，以及祕密奉行普利西里安派（Priscillianism）。阿斯特里烏斯主要的任務是鎮壓馬克西穆斯，但他也要討伐當時正兵戎相向的汪達爾人與蘇維匯人。討伐沒有得到明確成效。汪達爾人放下了他們的蘇維匯宿敵，回頭攻擊阿斯特里烏斯，接著進軍不久前才平定的貝提卡。相較之下，主要任務倒是勢如破竹。馬克西穆斯被抓、送回義大利。阿斯特里烏斯繼君士坦提烏斯之後得到「派特里興」榮銜——君士坦提烏斯死於四二一年九月二日，剛好是阿斯特里烏斯在西班牙取勝後不久。霍諾留無須忍受這位不受他歡迎的共帝太久，馬克西穆斯被加到霍諾留曾鎮壓的「篡位者名單」（*catalogus tyrannorum*）裡。四二二年一月二十三日，馬克西穆斯在霍諾留登基三十週年的慶典上遊街示眾。這一年，霍諾留十三度擔任執政官，而狄奧多西則在東帝國第十度擔任執政官。

霍諾留對君士坦提烏斯的死無動於衷，但軍隊高層卻是波濤洶湧。過往由於君士坦提烏斯的絕對優勢，讓明確的繼承人無法冒出頭來，偏偏對於西帝國的穩定來說，步騎軍長的傳承此時就和帝位的傳承一樣重要。阿斯特里烏斯在成為「派特里興」不久後就過世了，說不定死得比君士坦提烏斯還早，因此卡斯提努斯獲得任命出任此職。但他遭到普拉琪迪雅的反對，普拉琪迪雅偏好支持自己人波尼法提烏斯，而卡斯提努斯的地位幾乎是立刻受到軍事失利所削弱。四二二年，他親自領軍討伐汪達爾人，結果一敗塗地——原因可能是狄奧多里克提供的西哥德援軍扯後腿，畢竟狄奧多里克個人效忠於普拉琪迪雅。

儘管如此，卡斯提努斯仍強大到足以將波尼法提烏斯從御前指揮職趕走，強迫他外放到阿非利加。然而，波尼法提烏斯一到新駐地，普拉琪迪雅便利用既成事實，讓他擔任阿非利加伯——他將和過去的吉爾多與赫拉克里阿努斯一樣有權，也一樣有造成傷害的能力。不過，隨著君士坦提烏斯過世，以及波尼法提烏斯外放，普拉琪迪雅的地位也變得脆弱——這種情況在四二三年愈來愈明顯，她的支持者（許多是哥德人，自從她在納博與巴其諾成為皇后以來，便一直擔任她的侍衛）跟她哥哥的支持者打起街頭巷戰，而她與哥哥的關係也愈來愈疏遠。此事嚴重傷害普拉琪迪雅在拉溫納的地位，她因此決定逃往君士坦丁堡，說不定能從姪女普克莉雅與姪子狄奧多西的政權得到支持，對抗自己的哥哥。霍諾留在四二三年八月十五日駕崩。消息傳到君士坦丁堡時，她和孩子霍諾莉亞與瓦倫提尼安正浸淫於東都的虔誠宗教氛圍中。他生前是個難堪大用的皇帝，而他的死造成的餘波盪漾，也不見得讓人比較快樂。東西朝廷的實力差距已經到了極點。

第八章　狄奧多西二世的統治

提到拜占庭歷史，現代人腦中會浮現許多刻板印象，其中有不少來自狄奧多西二世的統治時期。君士坦丁堡興建於古代拜占庭的地點，不過最早使用「拜占庭」一詞的是十八世紀的人，他們語帶貶抑地如此稱呼君士坦丁堡落成之後的希臘語羅馬帝國。這樣的稱呼，是為了具體突顯這段時期與這個帝國的人，有別於、也低於先前的羅馬帝國，甚至不同於同時期據說更有活力的中世紀拉丁語文化——「歐洲現代性」（European modernity）的想像基礎。陳腐的近東文化希臘—羅馬刻板印象，便出自於對希臘語羅馬帝國的簡化，以一種不以為然的刻意態度將之東方化。

然而，四十年來學界對於古代晚期的研究蓬勃發展，從中我們看出無窮盡的多樣性與創造力。此後，學者已經把注意力擺在東部的發展（也勢必如此），而非政治撕裂、迅速解體的西部。不過，細心的讀者們想必已經注意到——說不定還鬆了口氣——在上一章（本章與接下來的章節亦然），各式各樣一連串宮廷官僚與軍事將領的官名，已經變得愈來愈少。這種平靜下來的印象並非錯覺，而是史料造成的結果。我們固然有些頗詳盡的敘事材料——多半是教會史，兼有古代史學著作殘篇與編年史中支離破碎的記載——但能為四世紀下半葉政局運作填充血肉的銘文卻愈來愈稀有。法典類型的證據也愈來愈限縮，接著在四三〇年代末一次轟動的立法之後便逐漸沉寂。

幸好，將法律、信件與銘文證據構成的鐵三角與敘事材料相搭配之後，學者得以詳細重建人際網路，了解四世紀後半有哪些人憑藉這些關係而崛起，從而推敲出政府的運作方式。由於文獻相當稀少，我們對於五世紀的掌握甚至更少——西部尤其如此，不過東部也不遑多讓：掌控帝國政治活動的宮廷、樞密院（*consistorium*）與軍隊高層變得撲朔迷離。從三次大型教會會議（四三一年與四四九年辦在以弗所〔Ephesus〕，四五一年在迦克墩）卷帙浩繁的材料中，潛藏著極為詳盡的宮廷政局資料，讓我們對日常的請願與回覆，判決與異議，以及皇室與樞密院內的爭權奪利洞若觀火。但這些材料涵蓋的僅僅是五十年治世中不到五年的時間而已。我們可以從大部頭的《狄奧多西法典》（*Theodosian Code*）與補充的《新律》（*Novellae*）之內容，推論治理風格，並多少掌握當時君士坦丁堡立法的考量，但歷時愈久，情況的變化就愈難察覺，也愈難解釋。

多少受到這種實證上的空白所囿，連學者都很難跳脫出舊有的拜占庭刻板印象——認為葉慈（Yeats）口中的「不朽智慧之豐碑」，不是個行動的巨人。對歷史學家來說，政局不穩遠比政局穩定好寫得多，而「穩定」恰好是小狄奧多西宮廷的特色。情勢看起來之所以不變不動，一部分是因為這位皇帝對自己的帝國缺乏一貫的願景，也沒有那種讓帝國活動大幅轉向的一時興起，即便年紀漸長也沒有改變。不過，缺乏遠大志向，就不會像過去由霍諾留統治的西部，或是成年前阿爾卡迪烏斯所統治的東部那樣，帶來派系的公開傾軋、特定寵臣的呼風喚雨，或是敵對的強人連番出現。只不過，當代人還是經常能從皇室的決策中，察覺到皇后普克莉雅與尤多基婭的參與，有一度還有閹人御寢長克里薩菲烏斯（Chrysaphius）。

不過，狄奧多西二世治世中看似最嚴重的弔詭之處——個人力量非常弱的皇帝——何以在半個世紀中大部分的時間裡，在不受篡位或王朝繼承者的威脅競爭之下進行統治。這其實可以從宮廷官僚與樞密院資深民政成員之間和平的程度來解釋。他們當中許多人的家族，早在君士坦提烏斯二世統治時便已飛黃騰達。此外，他們多半沒有跟帝國其他地方的軍人、元老貴族發展出盤根錯節的姻親關係，保有一定的民政治理觀點。也就是說，個人的競爭關係鮮少導致他們忽視基本的共同利益——讓有序而穩定的政府依據一貫而團結的原則行事。他們還有一項共同利益，也就是不讓前景看好的軍人世家成員，例如弗拉維烏斯·阿爾達布里烏斯（Flavius Ardaburius）、弗拉維烏斯·阿斯帕（Flavius Aspar）、弗拉維烏斯·普林塔（Flavius Plintha）與普羅柯庇烏斯（Procopius）等將領有機會掌權，而且東部的成效比西部的更卓著；如此一來，無人得以擁有弗拉維烏斯·君士坦提烏斯或斯提里科那樣的戰術天分與指揮長才，贏得勝利的規模也沒有機會大到能餵養非分的野心。一言以蔽之，我們可以確信，即便不見得能找出統治穩定的功臣，但這種穩定確貨真價實。

我們在上一章談到，四一四年堪稱轉捩點：長久在任的總長安特米烏斯過世，年邁的奧雷里阿努斯受召官復原職，閹人侍寢官安提阿庫斯不再擔任皇帝的家教，希利翁得到任命成為執事長官，以及狄奧多西的姊姊掌握大權——這一年，她不只主導了弟弟所接受的教育，更把他推向她自己喜歡的神學探究方向去發展。她和後來與她敵對的皇后——狄奧多西之妻愛莉亞·尤多基婭——對於神學問題與教會權威有著同等的興趣，而狄奧多西的治世也將成為召開多場大型教會會議的時期。不過，這些年間的宗教動盪（無疑受到朝廷中人的熱情所驅動）也同時在東方世界的其他地方發生作用。

從近現代的角度來看，狄奧多西二世之初最令人震驚的教會事件，震央並非朝廷，甚至不是帝都本身，而是在亞歷山卓。這座城市向來容易發生動亂，帝國盛期有好幾個皇帝皆以殘酷鎮壓這座城市為上策。騷動成為常態，意味著這座城市永遠無法發展出強而有力的政府——但這是安提阿的特色，其餘東部大城也有同類型的市政府——導致帝國直屬官僚對亞歷山卓之治理與城市生活的重要性，遠勝於其他東部大城。這一點影響深遠，亞歷山卓因此成為君士坦丁堡之外，唯一少有其他權威網路在帝國官員和教會機構之間擔任緩衝的東部城市。結果，自從亞歷山卓的亞他那修開始，亞歷山卓主教在當地便擁有說一不二的權力，這是其他城市的主教所無法想像的，連羅馬主教都瞠乎其後。

狄奧多西二世的統治伊始，亞歷山卓主教座掌握在主教濟利祿（Cyril）手中，古代最不正派的教會中人之一。身為神職人員，他和亞他那修一樣凶狠、好鬥，但他卻執掌著一個勢力龐大、富可敵國的教會。在四世紀中葉的北非教會，基督教徒的虔信之舉與正統信仰的推動，其實有可能是在遮掩純粹的流氓行徑——多納徒派圍剿者雖然身為修士，但他們對鬧事與街頭鬥毆的興趣，並不亞於敬拜。在埃及，濟利祿利用類似的暴徒組織，但規模更大，創造出他的「捨身者」（*parabalani*），本質上就是準軍事組織。這些好手好腳的「平信徒」出身城裡的窮人，受雇用來協助賑濟、照料街頭的窮人與病人，但他們同時也是當年的聖戰恐怖分子，猶如過去的馬加比家族（Maccabees）。捨身者奉命走上街頭，痛打那些濟利祿認定的信仰之敵——猶太人、異教徒，或是持不同神學意見的基督徒。

亞歷山卓這個大都會，依然不完全是個基督教城市。除了有許多猶太人之外，異教社群也很繁榮。基督徒可以向異教社群的哲學家求教，而社群本身自然也比較重視各種非基督教一神信仰。當時最能春風化雨的老師是一名女子，這非常不尋常。她名叫希帕提雅（Hypatia），父親是哲學家兼數學家瑟翁（Theon）。她的教學並未以文字保留下來，但一般認為她是新柏拉圖主義的一支，是另一位埃及人——偉大的普羅提諾所留下的傳統。不過，她與父親似乎都把時間大量投入於托勒密（Ptolemy）等學者的科學經典文獻中，並加以更新。希帕提雅在亞歷山卓是位有強大影響力的人物，名列當地的要人名冊中，新任的帝國官員到任後會早早並常常拜會這些人。不光是其他異教徒會研究她，甚至在後來的基督教文獻中，她也是一位有虔誠品德的人物（傳說她終身守貞，為了拒絕上門的追求者，對著宣稱愛她的對象揮舞著她的經血布，顯示他所聲稱愛上的其實是肉體凡胎的實體）。這麼一位標誌性的人物——異教徒、女人、知識權威，卻（或許是個意外）捲入亞歷山卓習以為常的暴力當中。

中央派來的行政長官——奧古斯都長官俄瑞斯忒斯（Orestes），是個受洗的基督徒，但他是君士坦丁堡人，對亞歷山卓並不熟悉。四一五年，俄瑞斯忒斯就任時，發現這座城市正因為主教濟利祿的決定而分裂成兩派。濟利祿將城裡的猶太人集中起來逐出城，此舉只能說是宗教迫害，而這麼做也絕對會引起動亂。當俄瑞斯忒斯出手鎮壓的時候，濟利祿的「捨身者」與來自尼特里亞（Nitria）山丘上的支持者修道士襲擊了亞歷山卓，俄瑞斯忒斯也在隨之而來的動亂中負傷，還差點被私刑殺害。他的反應相當克制，只處死惡行最重大的犯人，但濟利祿卻更生氣了。兩人顯然水火不容，俄瑞斯忒斯則上奏君士坦丁堡朝廷，旁敲側擊，想讓這位令人難以忍受的主教去職。

雙方對峙時，謠言四起，有人說希帕提雅是行政長官的耳目，正是她從中干擾，才讓行政長官和主教無法和解。這種謠言實在沒有說服力：一位六十歲的異教哲學家，已經對城裡可能要人性命的政治操作有多年歷練，想必懂得不要去插手基督徒之間該怎麼處置猶太人所引起的鬥爭。可惜真相總是無法阻擋基進主義者的狂信，「捨身者」樂得有藉口去攻擊一位與他們世界觀完全相反的人物。基督徒當然比異教徒「懂得多」，但她這個異教徒居然是許多基督徒的老師；對基督徒來說，女人聽話是天經地義，但這個女人居然能左右男人。

濟利祿的支持者組成了一群暴民，在亞歷山卓教會講經人伯多祿（Peter）的煽動下綁架了希帕提雅，把她帶去城裡眾多教堂的其中一間。他們把她的衣服剝光以羞辱她，接著用屋瓦將她砸死。從跟她同時代的教會史家以降，到查爾斯・金斯萊（Charles Kingsley）沉悶的三卷本小說，再到最近的電影《風暴佳人》（*Agora*），這名遭到殺害的女性哲學家向來令人著迷——一來是因為她的獨特性，二來則是因為她駭人的死法。有人視她為原型女性主義者的偶像，有人則認為她是正直異教徒的典範，而人們也始終把她看作希臘哲學舊世界消逝的象徵。

其實在亞歷山卓，新柏拉圖主義學者的教誨，一直流傳到六世紀查士丁尼統治時，但希帕提雅遭到殘殺，卻也揭露了希臘文化在希臘語大眾中愈來愈被邊緣化的事實。希帕提雅的智慧與性別，帶來了她獨特的離經叛道之處，但所有和她一樣信奉新柏拉圖主義的人，也都漸漸在自己的故里成為局外人。百年前，哲學家與主教在統治者面前，競相把自己對於事件的說法與詮釋推銷出去，但現在都變了。基督教是帝國的主旋律，身受異教一神信仰浸潤的古老哲學教誨，與狄奧多西帝國的好鬥基督教之間，已經沒有和解的可能。古老的哲學派別仍然能吸引醉心學問的人，但無論是在城市裡的公開敬拜，抑或是注意力逐漸轉移到基督教神學細枝末節的學術氛圍中，舊哲學都愈來愈邊緣。

確實，如果把希帕提雅當成舊世界結束的象徵，那麼尤多基婭——篤信基督教的皇帝狄奧多西之妻——就代表未來，只是方向與希帕提雅完全相反。普克莉雅在這起事件中同樣扮演了推手。她盡可能干預亞歷山卓的情況，但濟利祿能言善辯，影響宮廷中的虔誠信徒，結果原本處罰「捨身者」的命令不僅被撤銷，「捨身者」的陣容甚至更壯大了。四一六年，復出時已垂垂老矣的奧雷里阿努斯已經不在任上，很可能在此時已經過世，而繼位者莫納克希烏斯（Monaxius）則主政到四二〇年。儘管在四一七年時狄奧多西已經成年，但政府顯然掌握在宮裡的普克莉雅、莫納克希烏斯及樞密院手中。皇帝正是透過普克莉雅找到了適合的新娘，整個皇族中只有這位新娘子獲准產下繼承人。

四二一年，雅典辯士李奧提烏斯（Leontius）的女兒前來君士坦丁堡，為了繼承權與兄弟鬧上法庭。她的姑姑嫁給了狄奧多西的廣財伯——阿斯克列庇歐多圖斯（Asclepiodotus）——讓她有機會在主持這個案件的普克莉雅面前申辯。她原名雅典娜絲（Athenaïs），接受父親的希臘文學教育，想必很能吸引年輕的書呆子皇帝；而她的社會地位雖受人尊重卻並非貴族，一定不會挑戰普克莉雅。改宗基督教之後，雅典娜絲改名愛莉亞．尤多基婭，並且在四二一年七月七日與皇帝結為連理。普克莉雅另立門戶，但她的影響力沒有明顯大幅減退。

尤多基婭（在四二二年成為奧古斯塔）為宮裡帶來一種不同的學養——仍然很基督教，但對於非神學的事物抱持比較友好的態度。她有一首韻文創作，是用荷馬的韻文所創作的拼貼詩，把不同的句子砍半之後重組，講述創世紀與福音書的故事。古代晚期非常流行拼貼體——從荷馬的希臘語著作或維吉爾（Virgil）的拉丁語著作中找幾句半行的句子，湊起來講出一段完全不同的故事——是種讓貴族可以炫耀自己多麼博學的腦力激盪形式，而拼貼詩很可能正是尤多基婭在宮廷留下自己印記的方式之一。

東帝國的精神與社會世界固然正在轉變，但變中亦有不變——發生在羅馬帝國範圍以外的事件，不時會影響帝國的歷史，有時甚至相當劇烈。裡海門戶與帕米爾高原之間的動盪，以及伊朗東部邊境——從巴克特里亞經興都庫什山到貴霜——之間的叛變與分裂傾向，難免都會影響波斯帝國，無論統治當地的是貴霜─薩珊的分支王朝，還是某個匈人氏族皆然。而上述情勢又會反過來影響波斯人對羅馬帝國的態度，以及兩國之間的關係。侵略性的游牧聯盟在歐亞草原上起起落落，組成的方式不斷改變。一旦這些聯盟影響高加索地區，同時也會直接影響到羅馬與波斯的核心領土。因此，阿爾卡迪烏斯飽受罵名的宦官尤特羅比烏斯當年才會親自率軍攻打亞美尼亞的匈人，羅馬與波斯很可能也是出於這樣的緣故，才會決定分攤高加索地區所有主要過道駐軍的開支。相關的證據雖然時代較晚，但這個說法與伊嗣俟一世、阿爾卡迪烏斯、狄奧多西二世朝廷之間良好的關係吻合，而且兩位羅馬皇帝很可能同意出資維護波斯要塞彼拉帕拉赫（Biraparakh，地點位於達里耶隘口或打耳班隘口其中之一）。

一直把注意力擺在北邊的草原世界，不只會影響波斯國王採取的政治行動，也會影響薩珊政府的意識形態與自我投射。簡言之，波斯君主雖然保有若干早期的美索不達米亞與希臘化色彩，但整體而言，隨著五世紀的發展，他們愈來愈伊朗化。王族與整個朝代的使命，逐漸塑造成英勇的伊朗人如何對抗永遠的反派「圖蘭人」（Turanians）——這個詞源自《波斯古經》（*Avesta*），用來稱呼草原游牧民族。《波斯古經》原先是口傳的，正是在薩珊王朝中期與晚期形諸文字，成為經典。新的王族尊號「英雄」（*kay*）也汲取自《波斯古經》，在此時加在統治者的官方頭銜上，宣稱政權正統傳承自昔日史詩中的傳奇伊朗人物。

五世紀中葉，波斯在伊嗣俟二世的統治下重新對基督徒與其他非瑣羅亞斯德教信徒展開迫害，原因可能也源自於這種更明確的王權與職責觀，不過這只是個推論。無論如何，有件事都值得一提：羅馬帝國價值觀始終把波斯置於自己意識形態的中心。直到帝國消失為止，羅馬都視這個東方鄰國為主要對手，但在薩珊人的價值體系中，卻認為羅馬與波斯是「世界的雙眼」，是兩股開化的力量，肩並肩對抗野蠻草原的渾沌——也就是圖蘭的勢力。

其實，伊嗣俟一世為波斯王座帶來相當程度的穩定——沙普爾二世死後，緊跟著接班的沙普爾三世與巴赫拉姆四世統治年間狀況不斷，而兩人也無法牢牢坐在自己的寶座上。阿爾卡迪烏斯的死，也沒有威脅到羅馬與波斯維持數十年的和平。據一份時代晚得多的文獻指出，狄奧多西二世的攝政們甚至遠道尋求伊嗣俟的保證，以幫助小皇帝穩住寶座。更有甚者，伊嗣俟允許波斯帝國內的基督徒擁有相當大的敬拜自由，讓一名新主教——泰西封與塞琉西亞的以撒（Isaac of Ctesiphon and Seleucia）——擔任波斯教會的領導者。事實上，我們必須把這個時期蓬勃發展的敘利亞文化視為跨邊界的現象，不僅創造力非凡，也愈來愈獨立於四世紀時滋養它的希臘文化。

基督徒社群在羅馬帝國之外的發展有許多影響，其中一項在五世紀下半葉清楚浮現。當時，羅馬敘利亞行省教會內的神學衝突愈演愈烈，為了化解衝突，有一部分作法是把許多落敗派系的成員流放到波斯，以及更東的地方。為了怕有人對羅馬—波斯關係有太過美好的想像，我們必須記得：在波斯帝國，統治者信奉的瑣羅亞斯德信仰就跟羅馬帝國的基督教一樣排外，其他宗教總是勉強存在。基督教在這一點上尤其如此，一旦波斯與羅馬的關係惡化，或是波斯境內的基督徒威脅到馬茲達祭司（Mazdean priesthood，這個名稱源自於阿胡拉．馬茲達〔Ahura Mazda〕，瑣羅亞斯德二元宇宙觀之中的至高善神）的霸權，基督教便很容易遭到迫害。迫害發生在伊嗣俟統治晚期，當時有基督徒拆毀了一間聖火廟——此舉恐怕是受到埃及與部分羅馬東部行省鎮壓非基督宗教的措施所鼓動。他們的行動帶來了一段時間的鎮壓，即便伊嗣俟在四二〇年過世後也未停歇，甚至延續到他的繼承人巴赫拉姆五世統治時。結果，鎮壓反過來引發了兩國之間數十年來的第一場戰爭。

四二一年，一支羅馬野戰軍從北邊的亞美尼亞進入波斯美索不達米亞地區，攻擊尼西比斯，後來遭到巴赫拉姆親自領軍擊退。儘管如此，君士坦丁堡仍在九月六日慶祝凱旋，隔年還發動另一次軍事行動。這一回依舊是羅馬人敗走——至少一開始是，但後來波斯王的精銳部隊「長生軍」（Immortals）卻遭到伏擊，在下級軍官普羅柯庇烏斯（可能只是個無駐地的公或伯）突襲下敗退。這一來一往，加上多瑙河與高加索傳來的壞消息，意味著雙方都選擇和平。和談似乎有個條件，就是切斷波斯基督徒與羅馬基督徒的關係——四二四年，塞琉西亞—泰西封舉行了教會會議，由主教達迪休（Dadisho）主持，會後便採取了這項措施。

贏得勝利，促成和談的這位普羅柯庇烏斯，跟瓦倫斯統治時的那位同名叛亂者是遠親，他的妻子則是在任多年的總長安特米烏斯的女兒。為了嘉獎他，他晉升為東部野戰軍的步騎軍長，還得到「派特里興」榮銜。之後，他會成為未來皇帝的父親。與此同時，除了四四〇年的一次小衝突之外，直到狄奧多西在四五〇年過世之前，羅馬與波斯的和平基本上都沒有破裂，因為波斯王把注意力重新移回到東北邊境與草原游牧民族圖蘭人身上。

狄奧多西的廷臣之所以決定在四二二年議和，是因為匈人入侵了巴爾幹地區。這次的入侵最遠到達色雷斯，威脅程度足以讓當局召回部分在美索不達米亞的駐軍。四二二年的入侵可能是匈人王盧阿（Rua，有時寫作盧吉拉〔Rugila〕）所主導的；很有可能就是在他的領導下，一小群匈人精銳主宰了喀爾巴阡盆地，以及多瑙河下游與黑海周邊等歐亞草原西緣的各個蠻族政體。這些歐陸匈人就跟當時稱霸伊朗東部與中亞的寄多羅人、阿爾罕人一樣，受到另一群稱為嚈噠人（Hephthalites）的匈人群體所挑戰，而他們所有人都宣稱自己是古老匈奴的傳人。這種說法等於是主張一種可以回溯到數世紀前的帝國想像，哪怕自己祖上不見得真的來自鄂爾多斯高原（Ordos）或阿爾泰山（Altai）。

許多人將盧阿的霸權稱之為匈人帝國，但這太高估他或同類的領導者對掌控、動員其子民的能力了。通常的情況是他們剝削部分人，索取貢金或保護費，並且與比較強大的附庸建立戰略同盟，或是為之創造戰略契機。盧阿及其繼承人在許多時候確實能動員其他草原游牧民族（以各個阿蘭人群體為首），以及哥德人、盧吉人（Rugi）、赫魯利人（Heruli）、斯基利人（Sciri）與格皮德人（Gepids）等偏向定居的軍事貴族，但我們對於他們的動員機制不大清楚；此外，我們不知道盧阿的根據地究竟在哪裡（多瑙河彎的匈牙利大平原是最有可能的地點），也不曉得他的控制範圍能往東延伸多遠。有些現代學者假設匈人有一貫的階級體系，能協調對多瑙河、黑海與高加索山（不時還包括伊朗東部）所採取的戰略，但他們這種信心，其實沒有史料支持。我們看到的情況，比較可能是某種形式的共享霸權——直到近代早期，這都是草原游牧文化的常態。總之，盧阿的匈人將會讓君士坦丁堡朝廷在四三〇年代與四四〇年代耗費巨資應對，並永久顛覆了巴爾幹行省的帝國政府上層結構。

帝國的邊疆中，另一個需要定期關注的地方就是沙漠邊境。當然，埃及是個特例，因為這裡基本上不受正規軍等級的部隊所侵擾，而宜居地與受到正規行政管理的區域，卻又是一段往尼羅河上游延伸數百、數千公里的狹長土地。上埃及（Upper Egypt）的最南端確實距離亞歷山卓與地中海核心區非常遙遠，而西拜德（Thebaid）尤其容易受到生活在鄰近沙漠的諾巴德人（Nobades）與布雷米人（Blemmyes）所侵襲。為了以更常規的方式處理問題，並且將行省北部的人口密集區與南部劃分開來，西拜德在狄奧多西治世晚期重劃為兩個行省，這樣的安排也一直延續到六世紀。以偏上游的新行省來說，其行政長官如今監管民政與軍事。妙的是，這種作法正好與西帝國弗拉維烏斯・君士坦提烏斯治下對萊茵地區的處置遙相呼應。由此可見，以這種方式應對可以管理（但無法化解）問題；此為帝國政策的一環，適用範圍廣泛。

上埃及民政與軍事官職的合併，似乎改善了羅馬與沙漠部落民之間的關係——例如在狄奧多西的繼承人馬爾西安（Marcian）統治之初，當時鎮守金黃西拜德（Thebaid Florus）的邊境公就跟布雷米人簽訂一紙長期條約，允許他們定期來羅馬城市菲萊（Philae）的神廟，去敬拜他們尊崇的伊西絲（Isis）。當然，我們習慣把波斯與歐洲的萊茵河—多瑙河邊境當成帝國政策的重點，但上述的這種小插曲，可以讓我們意識到羅馬帝國疆域有多廣，以及邊境百姓幾乎人人都面對過什麼挑戰——此外也提醒了我們，無論是在西拜德還是高盧，邊境社群的日常經驗、面對的不確定性與潛在的暴力都非常相似，是我們這些從後世的角度看過去、肩負我們自己歷史重量的人，才會認為歐洲比較重要。

談到君士坦丁堡政局，我們必須從片段、局部的資訊來拼湊，沒有連續的敘事可參考，這一點其實和當時其他地方的情況差不多。而且，由於手邊的史料性質愈來愈多元，數量卻愈來愈少，彼此佐證、支持的可能性也大受局限。上一章提到，普拉琪迪雅與霍諾留各自的支持者在拉溫納發生暴動，導致街頭鬥毆，迫使普拉琪迪雅帶著孩子離開義大利，到君士坦丁堡求援。她姪女、姪子的朝廷，才在此時得知霍諾留駕崩的消息。到了四二三年十二月，進一步的消息指出名叫約翰尼斯（Iohannes）的宮廷官員，已經獲得擁立成為皇帝。他是首席書記官，但就僅止於此，其他人想必把他當成擋箭牌。狄奧多西很可能在剛得知叔叔的死訊時，便打算從自己位於君士坦丁堡的宮廷統治整個帝國，而不是為西帝國任命一位「次」皇帝。約翰尼斯雖然無足輕重，但他的登基卻讓狄奧多西的盤算有了大幅的轉變。霍諾留駕崩的那一天起，狄奧多西便成為正奧古斯都，捍衛這個王朝自然是他的權利。不過，隨著情勢演變，與其說他要捍衛的是狄奧多西王朝，不如說他在捍衛指派次皇帝的權利。

突然間，普拉琪迪雅和她在東帝國的親戚有了共同追求的目標。東朝廷追認君士坦提烏斯三世為奧古斯都，也接受普拉琪迪雅為奧古斯塔、瓦倫提尼安為太子（先前都沒有承認）。瓦倫提尼安雖然還是個小孩，卻在安排下與更年幼的莉琪妮雅·尤多克希婭訂婚——她是狄奧多西二世與尤多基婭之女，名字來自祖母，也就是在阿爾卡迪烏斯晚年成為奧古斯塔的愛莉亞·尤多克希婭。莉琪妮雅·尤多克希婭生於四二二年，距離普克莉雅安排弟弟與雅典娜絲的婚事不過才一年而已。瓦倫提尼安與莉琪妮雅．尤多克希婭的婚事自然多年無法完婚，但仍明確指示出狄奧多西王朝的兩個分支再度合而為一。確定聯手之後，東帝國組成陸海軍部隊，以恢復普拉琪迪雅與其子在拉溫納宮廷的地位。普拉琪迪雅與瓦倫提尼安先行來到帖撒羅尼迦，由狄奧多西的執事長官希利翁在四二四年十月二十三日宣布瓦倫提尼安為凱薩。阿爾達布里烏斯與阿斯帕這對父子檔，是狄奧多西治世時東帝國最有勢力的人。兩人分別率領艦隊與野戰軍大獲全勝，我們將在下一章提到。

長期而論，他們在義大利的這場勝仗，將會讓西部蒙上內戰不斷的陰影，但短期間還是值得大大慶祝。瓦倫提尼安在四二五年稱帝，他的姊姊尤絲塔．格拉塔．霍諾莉亞和母親加拉一樣，成為奧古斯塔。至於狄奧多西（因為生病，他選擇不去羅馬加冕）則是在君士坦丁堡街頭率領自動自發的感恩遊行，慶祝這場勝利。阿爾達布里烏斯因為凱旋歸來，獲得在四二七年擔任執政官的殊榮，他的搭檔則是東方總長弗拉維烏斯．錫耶里烏斯（Flavius Hierius）。阿爾達布里烏斯與其子阿斯帕形同建立了軍旅世家，繼續掌握大權好幾個世代，在不同時間點與皇室聯姻，連紫袍都不只一次唾手可得。至於東部，四二〇年代依舊相當和平，尤其跟四面楚歌的西帝國相比有如雲泥之別。我們會在下一章深入探討。

君士坦丁堡聲勢高漲，讓安提阿與亞歷山卓主教座為自己的地位更大聲喧嚷——對他們來說，這其實相當容易，畢竟他們深入神學研究的時間更長，深度也更深。對於帝國朝廷來說，他們的抗議遠比邊境的騷動更難對付。神學爭議總是始於真正的信仰問題，對於提出問題的人來說，正確答案有著無比的重要性。幾乎所有的爭議，都捲入了主教個人的政治操作，以及他們在政府內繁複的盟友與同伴網路。四二〇年代，同本體派與相似派之間為了聖父、聖子關係而起的角力，已經持續整整一個世紀了。而在北非，凱其里安派與多納徒派那場可以回溯到三一〇年代的無止境爭論，從君士坦丁第一次關注這個議題開始也已經過了一百年，但問題仍然沒有完全化解。相較於研究羅馬帝國的歷史學家，這些爭議的例子（還有數十項其他的神學爭議）更是基督教學者的關注點。但東部在四二〇年代與四三〇年代的齟齬，卻不能輕易掃去一邊，因為它們對羅馬世界外的基督教發展有著深遠的影響，而希臘語教會內部的政治操作，也在兩世紀後的伊斯蘭征服行動中扮演要角。

和二十年前發生在金口聖若望身上的事情一樣，四二〇年代的問題也始於某個有名的安提阿人，應帝國政府召喚，前去擔任君士坦丁堡主教開始的。這一次的時間點是四二八年四月十四日。上面提到的這位傳道者，叫聶斯脫里（Nestorius）。金口聖若望就是在這段時間內開始被人尊為聖人。這恐怕不是巧合。聶斯脫里帶著一起去君士坦丁堡的，是安提阿對於基督身上「人性」與「神性」相對角色的驚人立論——不是談基督與聖神的關係，而是基督「道成肉身」（incarnation）的方式。既然尼西亞會議已經確立聖子與聖神同「質」（*ousia*），那基督的人性從何而來？

有鑑於古代社會普遍的厭女情節，加上早期基督教思想強烈的反女性調性，也難怪問題會聚焦在基督與母親瑪利亞的關係上——或者應該說是她跟基督的關係。聶斯脫里堅持（而且他的堅持想必有皇室撐腰），瑪利亞並非「天主之母」（*Theotokos*），而是「基督之母」（*Christotokos*）。一百多年前，君士坦丁改宗基督教，並讓帝國政府負起推動正統信仰的職責。當時，幾乎沒有人知道瑪利亞，也沒有人崇拜她。但此後的一個世紀，她已經成為無數敬拜、代禱力量的焦點，「天主之母」一詞也開始出現，成為對她的尊稱。相較之下，「基督之母」強調的卻是基督的人性，突顯他的誕生來自凡人女子，是總有一死的，是肉體凡胎的。瑪利亞生下的是耶穌，是受膏的基督，而非聖子。

亞歷山卓向來反對安提阿的這種神學。三八一年，狄奧多西一世在君士坦丁堡召開的教會會議，亞歷山卓的影響力在會上漸漸浮現，成為仲裁者。五世紀時，聶斯脫里的安提阿觀點與亞歷山卓的觀點已水火不容，而濟利祿擔任亞歷山卓宗主教的任期還在持續（他在任的時間相當長，從四一二年到四四四年），也讓態勢益發惡化。本章先前提到，他傾向對自己反對的對象訴諸暴力行動，而「捨身者」殺害希帕提雅、公然攻擊奧古斯都長官的行動，受到的懲罰也相當輕微。這個安提阿人抱持著濟利祿所反對的觀點，而他居然還坐上君士坦丁堡宗主教的位子——濟利祿絕不容忍，就像他從來不接受三八一年的教會會議上，君士坦丁堡主教座被賦予至尊之位一樣。他指控聶斯脫里為異端，主張基督的人性與神性不可分割，它們構成了某種「位格合一」（hypostatic union），即便人性與神性不同，但兩者是分不開的。他的說法等於排除了聶斯脫里的論點——瑪利亞產下的是基督的人性，而非神性；對濟利祿來說，她不只是「基督之母」，更是百分之百的「天主之母」。雙方訴請西方宗主教——羅馬主教策肋定（Celestinus）來仲裁，而策肋定站在了亞歷山卓這方，因為他也絕對不能接受君士坦丁堡跟羅馬平起平坐。

四三〇年一月十日，狄奧多西慶祝登基三十週年，場面浮華盛大。就在同一年或是一年之前，他和尤多基婭的兒子阿爾卡迪烏斯（Arcadius）也出生了。但是，宗主教之間的紛歧已經在帝都內引發暴動。皇帝相信必須召開會議，裁決因為反對聶斯脫里神學而引發的問題。解決這類爭議的標準作法，仍然是送交會議進行決議，不過狄奧多西很有概念——會議不是在君士坦丁堡召開，而是在一座亞洲城市以弗所。在以弗所開會，可以期待一定程度的中立，當然也比較不受派系暴力所威脅。

四三一年的復活節是四月十九日。復活節後不久，聶斯脫里出發前往以弗所，禁軍伯坎迪狄阿努斯（Candidianus）率領一支大部隊隨行。到了六月，從亞歷山卓出發的濟利祿與擁簇者也陸續抵達，整場會議就是在這種暴力一觸即發的氛圍中展開。會議開了超過七個會期，拖延好幾個月，期間濟利祿的支持者不僅拒絕與聶斯脫里的支持者溝通，還另外自己召開形同獨立的會議，最後事情好不容易解決：聶斯脫里由於提出將基督的人性、神性區隔開來而遭判為異端，但濟利祿也短暫去職。

普克莉雅似乎也發揮了影響力，確保聶斯脫里的教義遭到譴責。狄奧多西找一個她反對的人擔任君士坦丁堡新主教，此舉展現出的獨立宣示，讓她感到不悅。四三一年十月二十五日，教士馬克西米阿努斯（Maximianus）成為君士坦丁堡主教，這個人選對濟利祿來說更能接受。聶斯脫里獲准短暫返回自己在安提阿城外的修道院，接著流放到上埃及，在那裡停留到四五〇年過世為止。濟利祿大手筆賄賂君士坦丁堡的教士與廷臣，讓自己迅速恢復權位。儘管第一次以弗所會議所做的決定，有一部分在狄奧多西統治中期改弦易轍，但聶斯脫里始終沒有恢復原本的地位。他最死忠的追隨者移居到位於波斯邊境的埃德薩（Edessa）。終其一生，他都拒絕接受自己的教義有任何非正統之處。後來在四八六年，他的教義在一場會議中，受到波斯帝國教會的正式背書。波斯教會與羅馬教會就此正式分裂，分裂的態勢也因為皇帝芝諾（Zeno）在四八九年時驅逐埃德薩聶斯脫里派而更加明確。這樣的分裂對於未來的中亞史影響深遠，因為在接下來數百年間，就是波斯基督徒將聶斯脫里的神學出口到廣大的歐亞大陸。

聶斯脫里論戰堪稱四二〇年代晚期與四三〇年代的頭等大事，此外還有另一件大事，就是《狄奧多西法典》的編纂。帝國政府產出大量累積的法律解釋與裁決，然而上一回政府試圖整理，已經是一百多年前的事。戴克里先統治時，法學家格雷戈里烏斯（Gregorius）與赫爾默格尼阿努斯（Hermogenianus）曾試圖蒐集帝國頭三百年的法律，他們希望讓司法行政系統化一些，以幫助法官釐清什麼案件適用什麼法律，而不是看手邊剛好有哪些文獻，然後就靠那些文獻判決。儘管此後法律仍大量頒布，但顯然沒有任何歸檔、校對或維護彙編的嘗試，至於這些法律是否還有效力，就更不用說了。

狄奧多西二世時代還有其他系統化的嘗試，例如確立實務文件的格式，而這些都成為了不起的成就。我們先前已經談到，平淡無奇的著作——《百官志》的「豪華版」，就出自這個時期。但同一個時期還有人們俗稱《普丁格地圖》（*Peutinger Table*）的插圖版公路地圖（現存最接近羅馬帝國地圖的文獻），以及各式各樣的技術性專論，題材從馬匹用藥到軍紀不一而足。感覺彷彿是因為意識到，帝國的東西半壁在某個程度上已經不再是一個帝國了，所以才設法將美好的昔日固定下來，以便堅持一切如常。

因此，在四二九年三月二十六日，皇帝下令組成編纂委員會，由總長安提阿庫斯・居松（Antiochus Chuzon）主持，蒐集、編輯並發表所有直至此時仍普遍適用的法律，之後再由法學家著作中的評論加以補充。立意雖好，但也扛不住亂成一團的現實：目的如此包山包海，但就是沒有合用的檔案庫。委員們只好盡可能蒐集皇帝敕令，無論出自何處——來自迦太基的數量多得出奇，可能是來自歷任阿非利加資深執政的檔案。四三五年，委員會決定做出限制，改成蒐集君士坦丁以來所有的一般法律，蒐集到編纂完成為止。最後，法典在四三八年完工。法律按照內容整理，分成十六冊，每一冊再根據主題性的「標題」來區分，將原始的法律文字拆解，根據內容置於不同的標題之下。大多數的前言，以及四世紀所立法條中那些艱澀的冗詞也加以刪除——由於少數其他文獻保存了完整的法條，讓我們得知法典對此有所刪減。更讓人容易混淆的是，編纂狄奧多西這部法典的人，是根據正式的執政官紀年法（consular calendar）記錄，意味著看不出究竟是哪一位皇帝頒布了哪一條法律。

不過，儘管問題顯而易見（讓歷史學家一不留神就會出錯），這部法典仍然是最好、最豐富的史料，幫助我們了解羅馬帝國晚期政府的結構，也可以知道個人如何在政府中效力，因為法典中保存了收受法律的對象及其職位，而且經常記錄了法律頒布、接受或公告的時間點。我們多少還能觀察到四世紀與五世紀初的政治角力——若是沒有這部法典，就完全辦不到。當法典在四三八年頒布、受到君士坦丁堡與羅馬的元老院公開讚揚時，它就被視為唯一的法律文獻，供帝國官員在訴訟中援引。

當然，依舊有新法律頒布，許多新法則保存在六世紀時、由皇帝查士丁尼推動的法律彙編中。儘管狄奧多西的編纂委員們一番努力，但查士丁尼仍然認為帝國的法律現況並不完美。正是查士丁尼的帝國立法、法學家的意見彙編，得以在中世紀盛期（high Middle Ages）重新被人發現，進而改變了西方的法律史。儘管如此，我們也不能低估狄奧多西計畫的規模，以及其法典對於保存法律、使法律稍微系統化、方便援引或實施所帶來的貢獻。更有甚者，法典作為帝國價值體系一統的化身，在東、西羅馬人正漸行漸遠的時候，保存了一絲相通的認同感。

四三〇年代不只見證了以弗所會議與《狄奧多西法典》的出版，還有瓦倫提尼安與莉琪妮雅·

尤多克希婭的婚事，此外也是羅馬帝國真正開始感受到匈人衝擊的時代。先前提到，盧阿是第一位舉足輕重的匈人領袖。他在四二二年發動的襲擊，讓東羅馬帝國開始採行新政策，用錢打發多瑙河地區的威脅──前提是金額付得起。這一年，盧阿同意以每年三百五十磅黃金為貢金，說白了就是拿保護費。由於非洲的事件使然──汪達爾人入侵、征服非洲，我們會在下一章談到──四三四年因此讓這位匈人領袖得到機會，增加剝削的規模。由於御前野戰軍主力已經派往西方，協助義大利政府控制西地中海，於是盧阿再度威脅進犯巴爾幹，這一回打算敲詐更大的數字，還有更重要的──要求交還那些逃離自己控制、遁入羅馬帝國的敵人。狄奧多西朝廷並不願意，畢竟他們需要吸收這些不服從的部落民進到帝國的軍隊裡。普林塔率代表團前去與盧阿商量條件，但盧阿突然過世，由侄兒布列達（Bleda）與阿提拉（Attila）繼承。兩人提議暫緩，想先樹立同等的權威，和叔叔一樣控制蠻族子民再說。不過，等到大批東帝國部隊再度前往西部，對付汪達爾人時，匈人也會再度以武力干預巴爾幹。

此時，瓦倫提尼安三世與莉琪妮雅．尤多克希婭之間等待多年的婚禮也終於舉辦了。四三七年夏天，西帝國皇帝與隨員前往君士坦丁堡，新人則在同年十月二十九日完婚。為了慶祝這場婚事，政府還特別鑄造、發行新索幣，上面刻有「新婚快樂」（FELICITER NVBTIIS）的字樣。婚禮結束後，這對佳偶返回瓦倫提尼安在西帝國的駐蹕地拉溫納。為了對這場婚事以及帝國東西半壁的結合表示感恩，奧古斯塔尤多基婭於是啟程前往耶路撒冷朝聖，為帝都君士坦丁堡的教會蒐集聖人遺骸。途中，她經過安提阿，對公民會議與民眾發表演說，內容迴盪著荷馬的韻律，此外還在會議廳獲得致贈的金像。返回君士坦丁堡時，她也得到類似的招待，但不久後宮廷陰謀卻帶著痛苦的影響闖入。

狄奧多西的御寢長——宦官克里薩菲烏斯——已經成功讓自己深受皇帝信任（御寢長通常如此），但皇后現在從耶路撒冷返回，說不定有機會重建自己的地位。克里薩菲烏斯於是挑撥兩位奧古斯塔之間的矛盾。首先，他利用尤多基婭的忌妒心，指出她沒有專屬於自己的御寢長，但皇帝的姐姐普克莉雅卻有。於是尤多基婭向狄奧多西施壓，但皇帝告訴她：普克莉雅生在帝王家，有這樣的分野才是合理的。接著，尤多基婭或許是再度受到克里薩菲烏斯所鼓動，主張她那守貞的對手應該接受按立成為女執事——如此一來就能一勞永逸擺脫對方。結果普克莉雅搶先一步，明白表示自己將退隱到城外幾里處的赫布多蒙宮，同時依舊讓許多忠誠者留在皇宮中。

普克莉雅退到安全的距離外以後，尤多基婭可能認為自己成了贏家。她得以策畫讓長期的盟友——四三七年來便擔任君士坦丁堡都總長的埃及詩人弗拉維烏斯・陶魯斯・塞琉庫斯・居魯士（Flavius Taurus Seleucus Cyrus），同時兼任東方總長。此前從來沒有如此龐大的權力集中於一人身上，這簡直就像皇后發動了一場祕密政變。然而，居魯士確實深得人心，據說在競技場還有為了擁護他而舉辦的遊行。他所建造的城區以他為名，他還在這裡興建了著名的天主之母教堂。此外，他也是東帝國管理文化中希臘特質開始增加的早期例子。在羅馬帝國東部，即便平民與高雅文化的主要語言是希臘語，但法律與行政語言向來是拉丁語。法律固然會翻譯成希臘語，但拉丁語的版本才具有法律效力。然而，居魯士卻是用希臘語頒布法令——這是　個世紀之後，一位可信度極高的古代作家說的。這項創舉在當時並未引發多少摩擦，同時也成為未來發展的先聲：不出百年，東帝國頒布新法律的語言，便從拉丁語轉為希臘語。

居魯士積攢的權力之大——加上他跟尤多基婭的關係——無疑會導致人們反對他，而這一回似乎又是克里薩菲烏斯在背後操弄。四四一年末，狄奧多西拔了居魯士的官，據信是這位總長的人氣讓他備感威脅。居魯士的財產遭到沒官，而他本人則被迫領聖秩（他本人非常厭惡），前往弗里吉亞偏遠城鎮柯提耶姆（Cotyaeum）擔任主教。這項任命是有意的懲罰，據說當地人已經殺了先前至少四任的主教，可能是因為那些主教表現出對聶斯脫里派的同情。不過，居魯士識時務地展現出自己的反聶斯脫里態度，安然度過了主教任期，並且在狄奧多西死後重回公眾面前，一直活到五世紀下半葉。

但是在四四一年，居魯士別無選擇，只能受罰，因為克里薩菲烏斯已經把他的靠山尤多基婭趕走了。我們知道的故事是往前回推的，甚至還有民間傳說元素參雜其中（像是「趁著慶祝主顯節時偷偷送蘋果」），顯示當時人們對於難以窺見的宮闈之內到底發生了什麼事，並無多少認知。有人影射尤多基婭與執事長官保利努斯（Paulinus）私通，讓小阿爾卡迪烏斯的生父身分成疑。無論真相為何（何況根本無法確知），狄奧多西已經對尤多基婭人一直在身邊感到難以容忍。她避居耶路撒冷，保有奧古斯塔的頭銜，並一路待了十六年，大手筆投入賑濟與宗教建築中。保利努斯被處死。至於有可能成為醜聞的繼承人阿爾卡迪烏斯則自然死亡，時間可能是四三九年或四四〇年。他從沒有升為凱薩，更不用說是奧古斯都，甚至因為當時刻意的掩蓋而幾乎埋沒於歷史的記憶中。

對手消失了，但普克莉雅並未再度掌權。情況正好相反，宮內事務如今似乎完全操控在克里薩菲烏斯手中。謠傳總是比許許多多的聲明聽起來更可信——據說，狄奧多西在位的最後十年，只要給他什麼文件，他都會簽名，幾乎不讀內容。這說不定是真的，但事實是，我們在四四〇年代的宮廷內找不到任何行政方面的大人物，這跟狄奧多西頭三十年的統治情形大相逕庭。不過，樞密院也確實如四三〇年代一樣，提供同等的治理、法律與政策一致性。接著在四四六年時，君士坦丁堡元老院首度成為立法程序的一環。如此一來，就不只是樞密院起草法律聲明與判決文，而是有一套完整的諮議程序，讓東帝國的元老把重心擺在帝都上，而西帝國早已不再如此。

匈人重新入侵，加上因為對聶斯脫里的爭議未能圓滿解決，而引發新的一輪宗教爭議，讓狄奧多西統治晚期為之撼動。但回到四三四年，普林塔率領的使團與布列達、阿提拉兄弟達成協議，未來不再接納出逃的匈人、贖回羅馬戰俘，並將支付給兄弟倆的保護費提高了兩倍到七百磅黃金——或許反映了匈人現在有兩個平等的統治者。東帝國朝廷可以心平氣和地考慮這麼大的數字，顯示整體經濟安定，遠勝寸步難行的西帝國。

四三〇年代後期，布列達與阿提拉鞏固了多瑙河以北、以東各種牧民與定居人口的掌控力，但控制程度有多深則不清楚。接著在四三九年，汪達爾王蓋塞里克（Gaiseric）成功打下迦太基。東帝國野戰軍主力奉派前往非洲，與西帝國瓦倫提尼安政權合作處理威脅。幾乎在同一時刻，阿提拉與布列達宣稱帝國違反了四三五年的條約，並一口氣占領多瑙河邊境的數個城鎮，包括被夷為平地的維米納奇烏姆（Viminacium）。馬爾谷斯（Margus）、辛吉都努姆與外多瑙河要塞君士坦提雅盡數遭到占領，破壞嚴重。四四一年，斯爾米烏姆陷落，多數居民淪為奴隸。城陷的消息令人震驚——斯爾米烏姆整個三世紀與四世紀都是皇帝的駐蹕之地、巴爾幹的防務輻輳，也是東西之間主要的轉運點。多瑙河不再是有實際意義的邊界——嚴格來說，潘諾尼亞與達契亞管區暴露在匈人的襲擊之下，進攻時機任由阿提拉與布列達選擇。而即便御前野戰軍回師，促使阿提拉與布列達撤到多瑙河以北，但直到世紀末，帝國民政在大部分的潘諾尼亞行省與達契亞行省地區，已經很難有什麼運作。

四四五年，布列達身亡，可能是弟弟下令謀殺他。到了四四六年，阿提拉宣稱皇帝積欠了應該支付給匈人的款項，如果現在不運來兩千一百磅的黃金，就會有一場入侵緊接而來。狄奧多西政府拒絕要求，畢竟東部邊境無事，來一場巴爾幹戰爭說不定還在控制範圍內。阿提拉開始為了四四七年的戰爭季備戰。帝國的因應措施，因為一場大地震震倒了君士坦丁堡許多防禦工事而大亂。阿提拉的部隊據信已經攻陷七十座城市，但他不打算進入受到地震肆虐的色雷斯地區，於是掉頭前往北邊的馬爾奇亞諾波利斯，溯多瑙河而上，往潘諾尼亞前進。他們遭到一支帝國野戰軍攔截，蒙受沉重的傷亡，才在最後擊潰他們的羅馬對手。

帝國政府被迫再次談判，同意支付六千磅的黃金，作為所謂的補償，並將每年的貢金增加到兩千一百磅。匈人王還要求邊境清出一段狹長的地帶作為緩衝，沿著多瑙河數百公里，寬度則要有五天的馬程。就我們所知，狄奧多西的廷臣對此讓步了，這意味著將當地剩餘的駐軍撤走（想必也不多）；但沒有證據顯示，長年被匈人劫掠與勒索而嚴重減少的人口，也要拱手讓人。無論如何，和約似乎是成了，或許也是因為巴爾幹省份這塊骨頭，已經沒有多少肉留給阿提拉剔了。四四七年後，他把注意力轉向西部。

匈人的衝擊對巴爾幹的皇權破壞力極大，不過更讓人印象深刻的，反倒是東帝國能連續多年支付如此大的金額，卻沒有破產，也沒有陷入治理危機。相形之下，神學爭議對於帝國的控制才是持續的威脅，影響所及不只是首都與其他大都市，就連最富庶省份的鄉間亦然。亞歷山卓的濟利祿死於四四四年，其主教任期之長前無古人，而任內之暴力後無來者。他的繼承者狄奧斯科魯斯

（Dioscorus）對於安提阿的聶斯脫里神學遭到剷除還不滿意，於是提出一種極端簡單的主張，反對基督有兩種「性」（*physis*）的可能性。在君士坦丁堡，狄奧斯科魯斯的論點得到歐迪奇（Eutyches）的發揮——他是城內一所大修道院的院長，也是宦官克里薩菲烏斯的密友。君士坦丁堡主教弗拉維阿努斯（Flavianus）反對歐迪奇，他支持的是前一次以弗所會議的結論——理論上終結了聶斯脫里爭議的方案。四四八年，弗拉維阿努斯譴責歐迪奇為異端，但後者尋求羅馬主教利奧（Leo）的干預。

利奧對於羅馬主教的職權——仲裁基督信仰的對與錯——有著凌駕於前任的觀點。正是因為利奧，我們才開始把羅馬主教推上「教宗」地位——主張在教會有著屬靈上的權威，而其他人通常也接受其主張——來看待他們。一如既往，羅馬還是傾向支持亞歷山卓，反對君士坦丁堡或安提阿。但當利奧欣然干預並深入研究之後，卻判定君士坦丁堡的弗拉維阿努斯是對的，歐迪奇才是持異端觀點的人，而這只有他本人——利奧，才有權評判。狄奧斯科魯斯呼籲召開大公會議，以澄清自己與追隨者的觀點。御寢長克里薩菲烏斯是歐迪奇的朋友，這個事實將幫助很大。狄奧多西在四四九年召開會議，這一回的地點還是以弗所。

會議於八月召開（有違利奧所願），由亞歷山卓的狄奧斯科魯斯主持。利奧的代表呈上他的《大卷》（*Tomus*）——不得不說，這部神學著作依舊展現出拉丁語作為哲學或神學的語言載體，就是比不上希臘語的精妙。不出所料，爭議雙方的希臘語主教都認為羅馬的這份文件毫無價值。狄奧斯科魯斯壓倒了所有潛在的反對，集結超過一百名主教的支持，在帝國軍隊的仔細監視下判歐迪奇為正統，並罷黜弗拉維阿努斯的君士坦丁堡主教之位。弗拉維阿努斯當場丟官，還有好幾個拒絕接受的安提阿支持者也遭流放。

義大利這邊，勃然大怒的教宗利奧說服拉溫納朝廷，介入君士坦丁堡資深共帝的決策。瓦倫提尼安三世和他的堂兄一樣軟弱，而且人似乎更傻——當然徒勞無功。拉丁教會將第二次以弗所會議斥為「強盜會議」，但資深的皇帝仍然堅守明確的亞歷山卓信條：基督的一性，在同為神與基督的單一位格上顯現。狄奧斯科魯斯對羅馬的利奧施以絕罰。假如事情發生在昔日的四世紀，皇帝甲應該會強迫皇帝乙，要他製造麻煩的教士乖乖聽話。但現在不然，西帝國政局近乎混亂，雙方也沒有內戰的心情。

其實，事情原本可以就此打住，誰知道發生了一系列不尋常的歷史意外。普克莉雅設法讓克里薩菲烏斯垮台，回到弟弟的皇宮，恢復自己的地位——怎麼辦到的？我們不曉得。接著在四五〇年七月二十八日，狄奧多西落馬，摔斷了背，傷重而死。這讓東帝國政局又有了新的面貌，但君士坦丁堡也絕無可能尊重瓦倫提尼安身為資深皇帝的權利——東帝國宮廷逐漸認為西帝國有如我們今日所說的失能國家（failed state），雖然不時給予援助，卻也深知問題完全無法解決。

馬爾切利努斯**伯**（Marcellinus *comes*）在六世紀所寫的編年史中，保存了大量來自君士坦丁堡政權正式布告的資料。書中暗指狄奧多西在臨終前有任命自己的繼承者。狄奧多西身受重傷時，普克莉雅和在場大官們可能為了挽回情勢，於是在他奄奄一息時制定了計畫。阿爾達布里烏斯之子阿斯帕不打算謀求寶座（宮內大多數的資深將領都沒有這種想法），而是讓他的副將——色雷斯軍官馬爾西阿努斯（Marcianus，英語中通常稱為馬爾西安〔Marcian〕）獲得大位。普克莉雅隨後嫁給馬爾西安，不過這樁婚事不太可能讓所有人都感到滿意。在瓦倫提尼安的西帝國朝廷眼中，此舉形同篡位，他們不僅拒絕承認，而且在四五〇年代初期所頒布的法令中，其標題也略去了東皇帝的名字。儘管瓦倫提尼安的態度有理，但以東帝國的輿論而言，馬爾西安與普克莉雅的婚事，便讓他足以成為狄奧多西家的正統成員。這位奧古斯塔在四五〇年八月二十五日親自為夫婿加冕（婚禮隨後在十一月二十五日舉行），而他一即位，就處死了失寵的克里薩菲烏斯。新黎明於焉展開，而第一項措施將跟教會有關。

先前提到，第二次以弗所會議被羅馬主教利奧斥為「強盜會議」，主要是因為會議無視於他所提出的神學信條（《大卷》）。有些東方主教認為，狄奧斯科魯斯身為繼承者，跟濟利祿同樣強勢，而這場會議形同將濟利祿的基督一性信條強加於整個東方教會之上。我們無須拘泥於一性學說所引發的複雜神學細節，但馬爾西安召開會議所留下的卷宗，卻是我們認識五世紀宮廷實務與教會政治運作最豐富的文獻。馬爾西安遵循前任的政策，判定利奧的《大卷》至少要交由另一次的大會來討論，會議將在東帝國舉行，讓教宗參加。為了籌備會議，君士坦丁堡的安納托利烏斯（Anatolius of Constantinople）——儘管是因為狄奧斯科魯斯與亞歷山卓人的影響力才當上君士坦丁堡宗主教的——仍同意為教宗的《大卷》背書。利奧選擇再次抵制會議，但馬爾西安忽略這些抗議，下令在四五一年秋天於君士坦丁堡開會，但後來為了降低暴動的風險，而移師到博斯普魯斯海峽對岸的迦克墩。

後人承認這場會議為第四次大公會議（前三次為尼西亞會議、君士坦丁堡會議與第一次以弗所會議），會議的決議適用於整個教會——而且時至今日，西方的天主教會與東方的東正教會都同時承認這場會議。整整六百名主教到迦克墩與會，經過多個月的角力之後，達成折衷方案（在政治上也是妥協），幾乎每一位主教都背書了，連許多認為這項方案錯得離譜的主教也簽了字。濟利祿的部分著作與利奧的《大卷》得到會議認可，它們都蘊含著真正的教義，但信仰的詮釋卻無法讓任何人滿意：只有一個基督，但具備不能分開、不能離散、不相交換的神性與人性，而這兩種性合而為一卻混而不同，會合於一個位格與一個本體之內。

對眾多當代讀者來說，這段話讀起來就像夢囈——即便有些人所屬的教會至今仍奉迦克墩信經為正統教義，但連虔誠的會眾聽起來也會覺得莫名其妙。之所以如此，就是因為這些話在當時就是冠冕堂皇講空話：如此的表述形式，能為安提阿方面的觀點留下相當的餘裕，讀起來又排除了最極端的亞歷山卓信條，讓相信的人認為這份信經已表達出自己觀點的精妙之處，既可以讓「教宗至上」（papal primacy）的拉丁支持者宣布勝利，還能使東方教會的人無視其主張。狄奧斯科魯斯遭到大會罷黜，繼任人選則是在帝國軍隊的護送下，到反抗的亞歷山卓任職。許多埃及與巴勒斯坦基督徒仍舊堅守濟利祿與狄奧斯科魯斯的一性神學（他們的敵人不久後將之稱為一性論〔monophysitism〕），會議結果對他們的忠誠心造成長久的傷害，成為東帝國宗教生活中難以抹滅的疤痕。帝國政府必須強行推動許多子民根本無法接受的教義，因此馬爾西安的後繼者得同時在亞歷山卓、安提阿，甚至是聖城耶路撒冷，面對大規模的暴動，抗議迦克墩會議的處置。經過幾個世紀，敘利亞、巴勒斯坦與埃及對於迦克墩信經的抵制仍未見歇，而且在上述各區的大多數地方，民意一直保持著毫不妥協的一性論。這樣的現實將持續影響數個世紀，尤其是兩個世紀後阿拉伯人征服期間與征服後——大部分的東部疆域就此脫離帝都的控制。

迦克墩會議同樣在希臘與拉丁教會之間埋下進一步的問題，畢竟這二十八條信經，正式確立了君士坦丁堡擁有與羅馬同等的特權與權威——也就是說歷史更悠久、在教會發展早期重要性也更高的安提阿與亞歷山卓教會，如今所能主張的權威絕對低於君士坦丁堡。地位同樣突然竄起的還有耶路撒冷主教座——在教會內並非古老的教座，但從君士坦丁治世以來，出身皇室的朝聖者對這座城市提供無盡的贊助，讓這裡的影響力遠甚於歷史。如今，耶路撒冷主教座有其獨立的基礎，再也不是安提阿之下的輔理主教（suffragan）。八十年後，這個所謂的「自主教會」（autocephaly），將會在查士丁尼皇帝統治期間，與羅馬、君士坦丁堡、亞歷山卓、安提阿一同得到「宗主教區」（patriarchate）的地位。

馬爾西安還有一項原本可能造成慘痛結果、但最後卻平安無事的重大施政：他決定不再用錢換取多瑙河邊境的和平。他這麼做既是為了顯示自己的威望，也是審慎的財政措施。這讓後世為前任皇帝所展現的正信美德增添了一些有形的內容：直到查士丁尼皇帝統治時，人們還在讚美馬爾西安為國庫留下的錢。儘管受此侮慢，不過阿提拉也認為巴爾幹已經沒什麼好敲詐的了，於是選擇不動聲色。普克莉雅死於四五三年，她跟馬爾西安的婚姻也沒有留下子嗣——以她的年齡來說，是很自然的結果。她把所有的家產盡數留給君士坦丁堡的窮人。馬爾西安在四五七年一月隨她而去，此時的他是狄奧多西王朝最後一位握有統治權的人。普克莉雅的姪子瓦倫提尼安，已經在四五五年於義大利死於非命。瓦倫提尼安不像狄奧多西二世那樣與世隔絕，但他的統治也沒那麼成功，而他的死就是其治世的最高潮。

君士坦丁堡的軍事高層以西帝國行之有年的常規來鞏固自己的勢力，將下級軍官——軍政官利奧（Leo）——推上皇位，其恩主阿斯帕使了不少力。宮裡究竟經過什麼樣的操作，才達成這種結果？

我們實在霧裡看花，畢竟還有一位在各方面都比利奧優秀的候選人，叫作安特米烏斯（Anthemius）：他出身東帝國民政、軍事兩方面的名門，父親是曾經在四二一年至四二二年的波斯戰爭中打勝仗的將軍普羅柯庇烏斯，而外祖父又是偉大的東方總長——四〇五年的執政官安特米烏斯。他和幾乎每一位高級軍官的兒子一樣，從下級軍官階級一路往上爬，在某個時間點受到馬爾西安青睞，娶了他的女兒愛莉亞．馬爾西雅．尤菲米雅（Aelia Marcia Euphemia）。雖然不知道兩人何時完婚，但由於安特米烏斯突然出現在四五三年的史料中，執掌亦非等閒之位（色雷斯公〔*comes per Thracias*〕），很有可能他的晉升跟婚事有關聯。他榮任四五五年的後執政官（皇帝瓦倫提尼安為西帝國先執政官），而馬爾西安駕崩時，他是當時的御前軍長，並擁有貴族頭銜。

因此，利奧的即位一開始看來就像是宮廷政變，一名功勳彪炳的軍長將另一名軍長排除於權力之外，方法歷久彌新——用一名官階輕得不足以構成威脅的軍官搶占大位。但或許兩位軍長之間達成了協議。阿斯帕未來十五年仍然是東帝國軍界的要人，而新皇帝即位後也沒有阻礙安特米烏斯的仕途，他將在五世紀下半葉試圖統治西帝國的碎片。這些碎片是瓦倫提尼安三世漫長、消沉治世的殘餘，他的王朝也在西帝國覆滅時告終。

第九章　普拉琪迪雅、阿耶提烏斯與瓦倫提尼安三世

先前談到，霍諾留死於四二三年八月十五日。當時，普拉琪迪雅才被迫離開拉溫納不久。由於沒有人肩負起君士坦提烏斯的重任，西帝國實際上經歷了一段皇位空缺期。狄奧多西二世——應該說那些為他代言的人——原本希望從君士坦丁堡統治整個帝國，但這並不實際。到了十二月，有動靜了——首席書記官約翰尼斯在拉溫納獲得擁立，成為奧古斯都。

這一步棋的箇中道理並不清楚。現存史料只有提到兩名支持這場政變的人，其一是步騎軍長卡斯提努斯，上一次談到他時，他沒能成功討伐西班牙的汪達爾人，倒是把普拉琪迪雅的門客波尼法提烏斯從義大利趕去非洲，結果讓波尼法提烏斯成為阿非利加伯；其二則是弗拉維烏斯・阿耶提烏斯，一名出身默西亞行省都羅斯托魯姆的下級軍官，如今約三十歲。他的父親高登提烏斯（Gaudentius）曾經在狄奧多西一世麾下討伐尤蓋尼烏斯，後來被斯提里科逼走。高登提烏斯先前得寵時，阿耶提烏斯人在匈人那兒充作質子，後來他跟多瑙河彼岸的匈人政體也保持著良好關係。父子倆抓準約翰尼斯篡位的機會，成就自己前所未有的飛黃騰達：高登提烏斯成為御前軍長，而阿耶

提烏斯儘管在過去十年大部分的時間都是宮廷侍衛（*protector domesticus*），沒什麼晉升，如今卻成為禁軍參謀（*cura palatii*），與禁軍中的軍政官平起平坐。羅馬元老院的態度很難重建，但我們推測除了與卡斯提努斯合作的拉溫納廷臣之外，一定還有一些堅定的支持者：所有為約翰尼斯鑄造的索幣都來自拉溫納，但還有許多銅幣鑄於羅馬，顯見他得到羅馬的認可。

我們已經知道，這位繼承大位的挑戰者，讓君士坦丁堡政權利用起流亡的親人動了起來：拉溫納派使節送約翰尼斯的皇帝肖像過去，結果使節被拒於門外，甚至遭到流放。狄奧多西終於承認已經過世的君士坦提烏斯三世為正統皇帝，瓦倫提尼安為太子，而加拉·普拉琪迪雅為奧古斯塔。狄奧多西的女兒莉琪妮雅·尤多克希婭在安排下許配給瓦倫提尼安，東帝國軍隊進占薩洛納（Salona），並且在帖撒羅尼迦建立基地，深受狄奧多西重用的執事長官希利翁則在此將瓦倫提尼安立為凱薩。普拉琪迪雅與瓦倫提尼安隨大軍前往薩洛納，接著在阿爾達布里烏斯的指揮下，大部分的部隊在此上船前往義大利。其餘部隊由阿爾達布里烏斯之子阿斯帕指揮，借道斯爾米烏姆（當時尚未落入阿提拉的匈人手中）推進阿奎雷亞，途中只遭遇少數組織性的抵抗。普拉琪迪雅與其子駐蹕阿奎雷亞，直到行動結束。四二四年，卡斯提努斯擔任西執政官，但東帝國不承認他，而是由軍長維克托（Victor）單獨擔任執政官。得知東帝國入侵部隊即將抵達，阿耶提烏斯於是遣使至潘諾尼亞，計畫招募一支匈人軍隊——至於他們是雇傭兵，還是匈人王盧阿派來的士兵，就不得而知了。阿爾達布里烏斯從薩洛納出發時，他的協商行動也有了不錯的進展。

運氣站在約翰尼斯這一邊——至少短暫如此，因為暴風雨摧毀了大部分的艦隊，阿爾達布里烏斯也在上岸時被俘。約翰尼斯如今手中握有絕佳的談判籌碼，所以打算按住不發，先等自己有支大部隊撐腰時再說——也就是等到阿耶提烏斯帶兵回來為止。計畫聽起來很好，結果卻失敗了——阿爾達布里烏斯在義大利部隊中人氣很高，不只有能力反正拉溫納駐軍，還派信差到阿奎雷亞，促阿斯帕全面入侵。阿斯帕的部隊抵達拉溫納外圍，但由於以騎兵為主，步兵則因為船難而被打散，他們幾無多少機會攻下城池，也很難誘出守軍到戰場上決戰。然而，一位當地牧羊人（傳說如此）卻為阿斯帕的部隊領路，穿過了城池周遭的沼澤，接著為他們打開城門。據東帝國宣傳，這都是因為狄奧多西的祈禱奏效了：上帝派天使帶領東帝國軍隊抵達目標。不過，阿爾達布里烏斯的三寸不爛之舌和得到重賞的機會，才是比較可能的原因。

無論如何，約翰尼斯終究在皇宮中被捕，押送到阿奎雷亞，被奧古斯塔處死——不過要先砍了他的手腳，放在驢子背上，繞競技場示眾。卡斯提努斯追隨者眾，只好加以流放，不久後死於流放地。但就在此時，阿耶提烏斯卻率領據說六萬名匈人而來。對於因船難而大亂的東帝國部隊來說，就算來軍人數只有十分之一，也會造成嚴重的問題。阿耶提烏斯體認到自己有說話權，即便他所擁護的大業已經受挫，但他仍拒絕解除武裝，反而要求在新政權中占有一席之地——假如拒絕，他就會為自己而戰。亞拉里克在二十年前開闢了這種模式，如今西帝國的人漸漸接受，認為這是通往權力最快的路。普拉琪迪雅接受了阿耶提烏斯的要求，任命他為軍長，並付錢打發匈人，讓他們在未經一戰的情況下返鄉；阿耶提烏斯之子卡爾皮里歐（Carpilio）則成為皇后身邊的人質，以確保這些匈人不會滋事。

這一群五花八門的勝利者從阿奎雷亞出發，前進羅馬。四二五年十月二十三日，凱薩瓦倫提尼安獲立為奧古斯都，和先前在帖撒羅尼迦時一樣，由東執事長官希利翁代表狄奧多西，為之加冕。

當局發行了打上「兩奧古斯都的勝利」（VICTORIA AVGG，即狄奧多西與瓦倫提尼安）字樣的錢幣，背面的圖案是皇帝頂著皇冠，踩在代表敗北的篡位者人頭蛇身上。阿爾達布里烏斯雖然在海上並不走運，但他是凱旋背後最大的功臣，也因此獲得嘉勉成為執政官——他擔任四二七年的後執政官，與狄奧多西強大的東方總長錫耶里烏斯搭檔。

埃及底比斯的奧林匹奧多魯斯所寫的史書中，這場辦在羅馬的即位大典可說是最高潮。奧林匹奧多魯斯曾經擔任使節，跟上一代的阿米阿努斯一樣有著旅人的好奇心。他寫了一部史書，內容從四〇七年寫到四二五年（他稱之為《史料》〔*Materials for History*〕，且不打算對內容採取修昔底德式的打磨，認為這麼做雖會讓文字雋永卻讓意思模糊，所以寧可採用新奇或艱深的希臘語詞彙，以深入傳達自己的意思）。他在四二七年完成這部作品，使之盡可能接近古代世界偏好的時事研究，而現存的斷簡殘編也足以讓我們看出原書的敘事發展。對他來說，東帝國總能做出西帝國做不到的正確決定——控制王朝繼承人的數量，負起產下繼承人的責任，對蠻族的不敬施以迅速決絕的打擊——也因此東部的皇族分支必須對西部鼎力相助。但奧林匹奧多魯斯的敘事可不像某些學者以為的樂觀，他固然稱許君士坦丁堡對拉溫納親人的慷慨關心，但現存殘編的結尾（保存在一部毫無想像力的文獻中，顯然對史實沒有更動）卻是阿耶提烏斯率領匈人大軍來到義大利，準備開戰，但如果籌以高官，阿耶提烏斯也願意化干戈為玉帛。這並非隨意為之，在義大利這段問題蔓生的漫長時期，奧林匹奧多魯斯人就在當地，深知問題有多麼難以應付。在他的描繪下，阿耶提烏斯的擁兵割據，預示了未來的嚴重動盪，讓西帝國在普拉琪迪雅與其子的虛幻凱旋後深陷其中。

不過，虛幻的凱旋說不定有部分的真實：事實證明，普拉琪迪雅善於操弄潛在敵人與潛在支持者之間暴力相向。至於瓦倫提尼安三世則在皇位未受嚴重挑戰的情況下統治了三十年。原因很簡單，終其治世——應該說四四〇年代初期，加拉不再積極介入政治為止——皇帝頭銜都沒有什麼好值得人謀反的，帝權因為將領的角力而傾頹。為了能在帝國得到一席之地，他們寧可摧毀政府的一部分也在所不惜。等到瓦倫提尼安在四五五年駕崩時，西帝國的空洞早已是公開的祕密，角逐大位的人根本沒有像樣的機會一展長才，畢竟正統的繼承人已經有了三十年的時間都辦不到了。

儘管如此，即便西帝國這五十年來激起了多少百轉千迴的哀思，我們都不能忘記：帝國的崩潰並非必然，即便那些為了帝國你爭我奪，造成其崩潰的人——也就是西帝國內部星星點點的軍閥與小國國王，有的受到帝國認可，有的沒有——也沒有摧毀政治體系的意思。帝國的瓦解只是他們拉鋸的副作用。四二五年，普拉琪迪雅固然與阿耶提烏斯締結了短暫的和平，但她並不相信他。東帝國野戰軍在瓦倫提尼安即位後不久班師回朝，而此時西帝國的步騎軍長卻不是阿耶提烏斯，而是弗拉維烏斯．君士坦提烏斯．菲利克斯（Flavius Constantius Felix）。我們對他的背景一無所知，但想必他是一位同時受到東帝國高層與普拉琪迪雅本人信任的資深將領。

阿耶提烏斯當上騎兵長，奉派高盧。我們很難從相互矛盾的文獻中，找出接下來幾年他在高盧的行動，但他確實為了亞雷拉特的控制權，和狄奧多里克打了起來——狄奧多里克原本可能只是想控制納博訥高盧，以對抗約翰尼斯的部隊，但在普拉琪迪雅與阿耶提烏斯議和之後，卻拒絕交出自己對納博訥高盧的控制權。我們曉得在四二〇年代後期，北至索姆河的比利時高盧二區，以及萊茵河中游一帶（可能在莫古恩提亞庫姆附近）都有戰事，而且兩起戰事很可能都是為了對抗此起彼落的法蘭克強人。大致在同一時間，汪達爾人也出現在貝提卡，挑戰帝國在四一〇年代所恢復的西班牙控制權。整個四二〇年代後期，各式各樣的戰鬥集團從貝提卡出發，對西地中海地區發動海盜襲擊。汪達爾王貢德里克（Gunderic）與蓋萊奇亞的蘇維匯人衝突不斷，同樣造成公開的戰鬥，導致管區首都奧古斯塔艾梅利塔（今梅里達）不止一次受到威脅。貢德里克死於四二八年，其弟蓋塞里克繼承汪達爾王權，延續長兄與蘇維匯人的敵對態勢。與此同時，波尼法提烏斯則在非洲征戰各個茅利人群體，但我們並不曉得細節。

菲利克斯對屬下和他們的野心有強烈的懷疑，或許他有很充分的理由懷疑。顯然人人都在陰謀對付彼此，他自然也認為大家想謀害自己。我們無法釐清宮廷的政治運作，但至少還能看出在四二七年左右，波尼法提烏斯受到撤換令所威脅。他拒絕離任，並擊敗菲利克斯派去強迫他離職的將領。四二八年，普拉琪迪雅的哥德支持者之一——弗拉維烏斯．希吉斯維爾圖斯（Flavius Sigisvultus）奉命取代波尼法提烏斯為阿非利加伯，並成功占領迦太基與希波等濱海大城，但波尼法提烏斯仍拒不投降。接著到了四二九年，眼看菲利克斯集中精力對付波尼法提烏斯，阿耶提烏斯便趁機對這位軍長舉起叛旗，菲利克斯與妻子帕度西雅（Padusia）雙雙被殺。

由於側近沒有可靠的盟友，普拉琪迪雅和宮廷別無選擇，只能接受由阿耶提烏斯繼承菲利克斯，成為最高層的軍長。希吉斯維爾圖斯受召返回義大利，可能是代替普拉琪迪雅制衡阿耶提烏斯，結果讓波尼法提烏斯再度控制阿非利加。然而，汪達爾王蓋塞里克同時也決定利用這個亂局，入侵非洲。他與追隨者帶著婦孺，離開西班牙，利用沿海航運從廷吉塔尼亞（Tingitania）渡海到凱薩茅利塔里亞與西提菲茅利塔里亞，真正的征服行動於焉展開。一份時代稍晚的史料（為紀念相似派的汪達爾人如何迫害尼西亞派而寫）宣稱蓋塞里克對麾下人數做了一番調查，得知有八萬人輾轉而來。數字本身不可信，但這是我們擁有的唯一證詞，此外也沒有特別的根據能讓人相信數字無誤。為了回應這項新危險，波尼法提烏斯又被納入正規軍事體系，恢復阿非利加伯的頭銜，與蓋塞里克稍微打了一仗。

蓋塞里克入侵努米底亞（Numidia）。四三〇年五月左右，波尼法提烏斯在此兵敗，率領部隊遁入希波，蓋塞里克旋即圍城。希波城支撐了一年，圍城期間，長期擔任主教的奧古斯丁在八月二十八日以高齡辭世。蓋塞里克在四三一年七月放棄，被迫面對東帝國朝廷派來的軍隊。我們在上一章提到，大將軍阿爾達布里烏斯之子——弗拉維烏斯．阿斯帕奉派前往西部，試圖再度拯救危亡中的西部政權。他跟波尼法提烏斯兵會一處，與蓋塞里克大戰一場，結果兩人潰逃。東帝國軍隊殘部的下場不得而知，但波尼法提烏斯撤回義大利，將希波拱手讓給蓋塞里克。蓋塞里克則對努米底亞內陸展開鎮壓，接著襲擊阿非利加首府迦太基。

阿耶提烏斯成為四三二年的執政官——他玩得起執政遊戲，顯見當年討伐萊茵蘭的過程中搜刮了不少油水——但他跟普拉琪迪雅之間又很快起了衝突。普拉琪迪雅將他免職，指派自己門下的波尼法提烏斯擔任軍長。有鑑於先前在非洲的失敗，他可以毛遂自薦的地方，其實只有證明自己不是阿耶提烏斯的事實。當然，阿耶提烏斯對於遭人取代，其不滿絕對不亞於五年前的波尼法提烏斯。就是這種無謂的對立，傷害了西帝國政府的統治能力。四三二年，波尼法提烏斯與阿耶提烏斯在義大利土地上作戰。此時，雙方在不靠任何傭兵（或者用個比較好聽的詞，「盟友」）的情況下，可用的兵力都非常少。主要戰役在阿里米努姆附近開打，戰局不利於阿耶提烏斯，於是他逃往達爾馬提亞。但波尼法提烏斯也在戰鬥中負傷，不久後便傷重而亡。他的女婿弗拉維烏斯．賽巴斯蒂阿努斯

（Flavius Sebastianus）繼任成為步騎軍長，而阿耶提烏斯則回頭找匈人，爭取一支能讓他奪回權力的軍隊。

他在四三三年達到目標，率領匈人傭兵再度出現在義大利，威脅朝廷將他官復原職。他在宮裡除了有敵人之外，顯然也有盟友。我們依舊不知道來龍去脈，但賽巴斯蒂阿努斯遭到拔官，被迫流亡，而阿耶提烏斯再度成為軍長，得到「派特里興」榮銜，並娶了波尼法提烏斯的遺孀佩拉吉雅（Pelagia）。這一回，匈人又得到錢打發，返回盧阿的領土。四三四年，權位穩固之後，阿耶提烏斯決定跟蓋塞里克達成協議，畢竟蓋塞里克太過強大，難以擊敗，但說不定可以拉攏為盟友，用來對付其他對手。曾任內庫伯，但當時職別不明的民政官員提里格提烏斯（Trygetius）奉命前去與汪達爾王協商。雙方在四三五年二月中旬談妥，汪達爾人將希波交還給帝國政府，但獲准保有對兩個茅利塔里亞行省與部分努米底亞的控制。雙方都曉得這項安排只是權宜之計，但至少讓重中之重的運糧船控制權暫時回到帝國手中。

掌握了運糧船，意味著阿耶提烏斯能牢牢掌控義大利，但高盧還不在控制範圍內——眼下，他的注意力也轉向高盧。就在處理好非洲事務的同一年，他再度尋求匈人援助，而這一回是為了對付萊茵河上游的勃艮第人。初生的勃艮第王國，已經開始從萊茵河畔勃爾貝托馬古斯（Borbetomagus，今沃姆斯〔Worms〕）的核心，向外發展到盧格杜高盧（Gallia Lugdunensis），還得到當地貴族的積極合作——他們比以往更不滿義大利政府的忽略，除了幾個特定的高盧官職之外，似乎整個高盧都被排除在帝國的階級體系之外。我們在上一章談到，阿耶提烏斯的老盟友盧阿已經在四三四年過世，於是阿耶提烏斯向盧阿的兩位姪子阿提拉與布列達借兵。勃艮第的軍力在四三六年或四三七年遭到粉碎，他們的國王艮特（Gundahar）連同上千名勃艮第士兵戰死。這些事件經大幅更動後化為傳說，最終成為經典的《尼伯龍根之歌》（*Nibelungenlied*）——一首十二世紀的中古高地德語史詩，後來進一步形成華格納那部崇高卻令人精疲力竭的數小時歌劇《尼伯龍根的指環》（*Der Ring des Nibelungen*）。

四三七年是瓦倫提尼安三世第二次擔任執政官的那一年，也在那年他滿十六歲。他被帶往君士坦丁堡，與狄奧多西和尤多基婭之女莉琪妮雅·尤多克希婭結婚。夫妻倆返回拉溫納不到一年，女兒就誕生了。女兒與她外祖母——東奧古斯塔同名。隔年，二女兒普拉琪迪雅出生。一年多後，阿耶提烏斯的婚姻也為他帶來兒子高登提烏斯（Gaudentius），而阿耶提烏斯絕對也在計畫透過聯姻來主宰皇統繼承——和斯提里科當年對霍諾留的安排如出一轍——但先決條件是他得掌握身邊的政治漩渦才行。他的難處在於五世紀初便已猛虎出閘的諸多勢力與狂熱情緒——他本人也深諳此道，每當情勢需要，他就會採取攻擊、或退出帝國權力結構的政治操作。儘管如此，年幼的普拉琪迪雅仍然不出預料，在四四〇年代初許配給高登提烏斯——當年，霍諾留對斯提里科積怨難消，而類似的舞台如今也已搭好。

對阿耶提烏斯來說，麾下軍官的野心才是最迫切的問題。四三〇年代晚期，阿耶提烏斯仍然是「派特里興」，也是階級最高的軍長，但其他將軍也有軍長頭銜，而原本用來稱呼位列第二用的「騎兵長」頭銜則消失了。西班牙軍長阿斯圖里烏斯（Asturius，當年在蓋萊奇亞鎮壓馬克西穆斯第二度稱帝的阿斯特里烏斯，可能是他的祖先）對蘇維匯人，以及一場在史料中淡化成盜匪劫掠，實則因為地方叛變的事件而發動軍事行動。西班牙的情況與西北高盧（大略稱為阿勒莫里卡〔Armorica〕

的地區）等地類似，有不少當地居民寧可由強人與軍閥統治，也不要帝國中央直轄——或許是因為缺乏資金與忠誠的官僚，帝國核心已經難有治理可言。其實，與其說是治理，不如說阿勒莫里卡與西班牙北部的居民是受到懲戒——表面上是對蠻族開戰，但其實也是討伐那些繞過中央、開始在當地尋求資源、期待有別人領導行政與司法的在地居民。四〇九年之後的四十年間，蘇維匯人既未成為羅馬西班牙人，亦非地方情勢中陌生的外來元素。

西南高盧的哥德人也是類似的情況。先前提到，過去五十年間，高盧貴族總是樂得擺脫狄奧多西王朝的控制，而且自從普拉琪迪雅與阿陶爾夫統治以來，他們在抗命時都有哥德武力的幫助。等到君士坦提烏斯將哥德人安置到阿奎塔尼亞時（此時他已是普拉琪迪雅的丈夫），他言下之意是讓哥德人嚇阻高盧叛變的可能性，而哥德人想必也發揮了作用，因為高盧在整整一代人的時間裡，都沒有冒出篡位者。但君士坦提烏斯並未料到，一部分的高盧貴族居然認為駐守在此的狄奧多里克和哥德人，比來自拉溫納的統治者更討他們歡心。

情勢混亂又撲朔迷離。狄奧多里克是一號前所未有的人物：他對自己行使權力的地區，顯然有合法的任命，但他卻沒有在帝國階級體系內扮演任何被正式承認的角色。就算他扮演的是軍長，也似乎沒有人這樣稱呼他。與此同時，當人們在帝國境內使用「王」（*rex*）這個稱呼時，帶的是負面的意涵。儘管某些文獻稱狄奧多里克為王，但他本人並不使用這個頭銜，甚至在最不正式的場合也是。儘管他的地位如此模糊，但他卻比義大利政權的任何代表更草根、更得民心。對於西南高盧與北西班牙的貴族來說，他絕對是個比拉溫納更可靠的對話者。更有甚者，他以傳統的方式進行統治——收稅、司法管理等等——唯有在高盧元老與哥德軍事菁英確實理解彼此的情況下才能實現。

至少在某些情況下，身分是哥德人的兩造會採取習慣法的程序（遠遠稱不上「日耳曼」法，但羅馬法學家絕不會承認這是古典羅馬法，甚至連省級法律都不是），甚至是需要仲裁的哥德人與羅馬人之間亦然，顯見社會已經有了相當規模的轉變。但是，哥德人與羅馬人之間的關係非常模糊，發生在五世紀西帝國邊緣的事情都是這樣。現代歷史學家過去能、現在也依舊能區分一百年前與一百年後的哥德人、法蘭克人或羅馬人；但在五世紀中葉，即便當時肯定有所界定，但人們的判定標準顯然正在快速變換。有鑑於此，任何畫在「羅馬人」與「蠻族」之間的界線不僅武斷，於史實也不合。

此外，只要中央政府決定對地方尋求其他權威的調適性作法下重手，「羅馬人」與「蠻族」的分野其實也沒那麼重要。我們已經有太多例子，包括針對阿勒莫里卡、西班牙部分地區、萊茵河中游勃艮第的行動都是。文獻中的這些衝突，看起來就像治安部隊鎮壓盜匪勢力、或對蠻族的作戰，實在是非常自然——畢竟羅馬作者的思考邏輯不出這個範圍。但是，比較現實、有用的作法，是想像這些原本心向中央政府的邊陲地帶，因政府本身的作為——其實通常是不作為又脫軌——導致地方必須設法自救。中央則不時會把邊陲拉回來，試圖駕馭其稅基。所以中央會週期性地懲罰地方的自救行動，一旦該地更容易抵達（亦即更接近北義大利的野戰軍）、權力可以有效集中（例如一個軍閥對該地區有明確的支配力），加上對羅馬外省菁英更有吸引力的話，對阿耶提烏斯這樣的人來說，就更有可能派出大軍壓境（就像勃根第人與哥德人的遭遇）。因此，阿耶提烏斯麾下戰功彪炳的高盧軍長利托里烏斯（Litorius），才會在四三六年至四三七年間，率領少數野戰軍與大量匈人傭兵與狄奧多里克作戰，並「鎮壓阿勒莫里卡人」——換句話說，鎮壓「反叛的」阿勒莫里卡行省。

四三九年，他再度攻擊哥德人，但這一回卻在狄奧多里克的根據地托羅薩附近慘敗。阿耶提烏斯期待這位野心勃勃的下屬會因此收斂，畢竟若想穩穩控制中央，他的將領就必須像阿斯圖里烏斯或梅羅保德斯那樣，能夠建功，卻不會功高震主。

有一點很重要：即便阿耶提烏斯可能把自己想像成斯提里科或君士坦提烏斯的傳人，但強人執政的下場他也看得夠多，而他手邊能支配的資源——無論是人力、物資，或是用來支付軍隊的現金，都遠遠不足兩人。到頭來，與其跟軍事體系人盡皆知的對手周旋，不如跟狄奧多里克這種模糊、居間的人物和平相處——畢竟對手說不定跟匈人早有安排。如今盧阿已死，阿耶提烏斯再也不能把長久的關係視為理所當然。就讓利托里烏斯在托羅薩被關到死，而狄奧多里克則全身而退吧。

直到十多年後，當阿耶提烏斯發現自己需要哥德人的協助以對抗阿提拉之前，狄奧多里克都是穩定西南高盧局勢的一股力量。

狄奧多里克還算容易駕馭，但蓋塞里克卻不然，偏偏他是五世紀最內行的軍閥。他跟最強大的潛在對手與其盟友都保持良好的關係——其子胡內里克（Huneric）娶了哥德王狄奧多里克的女兒（名不詳）——但他最大的優勢，在於他擁有一支艦隊與一部分的非洲，兩者讓他得以同時挑戰東、西羅馬帝國。海盜行徑對地中海的任何地方都是威脅，但由於海上貿易在過去五百年間都很安全，因此濱海城鎮對於汪達爾人可能的作為根本毫無準備。此外，蓋塞里克還能威脅年度船運，阻止非洲穀物運往羅馬，從而擁有滅亡整個西帝國的潛力。最後一點：眾多羅馬元老的資產都投注在非洲莊園上，由於他們的收入掌握在蓋塞里克手中，自然需要帝國政府跟這位汪達爾王保持良好的關係。

蓋塞里克在四三五年「勒索」到一紙條約，讓他獲得茅利塔里亞。由於過程實在太輕鬆，令他食髓知味，試圖索求更多，同時他也繼續軍事行動，占領努米底亞與資深執政省的其他主要城市。四三九年十月十九日，迦太基被蓋塞里克攻陷，更多的船隻落入他的手中，也讓他有辦法造成更嚴重的破壞。到了十月，船隻已經不出海——事實上，汪達爾人和其他古代人一樣，並不願意打破原有的冬春不出航（*mare clausum*）傳統。但是，一想到他在來年可能對義大利或其他要地發動攻擊，仍然令人害怕。於是，我們有瓦倫提尼安發布的命令（他的第九道新律，四四〇年六月頒布），羅列著為了防守義大利而必須進行的戰備，包括在軍長弗拉維烏斯．希吉斯維爾圖斯的主持下，修繕羅馬的防禦工事與海岸巡邏。同時在君士坦丁堡，軍長阿斯帕也負起組織陸軍與入侵艦隊、以對付汪達爾王的任務。先前說過，阿斯帕從巴爾幹各管區調動野戰軍來應付，從而導致管區空虛，阿提拉才有機可趁。四四〇年，蓋塞里克派艦隊攻打西西里島，包圍帕諾慕斯（Panormus），並占領利利俾（Lilybaeum）。當時的尼西亞派作者紛紛譴責西西里的相似派主教（我們對於他們的身分所知不多），認為他們把自己的城鎮出賣給「亞流派」的汪達爾人。這種謠言不能完全無視，畢竟我們有來自西班牙的明確證據，顯示主教們會利用彼此競爭的軍閥，以對付自己在教會中的對手。

義大利政府在四四〇年並未採取行動防守西西里，不過倒是在六月二十四日頒布詔書，允許義大利公民自我武裝，以對抗汪達爾人的入侵，並再度下令軍長希吉斯維爾圖斯防守濱海城鎮。阿耶提烏斯從高盧返回義大利，並且讓麾下的野戰軍備戰，以因應汪達爾人對歐陸可能的攻擊（但並未成真）。與此同時，六月詔書中信誓旦旦提到的東帝國援軍，卻花了一年多才抵達。九月時，拉溫納認為必須減輕西西里的稅賦，以彌補蓋塞里克造成的傷害。事實上，東西帝國一直到四四一年，才嘗試合作發動大規模行動，以驅逐汪達爾人。阿斯帕指揮的入侵部隊最遠到了西西里，但因為東、西帝國朝廷彼此的關係劍拔弩張，加上匈人有入侵巴爾幹的可能，導致軍隊班師回朝。四四二年，羅馬與汪達爾人達成另一份條約，蓋塞里克將比較不重要的的黎波里塔尼亞與茅利塔里亞行省還給帝國，努米底亞的大部分、整個拜扎凱納（Byzacena）與資深執政省則由蓋塞里克控制。

此舉的影響之大，怎麼說都不為過；儘管有一兩次的嘗試，卻完全無法逆轉結果。帝國行省首度割讓給波斯萬王之王以外的勢力——畢竟波斯統治者向來有跟羅馬平起平坐的威望。這次締結的條約，不只接受了帝國行省內蠻族安家落戶與自治的事實——蓋萊奇亞的蘇維匯人，阿奎塔尼亞與納博訥高盧的哥德人，甚至汪達爾人在西班牙時也一度如此——而是將好幾個富裕的行省割讓出去，皇帝再也不期待從當地獲得歲入，也再沒有指派行政長官到當地。帝國政府不僅放棄領土，更進一步承認放棄領土的事實，這是一個價值觀上的重要轉捩點。但是，此舉對財政有著更嚴重的影響。

人們說，當汪達爾人占領了拜扎凱納、資深執政省與努米底亞這幾個具有高度價值的地區時，形同打斷了帝國的「財稅任督二脈」。此話不虛。政府補助的運糧船隊，正是維繫帝國經濟的紐帶，除了輸出糧食外，還包括非洲生產的大量日用陶器與餐具。其餘類型的商業活動，都是搭便船的。資深執政省的元老院產業，是國庫的主要歲入來源。汪達爾人落腳非洲時，西帝國政府就再也無法在財政上自給自足；同時間，地中海整合經濟體開始崩解——只不過崩解的全面影響，還需要再過一百年才會感受得到。

雖然帝國稅制的運作講起來一點都不吸引人，但稅收對於維繫羅馬帝國（**尤其是**晚期帝國）來說，其重要性絕不能小覷。羅馬帝國晚期的稅收模式絕非《新約聖經》所說的，只是稅吏和罪人的事——皇帝為特定範圍的土地制定稅率，容許潛在的稅吏與收稅者就稅額喊價，而他們可以根據所需的方式收稅。正好相反，整個稅收都掌握在帝國官員手中，他們若非受雇於皇帝的內庫，就是帝國預算部門的廣財衛。

由於稅款必須以黃金支付，但只有相當有限的地方百姓能接觸到金屬鑄造的錢幣，稅務因此成了回收黃金、進入體系、再重複利用的無限循環——西帝國尤其如此，因為皇帝沒有新的黃金來源，無法補充因私利而被吸出這個循環的黃金。繳稅需要黃金，但取得黃金的機會並不均等，而帝國官僚則是得天獨厚，能隨意取得這些鑄成錢幣的黃金。這意味著各個行省之間，甚或是單一行省內不同地區之間，有進行套利的可能性——來自帝國部會的各種下級審計官（*rationales*）與低階執事（*apparitores*）因此熙來攘往——讓錢幣隨著軍隊的補給而流通循環。上述官員在各省間流動時所走的公路，也同時乘載了貿易活動。邊陲地區有可能脫逸於這個體系，卻不會造成中央政府明顯可見的損失，但這一切皆有賴於政府對北非的掌控。北非的糧食生產活動規模之大，足以餵養整個羅馬，進而讓其他的管區能支撐其省級軍事與民政機構。北非自然是錢幣在稅收體系中循環最快速的地方。

因此，阿非利加一落入蓋塞里克手中，會造成兩方面的打擊——一方面讓帝國歲入來源有一大部分脫離了體系，一方面把非洲的糧食供應變成國庫的一個大洞。讓義大利得不到北非的豐富糧產，實非蓋塞里克之利，畢竟他自己的需求也沒那麼高。他反而想把這些糧食賣給皇帝，藉此獲利，形同讓失去非洲的代價翻了個倍。汪達爾政府繼續出口糧食，作為商業經營項目，解釋了搭糧食薪餉順風車的貿易活動，何以沒有立刻在五世紀中葉瓦解，而是漸漸在五世紀到六世紀的過程中分崩離析，也在此時，經濟、政治方面整合的西帝國也不復存在。

蓋塞里克的新國家核心位於資深執政省，他也以迦太基為居城。理論上，的黎波里塔尼亞與茅利塔里亞仍屬於拉溫納，但它們的經濟價值遠遠不及蓋塞里克掌握的阿非利加心臟地帶。四四五年，為了討好不在籍的地主，帝國政府接受請願，為仍然控制在手的行省減稅，結果進一步減損了歲入。不過，蓋塞里克反而繼承了一個高效率、高素質的政府。前帝國行政機構絕大多數落入新統治者的手中，留在汪達爾王手中的稅收，也讓他得以打造一個更龐大的艦隊，以挑戰帝國對地中海的掌控——這是近五百年以來，龐培（Pompey the Great）在共和國時代尾聲將海盜一掃而空後難得一見的景象。

在汪達爾統治下的省份，有大量證據顯示當地上層與新統治者合作，而新統治者則是迅速採用了羅馬貴族的生活方式。從考古證據上來看，土地持有模式幾乎沒有受到干擾，真令人吃驚。當然也有難民，在羅馬帝國東部各地尤其多：不願意接受新秩序的元老貴族與都市菁英，似乎認為到東部發展的機會比西部更好。無獨有偶，我們也不確定人在義大利的不在籍地主們，對非洲的地產還保有多少的控制或收入，但沒有證據顯示有大規模的土地沒收。不過，有一群人在社會地位與權威上受害得相當嚴重：非洲的教士。信奉相似派信條的汪達爾統治者將他們大批流放。從東部教士的通信中可以得知，此時自非洲聚落遭到流放的人，最遠可達敘利亞。

這是個獨立的王國——不是暫時自治但終究依附於帝國的人民所建立的聚落——是貨真價實割出去的領土。資深執政省採用新的曆法，更強化了這種感覺——至少部分的民眾，以及蓋塞里克的御前法庭採用了新曆法。新曆的起日是四三九年十月十九日，也就是汪達爾王軍隊占領迦太基的那一天。更重要是，瓦倫提尼安與莉琪妮雅的長女尤多基婭，和蓋塞里克之子胡內里克締結婚約（可能在四四二年條約簽訂時便已展開協商）。先前提到，胡內里克已經娶了哥德王狄奧多里克之女。如今，這位「前妻」與胡內里克斷絕關係，雙耳與鼻子被切下來，然後把人送回去給她的父親——這種刻意的侮辱只能用政治動機來解釋，只是確切的原因我們不得而知。瓦倫提尼安還活著的時候，尤多基婭都沒有跟胡內里克成婚，但這樁婚約的象徵意義絕不能忽略。

阿耶提烏斯在這些協商中扮演什麼樣的角色？這恐怕已經很難知道。假如說他是背後的推動力，那他希望得到什麼？這比上一個問題更難理解。答案也許是意在平衡軍閥之間的勢力，畢竟阿耶提烏斯自己也是個軍閥。他精通挾政府以自重，並利用對羅馬政府本身沒有忠誠心的外部勢力為自己打仗。後世的傳說（始於六世紀的希臘作家普羅柯庇烏斯〔Procopius〕，而理應更了解情況的近代學者，卻延續了這種說法）說他是「最後的羅馬人」，是抵抗各支蠻族的堡壘，是懲戒其領導人的法槌。其實，他本人就是軍閥，只是經常比多數對手占上風。這正是理解為何要安撫蓋塞里克的關鍵所在——蓋塞里克和阿耶提烏斯、狄奧多里克、甚至跟阿提拉都一樣，有自己的人馬，對羅馬也沒有效忠的義務。

比起阿耶提烏斯，哥德聯盟向來更支持普拉琪迪雅，至於普拉琪迪雅則一直認為狄奧多里克是潛在的威脅。與蓋塞里克聯手，一來可以將這位哥德領袖進一步推向政治的荒野，二來可以創造政治關係，用於對抗阿提拉與布列達的匈人——阿耶提烏斯和兩人並無當年跟盧阿的那種緊密關係。由於缺乏為自己糾集足夠的士兵，阿耶提烏斯只好試著平衡其他軍閥所帶來的風險與益處，而這就是他能運用的主要戰術。從四四二年起，直到瓦倫提尼安三世與阿耶提烏斯雙雙過世為止，蓋塞里克都沒有撕毀條約，顯見阿耶提烏斯的手腕有多麼成功——當然，蓋塞里克之所以會守約，其實就跟阿耶提烏斯一樣，都是因為這麼做與自己的短期利益相符。

普拉琪迪雅此時的命運，讓上述的分析更為可信。四四〇年代初期，她在朝廷的影響力似乎消失殆盡。瓦倫提尼安與莉琪妮雅・尤多克希婭駐蹕羅馬的時間愈來愈長，而普拉琪迪雅則留在拉溫納，人稱普拉琪迪雅陵墓的建築物至今猶存。拉溫納仍然吸引了大批對羅馬帝國晚期與拜占庭藝術有興趣的觀光客，因為這裡保存了該時期的馬賽克裝飾，多數出自希臘工匠之手——東帝國的馬賽克壁畫，在七、八世紀破壞聖像運動期間遭到大量破壞。拉溫納似乎就是在普拉琪迪雅退隱的這段期間，成就了今日的古蹟規模。先流亡、後喪夫的東奧古斯塔尤多基婭以耶路撒冷為家，為其建築瑰寶奉獻心力，普拉琪迪雅也和她一樣。拉溫納之所以建有包括聖十字教堂（Holy Cross）在內的眾多教堂，加拉必須記上一功。至少從九世紀起，人們便把一座與聖十字教堂相連的十字型小建築物，當成這位皇后的陵墓。傳說她把哥哥霍諾留與過世已久的夫婿君士坦提烏斯遷葬至此，有些人甚至認為這座禮拜堂或「陵墓」，是建來安置她第一個孩子的遺骸——也就是她與阿陶爾夫曾經寄予厚望的小嬰兒狄奧多西。她本人多年不問世事，於四五〇年去世，最有可能葬於兄長在羅馬的陵墓。因此，四四〇年代時，阿耶提烏斯在義大利與部分高盧確實握有主導權——其他地方就不見得了。

阿耶提烏斯在義大利的對手都不值一哂，弗拉維烏斯・希吉斯維爾圖斯也似乎一直很忠心，而非阿耶提烏斯的敵人。當阿耶提烏斯處理其他地方事務時，便由希吉斯維爾圖斯指揮在瓦倫提尼安御前的部隊。來到外省，政府愈來愈難勸說高盧貴族接受帝國的控制、追求帝國的榮譽，他們寧可出任軍閥與小王朝下歷史不長、較不顯赫，但更靠近家鄉，也更有實權的官職。自從霍諾留時代的內戰之後，部分高盧貴族對義大利的統治便始終抱有戒心——許多大貴族都在整肅中失去親人。無獨有偶，義大利人對於帝國最高榮銜（執政官、都總長等）愈來愈獨占，兩地區之間的嫌隙因此更形擴大。這是很危險的組合，畢竟帝國政府除了悠久歷史的婆娑陰影之外別無多少用途，每一回把土地讓給帝國直轄範圍外的軍閥，都是在鼓勵地方自救。除了特雷維里周遭的孤立地區，以及莫古恩提亞庫姆等萊茵地區的重要城市，北高盧大部分地區已經不在帝國的有效治理範圍內，只不過地方菁英似乎也還沒有完全掌控這些地方。

由於阿耶提烏斯強烈敵視狄奧多里克——後者恐怕是除了蓋塞里克之外，唯一能實際挑戰他的人——他只能靠別人來幫助自己。狄奧多里克對西班牙的影響力依舊強大。四四〇年代初期，阿耶提烏斯對西班牙用兵，一開始由西班牙軍長阿斯圖里烏斯領軍，之後則由阿斯圖里烏斯的女婿，弗拉維烏斯．梅羅保德斯負責。梅羅保德斯不只是軍長，更是一位御用詩人，歌頌著最高統帥阿耶提烏斯的人生大事，包括他三任執政官，以及其子高登提烏斯的出生。此外，四四三年時，勃艮第王國的倖存者在薩保狄亞（Sapaudia）落腳——薩保狄亞是日內瓦湖（Lake Geneva）北濱的古老行省大塞夸尼（Maxima Sequanorum）的一部分。（「薩保狄亞」固然是今日「薩伏依」〔Savoy〕地名的語源，但近代的薩伏依公國〔Duchy of Savoy〕卻是位於薩保狄亞以南。）

我們對四四〇年代的整體印象，還算相當平靜，不過這多少是因為實證有限之故：大多數這個時代有記錄下來的世俗歷史，都來自編年史中的少數證詞，許多編年史更是在事件發生後許久才記錄下來，而更豐富、更貼近事發當時的見證，卻通常非常局部。因此，西班牙主教敘達提烏斯雖然讓我們得知大量發生在西班牙北部與西部的區域事件，但其他地方的著墨卻少之又少。總而言之，我們從他的文字中，看到帝國權威在西班牙半島逐漸瓦解的過程、蘇維匯王的世襲、哥德王狄奧多里克對半島道路與主要城市的控制愈來愈強，以及西班牙「巴高迪」（bagaudae）的興起。根據一般說法，「巴高迪」是叛變的農民或強盜，但我們最好把他們看成羅馬西班牙人因反抗帝國政府的索求而形成的團體——畢竟帝國再也不能提供他們什麼有價值的東西。至於高盧教士普羅斯珀（Prosper）的視野，在地理範圍上多少更加寬闊，但他對於這個時期的教義爭論更有興趣，而對宮廷政治與國家大事興趣缺缺。他對同時期西帝國其他事件的記錄，詳實度都不及宗教爭端——包括摩尼教與亞流派這類基本的教義爭論（四四〇年代，帝國再度宣布摩尼教違法），有關「伯拉糾主義」（Pelagianism，自由意志在救贖中扮演什麼程度的角色）的新爭議，以及教宗利奧干預以弗所與迦克墩會議之後的餘波。

在拉溫納停留了幾年之後，瓦倫提尼安與妻子尤多克希婭在四五〇年初前往羅馬。正是在這一年，皇帝的母親普拉琪迪雅在拉溫納過世，她的姪子狄奧多西二世也在君士坦丁堡駕崩——關於君士坦丁堡的繼承問題，沒有人問過瓦倫提尼安的意見，但如今他是資深的奧古斯都，而西朝廷過了整整兩年，才承認普克莉雅選擇馬爾西安一事。

此外，一場涉及瓦倫提尼安的姊姊——尤絲塔・格拉塔・霍諾莉亞的大陰謀，也在四五〇年降下大幕。她和眾多狄奧多西家的公主一樣，一生未婚，以免在皇統世系外另起爐灶，從而發展出野心，威脅當政的皇帝。但有規則必有例外，就是加拉・普拉琪迪雅，她的例子確實不能讓人放心，畢竟她與阿陶爾夫試圖在高盧創造一支與今上競爭的狄奧多西血脈，接著又讓第二任丈夫在皇帝勉為其難的情況下披上紫袍。此時，霍諾莉亞大半輩子都待在弟弟的宮廷中，在不為我們所見的情況下（當時人們說不定還不時聽得到她的消息），於四二五年過後不久接受她的奧古斯塔頭銜。

四四九年，她開始策畫政變。政變細節並不清楚，埋沒在後來的政治宣傳中，但據說她跟一位叫尤蓋尼烏斯（Eugenius）的代理人（*procurator*）——也就是她的莊園經理人之一——發展出了關係。對於此人，我們一無所知。若不是有犯上的意思，這種韻事本身不會造成這麼大的風波。總之瓦倫提尼安發現了兩人的關係，快刀斬亂麻，處死了尤蓋尼烏斯，並軟禁霍諾莉亞。接著他安排她許配給弗拉維烏斯．巴斯蘇斯．赫爾庫拉努斯（Flavius Bassus Herculanus），這位背景清白卻無能的元老在兩年後得到任命，成為四五二年的執政官。霍諾莉亞四處尋找盟友，找上了一位絕對會讓弟弟退避三舍的強人：匈人王阿提拉。她將自己的戒指寄給了他，或許是打算提議聯姻，而阿提拉自然也如是解讀。

四四〇年代，阿提拉殺了自己的哥哥布列達，對潘諾尼亞與外多瑙河地區的匈人有唯一的控制權。儘管在這十年的大部分時間內，他都能成功跟東帝國索取保護費，但馬爾西安在四五〇年榮登大座、止付貢金，卻是他始料未及的複雜外交局面。霍諾莉亞的表態，無疑讓他走了運——而這也證明了她的選擇很有智慧，畢竟阿耶提烏斯不太可能幫助她，狄奧多里克的干預則會立刻引發阿耶提烏斯的反對，而蓋塞里克已經跟王朝的主幹聯姻了。在幾個自己擁有資源、手握重兵的大軍閥中，阿提拉的前景無疑最受看好。

計畫原本有可能實現，結果阿提拉不僅索要他的「新娘」，還要一部分的西帝國作為嫁妝。瓦倫提尼安勃然大怒，但多虧將死的加拉・普拉琪迪雅說項，他才沒有處死自己的姊姊。霍諾莉亞的政變原本還是有機會實現的，但阿提拉對瓦倫提尼安的固執，卻採取極為軟弱的回應。儘管有人說他具備「領導人的祕方」，又在後代的歷史記憶中扮演一位無所不能的蠻族惡棍，某些歷史學家也一時昏了頭，賦予他過度的重要性，但阿提拉其實是個優秀的政治家，而非有能的將領。阿耶提烏斯深知阿提拉可能造成的威脅——畢竟他自己就不時仰賴匈人傭兵的支持。阿提拉將歸順他的族群編成部隊。以他派出大軍的能耐，恐怕比當時羅馬世界中的任何統治者都強，甚至只有波斯王能與之一較高下。如果部署得當，他們的實力是可以橫掃羅馬人的。但是，匈人戰鬥力的核心——匈人貴族、附屬王公與酋長隨員——就和波斯軍隊一樣，在軍紀不佳的步兵總數中只占一小部分，因此這種軍隊的價值，完全建立在人數上。人數規模很嚇人，精銳部隊的實力也無庸置疑，但整支軍隊瓦解成烏合之眾的可能性也始終存在。

阿提拉沒有以精挑細選的部隊去進逼，或是對帝國施壓，反而是在四五一年時，率領格皮德人及潘諾尼亞的哥德人、盧吉人、斯基利人、赫魯利人，還有許許多多的小群體，對高盧發動大規模的攻勢。我們不清楚他選擇高盧而非義大利的原因，但時人認為他試圖保持跟蓋塞里克的良好關係，而蓋塞里克跟高盧的狄奧多里克相互為敵，這是眾所周知的事。四月上旬，阿提拉率君進入比利時高盧，接著朝西南方的羅亞爾河流域推進，沿路還得到一些地方軍閥的支持，不久後便攻下狄渥杜魯姆（Divodurum，今梅茲〔Metz〕）。

阿耶提烏斯率領麾下野戰軍離開義大利，糾集比利時高盧的法蘭克人與薩保狄亞的勃艮第人之中的同盟王公，並派高盧元老埃帕爾奇烏斯・阿維圖斯（Eparchius Avitus）到托羅薩尋求狄奧多里克的援助，狄奧多里克此時已經召集了自己的軍隊。哥德人的攻勢迫使阿提拉在六月初放棄奧雷里阿努姆（Aurelianum，今奧爾良〔Orléans〕），退回萊茵蘭——想必他的聯軍已經開始瓦解，獲得的豐富戰利品令人難以抵擋，反而限制了彼此協調的可能性。阿耶提烏斯與哥德王將撤退的阿提拉軍圍困在特里卡西斯（Tricasses，今特魯瓦〔Troyes〕）附近，位在古代人稱之為卡塔隆平原（Catalaunian plains）的地方。（至今仍有人稱此戰役為沙隆戰役〔battle of Châlons〕）參戰人數之多，可能是整個五世紀規模最大的戰役。證據顯示雙方皆傷亡慘重。最有名的死者就是哥德王狄奧多里克本人，但整體戰局仍是匈人敗退。狄奧多里克之子托里斯蒙德（Thorismund）趕忙返回托羅薩，確保自己能順利繼承，不至於輸給已經成年的弟弟狄奧多里克（Theoderic）與弗里德里克（Frederic）。至於阿耶提烏斯自己的軍隊則人數太少，頂多掃蕩入侵部隊的殘餘而已。最後，阿耶提烏斯重整兵力，而阿提拉則撤到多瑙河以外——今日稱為匈牙利大平原的地方。

這一年的年尾相當平靜，義大利的教士忙著回應東方因以弗所與迦克墩會議而起的爭議。教會之間很難和解，畢竟東西朝廷幾乎都不承認彼此了——四五二年初，雙方都不接受對方的執政官。這一年，霍諾莉亞的未婚夫巴斯蘇斯·赫爾庫拉努斯執起束棒，成為西執政官，但霍諾莉亞本人卻消失於視野：由於她刻意引發危機，加上她的母親普拉琪迪雅再也無法護著她，她很有可能已經祕密遭到處死。至於阿提拉，他繼續爭取「嫁妝」，並在四五二年入侵義大利。這一回也是出人意料——阿奎雷亞先是被圍而後陷落，米底奧拉努姆也淪陷，但義大利的氣候一如既往，重重打擊了入侵者。等到羅馬權貴的使節團——前執政格恩納狄烏斯·阿維耶努斯（Gennadius Avienus）、羅馬都總長提里格提烏斯與主教利奧皆在其中——與阿提拉協商撤軍條件時，剛好糧食短缺，這位匈人王的軍隊開始分裂。這次入侵造成的最重大影響，或許是讓瓦倫提尼安朝廷承認馬爾西安的即位，他的皇帝像在四五二年三月三十日被鄭重接受。

阿提拉還來不及決定接下來的行動方針，便在隔年過世。他娶了某個附屬王公的女兒，正當和新妻作樂時，大量出血，死於是夜。謀殺的謠言四起（透過十二世紀史詩《尼伯龍根之歌》及華格納的改寫，進入了現代文化）。匈人的力量幾乎是瞬間煙消雲散——四五四年，阿提拉諸子與屬民在潘諾尼亞的尼達歐河（Nedao）一帶，發生了一場半傳說的大戰。戰後，匈人勢力瓦解，一部分原依附匈人的族群為了逃離多瑙河以北的動盪局面，前往東帝國尋求庇護，將新的不穩定因素帶入東帝國。西帝國雖然沒有感受到如此衝擊，但也沒有因此穩定下來。匈人的入侵對高盧造成了傷害——更有甚者，讓高盧地區開始不穩。對許多羅馬高盧人來說，托羅薩的哥德王無疑比義大利的皇帝還有他所有的軍長更可靠、更有價值。但是，如今的托羅薩已不再是當年狄奧多里克治下的托羅薩了。

托里斯蒙德與阿耶提烏斯起了齟齬，雙方實力大不如前的部隊打了一場不知所以的仗。不過，比起帝國的步騎軍長，哥德王更擔心自己的兄弟。四五三年，他被狄奧多里克與弗里德里克殺害，前者控制了哥德王國（*regnum*）——從此刻起，我們必須視之為帝國土地上一股獨立的政治勢力，而不是地位不明確的帝國附庸。我們稱之為狄奧多里克二世的這號人物，既是個高盧貴族，也是個哥德軍閥，而且他跟許多納博訥高盧和阿奎塔尼亞大元老家族保持著良好的關係。同時代的昔多尼烏斯·阿波利納里斯在一封奉承信中，將這位國王勾勒成「翩翩紳士」：他有一些隨著大權而來的壞脾氣與反覆無常，但他絕對不會比其他將軍更難相處。這番描繪或許有幾分真實。當年，他的父親與長兄為了與阿耶提烏斯較勁而投注了一切，但他不願意這麼做，而是成功統治了十多年，為西班牙各省帶來多年來的第一次安定。

但不久後的四五四年九月二十一日，阿耶提烏斯便死了——皇帝親手殺了他。無論原因是瓦倫提尼安一時盛怒——是他對這位大將軍的恐懼？抑或是長久以來的不滿？他終於在這名貴族邁入老年時宣洩出來，此舉大錯特錯。阿耶提烏斯前往羅馬與皇帝商討國家財政——由於潛在的稅收來源一個一個枯竭，財政情況每況愈下。到了羅馬，當這位貴族將一些文件遞給皇帝查閱時，皇帝卻拔出了劍，指控他這位將軍叛國，接著趁閹人御寢長赫拉克里烏斯（Heraclius）抓住將軍時一劍揮出去。

後世的文獻稱赫拉克里烏斯是與佩特羅尼烏斯・馬克西穆斯（Petronius Maximus）——後來繼承了瓦倫提尼安的人——共謀。這一點仍未有定論。無庸置疑的是，阿耶提烏斯被殺一事，並未如五十年前斯提里科遭處死一般，引發驚天動盪。或許是因為義大利的野戰軍人數少得不足以對他的死有所反應；或許是因為三十六歲的皇帝瓦倫提尼安，開始在這位貴族主宰朝政的後期贏得一些人對自己的尊敬。不過，阿耶提烏斯顯然已經成功遏止了下屬的野心，因此如今沒有人能站上他統御大局的位置。我們也看不到四二〇年代以及阿耶提烏斯本人崛起時，下級軍官之間蔚為特色的彼此傾軋所引發的混亂。文獻中反而呈現某種寧靜，直到瓦倫提尼安在四五五年春天橫死於閱兵場為止。除了阿耶提烏斯之死，狄奧多西王朝的絕後也加速了西羅馬政權最終的瓦解。

第十章　無人聞問的衰亡

四五五年三月十六日，皇帝瓦倫提尼安策馬外出，前往卡庇多山（Capitoline hill）北邊的馬爾斯操場（Campus Martius）練習射術。在他的護衛中，有兩人曾是阿耶提烏斯的貼身侍衛——歐普提拉（Optila）與色拉烏斯提拉（Thraustila）。歐普提拉打倒了瓦倫提尼安，色拉烏斯提拉則殺了他的御寢長赫拉克里烏斯。這起事件可能是純粹的復仇，不過兩人也有可能是受到元老佩特羅尼烏斯・馬克西穆斯的收買——色拉烏斯提拉與歐普提拉帶著皇冠離開馬爾斯操場，而馬克西穆斯未來將戴起這頂皇冠。羅馬陷入混亂。當時沒有明確的繼承人，加上尤絲塔・格拉塔・霍諾莉亞已死，也沒有年紀夠長的公主，可以讓野心勃勃的將領攀附——就像五年前娶了普克莉雅的馬爾西安那樣。志向遠大的將軍不乏其人，包括馬約里安（Majorian）、馬爾切利努斯（Marcellinus）、里基莫（Ricimer）、龔多巴德（Gundobad）與塞阿格里烏斯（Syagrius）——阿耶提烏斯大權在握時，他們都是相對低階的軍官，到四五〇年代後期，這幾人都漸漸浮上檯面，成為重要的權力競爭者——但眼下他們之中沒有一人受到矚目。佩特羅尼烏斯・馬克西穆斯出身羅馬大族阿尼奇，他的人和他的財富都堪稱傳奇。他付得起買紫袍的代價，而他也買了。瓦倫提尼安遭到謀殺後兩天，馬克西穆斯獲擁立成為皇帝，聽話的羅馬元老院也在三月十七日為之背書。他娶了瓦倫提尼安的遺孀尤多克希婭，安排自己的兒子帕拉狄烏斯（Palladius）與皇女尤多基婭訂親，並立自己的兒子為凱薩。

當然，尤多基婭已經與汪達爾王蓋塞里克之子胡內里克訂婚已久，自然不可能認為蓋塞里克會比君士坦丁堡的馬爾西安更能接受馬克西穆斯。無論實情是否如某些文獻所說，瓦倫提尼安的遺孀尤多克希婭向蓋塞里克求助，抑或是蓋塞里克抓住了這個天上掉下來的機會，總之，他一得知消息，便派艦隊攻打義大利。其他的汪達爾艦隊控制了科西嘉、薩丁尼亞與巴利阿里群島（Balearics）。先前根據四四〇年條約而回歸羅馬統治的兩個茅利塔里亞省份，如今再度遭到占領。瓦倫提尼安遭到殺害後不到兩個月，蓋塞里克就親臨義大利。羅馬一陣騷動，無能的皇帝居然讓汪達爾艦隊兵臨城下，民眾為之暴動。馬克西穆斯試圖逃跑，卻遭到暴民襲擊，被人用屋瓦砸死。五月三十一日，他的屍體在大街上被人大卸八塊，凱薩帕拉狄烏斯也被殺害，非洲的部隊則在六月三日控制羅馬城。

我們聽說宮殿的財物遭到洗劫，神廟與教堂珍寶也被人搶占，國庫則空空如也。這些寶物之中，有西元七〇年提圖斯（Titus）的征服大軍從耶路撒冷聖殿中搶來的黃金大燭台。不像亞拉里克在四一〇年那場旋風般的無序洗劫，蓋塞里克可是按部就班來的。這並不叫人意外。哥德人是在無望的困境中四處遊走，但汪達爾人統治的卻是一個蓬勃發展而成熟的政體，一直是西羅馬疆域中最富庶的地方。四五五年的洗劫，實際上是挪羅馬的財富，去充實迦太基。蓋塞里克在兩星期後離開義大利時，還帶著瓦倫提尼安的遺孀尤多克希婭、她的女兒尤多基婭與普拉琪迪雅（Placidia），而阿耶提烏斯之子高登提烏斯也一起被帶走——他從一年前父親被殺的橫禍中倖存了下來。不久後，蓋塞里克將試著將自己的候選人推上皇座。

在義大利，羅馬城遭劫的震撼、徘徊不去的汪達爾軍隊，以及馬克西穆斯政權的全面失敗，讓帝國政府的殘餘部分陷入癱瘓。現場沒有將領，官僚體系當時也可能認為靜待情勢發展比較安全後再想辦法——說不定馬爾西安會出手干預。不過，新皇帝倒是從高盧來了。埃帕爾奇烏斯·阿維圖斯是馬克西穆斯的軍長之一。他是羅馬高盧貴族，曾經在四三九年擔任高盧管區總長，並爭取過狄奧多里克一世的支援，在對抗阿提拉的過程中扮演要角。馬克西穆斯把大任託付給阿維圖斯，讓他到托羅薩的盟友宮廷中宣布自己即位的消息。阿維圖斯在四五五年抵達托羅薩，時機恰好阻止了狄奧多里克二世與弟弟弗里德里克之間的內戰。當馬克西穆斯身亡的消息傳到托羅薩時，阿維圖斯還在那兒，讓高盧王族成員相互和解。

阿維圖斯在狄奧多里克的敦促下披上了紫袍，早已對義大利的統治離心離德的高盧貴族也完全支持他。七月九日，高盧行省會議在亞雷拉特召開，擁立他為皇帝。阿維圖斯的盟友狄奧多里克率麾下主力前往西班牙，重建中央對該地區的控制。打著阿維圖斯的名號，狄奧多里克用一年多的時間將蘇維匯王國徹底摧毀，掌控了半島上的多數大城。高盧出身的皇帝迅速前往義大利，於九月下旬越過阿爾卑斯山，在羅馬得到謹慎的迎接，並於四五六年一月一日在此展開榮登大寶後的第一個執政年。他的女婿昔多尼烏斯·阿波利納里斯對他宣讀的頌詞，一方面是志得意滿的精湛作品，另一方面則是對義大利貴族的微妙警告，要他們千萬別忽視與高盧的關係：義大利人曾經有機會，卻把事情搞砸了，現在輪到高盧人來撥亂反正。

事情並未如此發展。元老院與義大利朝廷之所以接受這位來自阿爾卑斯山彼側的闖入者，是因為沒有更好的選擇，然而他未能與兩者和諧相處，不僅愚蠢，最終更造成毀滅性的影響。阿維圖斯的高階官員，幾乎全是隨他從亞雷拉特來到羅馬的人。都總長維提烏斯・尤尼烏斯・瓦倫提努斯（Vettius Iunius Valentinus）據信是羅馬貴族——他在城內進行修繕工程，結果在每一項工程上都刻了自己的名字——但他是個罕有的例外。軍界的情況亦然，下級指揮職留在里基莫、雷米斯圖斯（Remistus）與麥奧里阿努斯（Maiorianus）等義大利人手中（此前皆效力於阿耶提烏斯），但高階軍長都來自高盧，皇帝的直轄部隊甚至是從狄奧多里克的軍隊撥過來的。自從瓦倫提尼安死後，阿耶提烏斯麾下的其他將軍——例如馬爾切利努斯實際上就是自行其是，不聽任何人的命令，他們也沒有動機跟新的高盧政權合作。

四五六年初，里基莫成功將蓋塞里克的部分軍隊趕出西西里，讓阿維圖斯覺得非提拔他為軍長不可，與雷米斯圖斯並列。然而，這對皇帝在軍中、或在羅馬人民心中的聲望完全沒有幫助。一年前遭到洗劫的剝奪感還在，糧食稀缺，阿維圖斯的高盧部隊也被人當作是占領軍般討厭，尤其是他堅持羅馬人把做屋頂的青銅交出來，鑄成錢幣。他很聰明，決定返回高盧的亞雷拉特過復活節。但是，叛亂的傳聞想必傳到他耳中，於是他返回義大利重申自己的權威，這一回去了拉溫納。

九月下旬，他在不明的情況下處死了軍長雷米斯圖斯，導致里基莫與皇帝的禁軍伯麥奧里阿努斯（英語作馬約里安）聯手公開叛變。情勢相當危急。無論禁軍與野戰軍人數減到多少，兩者同時抗命的情況下是很難保住皇位的。阿維圖斯被里基莫的部隊追擊，圍困在普拉肯提亞（Placentia，今皮亞琴察〔Piacenza〕），隨後遭到罷黜，並受按立成為該城主教。他的孩子被人送回高盧，但他本人不久後便遭處死，據說是在里基莫與馬約里安的命令下活活餓死。

西帝國再度蒙上皇位空缺的陰影，更多的戰亂一觸即發。強大的哥德王狄奧多里克是在蓋萊奇亞鎮壓蘇維匯王雷奇阿（Rechiar）的最後據點時，得知盟友已死。四五六年十二月上旬，他攻占了蘇維匯人在奧古斯塔布拉卡拉（Bracara Augusta，今葡萄牙布拉加〔Braga〕）的王城，並且在月底俘虜、處死雷奇阿。暗殺阿維圖斯的人，想必一直在揣摩狄奧多里克會如何反應；當然也會考慮非洲的蓋塞里克會怎麼行動，畢竟狄奧多西家正統公主是他宮廷的座上賓。至於東帝國，馬爾西安對阿維圖斯的即位並不開心——他從未承認阿維圖斯為正統，但情勢的最新轉折也不會讓他滿意。只是不久之後，馬爾西安便在四五七年一月二十六日過世——這還是從三六三年尤利安駕崩以來，東西帝國第一次沒有明確、立即的合法皇位繼承者。

馬爾西安沒有兒子，只有一名女婿安特米烏斯（Anthemius）。安特米烏斯在四五五年榮任執政官，與西帝國皇帝瓦倫提尼安搭檔——阿提拉的入侵迫使西朝廷與東朝廷和解。但是，安特米烏斯的威望對東朝廷與軍界來說太過危險；西帝國已經不再如此，但東帝國的宮廷官僚與御前軍長仍然有共同的利益，以確保勢力過大的人物無法居於廟堂之上。出身世家大族的弗拉維烏斯・阿斯帕政治手腕過人，此時已經是馬爾西安政權的領導人物，就和他的父親阿爾達布里烏斯在狄奧多西二世統治時一樣顯赫，但他還是選了利奧——不過是區區一個馬提亞里軍團的軍政官，沒有自己的實際權力根柢。同樣的政治盤算，在一百年前讓瓦倫提尼安一世登上皇座：高級軍官團選擇相對資淺的軍官（瓦倫提尼安紫袍加身時，同樣只是個軍政官），以確保競爭派系之間的權力平衡——但是，利奧就跟瓦倫提尼安一樣，有自己的心思與能耐。

軍隊與君士坦丁堡元老院擁立利奧為皇帝後，恐怕還是會有人質疑他的正統性，因此利奧還徵得君士坦丁堡主教安納托利烏斯的首肯——第一次有人為了皇位繼承，徵詢這位宗主教的意見。在不平靜的年代，這是一項明智的保險措施，也是經過計算之後訴諸廣大首都百姓情感之舉，畢竟他們的敬拜行事曆，如今已經與教會的儀式密不可分。利奧兵貴神速，趁著皇位空缺，搶在西帝國帝位確定之前站上資深皇帝的位置。直到馬爾西安駕崩，東帝國方興未艾的宗教鬥爭仍然沒有解決，利奧因此無暇他顧，只能讓西帝國自己發展——其實也沒什麼發展。

馬約里安與里基莫都沒有當機立斷的準備，而是在四五六年的最後幾個月與四五七年的頭幾個月，好好跟挑戰自己統治權的各個潛在對手修復關係——北非的汪達爾王國，高盧的勃艮第與哥德政府，灰頭土臉、遭人背叛的南高盧貴族，以及高盧北部尚存的強人與軍閥。東朝廷的和解姿態讓情勢和緩下來：二月二十八日，利奧封里基莫為西帝國的「派特里興」，讓他加入東帝國「派特里興」阿斯帕與安特米烏斯的行列，並拔擢馬約里安為軍長。這足以讓馬約里安更加放肆，他在四五七年四月一日妄取凱薩頭銜。這種作法意味深長，而利奧認為不得等閒視之。到頭來，馬約里安一直覺得自己的地位不夠穩固，不能採取決定性的行動，直到十二月二十八日才自立為奧古斯都。大量的文獻提供了事後的敘述，有些表示是軍隊擁立他，有些則說是利奧拔擢他。但我們幾乎可以肯定，他是自己做的決定，而且是在拉溫納所做的決定。馬約里安在西帝國政府重鎮突顯自己是以正統奧古斯都的身分即位。

利奧沒有立場反對，而馬約里安同盟的模樣也從史料中浮現出來：包括拉溫納宮廷官僚，里基莫與義大利軍隊，擔任高盧軍長的高盧裔羅馬將領阿耶吉狄烏斯（Aegidius，他和馬約里安一樣，都是阿耶提烏斯麾下的低階軍官），以及哥德王狄奧多里克——他是利益集團最後一片需要招安的拼圖。明顯缺席者則有盧格杜努姆的龔狄歐克（Gundioc）所統治的勃艮第人，以及非洲的蓋塞里克。四五八年初，一位名叫佩特魯斯（Petrus）的書信吏率軍攻打盧格杜努姆——居然讓一位詩人兼中央民政官員領軍，堪稱西帝國治理徹底崩潰的又一跡象。龔狄歐克與里昂百姓迫於圍城，只得歸順於義大利政權；馬約里安與狄奧多里克各自率軍親征，展示軍力，但雙方最後在年末言歸於好。與此同時，由於盧格杜努姆周遭情勢已經平靜，龔狄歐克與家人（原本就是中部高盧貴族的親密戰友）因此獲得接納，在義大利軍隊中任官。這下子就只剩汪達爾人了。東西帝國大有合作的可能，畢竟利奧迫切地希望平定地中海，而馬約里安則是渴望重新掌控非洲的糧食供應。

狄奧多里克認為西班牙屬於自己的勢力範圍，搶在馬約里安計畫進攻非洲之前，便派麾下將領區里拉（Cyrila）率軍進入貝提卡與西班牙西部各省。至於在蓋萊奇亞與西班牙西北，殘存的蘇維匯貴族為了爭奪地方權利與蓋萊奇亞各省彼此對抗，不過皇帝與哥德王基本上予以無視。馬約里安本人在四六〇年從高盧出發，翻越庇里牛斯山，發動象徵性的軍事行動，但主要的心力還是擺在監督船隻的徵集，以組織入侵艦隊攻擊蓋塞里克。這一切是如何進行的，我們很難重建過程，因為命令雖然不斷頒布，但稅收似乎很少實際入袋。就我們所知，這支艦隊的主體是透過西班牙各省市議會提供的傜役完成的。如今不只是偏遠的蓋萊奇亞，連這些市議會也都習慣在大部分的時候自己採取行動，畢竟中央的令狀已經完全沒有用，連哥德人的治理也時有時無。

到了五月，西帝國的入侵艦隊已經集結完畢，但時間已經夠蓋塞里克得知消息，採取行動：汪達爾王不像羅馬皇帝，他自己有一支素質不錯的常備海軍。他把海軍從迦太基派往新迦太基

（Carthago Nova，西班牙西南的卡塔赫納〔Cartagena〕），趁著皇帝的船隻停泊在港中時，把大半燒個精光。蓋塞里克再度證明自己是東、西帝國當局惹不起的對手。失望的皇帝返回高盧。經歷西班牙的洋相之後，他希望在這兒與義大利重建自己的聲威。他在高盧停留到四六一年，然後重返義大利。他到了德爾托納（Dertona，今義大利皮埃蒙特〔Piedmont〕的托爾托納〔Tortona〕），這裡是利古里亞阿爾卑斯山（Ligurian Alps）義大利一側的主要休息站，並在此遭遇里基莫。

八月二日，里基莫在德爾托納罷黜自己的老盟友——對付阿維圖斯的共謀者。五天後，馬約里安在伊拉河（Ira）河畔被處死。皇位再度空缺，直到十一月十九日，新皇帝——大蛇利比烏斯・塞維魯斯（Libius Severus *signo* Serpentius）才披上紫袍。塞維魯斯是盧卡尼亞（Lucania）元老，根據當年的流行，地位夠高的人才會取綽號（*signum*），而他的綽號叫「大蛇」。除此之外，我們只知道他是里基莫選的人，君士坦丁堡在他即位前並未得到諮詢，後來也從未承認他，而阿耶提烏斯時代在前線殺敵的高級將領們不只拒絕承認塞維魯斯，甚至都以取代里基莫、成為西帝國第一軍事強人為目標。

四六二年初，馬爾切利努斯從西西里逃往達爾馬提亞海岸，開始組織入侵義大利的部隊。馬約里安的高盧軍長阿耶吉狄烏斯也在高盧做同一件事，高盧的正規軍單位依舊效忠於他，而不是里基莫派去跟他對陣的無名將領阿格里皮努斯（Agrippinus）。狄奧多里克在托羅薩韜光養晦，等著把自己不容小覷的力量押寶在這場競爭最後的贏家上，而蓋塞里克則趁著西部當局不尊重利奧身為資深皇帝的權威、在雙方明顯分裂時，公開向東朝廷示好。

四六二年初，皇后尤多克希婭和女兒尤多基婭與普拉琪迪雅，從迦太基回到君士坦丁堡。如此的和解姿態，讓蓋塞里克能保有尤多基婭與其子胡內里克的婚約。至於在高盧，狄奧多里克被阿格里皮努斯說服，與塞維魯斯和里基莫站在同一邊，而不是支持阿耶吉狄烏斯。他要求的代價是控制納博港。儘管阿格里皮努斯因為此舉而被革職，但狄奧多里克依舊率軍推進羅亞爾河，結果在奧雷里阿努姆被阿耶吉狄烏斯擊敗。哥德王的弟弟弗里德里克在是役中陣亡，這件事將對接下來幾年的高盧王位繼承有很嚴重的影響。

這場戰鬥也擾亂了阿耶吉狄烏斯入侵義大利的計畫，還讓一位更善戰的新將領登上舞台：四六三年，里基莫將自己的姻親——勃艮第王子龔狄歐克，提拔為高盧軍長。龔狄歐克持續與阿耶吉狄烏斯作戰，而阿耶吉狄烏斯則派使節前去蓋塞里克處，試圖結盟。阿耶吉狄烏斯在不明的情況下遭到殺害，時間可能是四六四年或四六五年。直到他過世為止，他對蓋塞里克的提議都沒有得到任何結果。他留下來的部隊原本屬於高盧野戰軍，如今實際上等於私人軍隊，分別向阿耶吉狄烏斯之子塞阿格里烏斯，以及阿耶吉狄烏斯的僚友——法蘭克將軍希爾德里克（Childeric）——效忠。塞阿格里烏斯撤退到羅亞爾河以北。在某些人的想像中，他在那兒統治著「塞阿格里烏斯王國」，國民包括該地區一部分的法蘭克人。其實，他只是成為北高盧的眾多強人之一，這些人主宰的區域始終出不了一小塊範圍不斷改變的小領土，一面掠奪地方農民，一面保護他們；得等到五十年後，這些小將領之中才有人能集中足夠的力量與權威，將一片不小的高盧領土納入自己的控制下，並試圖管理。與此同時，除了特雷維里及其近郊，羅亞爾河流域以北的高盧也終於加入不列顛的行列——成為帝國政府的化外之地。

如今的南高盧與西班牙大部分地區，就像非洲一樣，在原本的帝國土地上建立起新王國。這些王國的統治者行使的權力、徵收到的歲入、推行的法治，都勝於帝國政府對義大利與普羅旺斯（Provence）以外任何地方的統治。說起來，古老的羅馬帝國恢弘論調，在這個時代的文字著作中依然存在，而「蠻族」與羅馬人之間的對比，也依舊是我們許多史料中使用的詮釋框架。但我們同樣能清楚看到，在狄奧多里克、蓋塞里克與龔狄歐克所控制的地方，上層社會的大多數人更支持地方王國宮廷所帶來的穩定與效率，而不是義大利那個還自以為是「帝國」的政府變幻莫測與不嫻熟的作法。蓋塞里克有他慣有的手法與投機，他利用自己與利奧結盟的機會，年年用海軍對義大利發動無情的遠征。馬爾切利努斯並未與東西帝國朝廷合作，但顯然透過利奧的使者菲拉爾庫斯（Phylarchus），與君士坦丁堡有外交上的接觸。他試圖幫自己開闢一個王國，在四六四年至四六五年間，派艦隊對抗西西里的汪達爾船隻，面對蓋塞里克打了一次勝仗，從而讓這位不合群的將軍在解體中的西帝國政局裡擔任要角。

事不論大小，都能清楚勾勒出政治混亂的程度，以及這種混亂所提供的潛在獲益與造成的暴力。當時有明確時間記載的事件並不多，其中一件事就是里基莫被某個默默無名、名叫貝奧爾戈爾（Beorgor）的阿蘭「王」，在阿爾卑斯山腳下貝爾加姆（Bergamum）附近擊敗。貝奧爾戈爾是誰？他為何而戰？為何對抗里基莫？我們一概不知。但這起事件顯示，四六〇年代初期，幾乎在每一個層面，都像是一場所有人打所有人的戰爭。里基莫雖然掌控一位無力的皇帝，卻幾乎控制不了其他事。

四六五年十一月十四日，塞維魯斯過世，無人因他而悲慟。利奧再度成為事實上唯一的皇帝，但在東帝國政治宣傳所觸及到的範圍而論，他一直都是唯一的皇帝。四六六年的史事撲朔迷離——

事實上，在我們手上的政治史料中，幾乎沒有任何事件，能夠百分之百定在這一年。但在塞維魯斯死時，里基莫終於準備認真思考與東皇帝合作，以求帶來一定程度的安定，畢竟他嘗試過的其他作法無一成功，與東帝國和解也成了剩餘唯一的選項。利奧以唯一的奧古斯都身分度過了一年以上的時間，東西朝廷之間似乎用了好幾個月的時間協商，而如今的西朝廷想必是由拉溫納尚存的民政官員所組成的。利奧自己在東帝國的問題已經夠多了，因此在四六六年時，他也願意抱持比以往更友善的態度來看待西朝廷。

先前談到，利奧之所以能登基，是因為他的地位比政府要人來的資淺。其中一位大人物就是貴族安特米烏斯，他是皇帝馬爾西安的女婿，因此對利奧來說，他也一直是皇統繼承上的威脅。只要送安特米烏斯去西邊擔任資淺奧古斯都，就能同時達到推崇他、平撫他心中的任何索求，以及讓他不再擋路等所有目標。里基莫顯然需要一點說服，但君士坦丁堡方面在四六五年三月二十五日時，便先在首都立安特米烏斯為凱薩，然後才派他率領東帝國大軍前往義大利。接著在四月十二日，安特米烏斯在一個確切地點不明、名叫布隆托塔耶（Brontotae）、從羅馬數來「第三塊里程碑」的地方，獲得擁立為奧古斯都。

安特米烏斯的軍隊有一部分是由四處打劫的將領——馬爾切利努斯所指揮。如今，馬爾切利努斯已經在東皇帝的權力操作下，躋身派特里興之列。如此的晉升肯定意味著（里基莫也如此理解）對自己權威的挑戰，他絕不想任馬爾切利努斯所擺布。但安特米烏斯若想在西帝國的無常政局中鞏固自己的位置，光是名門出身可還不夠，因此對汪達爾人打場勝仗，就是一件同時符合里基莫、馬爾切利努斯、安特米烏斯與東朝廷利益的事。各方同意合作，合力對蓋塞里克發動大規模攻勢。接下來則是聯姻：里基莫娶了安特米烏斯的女兒雅莉琵雅（Alypia）。

新年伊始，安特米烏斯在羅馬慶祝自己展開了第二個執政年。羅馬將成為他的主要居城，而里基莫則偏愛拉溫納。阿維圖斯的女婿昔多尼烏斯・阿波利納里斯，率領高盧代表團前往義大利歡迎新皇帝，並發表他的第三篇新皇登基致詞——這一回是安特米烏斯登基——並因功而成為羅馬都總長。對於新皇帝，高盧當權派多半沒有昔多尼烏斯那麼開心，認為不過是來自義大利又一項失望的舉措。四六六年，狄奧多里克二世在托羅薩被弟弟尤里克（Euric）殺害，高盧的情勢也因此更形複雜。弗里德里克在與阿耶吉狄烏斯的戰役中戰死之後，狄奧多里克並未讓尤里克在王國的治理中占有一席之地，這不僅讓他怒火中燒，也讓他野心滋長。這位新國王在部分權貴心中頗有人望，但不包括昔多尼烏斯這類懷抱奢望，希望帝國復興，恢復高盧與義大利貴族之間和諧對等的人。

但是，對於討厭安特米烏斯甚於塞維魯斯或馬約里安的人來說，尤里克卻是個契機。四六八年，高盧總長阿爾萬杜斯（Arvandus，先前已經在幾個皇帝手下兩度擔任總長一職）建議尤里克，從「希臘皇帝」手中奪取高盧的控制權。這位阿爾萬杜斯出身不高，因為其行政專長才獲重用，卻也因此惹來眾多當地權貴的敵意，其中有些人是昔多尼烏斯的親友，他們與其他人抓準這個機會，指控這位總長侵吞。阿爾萬杜斯寫給尤里克的信，成為人家對付他的證據，而他也坦承信是自己寫的——他覺得，既然自己沒有追求紫袍，想必可以逃過叛國的指控。他錯了。

審判在羅馬的元老院舉行（都總長昔多尼烏斯睿智地迴避了），阿爾萬杜斯則因為叛國被判處死刑。昔多尼烏斯與少數幾名元老出手干預，成功讓刑度減為流放，但這段插曲仍說明了五世紀時人們效忠的對象非常混亂。這再也不是上個世紀的區域派系傾軋，更不像是霍諾留朝廷的政爭了。

這是政統的全面危機，人人各懷鬼胎，沒有一位皇位候選人擁有比其餘人選更不容質疑的正統性，而決定何者屬於、或不屬於某場政治遊戲的界線也全部消失——應該說看起來消失了，直到你發現自己跟共識站在不同邊。

尤里克維持自己在南高盧的軍事優勢，而且他有高盧人的大量支持。史料保留了昔多尼烏斯等人的反對聲音，但他們在高盧權貴中只占少數，而且很快就站去了輸家的那一邊。對於未來有清楚願景，也預料到不久後將與義大利決裂的人，其實是像阿爾萬杜斯這樣的人——他們的聲音不為後世所聞問。尤里克從未與安特米烏斯及義大利政權和解，但在四六八年時，我們可以暫且略過他，畢竟大家的重心都擺在針對汪達爾的聯合行動上。

一到三月可以入海之後，艦隊立即啟航——兩支來自君士坦丁堡，一支來自義大利，帝國東西半壁的大批常備軍就這樣出航了。傭兵人數想必也很可觀，甚至有一隊遠自瑞典厄蘭島（Öland）而來，為帝國而戰（厄蘭島出土大量金幣，是這些士兵的傭金）。東帝國的其中一支艦隊，由軍務伯赫拉克里烏斯（Heraclius）與馬爾蘇斯（Marsus）指揮，在的黎波里塔尼亞登陸，占領大城市，並沿陸路進軍迦太基。另一支規模比較大的艦隊，則由利奧的妻舅巴西利斯庫斯（Basiliscus）指揮，前往西西里，與馬爾切利努斯領導的義大利艦隊會合。馬爾切利努斯先前已經把蓋塞里克駐紮在薩丁尼亞與西西里的海軍趕走了。馬爾切利努斯與巴西利斯庫斯在西西里商討情勢，之後巴西利斯庫斯航向卡本半島（Cape Bon），在迦太基附近下錨，要求蓋塞里克投降。汪達爾以拖待變，展開協商，並宣稱會遵守和約，實則準備好自己的海軍與火船隊，往東帝國艦隊撞去，燒掉半數船隻，迫使巴西利斯庫斯丟臉逃跑。

我們會在下一章談這場慘敗在東帝國掀起的餘波。對西帝國來說，本役破壞了新皇帝第一個執政年開始時的躊躇滿志。除了讓安特米烏斯坐立難安之外，唯一能讓里基莫感到寬慰的，就是馬爾切利努斯的死——他在西西里遭人殺害。又一個競爭對手謝幕了。雖然證據奇缺、分散、難以拼湊，但可以確定安特米烏斯與里基莫之間的關係在接下來幾年穩定惡化。

先前，安特米烏斯曾經應里基莫所請，立他的死黨羅馬努斯（Romanus）為「派特里興」。但在四七〇年，里基莫卻自行進行戰備，在米底奧拉努姆建軍。作為回應，羅馬努斯在羅馬被審判處死。提奇努姆主教——一位具有群眾魅力的神職人員，名叫愛比發尼烏斯（Epiphanius）——促成雙方和解，但和解的時間並不長。在高盧，原本還對帝國抱有懷舊之情的少數權貴，現在決定與鄰近最有效的權威合作——無論是尤里克、勃艮第人貢多巴德（他是里基莫的親戚，理論上也是義大利政權指派的正統高盧軍長），還是羅亞爾河以北星羅棋布的各軍閥都好。尤里克如今不只對自己的力量信心滿滿，也深信自己是眾多高盧裔羅馬人眼中的正統，於是他在四七一年包圍亞雷拉特。亞雷拉特守軍仍忠於義大利政府，安特米烏斯也派了一支小部隊，由自己的兒子安特米奧魯斯（Anthemiolus）指揮，前去解高盧首府之圍，結果再度失敗。安特米奧魯斯於是役戰死，尤里克占領亞雷拉特，而高盧作為「正統」帝國領土的一部分，已經名存實亡。

皇帝權力漸微，讓里基莫愈來愈不耐（但他自己也不見得更能施展），於是他決定推翻這個希臘皇帝——如今他對皇帝嗤之以鼻，稱之為「歇斯底里的加拉太人」（hysterical Galatian），不值得花時間去操縱。貢多巴德決定不管那些仍然效忠於中央的高盧人，把他們留給尤里克控制，自己則到義大利加入舅舅里基莫的行列，在四七二年二月，他們一起把安特米烏斯圍困在羅馬。至於君士坦丁堡方面，義大利的鬥爭讓利奧有機會擺脫另一個討厭的對手，同時還可以宣稱自己會幫助在西帝國資淺的奧古斯都。

阿尼奇烏斯．奧里布里烏斯（Anicius Olybrius）是瓦倫提尼安三世之女普拉琪迪雅的丈夫。他是出身羅馬城的羅馬元老，也是阿尼奇氏族成員。妻子客居汪達爾人的地盤時，他也伴隨左右，因此跟蓋塞里克與胡內里克發展出良好的關係。由於胡內里克是瓦倫提尼安的另一個女兒尤多基婭的丈夫，他也成了奧里布里烏斯的連襟。自從蓋塞里克把這對狄奧多西家的公主送去君士坦丁堡的那一刻起，她們的家人也就對利奧造成潛在的威脅，和安特米烏斯一樣。表面上，利奧派奧里布里烏斯去義大利，在里基莫與西皇帝之間擔任調人。不過，把他趕走肯定也很重要。誰知道，這兩個算計都適得其反——里基莫非但沒有與安特米烏斯坐下來談，反而在四七二年四月擁立奧里布里烏斯為皇帝，接著繼續進行他的羅馬圍城戰。這座城市終於陷落，安特米烏斯淪為階下囚，在七月十一日受死。這一回等著登上西帝國皇位的人選也只有一個，但奧里布里烏斯和里基莫的上一位門人一樣，並未得到東帝國的承認。但承認與否很快就沒有意義，因為里基莫在八月十九日過世，只比他痛恨的敵人安特米烏斯晚了一個月。此時，人還在義大利的龔多巴德繼承了里基莫的「派特里興」頭銜，以及義大利步騎軍長一職，並指派弟弟——勃艮第王子希爾佩里克（Chilperic）擔任高盧軍長。勃艮第人地盤以外的高盧地區是否承認希爾佩里克？不大可能——尤里克與他們勢同水火。偏偏這對王子兄弟並不走運，他們的皇帝奧里布里烏斯還沒到年底就死了，在十一月二日死於水腫。

已經成為慣例的皇座空缺期，這下子又來了：皇帝頭銜成就了悲慘和早死，說不定還是慘死的保證，實在沒有什麼剩餘的價值。沒有人詢問資深奧古斯都的意見，其實他對西方的政局也無從置喙，不過襲多巴德的義大利軍隊、拉溫納的宮廷官僚，以及羅馬的元老貴族之間是有協商的。終於在四七三年三月三日，此前未見於史料的禁軍伯格里克里烏斯（Glycerius），獲擁立為奧古斯都。幾乎在同一刻，尤里克麾下的文肯提烏斯（Vincentius）便率軍進入義大利，襲多巴德的將軍辛迪拉（Sindila）與阿勒拉（Alla）擊敗了入侵者，同時殺了文肯提烏斯；同年，一位叫維迪米爾（Vidimir）的人率領一支東哥德軍隊從潘諾尼亞出發，攻進北義大利平原，但義大利政權買通了他，讓這支軍隊繼續往高盧前進，在彼處撞進軍閥相爭的洪流中。帝國政府還能不能守得住，就算只保住義大利也好？這幅前景，如今已晦暗不明。

四七四年一月十八日，利奧死於君士坦丁堡。利奧麾下的將軍弗拉維烏斯．芝諾（Flavius Zeno，之後還會提到）娶了他的女兒阿莉雅德妮（Ariadne）。兩人的孩子利奧（Leo，生於四六七年）在四七二年成為凱薩，並且在祖父病重後，於四七三年十一月十七日獲立為奧古斯都。利奧在一月過世時，芝諾的路就豁然開朗了。四七四年二月九日，七歲大的皇帝讓自己的父親成為共帝集團的成員，立他為奧古斯都。也就是說，芝諾如今是君士坦丁堡真正的統治者。男孩皇帝利奧二世後來在四七四年十一月過世，顯然是自然死亡。但芝諾對於皇座的控制，卻不斷遭受利奧一世的遺孀薇麗娜（Verina），以及他的妻舅巴西利斯庫斯所挑戰——我們會在下一章談到。

不久後，西帝國也感受到這場東帝國政局變動的影響。利奧一世死前從未承認格里克里烏斯，而利奧的繼承者芝諾也堅守東帝國發展出來的慣例——把潛在的問題人物送去西邊。芝諾有眾多可能的挑戰，其中之一就是尤利烏斯．尼波斯（Julius Nepos），他是不久前亡故的傭兵領袖——馬爾切利努斯的外甥，也是利奧外甥女的丈夫。據說，利奧本來計畫讓尼波斯當西皇帝，但真正實現這件事的人，則是利奧二世與芝諾。龔多巴德眼看情況如此，加上意識到自己支持的這個政權只會曇花一現、沒有未來，於是返回高盧，繼承父親之位，成為勃艮第王。這件事成了關鍵的里程碑：半個世紀以來，有能力的人與其稱王，他們寧可得到步騎軍長的頭銜和權力。龔多巴德讓我們知道情況已不再如此，而他的例子也清楚說明帝國的威望在西部已經沉淪到什麼樣的地步。

尼波斯發動遠征，從達爾馬提亞海岸出發，繞航義大利，在波爾圖斯登陸。四七四年六月，他在波爾圖斯獲立為奧古斯都，接著往羅馬進軍。格里克里烏斯麾下大部分的軍隊都跟著龔多巴德去了高盧，他在不抵抗的情況下投降、接受外放，到達爾馬提亞的薩洛納成為主教。尼波斯試圖複製前幾任皇帝的策略，整合西帝國的各派系，組成某種聯盟。他任命阿維圖斯之子艾克狄基烏斯（Ecdicius，昔多尼烏斯．阿波利納里斯的連襟）為高盧軍長，並試圖同時跟尤里克與蓋塞里克和談，後者當時已經與君士坦丁堡合作。比起折磨義大利政權，這位上了年紀的汪達爾王現在更關心的是怎麼守住自己的繼承規畫，所以和約一下子就談妥了。尼波斯與尤里克的條約，終於從實然面承認了哥德王國：在帝國昔日土地上建立的獨立政體。尤里克對於高盧西部與南部大部分地區的控制權得到承認，他則投桃報李，允許效忠於尼波斯的部隊駐紮在亞雷拉特和馬斯希利亞。此時的昔多尼烏斯．阿波利納里斯，已經受按立成為阿爾維諾自治市（Civitas Arvernorum，今奧文尼〔Auvergne〕的克勒蒙費宏〔Clermont-Ferrand〕）的主教。對他來說，這是高盧的忠誠遭到痛苦的背叛。他卻沒有意識到，和他一樣對失落的帝國理念懷抱著熱情的權貴，已經是少之又少。

儘管如此，義大利人跟高盧人依舊為了帝國權力的碎屑彼此較勁。當義大利政府把亞雷拉特也割讓給尤里克之後，艾克狄基烏斯前往義大利，卻立刻發現這裡的局面是他應付不來的。他退回高盧，另一位軍長俄瑞斯忒斯（Orestes）取代了他的位子。但是，這位新的御前軍長很快跟自己的皇帝鬧翻了。尼波斯逃往達爾馬提亞——對君士坦丁堡來說，他仍然是正統的奧古斯都，但從此他再也沒有踏上義大利的土地。四七五年十月三十一日，俄瑞斯忒斯在拉溫納立自己的幼子羅慕路斯（Romulus）為皇帝，但他卻發現實際的治理工作難如登天。其實已經沒有帝國給他統治了，但這一點也無助於現實。義大利只剩一點點寶貴的稅基，而俄瑞斯忒斯只能仰賴少數效忠他個人的士兵。剩餘的常備軍之前拒絕為格里克里烏斯或尼波斯而戰，如今又譁變，要求給他們土地養家，因為他們一直沒有拿到應有的薪餉。

名叫奧多阿克爾（Odoacer，亦作Odovacar）的人領導了這場起義。他沒有推出爭奪皇位的人選，也沒有挑戰俄瑞斯忒斯的軍長職位，而是自立為義大利王，從駐守的北義大利城鎮提奇努姆出兵拉溫納。俄瑞斯忒斯試圖擋下他，兩軍在普拉肯提亞交戰，四七六年八月二十八日，俄瑞斯忒斯在此被捕殺。奧多阿克爾的軍隊繼續朝原訂目標拉溫納挺進，俄瑞斯忒斯的兄弟主持拉溫納的防務。九月四日，拉溫納城陷，兄弟也步上俄瑞斯忒斯暴死的後塵。他們名義上的皇帝，小男孩羅慕路斯——史稱「小奧古斯都羅慕路斯」（Romulus Augustulus）遭到罷黜。不過，奧多阿克爾沒有處死他，而是把他送回家人位於坎帕尼亞（Campania）的莊園生活。無論是羅慕路斯一家，還是逃之夭夭的尼波斯，似乎都不成威脅。

就這項算計而言，事實證明奧多阿克爾是對的。我們之後會談到，當格里克里烏斯、尼波斯、俄瑞斯忒斯與奧多阿克爾接連爭奪權力的這幾年，芝諾也挫敗了一次篡位的企圖。涉入西部事務太深的話，無論如何都不會為這位東奧古斯都帶來益處。當奧多阿克爾與羅馬元老院派使節去君士坦丁堡，表態認可芝諾的權威時，他們是為了自己而這麼做的，而不是為了哪一位皇帝。他們再也不需要皇帝了。芝諾仍然認達爾馬提亞的尼波斯為正統的西奧古斯都，但並未採取行動讓尼波斯重獲義大利的權力；尼波斯也不敢憑一己之力犯險。雖然難以置信，但連羅馬元老院的西帝國權貴階級，都已經發現自己再也不需要一位羅馬皇帝。他們可以自己斷事，靠著既有的帝國政府機構也能運作良好，皇帝個人在這套體系中的存在變得可有可無。其實，一堆人為了有如殘羹冷炙的皇帝頭銜而爭得你死我活，顯然是弊大於利。更叫人驚訝的是，芝諾與尼波斯兩人都領悟到這種新的憲政結構有其智慧。他們認可奧多阿克爾的政權為合法政權，而奧多阿克爾則以芝諾與尼波斯的名義鑄造錢幣，但他的獨立性則無人挑戰。帝國政府的基本結構在義大利倖存下來：奧多阿克爾總攬大權，但依然有禁衛總長管理公共事務與民事，而羅馬元老院得到的權力，甚至比過往幾個世紀更多。然而，奧多阿克爾很難把力量輻射到義大利以外的地方，顯示帝國政府的上層結構已經在四四〇年代至四七〇年代之間消失得非常徹底。

不到一代人的時間，行省就成了王國。有些王國是由軍事菁英與歷史悠久的地方羅馬貴族構成的穩定聯盟所統治，羅馬政府機構在這些區域——義大利、汪達爾人控制的非洲、哥德人控制的西高盧與西班牙東北部，以及勃艮第人控制的東高盧——仍保持著有效的運作，只是跟其他地方的帝國機構再也沒有關聯。然而在其他王國，權力卻落到城鎮與自治市菁英手中，東北部塔拉科地區以外的西班牙都是這樣的情況。在北高盧與日耳曼尼亞，無論統治的人是塞阿格里烏斯，還是哪個法蘭克貴冑，政府的結構都已經消失，有待接下來幾個世紀從零開始重建。權力在需索無度的軍閥與土地權貴之間交替易手，只有殘存的主教座還維持羅馬行政習慣的若干面貌。至於在五世紀後期的不列顛，甚至連教會機構都消失了。

從地名學的角度出發，最能看出哪些地區保有帝國的烙印（無論多麼局部性），哪些又沒有。在西班牙、義大利與南高盧大部分地區，羅馬的城市名稱以羅曼語（Romance）形式流傳至今；若不是因為七世紀時被阿拉伯人征服，非洲也會是這樣的情況。然而在不列顛全境與納博訥、阿奎塔尼亞以北的高盧地區，羅馬城市名稱則全數消失。取而代之者若非原本前羅馬時代部落名稱（因此，今日法國首都——羅馬的帕里西盧泰西亞〔Lutetia Parisiorum〕，現在叫作巴黎〔Paris〕，而不是盧泰西〔Lutèce〕）的地區性變體（四世紀時便能看到這種現象），就是新的日耳曼語系地名。這是相當粗略的判斷，卻也是很重要的判準。後羅馬時代的西帝國各王國，得用另一本書來寫。從上一章到這一章，我們談到許多事件，但過程中卻有另一段故事幾乎沒有提到，而故事中的西帝國與東帝國可說是大相逕庭——兩者在基督教會中扮演的角色。東西帝國的分野，最能從利奧與芝諾在東帝國的統治中看到。

第十一章 狄奧多西王朝之後

馬爾西安死於四五七年一月二十六日，死前從未承認高盧出身的皇帝阿維圖斯。儘管阿維圖斯如今早已遭人罷黜並殺害，此後卻也無人想登上西帝國的寶座。但是，西部的繼承操作開始變成人人皆可競逐時，東部卻仍然按照清晰可辨的四世紀治理模式運作——由軍隊高層、民政官員與宮廷官僚多方論辯。

在阿爾卡迪烏斯與狄奧多西二世的統治下，遠比以往更多的政府機構集中到君士坦丁堡占地廣大的宮廷建築群裡。身處一個皇帝常常是在戰場上被推舉出來的時代，機構的集中讓民政與宮廷官員擁有更大的影響力。這是一種約束軍人的方法，但東帝國軍隊裡還有另一種內建的權力限制，可以防止單一將領力量過大。西帝國自從斯提里科以來，情況多半是一名將領居高臨下，而一群心懷鬼胎的部屬則密謀取而代之，但東帝國始終維持著有兩位御前軍長。兩位軍長各自指揮麾下的野戰軍，駐紮在首都附近。御前軍長職位的重疊，鈍化了軍人在政界的影響力，而朝廷固定於一地，讓東帝國民政官僚體系比西帝國更為複雜，根扎得更深。最後，東方的權貴勢力相對較弱，他們仰賴政府機構，而非龐大的地產，這可是穩定局勢的強大力量——西方的大人物可以隨心所欲地違抗或忽視政府，但東部的權貴卻必須持續參與政府機構的運作。東方的政局因此推崇妥協甚於動武；但在西方，人們通常得藉由暴力相向才能獲得理想的結果。

因此，馬爾西安一死，宮廷官僚、民政官員與御前軍事高層便找出各方都能接受的人選：御前野戰軍馬提亞里軍團的巴爾幹軍官利奧。利奧跟御前軍長之一的弗拉維烏斯·阿斯帕是親戚，但他可不只是這位大將軍的魁儡；假如他是，他就得不到廣泛共識的支持。有誰的共識呢？軍事將領們、以主教安納托利烏斯為代表的帝國教會、以執事長官馬爾提阿利斯（Martialis）為首的宮廷官員，以及其他部會首長都得意見一致。四五七年二月七日，利奧在赫布多蒙宮獲立為皇帝，然後率領行進隊伍進入君士坦丁堡，過程有如基督教的禮拜儀式，顯示帝國官職邁入「再神聖化」（resacralisation）的新階段。利奧當時還沒有兒子，這很可能是各方選他為皇帝的原因，但他倒是有兩個女兒，長女阿莉雅德妮、次女利奧媞雅（Leontia）——是在他成為皇帝前後出生的。利奧的妻子薇麗娜後來也成為朝中的一大勢力，甚至在下一任皇帝治世時依舊如此。

利奧所繼承的教會亂局，可以回溯到狄奧多西二世——第一次、第二次以弗所會議，以及後來四五一年的迦克墩會議，但決議完全無法長久維持。我們可別忘了，神學爭議都很複雜。四三一年的以弗所會議固然譴責聶斯脫里為異端，但這對許多亞歷山卓派的教士來說還不夠。他們繼續推動亞歷山卓主教濟利祿對於基督單一神性的極端詮釋。亞歷山卓信條後來在四四九年的第二次以弗所會議大獲全勝，結果不只疏遠了許多東方主教，還有拉丁語教會，羅馬的利奧尤其不滿。此後，馬爾西安在四五一年的迦克墩會議上，力陳並通過一項其實化解不了多少問題的神學解釋。許多人認為在政治上支持迦克墩信經比較省事，但連他們都不相信迦克墩信經在神學上站得住腳。

鐵桿的亞歷山卓派（由於他們相信基督具備單一的神性暨人性，因此被反對者稱為「一性論者」）認為迦克墩觀點大錯特錯。亞歷山卓的大部分人口，以及大量手段激烈的埃及修士都信奉嚴格的一性論信條。四五七年，他們一得知馬爾西安過世，便在亞歷山卓立了一位主教，挑戰迦克墩派的君士坦丁堡宗主教波德烈（Proterius）。他就是「『小熊貓』弟茂德」（Timothy Aelurus），真心擁護濟利祿與狄奧斯科魯斯的信條，致力仿效他們的惡棍行徑。

四五七年的聖週五（Good Friday），弟茂德的擁護者在波德烈的洗禮堂中殺害了他。這起醜聞是新皇帝利奧遭遇的第一道難題。皇帝本人是迦克墩派，但弟茂德派代表到君士坦丁堡要求召開新的會議、重啟教義辯論時，他仍然願意傾聽：弟茂德主張迦克墩顯然無法化解有關神性的問題。利奧並不急著表態，而是去信給許多地位崇高的主教——羅馬、安提阿與耶路撒冷主教等，詢問他們對於舉行另一場會議好或不好。他們一致反對，於是利奧把弟茂德流放到克里米亞半島的帝國前哨。直到利奧過世，他才得以返回。但是，迦克墩在希臘教會造成的裂痕，將會延續到下一個世紀。

除了教會事務之外，我們對於利奧治世初年的樣貌所知甚少。不過，根據任官的人選，我們依舊能一窺宮廷的結構。阿斯帕家族飛黃騰達，長子阿爾達布里烏斯（Ardaburius）跟隨父親的腳步，以東方軍長的身分躋身指揮部，並早在四四七年就當上執政官。次子帕特里奇烏斯（Patricius）則是四五九年的執政官，與公主利奧媞雅訂婚，最後獲得凱薩殊榮；三子赫爾梅內里克（Hermeneric）後來在四六五年成為執政官。皇后薇麗娜的家人也平步青雲，像是她的兄弟巴西利斯庫斯便位居軍隊高層，最後帶領了四六八年那場災難性的非洲入侵行動。然而，由於缺乏敘述性的史料，我們很難掌握日常的政治節奏。直到四六〇年代，皇位遭逢意外威脅，才留下了一批證據，讓我們得以開始跟進帝國中樞發生的事。然而，邊境從利奧治世之初到他過世為止，都是多事之秋。

經過狄奧多西與馬爾西安統治時的長治久安，新皇帝在東部邊境面對到愈來愈不安的局面。我們暫且退一步，來談談歐亞大陸的整體脈絡。五世紀時，波斯已經成為一個穩定、對外減少征伐的帝國式國家。自從沙普爾二世在三七九年過世以來，波斯便中止了長期的擴張主義，國勢的穩定則有賴於其國力。地位鞏固的伊朗權貴成為龐大野戰軍的核心；軍隊之龐大，讓萬王之王得以把自己的影響力遠遠投射到他實際管理的區域之外。瑣羅亞斯德祭司群構成壯觀的行政官僚體系，監督整個帝國的財政與司法。聖火廟則管理土地，還發揮了銀行與國庫的功能。波斯王鑄造純度極高的銀質打蘭幣（drachm），比其他國貨幣更大、更薄，從幣面上的細緻君主像及其獨特頭飾，就能看出是哪一位君主統治時所鑄造的。到了五世紀，薩珊王朝的這種通貨已經成為整個中亞與南亞大部分地區的標準交易媒介，廣受帝國邊境轉瞬即逝的各個政體所信任，跟著廣泛仿製（打蘭幣的形制，後來在七世紀時得到拜占庭統治者的採用，但材料改用金；到了更晚的中世紀，歐洲各地的統治者也開始模仿打蘭幣，發行銀幣）。

近年來對伊朗的考古研究逐漸顯示，到了五世紀時，美索不達米亞與胡齊斯坦（Khuzestan，位於波斯灣頭的伊朗省份）人口數達到近代以前的最高峰，多虧了國家興建的大規模灌溉系統。與此同時，西北與東北邊境的建設也有所加強，政府主導了人口遷徙，加上迫遷游牧民族至剛整理好的可耕地，從而對軍事據點提供補給。

這些措施令經濟平穩，程度得以讓薩珊王朝繼承也穩定下來，無須訴諸征服戰爭。事實上，連繼承危機通常都能採取暗殺掉競爭者的「明智方式」來解決。當然也有例外，像是卑路斯的兄弟烏拉馬茲達試圖叛亂。對羅馬世界而言，這意味著東部邊境在五世紀上半葉享受了一段平靜的時光，緊張情勢得到全面緩解。還記得嗎？我們先前提到伊嗣俟一世與君士坦丁堡關係良好，連阿爾卡迪烏斯都拜託這位波斯王作擔保，幫助他的皇位繼承人狄奧多西二世順利登基。一位希臘教會史家表示，伊嗣俟對亞美尼亞錫爾萬（Silvan）主教馬祿他的風範深深折服，甚至考慮改宗基督教；這實在不太可能，但波斯王確實允許教會會議在波斯領土上首度召開——時間是四一〇年，地點在泰西封。

直到伊嗣俟統治的最末期，以及巴赫拉姆五世（Bahram V）治世之初，波斯土地上才再度發生對基督徒的迫害，但起因卻是由於基督徒破壞一座聖火廟。即便如此，雙方仍然試著避免一場可能爆發的公開戰爭。當然，兩大帝國之間實實在在的緊張關係依然持續，例如對高加索地區的爭奪。儘管有時候遭受外部事件波及而讓關係惡化，但兩國有時候也會自我節制，各自面對自己的挑戰。東羅馬皇帝必須一再處理五世紀巴爾幹的開放性傷口，波斯王也得面對游牧民族在東北邊境造成的嚴重問題。

貴霜曾在三七〇年代短暫服從於沙普爾二世，但波斯東境並未因此高枕無憂，依然得面對匈人政體的一連串變化——寄多羅人、阿爾罕人與嚈噠人紛至沓來。四世紀時，匈人遷居到中亞南部，而嚈噠人就是此後浮現的眾多氏族之一。他們似乎一度與「匈人」同胞共存，共享對貴霜變動版圖中不同地區的統治權。但到了四三〇或四四〇年代，嚈噠人若非強迫各種競爭對手遷居，就是吸收了他們，並且在接下來一百年的大部分時間裡，構成一個強悍又難惹的國家，導致五世紀中葉的波斯王們必須一個接著一個投注心力面對之：相較於西部邊境，伊嗣俟二世與卑路斯一世（尤其是後者）向來更關注東疆。

杜尚別寶藏（Dushanbe Hoard，杜尚別位於今日的塔吉克）是當年蘇聯中亞地區所出土最大一批的薩珊王朝貨幣，它們都是在三九九年至四五七年間發行的，而且全數打上了當地流通用的印記。這些錢幣是給薩珊波斯控制範圍之外的某個匈人群體的貢金，而且只是一小部分——想必是為了說服杜尚別地區的小王，協助制衡更靠近薩珊邊境的嚈噠人。薩珊王朝發生過多次內部衝突，卑路斯便曾經到嚈噠人那裡尋求庇護。只是造化弄人，他三度對東部邊境大規模用兵，卻在第三場戰役中於赫拉特（Herat，位於今阿富汗）死於嚈噠人之手。第一場戰役在四六九年打響，卑路斯之子喀瓦德（Kavadh）於是役中遭嚈噠人俘虜，付了大筆贖金才脫身。相較於四世紀時匈人帶來的挑戰，嚈噠勢力在伊朗東境鞏固，才是讓薩珊王朝的價值觀永久轉變的主因。從希臘、美索不達米亞與伊朗一路發展的兼容並蓄文化，化為波斯與瑣羅亞斯德宗教觀強勢主導的模式，以伊朗世界的良善與秩序，對抗著圖蘭的邪惡、混亂與真空——也就是如今嚈噠匈人所代表的草原帝國。

薩珊王朝認同觀的重新建構，讓波斯與草原之間的差異遠遠勝過與羅馬之間的差異，從而讓兩大帝國更容易在必要時互相合作。亞美尼亞自然是個要地——這兒在文化上兼有伊朗與希臘的要素，而且經常是波斯與羅馬的爭議點。雖然此時的亞美尼亞王國已經是個基督教國家，但在五世紀期間，羅馬人基本上已經不去挑戰波斯對亞美尼亞的掌控，連羅馬與波斯長久爭奪的北高加索地區，也逐漸落入波斯手中。

歷史上，北高加索地區以素拉米山脈（Surami ridge）為界，以西為科爾基斯（Colchis，又名拉濟卡〔Lazica〕），以東為高加索伊倍利亞。由於西部與黑海比鄰，數個世紀以來此地不停與希臘、羅馬世界，以東與亞美尼亞和波斯互動。高加索伊倍利亞比較容易從南方與東方進入，儘管這裡在四世紀時屬於羅馬的勢力範圍，但到了五世紀初卻已經成為波斯王的穩定附庸國。到了四五〇年代，拉濟卡王古巴澤斯（Gubazes）試圖走上與高加索伊倍利亞相同的道路，結束與羅馬的同盟關係，尋求波斯的庇護。君士坦丁堡派兵阻止，罷黜古巴澤斯，讓其子上位。儘管雙方為了附庸國而爭鬥，但面對棘手的協防問題時，合作的大原則還是占了上風。

鎮守高加索各隘口的代價相當高昂，而阿提拉的帝國在四五三年瓦解、導致草原情勢動盪之後，就更加難以維持。為了因應，波斯人開始重塑高加索地區的基礎建設，而羅馬皇帝則協助支付開銷。游牧與移牧是伊朗歷史數千年來的一貫特色，近年來的學術研究也顯示，在伊朗高原人口較多的地區，牧民與定居的都市及農業社群共存，相鄰的生活方式有著長期的延續性。直到邁入近代，伊朗統治者每隔一段時間都會試圖讓游牧民族定居下來，而五世紀就是這樣的時代。

五世紀初期，波斯王開始將牧民從伊朗中部重新沿著東北與西北邊境安置，一部分也是作為防禦措施——數百年前，安息開國君主阿爾沙克正是為了這個緣故，將游牧的馬爾狄人（Mardi）遷徙邊境。布有駐軍的都市中心與新灌溉系統在許多地方成雙出現，其中最重要的就屬阿拉克斯河（Araxes，今稱阿拉斯河〔Aras〕）流域的烏爾坦堡（Ultan Qalasi）。這條河流經穆甘草原（Mughan steppe），注入位於今日伊朗遙遠西北方的裡海。無獨有偶，考古學證據顯示在伊嗣俟一世與巴赫拉姆五世統治時，亞塞拜然附近的米爾草原（Mil steppe）出現一次人口大爆炸。在他們的後繼者——伊嗣俟二世與卑路斯一世的統治下，往南通往伊朗草原的隘口設有重兵看守，尤其是打耳班界牆。伊嗣俟一世在羅馬的資助下新建彼拉帕拉赫要塞，很可能就建於打耳班。裡海以北與烏拉山以南的情況固然超出了我們的視野範圍，但高加索地區的軍事建設高度擴張，很可能是阿提拉的西匈人帝國崩解，以及新族群在東方初崛起所共同造成的附帶作用：五世紀中葉的歐亞草原並不平靜，贏家與輸家都在尋找安身立命的新天地。

唯有在文字資料能流傳下來的地方，才有因果關係的直接證據，而這些文獻多半以巴爾幹為主題，它們釐清了阿提拉歐陸帝國的毀滅，對羅馬人的利益造成多大的傷害。阿提拉在四五三年猝死，他的孩子隔年又在尼達歐河畔一敗塗地，他原本的子民突然間解放了，再也不用為一個暴力掠奪的霸權盡任何義務。這下子沒有人阻止他們彼此攻伐，他們也立刻兵戎相向。他們的對抗，馬上讓「蠻族地方」呈現星羅棋布的全新政治局面。接下來數百年間，我們才第一次聽聞像保加爾人（Bulgars）或斯克拉文人（Sclaveni，斯拉夫人）等新的蠻族族群，這肯定是匈人在歐洲瓦解所造成的部分影響。這些新政體的構成方式，以及本地人與移民交雜的情形，始終是學界爭論的主題。總之，就我們所知，在曾經從屬於阿提拉的各個族群中，斯基利人與格皮德人的發展似乎不錯，他們保有最好的外多瑙河土地——阿提拉當年就把他個人的追隨者安置於此。幾個哥德群體——瓦拉米爾（Valamir）、狄奧多米爾（Theodomir）與維狄米爾（Vidimer）三兄弟率領其中一支，另一支則以人稱「斜眼」（Strabo）的特里阿里烏斯（Triarius）之子狄奧德里克（Theoderic）為首——就沒有那麼順利，他們被競爭的小王驅趕進當時名義上仍由君士坦丁堡掌控的巴爾幹部分地區。

當然，阿提拉已經蹂躪了巴爾幹的大片土地，把可以帶走的財富（包括奴隸）都帶走了，還破壞帝國的基礎建設。不同的行省究竟是在四世紀的哪個時間點脫離帝國的控制範圍，並無定論。有學者主張，在明確證據顯示政府已經無法統治某個區域之前，我們都可以假設帝國的管理猶在；其他人則認為，只要沒有明確的證據顯示帝國仍在治理，就必須假定該行省已經拱手讓人。持平而論，後者從嚴推斷的作法比較可靠。假如我們以此為準，則潘諾尼亞管區的四個行省（潘諾尼亞一區、潘諾尼亞二區、瓦雷里亞與薩維亞〔Savia〕）恐怕在四三〇年代就不屬於東、西帝國了，而河岸諾里庫姆（Noricum Ripense，今日奧地利介於多瑙河與阿爾卑斯山間的地區）也在四五〇年代失去。從潘諾尼亞與達契亞管區交界處的斯爾米烏姆開始，一路到色雷斯管區的黑海海濱，多瑙河以南有大片土地一直是蠻族軍閥的後花園。牢牢掌控在君士坦丁堡手中的巴爾幹領土，僅有默西亞二區（Moesia Secunda）以南的色雷斯各省，以及馬其頓與亞該亞管區。

四五〇年代中期，瓦拉米爾與「斜眼」狄奧德里克都試著到羅馬境內找地方落腳，畢竟他們與追隨者已經無法仰賴過去作為匈人帝國精銳步兵單位的身分過活。馬爾西安授予瓦拉米爾兄弟在潘諾尼亞居住的權利，每年給予其部隊津貼，但後來利奧終止這種作法，他們便入侵當時仍由君士坦丁堡統治的巴爾幹行省，並占領亞德里亞海濱的若干城鎮，包括重要口岸底拉西烏姆（Dyrrachium，今阿爾巴尼亞都拉斯〔Dürres〕）。瓦拉米爾最後在四六一年接受招安，而他的姪子——狄奧德米爾之子狄奧多里克（Theodoric）則前往君士坦丁堡為質，確保其父與伯叔不至於輕舉妄動。狄奧多里克受到了希臘羅馬高雅文化的薰陶，讓他成為同輩諸王中最圓滑的外交家。利奧答應每年支付瓦拉米爾三百磅黃金為貢金——以東帝國的標準來說只是小錢。至於「斜眼」狄奧德里克，則是在帝國政府的金援下率領私兵，駐守在色雷斯部分地區，作為反制瓦拉米爾往西北發展的方法。

當年以制衡為主的邊境政策，成了西帝國的宿疾；如今與瓦拉米爾和「斜眼」狄奧德里克的約定也清楚顯示，東帝國的邊境政策也演化為同類型的制衡，只是有一項決定性的差異——東帝國比較能支撐。東帝國的財政不僅承受得住週期性的敲詐，甚至連重要將領與廷臣之間的鬥法，也不會讓政局脫離掌控。四六六年，一陣烈焰吞噬了君士坦丁堡的好幾個城區（謠言說是惡鬼化身為老婦人，點燭火不慎所引起的），包括最初的元老院與許多公共建築皆無法倖免。大火燒了三天，阿斯帕在危機中指揮若定，在城內衝進衝出，親自提水桶將水潑向火苗，廣受好評。跟躲到金角灣（Golden Horn）對岸行宮避難的皇帝利奧一比，他的行動更是受人讚揚。

然而，就在這些英雄舉動過後不久，這位大將軍的威望便遭受重擊。他的兒子——擔任東方軍長已久的阿爾達布里烏斯遭人指控，說他與波斯王密謀對付利奧。發現密信的人是出身伊索里亞（Isauria）的軍官芝諾，他把這些信件送到朝廷，呈給利奧。一般料想利奧會以一場腥風血雨回應，但他反而宣阿爾達布里烏斯上朝，召開樞密會議，由執事長官帕特里奇烏斯主持，在會上聽取他的申辯，連他的父親阿斯帕也出席了。利奧甚至允許阿斯帕就其子的處分表達意見。眼前的證據想必難以辯駁，識時務的阿斯帕接受了流放阿爾達布里烏斯的裁決。他本人仍位居政府高位——假如同樣的劇本在西帝國那些捉對廝殺的將領間上演，怎麼想都不會是這種結果。

阿斯帕的威信雖然沒有受到立即性的傷害，但揭穿其子密謀的人則獲得褒獎。芝諾來自多山的小行省伊索里亞，位於今天的土耳其東南部，是戴克里先從早期的皇帝直轄行省奇里乞亞劃分出來的。伊索里亞人素有猖獗盜匪之名，這也不無道理。近代學者有時候會強調這一點，稱他們為「內部蠻族」，是帝國境內的異類。無庸置疑，伊索里亞人的家園對法治構成了挑戰，而他們若想在首都功成名就，就必須在同化上下工夫。例如「芝諾」就是為了從軍，拋棄了原本的名字「塔拉希科狄薩」（Tarasicodissa）之後所取的希臘名字。揭發阿爾達布里烏斯之後，芝諾得到禁軍伯一職，主管御前侍衛，其中就包括名為「哨兵團」（Excubitors）的近衛部隊——哨兵團旋即成為接下來三百年宮廷政治中的強大勢力。

除了晉升之外，他還成了皇親國戚，與利奧的長女阿莉雅德妮結婚。我們不知道芝諾是先休掉了原配阿爾卡迪雅（Arcadia，兩人育有一子，也叫芝諾），還是她此時已經不在人世。無論如何，婚禮還是舉行了。這對皇族夫妻在四六七年生了個兒子，按照祖父之名，命名為利奧。新任東方軍長約達尼斯（Jordanes）取代了顏面掃地的阿爾達布里烏斯，芝諾則迅速升官，繼皇帝的連襟巴西利斯庫斯之後成為色雷斯軍長。（當時，東帝國正計畫與西帝國合作，對蓋塞里克的汪達爾人發動大規模的軍事行動，預計由巴西利斯庫斯負責。）

芝諾在色雷斯的時候情勢相當複雜，一方面有阿斯帕支持者的競爭，一方面則是因為想要繼承阿提拉的人們彼此征伐。蠻族彼此較量的局面瞬息萬面。四六〇年代晚期，哥德三兄弟瓦拉米爾、狄奧多米爾與維狄米爾摧毀了一個斯基利大聯盟，但瓦拉米爾戰死，而兄弟間的領導權如今則落入狄奧多米爾手中。他跟阿斯帕培養出良好的關係。狄奧多米爾之子狄奧多里克，此時依舊在阿斯帕位於帝都的帳下。大致在同一時間，阿提拉倖存的兒子鄧吉西克（Dengizich，先前一度逃往黑海北濱）開始尋覓機會，想恢復到父親那般的聲威，對色雷斯展開劫掠。正當試圖抵擋這一波波攻擊時，芝諾卻面臨一場譁變，威脅之大迫使他逃往小亞細亞的迦克墩。另一位將軍——弗拉維烏斯·阿納加斯特斯（Flavius Anagastes）接替他，並繼續在阿斯帕一族的垮台過程中扮演命定的角色。

垮台是後來的事。阿爾達布里烏斯叛國之後，利奧對阿斯帕一家顯然是輕輕放下，原因或許是他需要手下最好的將領，實踐他的雄心壯志與東帝國最後一次大規模干預西部的事務：對汪達爾人的遠征若能凱旋而歸，西帝國便能在新奧古斯都安特米烏斯的統治下重獲新生。先前已經提過，這次行動在旗開得勝之後如何急轉直下：安特米烏斯在義大利受到歡迎；傭兵領袖馬爾切利努斯（利奧已授予他「派特里興」頭銜）擊敗薩丁尼亞與西西里的汪達爾駐軍；東帝國的赫拉克里烏斯與馬爾蘇斯，從蓋塞里克手中搶下的黎波里塔尼亞。但蓋塞里克隨後摧毀了薇麗娜的兄弟巴西利斯庫斯指揮的帝國艦隊主力，毀了一場大量耗費國庫、令人難以置信的遠征——據說用了六萬四千磅的金與整整七十萬磅的銀。

如此規模的慘敗讓人很難吞下，而君士坦丁堡內部也難免會有叛國的傳聞，有些指向巴西利斯庫斯，有些指向阿斯帕。兩年前，阿斯帕從其子的恥行中全身而退，而這一回居然也毫髮無傷，但巴西利斯庫斯可就沒那麼幸運了。他不得不躲進聖索菲亞教堂尋求庇護，後來是薇麗娜求情，皇帝才特赦他。我們不清楚在這次失利之後，他是否還保有軍長一職，但如今他無疑受到阿斯帕與芝諾的排擠。芝諾已經躋身為皇族成員，娶了阿莉雅德妮，而阿斯帕如今也得到同樣的殊榮。四七〇年，阿斯帕次子帕特里奇烏斯（四五九年的執政官，他在競技場的抗議群眾要求下同意放棄相似派信仰，改奉迦克墩信經）獲利奧冊封，成為凱薩，並娶了剛滿婚嫁之齡的利奧媞雅。這是政治上的精心操作，意在就近控制阿斯帕與芝諾，讓他們的競爭關係在朝廷上展現，而不是像西帝國將領那樣在戰場上一較高下。

眼下，巴爾幹地區成為宮廷中人透過代理人上演鬥爭的舞台。四六九年，狄奧德米爾與格皮德人及盧吉人發生衝突——他們很擔心斯基利人的命運會降臨到自己頭上。樞密會議分成兩派。阿斯帕為他的哥德附庸發聲，但他的建議並未獲得採納，皇帝決定對狄奧德米爾的敵人伸出援手。然而，事實證明狄奧德米爾的將才更為傑出，擊敗了格皮德人及其盟友，地點在一條位置不明的波利亞河（Bolia，可能是今日匈牙利的伊波伊河〔Ipel'〕）。這場勝利之後，他控制了從斯爾米烏姆經過辛吉都努姆（今貝爾格勒），一直到奈索斯（今尼什）的幾個老巴爾幹駐衛城鎮。儘管皇帝為此大感不悅，卻也得容忍。為了表現皇帝的善意，作為人質的狄奧多里克則獲釋放，返回父親身邊。

同年，帝國在這個麻煩地區得到了罕有的成就：鄧吉西克試圖重建其父阿提拉的原有勢力，卻沒有成功；掠奪帝國領土幾年後，他試圖改為羅馬人效力，卻被抓起來處死，頭顱在君士坦丁堡示眾，以顯示利奧的聲威。

討伐鄧吉西克的人，是色雷斯軍長阿納加斯特斯，而他覺得如此的戰功卻未得到相應的嘉獎。職場上的不滿，更因為一件他認為是侮辱他個人的事情而發酵：東方軍長約達尼斯不只是阿納加斯特斯的對手，更是宿敵（阿納加斯特斯之父阿內吉斯克魯斯〔Arnegisclus〕幾年前殺了約達尼斯之父約阿尼斯〔Ioannes〕）。當他在東部的競爭者獲提名為四七〇年的執政官時，這位色雷斯軍長氣憤難平。他在四六九年末以叛變作為回應，在色雷斯的幾個要塞布下重兵，對抗中央政府。朝廷派去的使節很快便安撫了這位叛將，但他為了能平安官復原職，於是試圖把自己的叛變，罪咎於阿斯帕名譽掃地的兒子阿爾達布里烏斯，宣稱自己是受到他的誘騙，才非法加入了叛亂。

無論這項指控有幾分為真，這家人二度密謀的傳聞，已經超過了利奧能容忍的限度。四七一年，阿斯帕一家多口在君士坦丁堡皇宮中遭到殺害，一場整肅吞噬了阿斯帕本人、凱薩帕特里奇烏斯、阿爾達布里烏斯，以及不少最密切的追隨者。最小的弟弟赫爾梅內里克逃往東邊的伊索里亞，在那裡娶了芝諾眾多私生子女之一的女兒，從而確保在利奧死後的宮廷中扮演新的角色。因為這場對阿斯帕及其家人的屠殺，利奧得到一個渾號——「屠夫」（Makelles）。現在，皇帝僅剩的女婿芝諾，取代了阿斯帕在朝廷中的位置。在那場針對阿斯帕一家的騷動期間，他明哲保身，遠離皇宮，前去自己的故鄉討伐伊索里亞的強盜。如今他已經頂替阿斯帕，成為御前軍長，而阿莉雅德妮為他生的小兒子利奧，也在四七二年獲立為凱薩。

至於在巴爾幹地區，狄奧德米爾在四七一年前後過世，由他志向遠大的兒子狄奧多里克繼承——接下來我們就只稱呼他狄奧多里克，以便和「斜眼」狄奧德里克區別。這兩名哥德人有親戚關係，但具體為何則不得而知，他們也很快成為彼此的宿敵。短期而論，「斜眼」狄奧德里克最是讓東帝國困擾，他索求阿斯帕的軍長職位，以及接下來參與樞密會議的資格。遭到拒絕之後，他攻擊了幾座色雷斯大城，包括阿爾卡迪歐波利斯（Arcadiopolis）與腓力波波利。然而，芝諾與巴西利斯庫斯指揮著君士坦丁堡的防務，迫使「斜眼」狄奧德里克坐上談判桌。正當此時，皇帝的健康也明顯大走下坡。四七三年末，他突然病重，恐怕不久人世。於是他在十月時答應立六歲大孫子——阿莉雅德妮與芝諾之子為共治的奧古斯都。隔年二月六日，他在君士坦丁堡皇宮駕崩，意味著還是個孩子的利奧二世成為資深皇帝（自從瓦倫提尼安三世在二十年前過世以後，除了安特米烏斯之外，沒有其他西皇帝獲得接納，成為共治集團的正統成員）。

宮廷官員、薇麗娜與巴西利斯庫斯的派系、重要將領及芝諾本人用了三天彼此協商，討價還價，最後達成協議，再由君士坦丁堡元老院作象徵性的同意。接著在四七四年二月九日，小皇帝在競技場群眾面前，加冕父親為共帝。這一年還沒步入尾聲，七歲大的皇帝便因病去世，芝諾也在十一月十七日成為唯一的皇帝。

第十二章　芝諾與阿納斯塔修斯

從統治之初，芝諾便面臨相當大的阻礙，而且是各方面的阻礙。他才剛即位，蓋塞里克便派艦隊攻擊希臘，占領伊庇魯斯的口岸尼科波利斯（Nicopolis）。君士坦丁堡元老塞維魯斯（Severus）率團與年邁的汪達爾王談和，為了此行，他還得到了「派特里興」的榮銜。結果，在尼科波利斯被俘的羅馬人質，如果人在蓋塞里克本人手裡，可以自由離開；如果在其他汪達爾人手中，則鼓勵他們把人質賣回給這位大使。汪達爾王如今更允許迦太基的尼西亞派有一定程度的敬拜自由，等於終結迦太基與君士坦丁堡之間漫長的對抗。塞維魯斯使團最後達成一紙「一勞永逸」的和約，維持超過半個世紀，直到東羅馬皇帝查士丁尼以站不住腳的藉口，在五三〇年代摧毀汪達爾王國為止。在巴爾幹，「斜眼」狄奧德里克再度啟釁，但被芝諾的同鄉——伊索里亞將軍伊勒魯斯（Illus）擊敗並買通。史料中同樣記載了與波斯之間跟敘利亞沙漠邊境的問題，但語焉不詳。宮廷內的陰謀，才是芝諾最憂心的事。

皇后薇麗娜仍保有奧古斯塔頭銜。她組織了一起陰謀，對付自己的夫婿。她的同黨還有兄弟巴西利斯庫斯（自從四六八年討伐汪達爾慘敗以來，他一直沒有恢復名譽），以及兩人的外甥——色雷斯軍長阿爾瑪圖斯（Armatus）；巴西利斯庫斯還跟芝諾的伊索里亞同袍伊勒魯斯及其兄弟特羅孔德斯（Trocondes）結盟。前執事長官帕特里奇烏斯（可能也是薇麗娜的情人）也參與了這起密謀。

芝諾獲知陰謀——具體如何得知的就不清楚了——搶在為時已晚之前先行脫身。在貼身侍衛與近臣的陪同下，乘船抵達迦克墩，於四七五年一月出發前往伊索里亞。薇麗娜希望立帕特里奇烏斯為皇帝，但巴西利斯庫斯賄賂朝內當權者改立自己為皇帝，接著他在皇宮內宣布紫袍加身，並得到君士坦丁堡元老院的擁立。結果帕特里奇烏斯遭到處死，阿爾瑪圖斯成為御前軍長之一，而伊勒魯斯與特羅孔德斯則率領一支野戰軍，追擊芝諾。至於禁衛總長一職，多虧御寢長烏爾比奇烏斯（Urbicius）的舉薦，巴西利斯庫斯選了利奧統治時擔任過內庫伯與廣財伯的弗里吉亞書記官埃皮尼庫斯（Epinicus）。巴西利斯庫斯立自己的妻子芝諾妮絲（Zenonis）為奧古斯塔，其子馬爾庫斯（Marcus）為凱薩，這等於讓他充滿權力欲的姊妹曉得，自己絕不會允許她弄權。盟友帕特里奇烏斯已死，薇麗娜只好遁居於自己的宅邸，繼續陰謀畫策，但下一回是為了芝諾的復辟。

正當伊索里亞兄弟檔伊勒魯斯與特羅孔德斯討伐前同袍芝諾時，巴西利斯庫斯接待了信奉一性論的亞歷山卓主教——「小熊貓」弟茂德派來的使節。一得知利奧的死訊，弟茂德就從流放地克里米亞回亞歷山卓。現在，他說服皇帝，打擊亞歷山卓一性論者痛恨已極的迦克墩決議。比起發動政變，此舉更是讓君士坦丁堡死忠的迦克敦派百姓與巴西利斯庫斯漸行漸遠。當宗主教阿迦修（Acacius）在聖索菲亞教堂上蒙上黑布，促請會眾為這個異端皇帝褻瀆他們的信仰而默哀時，巴西利斯庫斯甚至被迫出城。如今，有不少君士坦丁堡百姓開始鼓吹芝諾的復位，並不讓人意外。

伊勒魯斯與特羅孔德斯的行動一開始勢如破竹，芝諾的兄弟隆基努斯（Longinus）也被伊勒魯斯監禁，關在他的伊索里亞采邑做人質。但宮裡發生的陰謀（主謀者可能是埃皮尼庫斯與烏爾比奇烏斯），卻促使伊勒魯斯與特羅孔德斯與正統皇帝和解。他們返回首都，準備罷黜巴西利斯庫斯。巴西利斯庫斯派御前軍長阿爾瑪圖斯，在他們回軍經過小亞細亞時加以攔截，但很快就被收買，只要隨後特赦、永任軍長、立其年幼的兒子為凱薩就行。阿爾瑪圖斯選擇不要明目張膽地背叛，於是放芝諾與伊勒魯斯走不同的路，錯開自己的部隊，從而讓芝諾在四七六年八月兵不血刃進入君士坦丁堡。巴西利斯庫斯、芝諾妮絲、馬爾庫斯及他們的家人盡數被捕，押往皇帝直轄的卡帕多奇亞處刑。承諾實現了，阿爾瑪圖斯之子在尼西亞獲立為凱薩，但凱薩的父親幾乎是立刻遭人指控叛國，接著處死，而這孩子則按立為教士，監禁在修道院中。

芝諾再度掌權後不久，就面臨義大利軍長奧多阿克爾派來的使者——他把西帝國官職信物退給芝諾，提議芝諾宣布他改以義大利王的身分統治。芝諾似乎熟識、信任奧多阿克爾，或許是因為後者的兄弟奧諾爾弗斯（Onoulphus）正在東帝國軍隊中服務，而且幾個月前才負責處死阿爾瑪圖斯。芝諾想到一個完美的折衷方案：他依然承認一年多前被俄瑞斯忒斯趕走的尤利烏斯・尼波斯（當時流亡於達爾馬提亞）為正統西皇帝，卻沒有幫助他恢復實際統治義大利的行動。尼波斯依然留在達爾馬提亞，各方仍刻意維持他皇帝身分的神話；等到他在四八〇年過世後，就無人有望看到冠冕戴在哪個西皇帝的頭上了。

芝諾即便有意幫助尼波斯，實際上也無法付出更多。首都百姓棄巴西利斯庫斯，選擇了芝諾，但芝諾並不受軍隊歡迎，擔心有兵變。因此，他拒絕在四七六年之後領軍與「斜眼」狄奧德里克作戰。對於四七〇年代晚期的巴爾幹情勢，我們有詳盡卻相當矛盾的資料，君士坦丁堡、「斜眼」狄奧德里克，以及狄奧德米爾之子狄奧多里克之間的結盟與背叛，在文獻中以各種排列組合出現。由於過程實在太過糾葛，也太過枯燥，我暫且按下不表。總之，這兩位交替得到「派特里興」的稱號，並得到羅馬階級體系中的名義指揮權；每當「斜眼」看來威脅比較大，狄奧多里克就會成為「派特里興」與軍長。後來（可能是四七八年）兩人短暫和解，合力從芝諾那兒榨出更多資源。不久之後，立場逆轉過來，狄奧多里克變成敵人，而「斜眼」則成為名義上的軍長。帝國對於巴爾幹的控制變得有名無實。事實上，留在帝國政府手中的，只有色雷斯的少數幾個城市、伊利里亞總長駐所帖撒羅尼迦還有希臘半島。巴爾幹其餘地區只能任其行事。在某些人口大量流失的地方，已經沒有人根據古老的田制耕作，區域性的基礎建設也開始瓦解。

芝諾本人曾經在利奧朝中扮演支配性的角色，但他似乎沒有學到要避免底下的人功高震主，這實在令人不解。流亡伊索里亞的二十個月，確實削弱了他的權威，但如今伊勒魯斯就像當年的芝諾，主導了公共事務。即便伊勒魯斯的影響力有強大的御寢長烏爾比奇烏斯與禁衛總長埃皮尼庫斯加以制衡，但芝諾在四七八年還是讓伊勒魯斯成為執事長官（他還擔任了同年的執政官），他也得以直接影響宮廷事務的每一個環節。伊勒魯斯先利用自己的新職位策畫對付薇麗娜，薇麗娜則反過來跟埃皮尼庫斯密謀殺害伊勒魯斯。後者的密謀一曝光，伊勒魯斯便強迫皇帝撤換禁衛總長，交給自己關押。接著在四七九年底，埃皮尼庫斯與伊勒魯斯達成協議，他先出賣薇麗娜，以交換官復原職。伊勒魯斯撤到伊索里亞，要挾芝諾——畢竟芝諾需要他指揮軍隊去應付巴爾幹的局勢——只要不把薇麗娜交出來給他，他就不回去。

芝諾再度對重臣的要求低頭；薇麗娜被送往奇里乞亞的塔爾蘇斯，按立為修女，並關押在執事長官位於伊索里亞的莊園裡。不過，利奧一家人不屈不撓的程度，只會讓人愈來愈印象深刻：四七九年，又有一場針對芝諾的政變。這一回首謀是馬爾奇阿努斯（Marcianus），他是先皇安特米烏斯之子，也是利奧與薇麗娜的么女利奧媞雅的丈夫（利奧媞雅原本是阿斯帕之子帕特里奇烏斯的妻子）。馬爾奇阿努斯和兄弟普羅柯庇烏斯（Procopius）連同幾個御前部隊一同舉事，進軍皇宮、控制首都，但沒能控制住皇帝。誰知道在夜裡，伊勒魯斯從迦克墩召來自己的龐大伊索里亞私兵，渡過博斯普魯斯海峽，隔天君士坦丁堡街頭就出現好幾場混戰。伊勒魯斯和他的手下贏得勝利，馬爾奇阿努斯與利奧媞雅被捕，普羅柯庇烏斯則逃往「斜眼」狄奧德里克處，然後前往羅馬，等到下一個皇帝登基時才被召回來，擔任五一五年的執政官。利奧媞雅與馬爾奇阿努斯雙雙被迫接受聖秩，流放到遙遠的卡帕多奇亞，進入修道院。但後者在隔年脫逃，糾集心有不滿的前朝支持者組成軍隊，攻占安基拉（Ancyra），後來遭到伊勒魯斯的兄弟特羅孔德斯包圍，再度被捕下獄。

芝諾花了好幾年（而且還受到伊勒魯斯的左右），才為皇位加上幾道保險措施。他也只能靠自己，將四七五年利奧駕崩後爆發、也必然會爆發的教會衝突之碎片收拾乾淨。先前提到，利奧樂得運用自己的影響力，推動迦克墩的決議；後來芝諾逃離君士坦丁堡，巴西利斯庫斯便召回流放在外的一性論者——亞歷山卓的「小熊貓」弟茂德，以及安提阿的伯多祿（Peter the Fuller）——恢復他們的主教職。巴西利斯庫斯一開始通過了一性論的政策，但君士坦丁堡的暴動，加上芝諾可能復辟的威脅，導致他收回成命。然而，等到巴西利斯庫斯遭到罷黜處死，芝諾就得決定該如何處置一性論者了——他們曾充滿希望，在巴西利斯庫斯的統治下短暫成功過。

「小熊貓」弟茂德死於四七七年，繼承其位的是迦克墩派的「晃帽」弟茂德（Timothy Salophaciolus），但「小熊貓」的副手「口吃」伯多祿（Peter Mongus）是芝諾在教會事務方面的主要幕僚，另外還有迦克敦溫和派的君士坦丁堡宗主教阿迦修。四八二年，兩人說服芝諾向埃及教會下詔，表明新的政策。這份文件史稱芝諾《合一詔書》（*Henotikon*），捉刀者可能是阿迦修，或者是他的其中一名教士。《合一詔書》旨在調解意見，作法是同時譴責聶斯脫里派與極端一性論者，並肯定尼西亞與君士坦丁堡會議的教誨中蘊含了真正的教義。迦克墩信經就這麼從正統信仰中遭到抹去，記憶泯然無跡。一性論派主教樂於為《合一詔書》背書，但迦克墩派看出詔書是暗貶迦克墩會議的神學指示。

對阿迦修來說，這個結果相當不錯。「口吃」伯多祿如今晉鐸為亞歷山卓主教，而《合一詔書》則引發希臘與拉丁教會間諸多分裂的第一次。時任羅馬主教辛普利修（Simplicius）拒不承認皇帝有權裁決教義問題，堅持羅馬主教對於神學真理才有至高無上的權威。在一場由辛普利修主持的羅馬主教會議中，阿迦修與「口吃」伯多祿皆遭到絕罰。這場所謂的「阿迦修裂教」（Acacian schism，當然，這個看法非常拉丁中心），清楚顯示東、西教會間的差異感愈來愈深，也突顯羅馬主教座愈來愈有站出來的自信——如今既不用應對駐蹕羅馬的皇帝，也不用跟帝國官僚體系競爭。

四八一年還帶來另一項消息：「斜眼」狄奧德里克突然身亡。自從計畫支援馬爾奇阿努斯的政變以來，他的部隊便分布在色雷斯各地，不時劫掠城市。四八一年，他開始往君士坦丁堡進軍，但不是遭擊退，就是被買通。他在伊革那大道上（via Egnatia）返回色雷斯時，從自己的馬上摔了下來，落在手下的矛尖上，不久後傷重而死。儘管他的兒子瑞奇塔克（Recitach）殺了父親的兩名兄弟後繼承了他的位子，但他缺少父親的自信與戰術能力，對東帝國來說好掌控得多。狄奧多里克這下子成為巴爾幹地區唯一真正有威脅的人，而在幾年後，瑞奇塔克將死在他的手上，其追隨者也為他所吸收。

儘管巴爾幹壓力緩解，皇帝的整體地位仍居弱勢。奧古斯塔阿莉雅德妮挺過了母親薇麗娜與妹妹利奧媞雅的恥辱與失勢，如今她加入反伊勒魯斯的密謀，說服她的丈夫擺脫此人。芝諾不會自己動手，而是縱容她這麼做。因此到了四八一年，便有一次試圖在君士坦丁堡競技場結束伊勒魯斯性命的行動。伊勒魯斯躲過死亡，但被差點得手的殺手——收受阿莉雅德妮賄賂的一名親衛隊指揮官斯波拉基烏斯（Sporacius）切下一只耳朵。斯波拉基烏斯當場被殺。陰謀的主使者雖然遭受懷疑，但也從未承認。伊勒魯斯因故辭去執事長，要求改任東方軍長，而芝諾也願意把官位給他，樂得他遠離首都。

未來好幾年，一邊是君士坦丁堡的芝諾，一邊是安提阿的伊勒魯斯，雙方的支持者展開一場冷戰，局勢未來肯定會爆發熱戰。最後，先出手的一方是伊勒魯斯。他把在卡帕多奇亞監禁中的馬爾奇阿努斯放出來，派他去義大利尋求奧多阿克爾的幫助。伊勒魯斯還把老奧古斯塔薇麗娜從軟禁的修院中釋放，勸誘她將貴族李奧提烏斯（Leontius）加冕為皇帝——李奧提烏斯是備受尊崇的君士坦丁堡元老，伊勒魯斯把他從芝諾陣營拉攏過來。這場叛變在東部的聲勢很好，尤其是對芝諾的《合一詔書》抱持敵意的迦克墩派。但戰局的發展卻不如伊勒魯斯的意。芝諾派「斯基泰人」約阿尼斯（Ioannes the Scythian）率御前軍隊前往小亞細亞，同行的還有大量從巴爾幹哥德人與其他蠻族群體中招募來的傭兵，阿斯帕的么子赫爾梅內里克甚至是其中一支部隊的指揮官。與此同時，芝諾的兄弟隆基努斯也設法從伊勒魯斯的關押中逃脫。伊勒魯斯遭到徹底擊潰，逃往自己位於伊索里亞山區切里斯（Cherris）的山中堡壘。老陰謀家薇麗娜最後在此過世。伊勒魯斯與李奧提烏斯的叛旗則整整舉了四年——直到四八八年，切里斯的補給罄竭，圍城戰告終為止。伊勒魯斯、李奧提烏斯與殘餘的追隨者立刻被殺。

終於，四八八年成為芝諾多少得以順利統治的第一年——終於打敗了薇麗娜一黨與其眾多枝椏。巴爾幹的戰爭也已落幕。狄奧多里克的士兵在對陣伊勒魯斯時表現出眾，芝諾因此准許他們的領袖帶著一眾人前往義大利安居落戶，取代奧多阿克爾的統治地位，直到芝諾認為適合自己御駕親臨為止。芝諾的舉動相當不厚道，畢竟奧多阿克爾曾堅定拒絕伊勒魯斯的拉攏。但芝諾最需要的就是和平，如果兩位競爭的國王想為了西帝國的殘餘部分打一場，對芝諾這頭來說只是百利而無一害。他到底有沒有重新占領西帝國的念頭？這讓人懷疑。但東帝國的霸權神話，讓各方都能保有迫切需要的顏面。狄奧多里克帶著追隨者——數以萬計的士兵、隨營人員和一眾妻小——取道辛吉都努姆與斯爾米烏姆進軍義大利，並擊敗了盤據在斯爾米烏姆的一支格皮德軍隊。四八九年，他率領哥德人入侵義大利。接下來四年，狄奧多里克與奧多阿克爾都在為義大利半島的控制權而爭。

芝諾治世的最後幾年因此沒有起初的幾十年那樣如此顫顫巍巍，但直到芝諾在四九一年四月九日辭世為止，《合一詔書》引發的爭議都沒有平息。他過世時沒有發生政變，而是由遺孀阿莉雅德妮披上皇室的披風，從大競技場的皇帝包廂（Kathisma）對集合於此的君士坦丁堡百姓發表演說。監查吏宣讀她的講詞，宣布任命一位新的禁衛總長，並承諾於芝諾的葬禮舉行後公布元老院、宮廷官長與御前軍事高層的共識。最終，他們選擇了阿納斯塔修斯（Anastasius）——宮廷宣禮吏

（*silentiarii*）的主管之一。此時他已經六十多歲了，卻還沒當過元老，但向來是皇后的寵臣。雖然阿納斯塔修斯曾經是安提阿主教座的可能候選人之一，但他抱持的似乎是非正統的信仰觀點（謠傳他的母親是摩尼教徒；不過，她比較可能是相似派，畢竟這家人出身伊庇魯斯的拉奇烏姆，屬於巴爾幹拉丁語區，這裡的人向來對相似派態度友善）。先前他還試圖在君士坦丁堡傳教，結果惹怒主教尤菲米烏斯（Euphemius）。現在，尤菲米烏斯堅持阿納斯塔修斯先簽字聲明遵奉正統信仰，他才願意對此次任命點頭。

四月十一日，阿納斯塔修斯穿上皇帝的袍服，接受部隊的舉盾致敬，由君士坦丁堡宗主教為他加冕。他答應發給平民與軍隊大筆的賞金（donatives）。五月二十日，他娶了阿莉雅德妮，從而為自己累積一點王朝正統性。皆大歡喜——除了芝諾的伊索里亞親戚，他們原本期待先皇的兄弟隆基努斯繼承皇位。在芝諾麾下的伊索里亞伯（*comes Isauriae*）——伊勒魯斯的異母兄弟里林吉斯（Lilingis）的領軍之下，伊索里亞爆發了叛亂。阿納斯塔修斯把許多伊索里亞人高級將校趕出君士坦丁堡，指責他們為了支持芝諾的兄弟隆基努斯，而在大競技場引發動亂，結果此舉更是讓叛亂愈演愈烈。許多伊索里亞人遭到流放，包括芝諾的老執事長官喀達拉的隆基努斯（Longinus of Kardala），他將迅速執起叛軍的領導權。芝諾的兄弟隆基努斯則被迫入聖秩，流放到西拜德——一個位於帝國境內，但距離君士坦丁堡最遠的地方。

四九二年，阿納斯塔修斯派兵攻打里林吉斯，領軍的人是「佝僂」約阿尼斯（Ioannes Gibbus）以及「斯基泰人」約阿尼斯，前者是御前軍長之一，後者則是自伊勒魯斯殞命之後一直以來的東方軍長。預備部隊則由阿莉雅德妮的親戚狄奧格尼阿努斯（Diogenianus）、尤斯提努斯（Iustinus，即未來的皇帝尤斯丁〔Justin〕），以及若干哥德與匈人盟軍領袖所率領。他們在弗里吉亞的科狄埃烏姆（Cotyaeum），粉碎了人數龐大的叛軍——伊索里亞人打會戰的能力，遠遠比不上打山區游擊戰的能耐。里林吉斯在科狄埃烏姆戰死，但叛軍得到另一位隆基努斯，亦即塞利努斯的隆基努斯（Longinus of Selinus）從海路提供的補給，在其他的指揮官率領下又抵抗了六年。

喀達拉的隆基努斯一直堅持到四九七年才兵敗，頭顱被砍下來，插在棍子上，於君士坦丁堡示眾。塞利努斯的隆基努斯則撐到四九八年，才在奇里乞亞的安提阿被抓。兩位凱旋而歸的軍長們各自得到執政官職作為嘉勉——「斯基泰人」在四九八年，「伺僂」在四九九年。至於那些聲名鵲起，自利奧治世時便為叛軍提供庇護的伊索里亞山區堡壘，如今則夷為平地。許多伊索里亞普通士兵繳械投降，被迫遷到因為哥德人相互傾軋、又與帝國進行經年累月戰鬥而荒廢的色雷斯部分土地。同樣移入色雷斯的還有一個新的「斯基泰」蠻族群體——烏諾古爾人（Onogurs）。烏諾古爾人與其他幾個族群合起來，就是所謂的保加爾人（Bulgars）。四九三年，烏諾古爾人曾經發動襲擊，甚至導致色雷斯軍長尤利安（Julian）戰死。當時君士坦丁堡騷動到連皇帝雕像都被人拉倒，在大街上拖行。

五、六世紀之交，烏諾古爾人、庫特里古爾人（Kutrigurs）與烏提古爾人（Utigurs）成為挑戰巴爾幹地區安寧的駭人族群，他們宰制了從多瑙河一路到頓河（Don）之間的草原。一代人之前，波斯王在高加索地區建設的種種軍事基礎建設，如今也因為他們而重修。尤其是阿納斯塔修斯，出資興建了長城（以皇帝之名稱為阿納斯塔修斯城牆〔Anastasian Wall〕，不過有些個別工程說不定可以回溯到利奧統治的時代）。長城位於君士坦丁堡以西六十公里左右，蜿蜒五十公里，從普羅彭提斯海（Propontis）北濱的西利布里亞（Selymbria）延伸到到黑海邊的波第馬（Podima），把色雷斯半島跟持續威脅色雷斯其餘各地的威脅隔絕開來。

大多數如此規模的防禦工事，是為了延緩敵人的速度，透過其存在迫使敵軍分散。但長城是要用來防守的。這道磚石防禦牆厚度超過三公尺，高度近五公尺，每隔一段距離便建有外突的多邊形高塔與碉堡；城牆本身甚至有專司的指揮官，由御前軍長管理。事實上，長城涵蓋的距離太長，很難完全防守，但在城牆維持的兩百年間，就算有被入侵勢力攻破，通常也能拖延足夠的時間，讓真正的戰事遠離君士坦丁堡。然而在完工前，烏諾古爾人還有幾次大規模的入侵：四九九年時，伊利里亞軍長阿里斯圖斯（Aristus）與麾下四分之一的野戰軍戰死；五〇二年，君士坦丁堡城郊再度遭受劫掠，而這一回甚至橫行無阻。不過，城牆落成後，下一次被入侵者滲透，已經是十五年後的事了。

與此同時，國界東境出現了新的爭端，偏偏阿納斯塔修斯的宗教政策卻在本土受到部分人的堅決抵制。儘管一開始與阿莉雅德妮的婚姻給了他一點面子，但這位皇帝並不受人歡迎。四九八年，民眾因為一位人氣戰車手被捕下獄而暴動，結果在抗議中把皇帝雕像拉倒，而御前哨兵團更是在競技場內大開殺戒。但真正令阿納斯塔修斯統治陷入泥淖的，是一場基督教教義爭議。

打從一開始，阿納斯塔修斯跟君士坦丁堡主教尤菲米烏斯的關係，就因為主教懷疑皇帝是否正信而受到損害，現在更是急速惡化。尤菲米烏斯是迦克墩派，對芝諾的《合一詔書》深表敵意，但阿納斯塔修斯卻高舉《合一詔書》之大旗。不過，阿納斯塔修斯本人其實也沒有比尤菲米烏斯更支持《合一詔書》，而是偏好基督一性論。這樣的傾向也隨著他的年紀，以及他所受到極端一性論者——安提阿宗主教塞維魯斯（Severus）的影響而益發顯著。東帝國各地的教士常常會趁皇統更迭時，競相重啟已經結束的神學討論，貶低自己在教會中的對手，而這一回也不例外。

亞歷山卓主教——先有伯多祿三世（Peter III），後有亞他那修二世（Athanasius II）——展開他們慣有的裂教手法，心知肚明皇帝比較同情他們的一性論主張，指控尤菲米烏斯是聶斯脫里異端，敦促皇帝召開會議，而皇帝也在四九六年的君士坦丁堡舉行會議。會上，芝諾的《合一詔書》獲推舉為神學的現行原則，尤菲米烏斯則犯下了聶斯脫里主義之罪，流放猶凱塔（Euchaita）。取代其位的人是馬其多尼烏斯（Macedonius），他也是迦克墩派，但願意接受《合一詔書》，以交換和平與權力。馬其多尼烏斯跟皇帝勉強共處大約十年，但各方的爭議仍然在表面下翻騰。一方面，支持《合一詔書》也等於跟拉丁教會分裂。二方面，馬其多尼烏斯發現自己受到斯圖狄奧斯修道院（Studion monastery）的迦克墩派修士強烈攻擊——他們習慣為了遂行己意而採取宗教暴行，跟願意接受《合一詔書》的主教有不共戴天之仇。最後是一性論的亞歷山卓主教區與帝國各地的眾多同情者也憎恨馬其多尼烏斯——深具領袖魅力的弗里吉亞希拉波利斯（Hierapolis）主教菲羅克塞努斯（Philoxenus）是其中的佼佼者，他認為馬其多尼烏斯根本完全不同意他們的神學（確實不同意）。這些爭議將在阿納斯塔修斯統治末年走向舞台中心。

然而在此之前，東部邊境的問題再度引發羅馬與波斯的齟齬，並持續了三十年才得以化解。儘管在阿拉伯邊境，羅馬不是直接與波斯較勁，但兩強仍然會透過代理人爭得你死我活。其實阿拉伯的情況與其他地方並無二致，羅馬與波斯都會激發他們的部落鄰居集結起來，組成更大、更複雜的政體，有能力進行一定程度的管理——而若是沒有帝國挑戰者的刺激，恐怕就無法達到如此規模。

沙漠地區的阿拉伯人——羅馬人稱之為薩拉森人（Saraceni），以便與帝國行省內定居的阿拉伯人作區隔——分成幾個大聯盟或部落，包括希拉（Hira，靠近波斯美索不達米亞與胡齊斯坦）的拉赫姆人（Lakhmids）；羅馬多年的盟友薩利赫人（Salihids），在帝國軍隊棄守戴克里先治世時的前線後，便負起守護當地的職責；以及在戈蘭高地（Golan Heights）的賈比亞（Jabiya）崛起的伽珊尼德人（Ghassanids）。更往南邊的中阿拉伯走，則有由阿勒哈里特（al-Harith，希臘語作阿瑞塔斯〔Arethas〕）所統治的龐大肯德王國（Kindite Kingdom）。

伽珊尼德人（亦作Banu Ghassan，阿米阿努斯·馬爾切利努斯稱他們為阿薩尼特人〔Assanitae〕）以基督徒為主體，是皇帝的附庸，但拉赫姆人則依附波斯。實際上，這種一刀兩斷的分類常常不得其複雜之處——四九八年時，來自希拉的拉赫姆人軍隊固然在阿勒努曼（al-Numan）的指揮下入侵幼發拉底行省，結果遭幼發拉底公尤蓋尼烏斯（Eugenius）擊敗，但未來幾年造成最多問題的，卻是帝國邊境的伽珊尼德人。賈巴拉·哈里特（Jabalah el-Harith，希臘語作阿瑞塔斯之子迦巴拉〔Gabala son of Arethas〕）領軍，在四九八年攻擊敘利亞與巴勒斯坦（Palaestina），又在五〇二年時大規模突襲，最遠打到腓尼基（Phoenicia）。這一年，阿納斯塔修斯同時與肯德的阿瑞塔斯（其子不時襲擊羅馬行省已有數年時間），以及位置比較近也比較危險的伽珊尼德人、也名叫阿瑞塔斯的領袖議和。此後，肯德人與伽珊尼德人都成為羅馬的盟友，在一個衝突局面日益高張的時代，撐起了羅馬與波斯之間的沙漠邊境——經過數十年後，兩國在五〇二年首度開戰。

爭議從四八三年起開始醞釀。芝諾扣住了羅馬人本應支付波斯、用於補助防守高加索隘口的費用，並指證歷歷說約維安於三六三年割讓尼西比斯給波斯了，而波斯卻沒有在一百二十週年後將尼西比斯交還給羅馬。三六三年的條約究竟有沒有這種條款？不太可能，這只不過是芝諾的託辭，但阿納斯塔修斯甚至更進一步，控制了紅海亞喀巴灣（gulf of Aqaba）的猶塔貝島（Iotabe）。猶塔貝島原本設有羅馬海關，後來在利奧統治時失去了這座島。羅馬人與波斯人都少不了印度洋的海路貿易，貿易路線經猶塔貝島銜接大陸上的克里斯瑪（Clysma），而這兩個地方的關稅對於美索不達米亞的國防預算來說至關重要。我們手邊有一份重要的關稅令殘片，是來自阿拉伯五個不同的地方，暗示阿納斯塔修斯認為在紅海採取這種措施，是其行政規畫中關鍵的一環。當然，羅馬重新沿商隊路線與在阿拉伯沙漠中活動，就跟中止挹注高加索地區一樣，都是激怒波斯的因素。然而，之所以兩強能一度保持和平，是因為當時波斯國力衰弱。

衰弱幾乎是因為匈人威脅波斯東境所造成的。先前提到，在四八四年，波斯萬王之王卑路斯在赫拉特戰役中死於嚈噠人之手。之後，他的兄弟巴拉什（Balash）統治了四年時間，政局並不穩定，接著被卑路斯之子喀瓦德推翻、弄瞎雙眼。喀瓦德一世在貴族之間——至少是他在五世紀末開始統治時——簡直就跟阿納斯塔修斯一樣不受歡迎。有兩條可能的方法，讓我們得以知道發生了什麼事。喀瓦德和阿納斯塔修斯一樣，抱著不尋常的宗教見解，而這可能是造成矛盾的起因。

面對高度制度化、極為富有的瑣羅亞斯德祭司及其聖火廟網路來說，五世紀的伊朗出現了一場清苦修道的反抗。其中一位祭司瑪茲達克（Mazdak）提倡改革教義，瑪茲達克派（Mazdakism）一方面保有正統信仰的二元神學，但一方面把關懷對象從祭司階層、儀軌的正確修持，轉移到對老百姓的照顧。瑪茲達克派很像某些形式的基督教苦修派，專注於活出良善而簡樸的生活，禁止殺生，完全茹素，並重新分配過多的財富。我們不知道這種新信仰是哪裡吸引喀瓦德的。有人認為瑪茲達克派（畢竟文獻本身並非寫於瑪茲達克派活躍的時代）的整套說法，其實是種虛構，用來掩護喀瓦德財富再分配的行動，以削弱貴族的權力基礎——把大貴族的私人財產分配得更廣、更鞏固王國政府的力量。無論如何，祭司跟貴族都因此非常痛恨國王，認為他挑戰了自己的權威、威脅到他們的財富，於是開始密謀對付他。

大貴族在四九六年或四九七年發動政變，罷黜喀瓦德，把他的弟弟賈馬斯（Zamasp）推上寶座。後來會再提到喀瓦德如何從監禁中逃脫，流亡到嚈噠人之間的故事——幾十年前他曾經在嚈噠人處為質，所以跟他們已經是舊識了。當然，等到他在四九九年於嚈噠人之中重新站起、掌權、整肅當年罷黜他的貴族之後，他再度向羅馬皇帝要求恢復對高加索隘口防務的補貼。阿納斯塔修斯一拒絕，他便發動入侵，在五〇二年占領羅馬亞美尼亞邊緣的狄奧多西波利斯（Theodosiopolis），通過馬爾堤波利斯（Martyropolis，這座城市投降了）往南挺進，包圍阿米達（Amida），最後在五〇三年攻陷下來。喀瓦德只留一批骨幹駐軍在狄奧多西波利斯，亞美尼亞公尤蓋尼烏斯（Eugenius）就趁著軍隊中的嚈噠與拉赫姆分隊四散開來、劫掠卡萊與埃德薩時，奪回狄奧多西波利斯，而戰爭也隨著凜冬降臨而陷入短暫僵局。回來談同時期的波斯本土。戰爭爆發成了迫害基督徒的藉口，許多基督徒逃往敘利亞，讓當地的一性論者人數增加，結果神學問題更形惡化，困擾著阿納斯塔修斯的晚期統治。

當時，皇帝的東方軍長是弗拉維烏斯·達迦萊弗斯·阿雷歐賓都斯（Flavius Dagalaiphus Areobindus），他是同輩當中最強大的軍官，父親與祖父都擔任過執政官。他的父親達迦萊弗斯（Dagalaiphus）是四六一年的執政官，而祖父（名字也是弗拉維烏斯·阿雷歐賓都斯〔Flavius

Areobindus〕）則是四三四年的執政官，與大將軍弗拉維烏斯．阿斯帕並列。阿斯帕的孫女、阿爾達布里烏斯（四四七年的執政官）的女兒歌蒂絲忒雅（Godisthea），是達迦萊弗斯的妻子，以上血脈讓這位阿雷歐賓都斯成為層峰政軍世家的成員。他的地位更因為與阿妮琪雅．尤莉安娜（Anicia Juliana）結婚而更形穩固——她的父親是曇花一現的西皇帝奧里布里烏斯，母親是普拉琪迪雅，外祖父更是瓦倫提尼安三世。

五〇三年阿米達城陷之後，兩位御前軍長——帕特里奇烏斯（Patricius），以及皇帝的姪子希帕提烏斯（Hypatius）率領野戰軍前來，為阿雷歐賓都斯的部隊助拳。三支軍隊加起來的大軍，對敘利亞各行省的生產力造成極大的負擔，而且也相當沒效率，因為三名指揮官無法合作，彼此忌妒心作祟，就怕其中一人的成就會讓另外兩人黯然失色——說不定正如阿納斯塔修斯所預料，畢竟他在軍務方面經驗豐富。必須等到調來的執事長官克勒爾（Celer）協調幾支軍隊，他們才在五〇四年神速重占阿米達，入侵波斯領土並大肆破壞，屠殺了所有十二歲以上的男性。

既然尼西比斯依舊在波斯人手中，羅馬人於是決定在達拉（此時改名為阿納斯塔修斯波利斯〔Anastasiopolis〕）附近蓋一座新的要塞取而代之，充作帝國的極東前哨。此舉防止雙方在五〇五年重啟戰端。此外，嚈噠人在五〇五年再度對喀瓦德的東北邊境發動另一場攻擊，也促使喀瓦德追求和平。羅馬人欣然應允，因為札尼人（Tzani，來自今天的喬治亞，過去的希臘作者稱之為馬克羅尼人〔Macrones〕）利用兩大帝國分心之際，入侵了羅馬本都地區。五〇六年，皇帝與萬王之王達成一紙七年的休戰協議，不過和平維持得比七年還更久。

史料對於接下來五、六年的陳述非常不足，很難寫出一段敘述性的歷史。不過我們可以確定，巴爾幹依舊戰雲密布，有個叫蒙都（Mundo）的格皮德強盜以劫掠為後盾，對默西亞一區（Moesia Prima）的居民強索保護費。此外，我們曉得阿納斯塔修斯進行了若干改革，其中青銅新通貨的誕生與實用性，對帝國來說有重大的財經意涵。改革的領導人物有阿納斯塔修斯的東方總長波利卡普（Polycarp），他原是禁衛總長官署的檔案管理員（*scriniarius*），在皇帝登基後不久得到拔擢；廣財伯「帕夫拉戈尼亞人」約阿尼斯（Iohannes the Paphlagonian）；以及另一位檔案管理員（在阿納斯塔修斯統治末期晉升為東方總長），名叫馬利努斯（Marinus）——據說是皇帝最倚重的策士。總之，阿納斯塔修斯決心拼經濟，並大力遏止一種稱為「籃禮」（*sportulae*）的合法回扣——想當官的人，就得為了優渥待遇付出相應的代價。至於軍隊，他試圖消滅透過賄賂得來、未經授權的晉升，禁止軍糧官扣住物資、營造假短缺、迫使士官兵花錢買公發軍用品的陋習。赫勒斯滂（Hellespont，即達達尼爾海峽）亞洲海岸的阿卑多斯（Abydus）、博斯普魯斯海峽的希隆（Hieron）皆設有海關，不只能產生大量的歲入，也能阻止非法船貨（例如武器與葡萄酒）透過買賣流入黑海，進而落入烏克蘭草原蠻族的手中。他還重新安排某些稅收工作，使之常態化，尤其是將多種實物稅改為支付黃金。此舉能避免浪費，畢竟實物稅主要只有在大軍集結的地方才有用處，而且除非用船，否則物資很難有效運送到距離不等的地方。四九八年，清稅（希臘語稱為金銀稅〔*chrysargyron*〕）廢除，這有一部分靠著充公伊索里亞叛軍的財產來補貼，而此舉也為皇帝贏來眾人的頌揚。

阿納斯塔修斯也修正了徵集薪餉的方法，廢止市議員（庫里亞議員〔*curiales*〕或公民會議議員〔*bouletai*〕）需負責城鎮範圍內薪餉徵集的規章。他之所以如此，原因可能是因為帝國官員已經大幅取代了議員階級——議員家族原本擁有土地，卻不像官僚一樣能輕易取得金質通貨，於是被迫把土地賣出，而官員再買下這些土地。市議員實際上已無法監督薪餉，而徵集的工作則交由一批新的官員進行（稱為「奉行官」〔*vindices*〕）。阿納斯塔修斯的作法，其實就是承認再也不能把帝國當成腫脹的古代城邦來管理。這種作法也同時減損了羅馬政府的力量，因為奉行官不過是包稅人，投標承攬契約，最後再上繳實物稅而已。類似的安排已經有兩百多年未見於羅馬政府了；雖然東帝國的皇權沒有遭遇到讓西帝國滅亡的那種大失血，但薪餉的新安排，顯然點出政府治理能力的下降。

另一方面來說，阿納斯塔修斯的貨幣改革也有完全不同的概念。君士坦丁推行的金質索幣，固然讓羅馬國家經濟有了堅實而長久的立足點，但對於促進小額交易的經濟則毫無幫助。反過來看，把每一樣東西都鎖死在高純度的金幣上，等於其餘任何通貨都有替代價值，在各地都受到即時套利的影響；等到要繳稅給政府、而稅收又只接受黃金時，影響還會加乘。阿納斯塔修斯在廣財伯「帕夫拉戈尼亞人」約阿尼斯的促成下，推動穩定的青銅貨幣。名義上，青銅貨幣仍然與金質的索幣掛勾，但青銅幣大量鑄造，讓人在小額交易時得以完全不使用黃金通貨。幣值為四十努姆（nummi）的普通金屬大錢幣，與另外三種幣值分別為二十、十與五塞斯特提（sestertii）的小錢幣共同在市場上流通。這些錢幣都用簡單、清晰的數字打上了面額。

此舉意味著自兩百多年前奧勒良（Aurelian）、戴克里先與四帝共治的貨幣改革翻轉了帝國早期的貨幣體系以來，帝國首度經歷了小規模但有感的變化，從四九八年一直延續到七世紀末。由於貨幣經濟的基礎如今建立在普通金屬，而非金條上，就會發生貶值發行、摻假或剪幣（無論是政府或其他人為之）的狀況，畢竟貨幣本身沒有內在價值，繳稅時還是需要金幣。因此，對於沒有管道獲得金幣的人來說，重負仍在；至於有管道的官員，這是他們的致富之途。但是，恢復貨幣經濟在地方層次的運作，仍然是非常重大的成就。事實上，阿納斯塔修斯在五一八年過世時，他的經濟改革為國庫留下了大量的盈餘。

在回去談阿納斯塔修斯治世末年，以及捲土重來的教會鬥爭之前，我們得先談談曾經的羅馬帝國西部行省，如今那裡是眾多王國與混亂的大雜燴。

第十三章　西方諸王國

來幫羅馬帝國的衰亡挑個時間點吧：四七六年，當奧多阿克爾罷黜羅慕路斯，送他安心退位的時候呢？還是四八〇年，最後一位得到正統資深東奧古斯都承認的西皇帝尼波斯離世的那一年？又或五六八年，倫巴底（Lombard）附庸國王的軍隊入侵義大利，將皇帝查士丁尼以極大的經濟與社會代價、在五三五年後短暫恢復的東羅馬霸權徹底粉碎之時？那一二〇四年呢？當威尼斯總督將輕率、貪婪的十字軍哄去洗劫君士坦丁堡的那一刻？還是一四五三年，君士坦丁堡落入征服者穆罕默德（Mehmet the Conqueror）——人稱鄂圖曼帝國（Ottoman Empire）建立者手中的時候？這就像在玩闔家歡樂的遊戲，好玩歸好玩，但畢竟沒有意義。

到了四七〇年代，幾乎沒有人在乎羅馬或拉溫納是不是有個人穿著紫袍。就算有，人選肯定也不重要。拉丁語西部各地的權貴已經放棄了帝國朝局——南高盧人才剛放棄，但其他人已經放棄了數十年，甚至更久。五十多年來，朝廷中央與地方邊陲的軍閥割據，已經讓政府機構為之掏空，與此同時，地方性的權力中心浮現，而權貴們預料自己在地方的發展前景絕對比在朝中更好。有些軍閥是第一代、第二代或第三代遷入帝國的移民，這個事實對於某些深信「外來蠻族」摧毀了羅馬帝國的近代歷史學者來說非常重要：族群本質主義（有時候甚至是涇渭分明的種族歧視）在大眾與學院文化中已經根深柢固——從外部找壞人的作法，永遠魅力不減。但史料告訴我們，對於五世紀的西方人來說，打擊盜匪、維護財產權的地方要人到底是西班牙人、潘諾尼亞人、法蘭克人或者是哥德人的孫子，一點都不重要。無獨有偶，大多數五世紀的西方人相信，無論皇帝有多麼遙遠，他們仍受到皇帝統治，生活在羅馬帝國境內。直到六世紀，查士丁尼統治下的東政權才開始鼓吹「羅馬西部已經衰亡」的概念。在此之前，四七〇年代的史事（尤其是四七六年），是傑出的義大利歷史學家阿納爾多・莫米吉里阿諾（Arnaldo Momigliano）所說的「無聲的衰亡」（*caduta senza rumore*）。

奧多阿克爾與狄奧多里克先後在義大利的統治，最能清楚展現這個事實，但汪達爾非洲、哥德高盧、哥德西班牙與法蘭克北高盧的歷史，也能作為程度不一的佐證。這些比較小的「帝國內王國」歷史互有重疊，彼此影響，但我們可以從義大利出發，根據順時鐘方向談過去的西帝國，乃至變動的邊陲，以勾勒它們整體的歷史。先前提到，將軍奧多阿克爾發動政變，推翻了俄瑞斯忒斯與其子羅慕路斯。自從里奇莫擔任貴族時開始，奧多阿克爾便已效力於義大利野戰軍了。他的父親埃德科（Edeco）在阿提拉朝中位高權重。埃德科和許多在匈人勢力瓦解後失勢的人一樣，試圖在帝國內尋求一席之地；他身邊帶著一些斯基利人，很可能是妻子家族的僕人。

奧多阿克爾生於四三〇年前後，他開始為帝國效力時想必還是個年輕人。他和兄弟奧諾爾弗斯在大將軍里奇莫與阿斯帕的羽翼下平步青雲（至今不時有人宣稱在四六〇年代，奧多阿克爾正在高盧指揮一群薩克森人，這個看法是基於一份時代晚上許多的文獻而產生的誤解）。兄弟倆躍上歷史舞台時，已經身居高位，奧多阿克爾是禁軍軍官，奧諾爾弗斯則是色雷斯軍長——原本是阿爾瑪圖斯的部屬，後來殺了這位叛將。等到奧多阿克爾在四七六年推翻俄瑞斯忒斯時，他決定以「王」的身分，而不是軍長與貴族的身分來統治。他其實是師法不久之前，里奇莫的前一任貴族龔多巴德的作法。當年，龔多巴德一意識到格里克里烏斯的政權毫無未來可言時（可行的帝國政權確實已不再可能），便立刻返回高盧，甘於「王」的頭銜，統治一部分的勃艮第人。在西皇帝手下當官已經毫無意義，不如還是以「王」的身分統治。雖然有史料稱奧多阿克爾是獲得「赫魯利人」（可能是野戰軍中的某個蠻族單位）擁立為王，但他個人只稱王，從未明說是哪個國家，或是哪一群人的王。

他的使節把帝國印信送回君士坦丁堡，並解釋只需要一個皇帝——也就是芝諾——便足以統治全帝國了。羅馬元老院認可奧多阿克爾是個稱職的義大利守護者，使節也因此請求皇帝提名奧多阿克爾為「派特里興」。芝諾應允了，不過他仍提醒所有人：尼波斯仍然是西皇帝。直到尼波斯於四八〇年過世為止，奧多阿克爾都樂於接受、維持這個神話，而他的統治在大部分時間裡，都是以芝諾之名鑄幣。即便後來他開始以自己的名字發行銀幣與青銅幣、在背面打上名字字母交織的符號，他也從未妄取鑄造金幣的特權。

奧多阿克爾的統治維持到四九三年，但這段時間的政治史基本上一片空白。尼波斯在四八〇年被殺的時候，他以此為藉口，將達爾馬提亞併入義大利，但他通常會避免與統治高盧與非洲的強大國王發生衝突，面對自己的東北邊境——諾里庫姆與潘諾尼亞的時候，也採取同樣小心翼翼的外交手段；當地蠻族軍閥的割據局面，還未曾一統於單一的統治者之下。然而，在他統治的晚期，他對諾里庫姆的盧吉王費勒瑟烏斯（Feletheus）發動征服戰爭，消滅了這個在阿爾卑斯山北方存在了將近三十年的小王國（這三十年間的發展，我們幾無所知，只曉得王國位於此處）。奧多阿克爾跟義大利的元老貴族亦密切合作。

從瓦倫提尼安三世的統治晚期，以及後續的弱勢統治者以降，羅馬元老院愈來愈獨立於皇帝，文化也出現相應的復甦。這段時間是羅馬金石文化最後的繁榮期，也是現存的象牙雙連畫屏（ivory diptychs）——用精雕細琢的象牙製成的鉸接鑲版，執政官在年初就職時，會發放作為禮物——迸發的時期。這個時期還出現了許多郵戳大小的迷你青銅銘牌，擔任都總長的元老同樣以此為紀念品，上面用銀筆勾勒出他們的名字。過去數十年，一個個曇花一現的皇帝，把西帝國的最高榮銜——執政官職位——從元老身上搾出來自己擔任。但在奧多阿克爾統治之下，阿尼奇氏族、德奇氏族（Decii）以及元老院的大人物一年接著一年擔任執政官。另一項證明元老階層自信的證據，是背面鐫刻有「SC」字樣的青銅錢幣。「SC」代表「元老院議決」（*senatus consultum*）——相隔超過兩世紀之後，元老院終於恢復了鑄造青銅幣的權力。無論是義大利還是羅馬本身，沒有皇帝的時候，社經發展反而比較蓬勃，真是諷刺。

即便狄奧多里克的東哥德人在四八九年入侵，也沒有摧毀這一片和平與榮景。同年八月三十日，狄奧多里克在今日斯洛維尼亞的索查河河畔大敗奧多阿克爾的野戰軍，但兩人之間的戰爭又拉鋸了四年。多虧史料的意外留存，我們得以詳細羅列每一年一連串無關緊要的戰鬥，但眼下就別耽擱了。四九三年二月，遭圍困於拉溫納的奧多阿克爾，接受了該城主教約阿尼斯（Ioannes）協商出來的和約。三月五日，拉溫納對狄奧多里克開城。十天後，在一場本是為了慶祝和約簽訂而舉行的宴會中，狄奧多里克親手殺了奧多阿克爾，而奧多阿克爾的妻子蘇妮吉爾妲（Sunigilda）與兒子泰拉（Thela），以及先王數以百計的追隨者遭到屠戮，其中也包括他的兄弟奧諾爾弗斯。

如今狄奧多里克掌控義大利，展現出西方諸王中外交大師的風範。蓋塞里克的繼承人缺少其父的政治天賦，而且早在奧多阿克爾死前，狄奧多里克便已將汪達爾王龔塔蒙德（Gunthamund）在西西里島的小規模駐軍趕走了。幾年後，他讓這個非洲王國成為朝貢國，同時讓繼任的汪達爾王瑟雷薩蒙德（Thrasamund）和他的妹妹阿瑪拉芙莉妲（Amalafrida）結婚。他本人則娶了法蘭克公主奧多芙列妲（Audofleda）——克洛維（Clovis）的妹妹。除了聯姻，他還靠贈禮建立了一個廣大的附庸關係網：羅馬皇帝過往會送給邊境統治者與君主大量的索幣，用金環固定起來，讓他們可以穿戴在身上。狄奧多里克亦然，他將一種新的頭盔（德語稱為箍頭盔〔*Spangenhelm*〕，是用鐵箍將鐵片夾緊固定而成）分送到中歐與北歐各地，甚至到達不列顛群島。這一類的禮物會由使節連同信件一起帶去，就像古典時代晚期治理之豐碑——馬格努斯・奧雷里烏斯・卡西奧多魯斯・瑟納托（Magnus Aurelius Cassiodorus Senator）的《雜集》（*Variae*）所保存的信件即是此類。

卡西奧多魯斯生於奧多阿克爾統治期間，他並非出身羅馬元老貴族階級，而是從東部遷往義大利的家族，遷居的時間或許是加拉・普拉琪迪雅與瓦倫提尼安三世在拉溫納安頓下來的時候。他的祖父曾經在瓦倫提尼安三世手下擔任政務書記（*tribunus et notarius*），並且在阿耶提烏斯之子卡爾皮里歐帶領使團出使阿提拉時，擔任其中的一員；他的父親曾經在奧多阿克爾統治之初擔任過廣財伯與內庫伯，但他見風轉舵得快，才能在狄奧多里克手下長期擔任行省行政長官，後來更成為義大利總長。

與祖父、父親同名的卡西奧多魯斯生於布魯提烏姆（Bruttium），家族位於此地的莊園設有一座種馬場，以出產戰馬聞名。他接受傳統教育，天生雄辯滔滔，年紀輕輕便成為按察官（可能是在五〇七年），在他五、六年的任期中為狄奧多里克起草法令與布告，接著在五一四年攀上高峰，擔任執政官。在某個時間點，他曾在故鄉盧卡尼亞暨布魯提烏（Lucania et Bruttii）行省任監察官，並在前任執事長官——元老及哲學家阿尼奇烏斯・曼里努斯・波愛修斯（Anicius Manlius Boethius）於狄奧多里克統治末年因叛國而被捕之後，繼任他的位子。卡西奧多魯斯在狄奧多里克的孫子兼繼承人手下繼續擔任這一職位，後來成為禁衛總長，一直當到東哥德政權開始不穩定為止。最後他逃往君士坦丁堡尋求庇護，在這裡小心翼翼地整理自己為哥德王起草的信件，編成一部大部頭的彙編。他這麼做，一方面是為了合理化自己的行動，把東哥德統治初期的義大利描繪成道地而可敬的羅馬世界，並且為重返西部打好基礎——說不定可在皇帝的任命下衣錦還鄉呢。

儘管卡西奧多魯斯回首過去而集結的《雜集》，有著顯而易見的政治目的，但仍大幅揭露了哥德人的外交運作，以及更重要的：狄奧多里克希望傳達的統治願景。頭幾十年間，這些文字強調「禮」（*civilitas*）——一個古老的拉丁字，蘊含豐富的語義。就《雜集》的前後文脈絡而論，哥德人擔任士兵與軍官，羅馬人擔任民政官員與納稅人；哥德人治下是個秩序井然的「有禮」國家。這兩個群體之間的界線或多或少是流動的（據說，狄奧多里克曾說過「富有的哥德人舉止就像羅馬人，貧窮的羅馬人有如哥德人」，顯然有些「羅馬人」可以透過全心投入軍旅，而獲得接納為「哥德人」）。不過，這些文告的整體作用在於緩和對立的關係，屏除征服者與被征服者之間的分野，重點描寫哥德人與羅馬人同時效忠狄奧多里克的事實。狄奧多里克藉此把同樣在競爭王權的哥德氏族給邊緣化，讓義大利的地方權貴與羅馬的元老世家攜手為政府服務。重點在於，狄奧多里克和他的臣子發現了一套治理語言，雖然這絕對是後帝國時期的語言，但仍然能滿足那些以身為羅馬「帝權」（*imperium*）一分子為核心認同的人——無論距離有多麼遙遠。

五〇〇年代與五一〇年代顯然是狄奧多里克力量與權威的高峰，人們對他的統治普遍滿意，王國領土擴張，外交影響力無遠弗屆。五〇四年與五〇五年時，他進軍潘諾尼亞二區，重建這個通往伊利里亞的陸路要地，作為義大利的緩衝區，並徹底擊敗自阿提拉帝國瓦解後便盤據斯爾米烏姆附近、控制潘諾尼亞的格皮德人。他把一個女兒媞尤德格朵（Theudegotho）嫁給高盧的西哥德王亞拉里克二世（Alaric II），把另一個女兒奧絲特羅格朵（Ostrogotho，又名阿蕾雅格妮〔Areagni〕）嫁給勃艮第王子希吉斯蒙德（Sigismund）。雖然這兩樁聯姻，都無法在五〇七年法蘭克王克洛維決心征服南高盧時，拯救亞拉里克二世一命，但狄奧多里克確保自己的孫子阿瑪拉里克（Amalaric，亞拉里克與媞尤德格朵之子）繼承殘餘的西哥德王國，而他自己則把普羅旺斯併吞進義大利。他還把姪女阿瑪拉貝爾珈（Amalaberga）嫁給圖林根王赫曼尼弗雷德（Hermanifred）。這舉措非常成功，讓易北河（Elbe）中游終其治世皆保持和平，更讓東哥德的力量得以投射到羅馬皇帝過往忽略的區域。五一五年，他把又一個女兒阿瑪拉遜莎（Amalasuntha）嫁給西班牙哥德裔貴族弗拉維烏斯·尤塔里庫斯·齊利加（Flavius Eutharicus Cilliga），意在讓東西哥德王國結合起來。等到東皇帝阿納斯塔修斯在五一八年高壽辭世時，狄奧多里克起先還可以跟繼位的尤斯丁一世保持良好關係：尤塔里庫斯象徵性地過繼給君士坦丁堡的新皇帝，並與他在五一九年共享執政官職。狄奧多里克跟元老院整體的關係良好，儘管他本人信奉相似派，卻在羅馬教會的派系紛歧中，成為備受信任、實實在在的中間人。

但他的統治結束得並不好。弗拉維烏斯・尤塔里庫斯死於五二二年或五二三年。法定繼承人一死，派系便經常圍繞著潛在的候選人旁伺機而動，這一回也不例外。人選之一是狄奧多里克的姪子狄奧達哈德（Theodahad），是妹妹阿瑪芙莉妲之子，但他生於四八〇年前後，遠早於她跟汪達爾王瑟雷薩蒙德的婚姻。另一個潛在繼承人是阿瑪拉遜莎與尤塔里庫斯的兒子阿塔拉里克（Athalaric），此時顯然還是個小孩。有些羅馬元老試圖讓東帝國政府為了博學有教養的狄奧達哈德而介入。得知此事的老國王怒不可遏，這也自然，對每一個時代的羅馬政府來說，妄議繼承都是叛國，狄奧多里克也如是想。有些元老傻到為此辯護——哲學家波愛修斯亦在其列——結果被捕處死。（波愛修斯正是在人生最後一次的監禁中，寫下了《哲學的慰藉》〔*Consolation of Philosophy*〕，是少數能成為世界性經典的拉丁語哲學著作。）狄奧多里克牢牢抓著法律權利，直到五二六年過世，他的孫子阿塔拉里克在母親阿瑪拉遜莎的運作下繼承王位，而阿瑪拉遜莎也以攝政身分統治整整八年。阿塔拉里克死於五三四年，引發了一場繼承危機，導致帝國入侵義大利——這是本書最後一章的主題。

假如我們現在把目光從奧多阿克爾與狄奧多里克的義大利轉往非洲，我們也會看到類似的高效率治理，只是統治的王國小得多。汪達爾人在大多數史料（以及大半的近代著述）中素有惡名，但這主要是因為這些文獻採取基督教相似派的立場，並對遭到流放、吹毛求疵的尼西亞教士忠心耿耿。事實上，非洲權貴跟迦太基的新政權相處融洽，蓋塞里克也是五世紀時西方最成功的政治人物之一。在西方的軍閥當中，就只有他認為沒有必要加入帝國政府，甘於保持距離，並利用諸王與各將領之間或大或小的競爭關係，讓他自己、他的大軍，以及相當忠誠的非洲百姓獲益。這有多麼不尋常呢？我們不妨回想一下，甚至連令人不寒而慄的阿提拉，也都極為渴望成為帝國的一部分；若非如此，他怎麼會認真看待霍諾莉亞伸過來的橄欖枝呢？

蓋塞里克是個不亞於阿提拉的機會主義者，但他利用機會的方式卻有創意得多。除了跟心懷不滿的尼西亞教士有著宿怨之外，非洲的百姓很快便接納了汪達爾人，主因有二。其一，相較於行省人口，汪達爾人算是非常少數。其餘西歐王國也是一樣的情況，但這個事實在非洲有著更重大的影響，因為（在沙漠邊境區與山區之外）沒有大人物階層居住在當地：真正有錢的地主，全都生活在義大利。汪達爾人能取得成功的第二個解釋，是從第一個推斷而來：由於非洲大部分地方，若非屬義大利元老所有，就是歸於皇帝的內庫與廣財衛，因此有大量土地可以發放出去，不用擔心傷到哪個有點分量的當地人。對於在橄欖樹叢間辛勤工作的農人來說，只要能溫飽、工作表現受到嘉勉，那麼管事的是內庫審計官（*rationalis*）還是汪達爾將軍的看守人，結果有差嗎？顯然沒有差別。這意味著那些確實住在非洲的羅馬地主可以繼續過生活，不像我們在西方其他地方看到的地主，因為土地遭到沒收而受害。

蓋塞里克統治著汪達爾、阿蘭、哥德與羅馬貴族（「汪達爾人與阿蘭人之王」〔*rex Vandalorum et Alanorum*〕這個頭銜，固然可以反映殘存的西班牙阿蘭人在四一五年至四一八年的哥德征服後被併入他的追隨者中，但採用這個頭銜的人，只有他的兒子胡內里克），汪達爾朝廷也以羅馬朝廷為典範。蓋塞里克和他的繼承者，從迦太基布爾薩山（Byrsa Hill）的舊資深執政官邸、四散於資深執政省與努米底亞的莊園等地進行統治，享受著羅馬元老的射獵風格生活。以行政來說，原本資深執政與代巡官的許多部會仍發揮作用，可惜我們關於該王國稅收制度的資料少得可憐。國王並不鑄造金幣，而是允許市政層級鑄造一種小面額的新銅幣，讓當地經濟貨幣化，但也代表退出中央集權式的政府控制。從蓋塞里克仰仗的另一種行政機制，也可以看出類似的精簡舉措：他和後繼的國王習慣派伯與禁衛軍（並不帶有過去皇帝侍衛的意涵，反而是「家僕」）前往地方，根據個案來處理問題，而不是仰賴常態化的官僚程序。政府宣布以四三九年十月十九日（攻占迦太基的時間點）起算新紀年的方式，似乎也在王國內的社會生活中得到最起碼的採用。

在王國的心臟地帶，王室的控制透過地主與莊園管理人往下滲透，因為跟西班牙與南高盧城市不同，非洲城市多半已經失去行政機能，僅餘主教座。公共建築與銘文的習慣在不到一代人的時間裡消失殆盡，只有迦太基例外。證據顯示公共浴場仍在使用，但其他就很少。但有一點相當奇特——汪達爾非洲是羅馬世界當中，唯一還有司祭皇帝崇拜的地方——早在四世紀下半葉，崇拜皇帝的祭司階層在大半個西方皆已萎縮。蓋塞里克鼓勵皇帝崇拜，說不定是強調他的王朝透過其子與皇女的聯姻，與狄奧多西的皇統有正當的連結。除了皇帝崇拜，非洲還留下了強大的拉丁語文學文化：詩人德拉康提烏斯（Dracontius）留下大量來自五世紀下半葉的詩作，而利托里烏斯（Litorius）、菲利克斯（Felix）與弗洛倫提努斯（Florentinus）的詩文也不遜於更古老的詩人們，他們的作品在五三○年代的迦太基經過彙編，形成人稱的《拉丁詩文集》（*Anthologia Latina*）。

蓋塞里克死於四四七年一月二十四日，由長子胡內里克繼承，他是個長袖善舞的人物，君士坦丁堡與拉溫納朝廷都很熟悉他。繼承王位時，他的年紀已經不小，已經與狄奧多西家的公主尤多基婭結了婚。胡內里克因為迫害尼西亞派而聞名，不過迫害雖然激烈，但為時卻很短暫。對於汪達爾王國來說影響更大的是，胡內里克下手清洗王族旁系，在登上王位後不久便殺了弟弟特烏德里克（Theuderic）和他所有的後裔。四八四年，胡內里克的姪子貢塔蒙德繼承了他——當時蓋塞里克的男性後裔中，年紀最長者就數龔塔蒙德。

姑且不論蓋塞里克是否必須費盡心力，才能為自己打下根基，並阻止帝國為了推翻他所做的嘗試（畢竟利奧與安特米烏斯試圖克復非洲，卻兵敗如山倒），但由於長期持續的外部威脅並不存在，也導致汪達爾王國在備戰上逐漸鬆弛。「戰鬥民族一旦過起奢華的生活，就會變得懶散軟弱」，我們在世界上最早的文獻中就看過這種老調，而普羅柯庇烏斯等六世紀作者當然也把如此觀念套用在汪達爾人身上。但這還真有幾分真實。不光是狄奧多里克在四九一年驅逐了西西里島上的汪達爾駐軍，連胡內里克與龔塔蒙德治下的汪達爾軍隊，也在面對無名的摩爾人領袖時，以一連串失敗戰事敗北。局面因此演變成汪達爾王只控制迦太基與沿岸的豐饒農業腹地，但完全放棄了治理內陸。

軍事的孱弱，在瑟雷薩蒙德的治下也很明顯。瑟雷薩蒙德在四九六年繼承了長兄。他向義大利的狄奧多里克納貢，因此得以與義大利王之妹阿瑪拉芙莉妲結婚，也在西西里重新獲得立足點——西西里是通往汪達爾治下薩丁尼亞的中轉站（自從蓋塞里克以來，汪達爾王便把薩丁尼亞當成方便的「垃圾場」，把流放的敵人與不服從的尼西亞派主教丟去那兒）。但是，隨著這場婚姻而來的，還有陪侍新后的哥德護衛，據說他們有五千人之譜。無論這五千人意味著什麼（何況瑟雷薩蒙德說不定認為有這五千人在手，可以讓他減少對手下貴族的依賴），總是讓他少了一件歷史悠久的政治武器——迦太基這下子無法隨時切斷羅馬的糧食供應了，畢竟有這麼一支人數眾多的軍隊，坐鎮在王宮門口。

這次的聯姻沒有產下男性繼承人，因此瑟雷薩蒙德在長久統治後過世時，就由蓋塞里克後裔中的最長者繼承，也就是他的孫子希爾德里克（Hilderic）。希爾德里克是尤多基婭與胡內里克在四六〇年代所生的孩子，人在東方長大，改宗母親信奉的基督教尼西亞派。等到他在五二三年回歸，統治汪達爾王國時，他立刻讓尼西亞派合法化。他也試圖終結叔父對東哥德盟約的仰賴，處死了阿瑪拉芙莉妲，並屠殺她餘下的哥德護衛。此舉大錯特錯，不僅讓原本可能支持他的人離心離德，也讓反對勢力凝聚出挑戰者。希爾德里克的姪子蓋利摩（Gelimer）原本負責率軍驅逐摩爾入侵者，如今卻跟摩爾王古恩方（Guenfan）結盟，進兵迦太基，罷黜希爾德里克，加以監禁，結果讓東皇帝查士丁尼有藉口在五三三年時入侵。

查士丁尼將來也會干預西班牙，他利用的是西哥德統治菁英之間的危機——在六世紀初，他們失去了過往在高盧的大部分政權。不過，在此之前，伊比利半島與羅亞爾河以南的高盧歷史，早在阿陶爾夫與加拉．普拉琪迪雅的時代，便已密不可分。從這時開始，阿蘭人、汪達爾人、蘇維匯人便趁霍諾留的統治亂哄哄時，翻越庇里牛斯山，讓帝國對於西班牙各省的有效控制斷斷續續的。過了四二〇年左右，極西與西北的民眾已經獨立自主，文獻也開始提到他們是「蓋萊奇人」（Callaeci），而非「西班牙人」或「羅馬人」。

弗拉維泉（今葡萄牙沙未斯）主教希達提烏斯的編年史，讓我們看到了一個世界，這裡有四處掠奪的強人（例如蘇維匯人等）激烈競爭，獨立的城鎮由舊有的市議會統治，主教們則為了神學與政治目的爭辯不休。我們可以看到一連串的蘇維匯王，試圖把自己的權威投射到蓋萊奇亞之外，深入盧西塔尼亞與貝提卡更富裕的都市區（但他們總是失敗）。我們也可以看到獨立的瓦斯科尼亞（Vasconia）從坎塔布里亞東緣到西庇里牛斯山隱隱約約的輪廓，這裡的人們不斷從低地遷居到易守難攻的山頂上。多虧了希達提烏斯，我們對於這個區域有出奇詳盡的了解，偏偏他這個由蓋萊奇人與蘇維匯人構成的世界，在整個大環境中卻是邊陲中的邊陲，外界任這個混亂的微小泡泡自行其是。西班牙其餘地區沒有希達提烏斯能指引我們，但它們也一樣邊緣。唯有高盧南方的哥德人影響到西班牙的時候，這兒才似乎跟整個衰亡中的帝國有所關聯。

一方面為了尋找近代民族國家的起源，一方面是錯誤地認為哥德人是與羅馬勢不兩立的「日耳曼」局外人，導致人們過度誇大了以阿奎塔尼亞與納博訥高盧為根據地的哥德王們所懷抱的野心。五世紀的史事也許真的跟後來法國的形成有關（即便有，也很微不足道），但阿陶爾夫與他的繼承者生活在羅馬人之間，因此認為他們與羅馬人截然不同的看法，恐怕是種誤解。許多高盧權貴樂於與阿陶爾夫及普拉琪迪雅合作，參與他們所建構的新狄奧多西王朝世系，挑戰無用的霍諾留。狄奧多里克一世是當時最強大的高盧強人，地位也是最穩固的。再怎麼說，阿耶提烏斯都認為，比起自己手下許許多多的野心機會家，狄奧多里克還比較可靠。後來的狄奧多里克二世（Theoderic II）對義大利朝廷來說，多半也是個可靠的盟友，文獻（有些是刻意美化他）也把他描述成有如羅馬貴族的模樣。他先挹注、後支持埃帕爾奇烏斯．阿維圖斯的政權，並打著為皇帝光復的名義，摧毀了在西班牙的蘇維匯王朝；面對馬約里安與利比烏斯．塞維魯斯試圖縫合西帝國，他也證明自己是個謹慎的盟友。（他可能是里奇莫的遠親，但這個事實在他的政治計算中擁有多大的影響力，則不得而知。）總之在這整個時期中，實用主義意味著「羅馬人」與「蠻族」的二分法只存在於文獻的修辭框架中，至於政治現實中則不存在。

狄奧德里克的弟弟尤里克，也是殺害兄長的兇手。比起其他哥德王，尤里克的形象糟糕得多，有時甚至被描繪成沒有底限的擴張主義者，企圖征服全高盧，推翻羅馬在西方的統治。但是，如此形象卻與汪達爾王類似，其實是染上了神學派別對立的色彩，畢竟相似派的尤里克曾經流放尼西亞派的主教，懷疑他們主導在政治上反對自己。阿維圖斯的女婿昔多尼烏斯·阿波利納里斯（高盧文人，後來擔任阿爾維諾自治市主教）對尤里克也非常反感，正是因為昔多尼烏斯，有些學者至今仍視尤里克與眾多對手之間的戰爭，是羅馬人與哥德人之間的較量。事實上，昔多尼烏斯與友人忌妒盧格杜高盧的貴族，忌妒他們跟龔狄歐克與龔多巴德的勃艮第王朝之間融洽的關係。龔狄歐克及龔多巴德，與里奇莫和他一系列的傀儡皇帝們是緊密的盟友，難怪有些西高盧貴族會比較同情勃艮第與義大利的聯盟，而不是接受尤里克和哥德人。同理可證，難怪龔多巴德一放棄，認為帝國的政局已大勢已去、返回高盧之後，俄瑞斯忒斯馬上就跟尤里克達成協議，將中央高原（Massif Central）與普羅旺斯割讓給他，藉此翦除龔多巴德及其勃艮第政權的羽翼。以上，就是西帝國垂死掙扎的最後數十年——儘管昔多尼烏斯把自己的風燭殘年，用來哀悼自己出身的世界失落了，但早在阿耶提烏斯與阿提拉的年代，這個世界就已經無法挽回。這種新的安排並非尤里克與龔多巴德創造的，他們只是奮力想在裡面占有一席之地。

尤里克晚年把精力用來應付對西班牙薄弱的控制，但影響範圍仍僅局限於奧古斯都艾梅利塔經托利圖姆（Toletum），最後抵達地中海濱塔拉科的幾個哥德據點。哥德軍隊可以遊蕩得更遠，但盧西塔尼亞舊管區首府與塔拉科西班牙的濱海首府之間相連的幹道，界定了哥德人控制的範圍。在高盧，哥德人在羅亞爾河流域的霸權不斷受到挑戰，只不過尤里克實力仍然優於軍紀不良的法蘭克、薩克森、布列塔尼與羅馬軍隊，他們爭相控制羅亞爾河、塞納河與須耳德河（Scheldt，埃斯科河〔Escaut〕）之間的土地。對於勃艮第人，尤里克與之相敬如賓，雙方都不希望彼此對抗，以免給自己的北面開了缺口；這樣的局面，在尤里克之子兼繼承人亞拉里克二世統治時更為明顯。

但是，法蘭克人在羅亞爾河以北崛起，最終還是要了亞拉里克的命。北高盧野戰軍的殘部，在阿耶提烏斯過去的副將手下穩定下來——先是阿耶吉狄烏斯，接著是希爾德里克，最後則是後者的兒子克洛維。我們不清楚過程，但到了四九〇年前後，從北海到萊茵河之間的北高盧土地，經歷了某種不穩定的統合，是三個世代以來僅見。

我們不久之後會回來談克洛維——他的政治手腕堪比蓋塞里克和東哥德王狄奧多里克。眼下我們只要知道，法蘭克人對亞拉里克的王國採取試探性的襲擊。這些行動始於四九〇年代，有時最南可達哥德王國的重要城市布爾迪加拉（波爾多）。或許因為克洛維尚未鞏固自己的勢力吧？他跟哥德人簽了和約，時間可能是五〇三年，是在羅亞爾河上的一座小島所簽訂的，地點靠近阿姆巴奇亞（Ambacia，今日的旅遊勝地昂布瓦斯〔Amboise〕）。儘管狄奧多里克費心維持和平，彼此競爭的哥德諸王還是在五〇七年左右大打出手，而亞拉里克就是在沃格拉杜姆（Vogladum，今武耶〔Vouillé〕）的戰場上喪命的。混戰之後，哥德人幾乎失去整個王國，只餘下納博訥高盧從東庇里牛斯山到納博的一塊土地，後來人稱塞普提馬尼亞（Septimania，今天的隆格多克〔Languedoc〕）。接下來半個多世紀，哥德王與有志稱王者試圖在高盧政局中恢復自己的地位，但實則踩著察覺不到的步子，愈來愈往西班牙發展。

亞拉里克戰死之後，他的成年私生子蓋薩里克（Gesalic）和未成年婚生子阿瑪拉里克（東哥德王狄奧多里克的外孫，亞拉里克娶了他的女兒）為了剩餘的哥德王國領土而爭。狄奧多里克最優秀的將領迫使蓋薩里克流亡，先是到汪達爾非洲，後來遁入勃艮第高盧，而收留他的高盧東道主襲多巴德最後也把他殺了。相較之下，阿瑪拉里克有著強大的外祖父狄奧多里克奧援，事實證明他是這位年輕繼承人實質上的攝政。狄奧多里克將普羅旺斯併入義大利，從而確保通往利古里亞的途徑，但他允許阿瑪拉里克在納博訥高盧與西班牙統治，由東哥德將領特烏狄斯（Theudis）從旁看防。特烏狄斯在西班牙蓄積龐大的力量，娶了一位富有的西班牙羅馬貴族，最後甚至違抗年邁的狄奧多里克，拒絕受召返回義大利。等到阿瑪拉里克堅持親政，特烏狄斯才離開，讓阿瑪拉里克留在自己的領土上盡可能疏遠哥德貴族，以及面對更危險的法蘭克諸王。

五一一年，克洛維的四個兒子繼承了他的位子。當阿瑪拉里克娶了先王的女兒（名不詳），這四人也就成了他的妻舅。後來，阿瑪拉里克似乎開始虐待妻子，妻子於是找兄弟幫忙。五三一年，也就是亞拉里克死於法蘭克人之手將近二十五年後，阿瑪拉里克也走上一樣的命運，在納博附近被殺。此後，特烏狄斯便在不受狄奧多里克及其義大利繼承者的干擾之下，統治了西班牙中部。受限於史料的關係，我們對政治事件的發展與理解等於一張白紙。不過，等到特烏狄斯在五四八年被殺時，哥德王國與其說是一個領土完整的國家，不如說是一小群為了縮水的國庫與王室象徵而戰的貴族家系。

不過在五二〇年代之前，無論是西班牙還是高盧，哥德王國看起來都很羅馬。亞雷拉特的鑄幣廠以皇帝之名鑄造金幣，與帝國正式發行的貨幣一起流通。尤里克與亞拉里克朝中滿是羅馬臣子，而羅馬法的研究也方興未艾。亞拉里克二世朝中的法律專家編輯、整理了《狄奧多西法典》——這部法律彙編之所以能從古代傳世至今，這些專家功不可沒。此外，他們還為法典配上法學評論，一方面顯示他們極為重視、維持羅馬法律的常規，另一方面也承認後帝國政府及其官僚的規模變得多麼小。一片生動活潑的文學景致與這部法律著作一同出現，許多古代文獻（基督教與前基督教）最終就是透過西班牙哥德王國才能傳到中世紀，而後進入近現代。不過，哥德王國和西部各省一樣，對於它們的「羅馬性」，人們確實有誇大的可能。

學者對於哥德聚落初期的運作方式爭辯不休。瓦利亞與狄奧德里克一世的追隨者是否住在城鎮內，以官方的歲入支應其薪水？他們是否落腳於因人口流失、普遍的動盪而荒廢的土地上？高盧羅馬人的莊園是否遭大規模沒收？答案是：我們不知道。沒有大規模充公的證據，但根據稅收再分配為基礎理論，卻也經不起詳細檢視。我們可以肯定，姑且不論土地再分配的方式為何，到了五世紀下半葉，哥德社會上層已經擁有王國內大量的土地（推測達三分之二）。王室的法令清楚顯示了制度轉變的規模。直到六世紀的最後數十年，哥德王都在兩道戰線打著法律戰，一面根據羅馬傳統實施並解釋法律，一方面則監督著曾經的哥德習慣法形諸文字——當局在五世紀下半葉（可能）與整個六世紀發布過多個版本的《西哥德法典》（*Lex Visigothorum*，又稱《裁決書》〔*Forum Iudicum*〕），其中有大量內容與羅馬法律並不相似，而是更接近其他蠻族的習慣法。因此，哥德高盧與西班牙不純粹是新管理措施下的羅馬行省，而是正受到外部風俗轉變的社交世界。大多數民眾對這些風俗完全不熟悉，拉丁世界的中世紀於焉展開。

但在第三條戰線上，老百姓則是凱旋而歸：語言。直到五世紀後半的王國，還是有人說哥德語（尤里克有時候會故意堅持講哥德語，好欺負只會講拉丁語的人），但哥德語很快就只在相似派進行儀式時才會使用。至於其他方面，拉丁語都大獲全勝，其口說形式也開始演化為區域性的方言，成為葡萄牙語與加利西亞語（Gallego）、卡斯蒂利亞語（Castilian）與加泰隆語（Catalan），奧克語

（Occitan）與普羅旺斯語（Provençal）。現代卡斯蒂利亞語中唯一留下的哥德字彙是「劊子手」（*verdugo*），實在不無諷刺。

類似的語言變化，也發生在羅亞爾河以北與隆河以東的法蘭克與勃艮第地區，人們都維持使用拉丁語，只有萊茵河—馬士河—須耳德河三角洲（Rhine–Meuse–Scheldt delta）以南的地方例外。勃艮第人的領土就像哥德王國一樣（但法蘭克人除外），保留了大量的羅馬行政遺緒，包括留下文字紀錄的習慣。人們經常把勃艮第王國當成其他後帝國王國的窮親戚，這多半是因為我們僅有的文獻相當殘缺不全，即便以當時的標準來看也奇缺無比。我們不知道幾位勃艮第王之間的關係，有時候甚至無法確定我們研究的是同一個歷史人物，還是兩個同名但不同的人物。儘管如此，到了五世紀中葉，勃艮第王龔狄歐克與希爾佩里克（Chilperic，他身處的年代，以及他跟前者的關係仍未有定論）顯然已經在曾經的阿爾卑斯行省大塞夸尼（介於今日法國貝桑松〔Besançon〕與瑞士佛德州〔Vaud〕）之間建立相當穩固的勢力。阿耶提烏斯及其繼承者多少願意容忍他們的存在，而盧格杜高盧一區（Lugdunensis Prima）與維埃恩高盧（Gallia Viennensis）的高盧—羅馬貴族則認為勃艮第人是可用之兵，既可以對付義大利帝國政府，也能對抗阿奎塔尼亞與納博訥高盧的對手——哥德諸王的勢力在這些地方愈來愈強。

等到俄瑞斯忒斯的義大利政府允許尤里克與龔多巴德瓜分高盧時，勃艮第人控制的範圍西界為奧古斯托杜努姆（Augustodunum，今歐坦〔Autun〕）、盧格杜努姆（今里昂）、維埃納與瓦倫提亞（Valentia，今瓦朗斯〔Valence〕）的連線，但止於阿瓦里庫姆（Avaricum，今布爾日〔Bourges〕）之外，南界則為尼馬烏蘇斯（Nemausus，今尼姆〔Nîmes〕）—亞雷拉特（今亞爾）—瑟克斯提埃泉

（Aquae Sextiae，今艾克斯普羅旺斯〔Aix-en-Provence〕）的連線。身為里奇莫的外甥，龔多巴德自四六〇年代以來，便持續在義大利政局中扮演要角，但等到格里克里烏斯開始搖搖欲墜時，他就放棄了從政局的灰燼中拯救任何事物的念頭。他在四七三年返回勃艮第的故土，與三名親人（希爾佩里克、哥德瑪〔Godemar〕與哥德吉塞〔Godegisel〕——這個希爾佩里克究竟是龔狄歐克的兄弟，還是第二個同名的國王，仍未有定論）共享權力，卻沒有對王國做明確的領土劃分。不出預料，他們大打出手：哥德瑪突然間消失於史冊，而龔多巴德殺了希爾佩里克，哥德吉塞在五〇〇年前後逃到法蘭克人處，接著率領一支法蘭克軍隊而來，結果龔多巴德收買了他們，再處死哥德吉塞。

龔多巴德繼續統治了十五、十六年。他對競爭的貴族（羅馬人與勃艮第人皆有）大開殺戒，並消滅旁系，為其子希吉斯蒙德的繼承之路做準備。他跟許多哥德王一樣，頒布過許多法律。他的兒子將這些法律蒐集起來，在五一七年彙編成法典，稱為《憲法書》（*Liber Constitutionum*），後人稱之為《龔多巴德法》（*Lex Gundobada*），畢竟內容確實出自於他。龔多巴德透過這些法律，讓自己成為勃艮第王統的一員，並回溯世系到五代之前一位名叫基比克（Gibich）的勃艮第王，以他為法律記憶的開始；四五一年擊敗阿提拉時，則是訴訟消滅的時間點。高盧政治的歷史框架就此重寫，成為一個新的、即將來臨的後帝國世界。

龔多巴德和同時代的哥德人一樣，試圖為王國內的所有百姓制定法律，卻因為他的羅馬子民與勃艮第子民之間無法化解的差異而受阻。他不只得限制不讓勃艮第人干預羅馬人的法律訴訟，還得用好幾種法律來規範勃艮第人之間的土地繼承，反映出拓殖年代土地再分配的複雜情況。我們甚至可以感受到國王的沮喪：勃艮第人對羅馬法誓詞的神聖性不屑一顧，迫使龔多巴德允許古老的比武審判（trial by battle）再現。透過這些一小步、一小步的作法，古代的世界與世界觀也慢慢消逝。

龔多巴德跟君士坦丁堡的皇帝培養出誠摯、長久的關係，而且當他在五一六年過世時，希吉斯蒙德不只成為國王，更是阿納斯塔修斯身旁的貴族與軍長。致信皇帝時，希吉斯蒙德自稱「一國之君，但仍是您〔皇帝〕之卒」（*gentis regem sed militem vestrum*）。儘管一開始聲勢浩大，但希吉斯蒙德的統治並未取得偉大的成就。他娶了狄奧多里克的女兒，卻又因為殺了自己的兒子（當然也是義大利王的外孫）而引發一場戰爭。五二三年，哥德與法蘭克軍隊在一次夾攻中逮到了希吉斯蒙德，雙方各占領了一小部分的勃艮第領土。希吉斯蒙德被法蘭克王克羅多米爾（Chlodomer，在信奉相似派的西方諸王中，他是難能可貴的尼西亞派，天主教至今仍尊他為聖人）俘虜並處死。希吉斯蒙德的兄弟哥德瑪為他報仇，在法蘭克人的土地上擊敗並殺死克羅多米爾，但其餘的法蘭克諸王卻在五三四年消滅了勃艮第王族，把他們的土地化為法蘭克疆域的附屬單位。法蘭克王國福蔭綿長，不像我們先前談到的汪達爾、哥德或勃艮第等王國的歷史。而且，法蘭克人對於重塑歐洲地圖有著最大的影響，我們將在下一章探討他們採用的方法。

第十四章　法蘭克人與帝國邊陲

截至五二〇年代，法蘭克人已經成為高盧政局中最強大的力量。等到查士丁尼對東哥德王國發動曠日費時的戰爭時，法蘭克人也成為最主要的受益者。雖然法蘭克人的成就常有人認為實屬必然，但這其實是個歷史上的弔詭：哥德與勃艮第王繼承了最富裕、傷害最輕微、管理也最良好的帝國行省，卻看著自己的王國在一到兩代人的時間內土崩瓦解。與此同時，法蘭克人則將原本處於邊陲、受到嚴重破壞、在四世紀末幾乎沒有管理可言的北方行省，鍛造為後帝國時期最成功的王國。傳統故事中，法蘭克人往南發展，從今日比利時推進到塞納河，再進入羅亞爾河流域，但其實沒有這種迅速而持續的法蘭克人征服行動存在。北高盧的歷史是一團混亂。

大約在五、六世紀之交，有一位法蘭克軍閥鎮壓或拉攏了羅亞爾河以北的所有競爭者。他就是克洛多維庫斯（Chlodovechus）——在英語世界中，這個名字的法語形式「克洛維」，比德語形式「克洛德維希」（Chlodwig）有名得多。克洛維是另一位軍閥——希爾德里克（Childeric）的兒子。一六五三年，希爾德里克富麗堂皇的陵墓在圖爾奈（Tournai，羅馬時代的圖爾納庫姆〔Roman

Turnacum〕）附近出土。儘管墓藏早已四散各地，但它們在近代早期法國民族的建構過程中扮演核心角色——希爾德里克的馬衣上有著金蜜蜂的裝飾，而拿破崙的加冕袍上就有金蜜蜂的複製品。我們不確定希爾德里克何以安葬在圖爾納庫姆這麼北邊的地方（也許這是他戰死的地點），但他的權力重鎮就位於塞納河與羅亞爾河之間的某處。他可能是在阿耶提烏斯主政時，成為高盧野戰軍的軍官。馬約里安在四六一年遭到處死時，高盧野戰軍完全拒絕接受里奇莫和他的新皇帝利比烏斯·塞維魯斯，並且在高盧軍長阿耶吉狄烏斯的指揮下，立起永久的叛旗。一段在後來才流傳起來的故事說，阿耶吉狄烏斯獲擁立為法蘭克人之王，但比較可能的情況是，他麾下的野戰軍如今人力重度仰賴法蘭克人，因此後人才會反過來把他記憶成一位國王，而非打游擊的將領——這才是他的真實身分。阿耶吉狄烏斯死於暗殺者之手（可能是在四六四年），他的軍隊至少分裂成兩個群體，其一由希爾德里克指揮，另外則是由阿耶吉狄烏斯之子塞阿格里烏斯所控制。

希爾德里克以羅亞爾河與塞納河之間作為大本營，興師動眾地用了好幾年的時間包圍盧泰西亞，據信是為了征服並掌控巴黎盆地。塞阿格里烏斯的根據地則在更北邊，位於埃納河（Aisne）畔的諾維歐都努姆（Noviodunum，今蘇瓦松〔Soissons〕）。有些現代文獻仍把塞阿格里烏斯描繪成「羅馬」的防衛者，而希爾德里克則被勾勒成「來自法蘭克」的攻擊者，但古代證據顯示，他們都是眾多軍閥中的一員，各自擁有私兵，其餘能控制的則少之又少。類似的人物還有保祿斯（Paulus）與阿波加斯特斯（Arbogastes）——前者是阿耶吉狄烏斯的舊部屬，他加入希爾德里克，抵禦羅亞爾河上的薩克森盜賊；後者則是在特雷維里指揮一支小部隊，跟勃艮第與哥德王國的重要權貴保持良好往來。四七〇年代時，還有一位里奧塔穆斯（Riothamus）從不列顛加入這場賽局。我們不確定他是一位凱爾特（Celtic）酋長，還是少數殘存的野戰軍指揮官，但他跟他的人馬是輸家無誤，反被來自歐陸的薩克森人逐漸占走了不列顛低地區。上述所有競爭者都實力相當，難分軒輊。無論他們的出身，或先前的生涯，他們都竭力讓自己看起來像正統的羅馬軍官。從哪裡看出他們仍然想望著帝國框架呢？希爾德里克過世後，雷米（今蘭斯）主教雷米吉烏斯（Remigius）向他的兒子與繼承人克洛維賀喜，因為他成了比利時高盧二區的統治者——這個羅馬行省如今已名存實亡。

我們對克洛維的認識，建立在鳳毛麟角的當代證據上，還有土爾主教額我略（Gregory）在六世紀末所寫的回溯歷史中。他筆下的克洛維已經是個傳說人物——融古典英雄、舊約族長與君士坦丁再世於一爐，而且是墨洛溫王朝（Merovingian dynasty，名字的由來是個虛構的先祖，墨洛維〔Merovech〕）真正的奠基者。有鑑於法國與德國的近代建國神話皆始於墨洛溫高盧，學者因此花了數個世紀的時間抽絲剝繭，試圖得出克洛維統治時期的真正歷史，但這段歷史其實已經無法恢復，甚至連最起碼的描繪，恐怕都無法經受證據的考驗。話雖如此，無論克洛維是何時勝過希爾德里克的，總之他都立刻與塞阿格里烏斯開戰，雙方都主張自己有權指揮舊高盧野戰軍中的法蘭克殘部。克洛維最後勝出，並且將其他法蘭克小王收入自己的羽翼之下，而不是消滅他們。塞阿格里烏斯逃往西哥德，而西哥德人討好克洛維，將他處死。四九〇年代一片空白（常有人把他戰勝阿拉曼人的事蹟擺在四九六年，但實際上無法定年），只知道他可能是在這段時間娶了勃艮第公主克蘿媞爾妲（Clothilda），並干預此後發生的一場勃艮第內戰。然而，他的活動範圍並不限於過去的帝國疆域內。除了黑森林（Black Forest）的阿拉曼人，他還攻擊繁榮於易北河畔、強大的圖林根王國——自從阿提拉的帝國瓦解後，易北河就不在羅馬文獻的關注範圍內。

在克洛維發動的這些戰事中，我們可以從東哥德王狄奧多里克無遠弗屆的外交行動中，看見歐洲政治的新局勢如何發展。同理，克洛維發動的這些戰事也顯示出新局勢的成長，其支點在阿爾卑斯山與庇里牛斯山以北，遠離古代世界的地中海核心區。這個浮現中的歐洲，不能用「南羅馬」與「北日耳曼」的二元論解釋，也不能詮釋成某種泛日耳曼之魂的召喚——呼喚著移居的部落民重新回到祖先之地。上述概念深植於近代的歷史記憶中，但真相並非如此。羅馬帝國內的第一波王國——汪達爾、法蘭克、勃艮第、哥德——在族群及語言上都是雜交種，是帝國無止境擾動的社會產物。他們之間並無一體感，沒有蠻族「我者」對抗帝國「他者」的意思。還沒有。截至五〇〇年，汪達爾、法蘭克、勃艮第與哥德王國的統治菁英中，大部分人都有一個以上的移民祖先，曾經從多瑙河以北與萊茵河以東進入帝國（和平方式、或者不然）。許多人在兩、三代人之前，有些人甚至在五代人之前，便進入帝國了。但不是所有人皆如此。每一個王國都有許多第一代移民。原本可以凝聚野心（或者說重塑認同）的帝國中心突然消失，但空間卻出現了，讓前帝國行省與舊蠻族之地可以發展更持久的關係。後羅馬王國無論在族群上或社會上皆屬異質，等到沒有羅馬帝國持續牽引著它們的注意力，它們也就有理由在中歐、北歐重新發展。

我們固然可以說，克洛維針對萊茵河彼岸野心勃勃的軍事行動，反映了這種新現實，但他的王國核心仍穩穩安在舊帝國邊境內。我們不曉得克洛維如何統治他的新王國。不像狄奧多里克的義大利，對於法蘭克王國來說，我們沒有證據顯示其有明確的意識形態。但有一件事情我們確實知道：克洛維的繼承人遵奉基督教尼西亞派，而非哥德人與汪達爾人信奉的相似派神學。假如希爾德里克陵墓周邊大量犧牲的馬可以作為證據的話，五世紀時多數人都還是異教徒。確實，土爾虔誠的額我略告訴我們，克洛維沒有染上相似派的錯誤汙點，而是直接從邪惡的異教直接皈依尼西亞正統信仰。不過，更古老的史證顯示克洛維的妹妹蘭娣琪爾妲（Lantechilda）從相似派改宗尼西亞派，所以克洛維本人可能也是如此。我們可以推測，他在接近五〇七年時改宗，算計著南高盧的尼西亞派主教區會支持相同信仰的人，以對抗相似派的亞拉里克二世——果不其然。

毀滅亞拉里克位於阿奎塔尼亞的哥德王國，是克洛維戎馬生涯的高點。他把自己最後的三、四年生命，用於消滅法蘭克人內部的王位競爭者。他還召開教會會議，為羅亞爾河與馬士河之間的土地制定法律，並發布第一版的法蘭克世俗法，稱為《薩利克法契約》（*Pactus Legis Salicae*）——克洛維所屬的法蘭克人，人們稱之為「薩利克」（意為「鹹的」）法蘭克人，以便和萊茵河下游的「利普利安」（Ripuarian，意為「河濱」）法蘭克人作區別。這部法律與哥德人和勃艮第人的法律文本不同，完完全全非羅馬法，可以用以牙還牙的權利取代公開起訴，並讓家族、氏族負責承擔過去在羅馬法之下、原屬於帝國政府的許多職能。克洛維死於五一一年，把馬士河與萊茵河之間的一個次王國控制權交給長子特烏德里克。特烏德里克大力主張自己才能繼承父親之位，是唯一的統治者，但他的繼母——勃艮第人克蘿媞爾妲——有不同的打算，堅持特烏德里克把繼承到的領土與她的三個兒子，也就是自己的異母弟克羅多米爾、奇爾德貝爾特（Childebert）與克洛塔（Chlothar）一起分享。雖然不情願，但他還是照做了，而這種分割繼承便成為法蘭克人的常態。這種由諸多王室繼承人分享法蘭克次王國的作法（德語有個很傳神的字——分區王國〔*Teilreiche*〕）演變為相對穩定的幾塊領地，對歐洲地理形勢有著長遠的影響。羅亞爾河與塞納河之間的地區（巴黎與蘇瓦松是主要大城）叫做紐斯特利亞（Neustria，意為新土地）。特烏德里克的王國核心地帶則從亞爾丁（Ardennes）

與馬士河到摩塞爾河（Moselle）與萊茵河中游，也就是奧斯特拉西亞（Austrasia），這裡在幾個世紀的時間內演變成法蘭克人的重鎮。阿奎塔尼亞大部分仍然保持羅馬統治時的輪廓，沿土魯斯到波爾多、普瓦捷（Poitiers），而羅亞爾河畔的土爾則在實質上成為亞奎丹與紐斯特利亞之間的邊境城市。最後，舊勃艮第王國——中世紀的勃艮第公國與伯國——在五三四年的法蘭克人征服後，仍保持歷史上的輪廓，以里昂與日內瓦為主要城市。

克洛維繼承人的統治，就跟他們父親的治世一樣模糊。關於墨洛溫家族兄弟間相殺的來龍去脈，我們暫且按下不表。土爾的額我略對於五世紀中葉後的敘述比較準確（但這超出了本書的範圍），此時法蘭克人在歐洲北部的勢力已經有了急遽的增長。東哥德王狄奧多里克的精湛外交手腕，已經隨他的離世而去，讓法蘭克諸王更有操作的空間。他們消滅了易北河畔的圖林根王國，讓奧斯特拉西亞併吞萊茵河以東大片的領土。等到查士丁尼入侵義大利時，法蘭克人便占領東哥德的普羅旺斯。之後，他們令北海岸的薩克森人前來朝貢，還攻擊丹麥人（Danes）——史料中首度提到這些斯堪地那維亞人的名字。

法蘭克世界與法蘭克風俗的後帝國性質，可說是一望便知。最清楚的實例莫過於他們的口語與文字。我們先前談到拉丁語在後帝國高盧全境（馬士河—須耳德河—萊茵河三角洲例外）仍然是行政語言與日常用語，但羅曼語跟荷蘭語／法蘭德斯語（Flemish）／德語之間的界線究竟多早出現，則不得而知。（這條界線在九世紀之前都不明確，在今日的比利時、亞爾薩斯〔Alsace〕與洛林〔Lorraine〕依舊模糊。）但隨著羅馬基礎建設在低地國（Low Countries）消失，人口組成也很可能出現了足夠的變化，讓日耳曼諸語言取代了口語拉丁語（雖然書寫拉丁語依然是行政語言）。

法蘭克人的擴張主義將書面拉丁語傳播到萊茵河之外，卻無法取代口說的日耳曼語。不過，即便是法蘭克王國境內，口語和書面語仍然是拉丁語。這發展出一種饒富趣味的文化分野，對後世帶來了深遠的影響。在羅亞爾河以北，整個書面行政的傳統都萎縮了，法律文件也常常被口說與習慣所取代。書面拉丁語的素質也有斷崖式的滑落。現代學者能夠隨手找來哥德義大利或西班牙的拉丁語文件，輕鬆看懂其字跡，並從內容中辨別出羅馬帝國的樣版。相較之下，來自墨洛溫北方的文件，筆跡卻是扭曲費解（有個學者打趣說，抄寫員是用此字母藏起彼字母），而且用的是不合文法、我手寫我口的拉丁語，因此在無意間透露出口語如何轉變。上述的語言變化出現在各地——比方說，所有羅曼語都是非詞性變化語（uninflected），意即名詞詞尾不會隨文法的功能而變化——但是，在口說羅曼語演進的過程中，只有在羅亞爾河以南的地方，才留下了符合文法的書面拉丁語。書面語和慣用語之間的這種南北差異（大致以羅亞爾河為界）將會一直延續到近代早期，加上羅曼語與日耳曼語這種口說語的東西分界，未來歐洲的輪廓也開始成形。

查士丁尼的征西戰爭（我們將在下一章討論）加速了這一類的變局。不過，回去談君士坦丁堡之前，我打算簡短描繪一下舊帝國邊境之外的世界，這樣應該更容易理解古代世界是如何結束的。這個世界有幾個地方（例如不列顛或薩勒赫〔Sahel〕）一度整合在帝國的邊境區內，而其他幾個地方，例如愛爾蘭、易北河與斯堪地那維亞則否。

我們不妨從非洲邊境開始，汪達爾小王國在此受到摩爾諸王林立的新形勢所包圍。自西元一世紀起，茅利人——中世紀與近代柏柏人的祖先——始終在羅馬政局中軋了一角。皇帝統治時，在羅馬政府任職並握有大權的柏柏人（最有名的就數吉爾多一家）同時也是領主，統治著位於山區與沙漠、非洲濱海農業區之外的柏柏人社群——不論是定居或游牧。縱使到了三、四世紀，我們還是很難分辨哪些事情是因為羅馬的管理而發生，又或哪些事情是透過當地酋長慣有的權威而推行的。兩者之間的界線撲朔迷離——至少在城市與大農莊之外如此。由於汪達爾政府遠比其帝國前身弱勢，摩爾王與大地主獨立自主的力量也更明顯。他們的王國橫跨於兩個區域之上，一邊是羅馬都市文化興盛的豐饒區，另一邊則是乾旱的內陸，羅馬政府只監視，不管理。

從一段努米底亞出土的銘文——具體位置是奧雷斯山脈（Aurès mountains）的阿希斯（Arris，位於今日阿爾及利亞東部的巴特納省〔Batna province〕）——我們得以確認其中一個存在於六世紀的同類型王國。文件中記錄了瑪斯蒂斯（Masties）「公」與「最高統帥」（*imperator*）的生平，他同時統治著摩爾人與羅馬人，而且從未辜負任何一方的信任。對於這個「最高統帥」頭銜是否能解讀為「奧古斯都」之意，進而表明羅馬帝國已衰亡，學界未有定論。重點是，一個獨立的國王以什麼樣的方式，同時統治著住在羅馬非洲舊心臟地帶的茅利人與羅馬人（亦即不只是摩爾部落民）呢？普羅柯庇烏斯告訴我們另一位這樣的摩爾王——安塔拉斯（Antalas），他統治著拜扎凱納，距離迦太基約一、兩天的馬程。不過，截至目前為止最有名的王國，是在一份出土於凱薩茅利塔里亞（今阿爾及利亞西部特雷姆森省〔Tlemcen province〕）阿爾塔瓦（Altava）的銘文中被證實的。當中提到，三位有名有姓的官員，包括一名總長與兩名代理人，奉「摩爾與羅馬百姓之王」（*rex gentium Maurorum et Romanorum*）馬蘇納（Masuna）之命興建堡壘。由於這個時期有好幾個位於非洲最西端的城市持續繁榮，不只是阿爾塔瓦，還有位於遙遠廷吉塔納的瓦盧比里斯（Volubilis），因此有些學者認為這位百姓之王馬蘇納統治著非常遼闊的王國。更有甚者，這些摩爾王國的例子，都代表區域層級對於帝國終結的回應：它們在帝國枯萎凋謝時，帶來合理、穩定的治理與經濟上的繁榮，跟北高盧等地的動盪與衰落有著雲泥之別。

只要我們轉向另一個帝國邊陲，望向英吉利海峽彼端，便能驚鴻一瞥，見證一場社會變革如何抹除了羅馬行省的遺產——比前帝國的其餘地方都要徹底。我們也能在歷史上首度找到微小卻踏實的證據，證明愛爾蘭海對岸發生的史事。五、六世紀的文字史料基本上是不存在的。我們有幾篇出自聖派翠克（Saint Patrick）手筆、以拙劣的拉丁語寫就的專文，還有高盧編年史中幾條令人摸不著頭緒的紀載，以及由一位年代不明的修士基爾達斯（Gildas）所寫的《論不列顛之葬送》（*De Excidio Britanniae*）。學者從這些斷簡殘編，打造出一整座臆測的樓閣——這似乎就是亞瑟王的時代——但謹小慎微的勾勒，顯示出我們的所知有限。

先前我們提到，四世紀的篡位者馬格努斯・馬克西穆斯很有可能把帝國的行政官員與軍隊，南撤到不列顛島的低地區，撤到多塞特—亨伯塞（Humberside）的連線之後。他或許也是第一個招募薩克遜傭兵進不列顛單位的領導人。接下來，君士坦丁三世在四〇七年時，把剩餘的野戰軍帶到了高盧。當他引起的漫長內戰正酣時，霍諾留政府則是告知不列顛請願團要自力更生。大約四三〇年，奧特希奧多魯姆（Autessiodorum，勃艮第的歐塞爾〔Auxerre〕）主教格爾馬努斯（Germanus）前往不列顛宣教，反對異端，而他說不定碰上了皮克特人正在入侵密德蘭（Midlands）。行省最後一次派團請願，可能是在四四〇年代，對象是阿耶提烏斯。此後就再也沒有了。基爾達斯有提到幾個小王的名字，但我們只能確認在杜姆諾尼亞（Dumnonia，今康瓦耳〔Cornwall〕）進行統治的君士坦提努斯（Constantinus）。常常有人把基爾達斯筆下的安布羅希烏斯・奧雷里阿努斯（Ambrosius

Aurelianus）視為歷史上的亞瑟王，但我們無法確定是否有其人，就算有，也無法定年。至於克羅提庫斯（Coroticus）是真實存在的統治者，聖派翠克曾經寫信給他，但他的故鄉在哪裡就不得而知了（有人猜是斯特拉思克萊德〔Strathclyde〕）。對於我們探討的時代來說，七、八世紀的文獻，像是《部落土地稅冊》（Tribal Hidage）或是比德（Bede）的教會史，內容多少有點想像的成分。

我們得轉而仰賴考古。考古發現，羅馬在不列顛的行政管理從四世紀開始便已縮水，並持續了好幾十年。考古學也告訴我們，不列顛與現代德國的北海海濱——薩克森人的故鄉——之間，有著典型的雙向遷徙模式。歐陸的風格在四世紀末時出現在不列顛，而不列顛獨有的風格隨後也幾乎是在一瞬間出現在薩克森人的土地上。這些發現否定了「盎格魯—薩克遜人按部就班入侵」的舊式想像：入侵者將不列顛羅馬人與凱爾特人驅往威爾斯、康瓦爾與坎布里亞（Cumbria）。不過，大量人口從北日耳曼移入不列顛，卻也是不爭的事實。

這項證據最好的解釋是：羅馬帝國在不列顛的駐軍，絕大多數都是從薩克森人之中招募來的，這跟北高盧野戰軍絕大多數是由法蘭克人充任一樣。之後隨著帝國政府的瓦解、消失，其中一些軍人決定填補真空的權力，把自己的控制範圍從蘇格蘭高地—低地邊境區往東、南拓展。來自北日耳曼與尼德蘭的中世紀證據（聚落的縮小，濱海農業據點遭到棄置），顯示這些年間當地出現政治動盪，而這個事實有助於解釋為何移入不列顛的規模，遠比在高盧或巴爾幹的更大。

隨著軍人擴散進入不列顛低地區，殘存的羅馬權貴與愛爾蘭海彼岸的移民開始敵對、競爭，最終在幾個世紀後，於不列顛西部創造出所謂的凱爾特人區。到了五世紀中葉，已經有三大考古地區明確浮現，它們以居民偏好的金屬飾物種類來加以區隔。第一個區域以東盎格利亞（East Anglia）、東密德蘭（East Midlands）、林肯郡（Lincolnshire）與約克郡（Yorkshire）為中心，當地的時尚與北海彼岸的日耳曼非常接近。另一個區域以舊羅馬軍事風格的本土化雕琢為特色，核心在泰晤士河以南及埃塞克斯（Essex）。第三個區域則是以德文（Devon）、薩默塞特（Somerset）到南威爾斯（South Wales）的塞文河出海口為核心地帶。

這三個區域也許大致能反映出三個政治與文化區，不過，這並不是薩克遜人與凱爾特人之間的東西分野，而是泰晤士河流域沿線的南北分野，在君士坦丁三世起事後，這個分野繼續延續超過半個世紀以上。事實上，直到六世紀初，地中海的進口商品仍然能抵達不列顛南部與西部，但在泰晤士河以北就極為罕見。這些進口貨物先消失於西南，而後東南；至於不列顛東南的區域風格也在同一時間漸漸為東密德蘭與北方同化。由此可以看出，東英格蘭與德國北海濱之間的雙向遷徙與理所當然的密切交流，其實隨著六世紀的前進而日益增強。

當然，若想檢視一場過往的大規模社會變遷，語言可以作為另一項指標：羅馬—不列顛拉丁語完全被古英語（盎格魯—薩克遜語）所取代，這種現象在前西帝國疆域內可說是前所未見。至於這種取代，反映的是基督教與羅馬的都市發展在不列顛相對弱勢，還是英語移民人數多得不成比例，則未有定論。但如此變局的規模之大與程度之獨特，則無庸置疑。

不列顛南部與東部發生的事件，主要跟歐陸有關，但發生在現代北威爾斯、西密德蘭、英格蘭西北與蘇格蘭的史事，就跟愛爾蘭海彼岸的情勢發展脫不了關係。四世紀時，愛爾蘭發生勢不可擋的社會變遷，但羅馬觀察家並未看到：人們發明了一種新的書寫體系——歐甘字母（Ogam）——來書寫愛爾蘭語言。大約四〇〇年前後，我們開始在南威爾斯與康瓦爾找到刻有愛爾蘭人名的銘文（有些雙語並陳，採用了拉丁字母與歐甘字母）。更往北走，有證據顯示愛爾蘭移民從阿爾斯特（Ulster）移居阿蓋爾（Argyll），而這兩個地方在六世紀時，都是由達爾里阿達王國（Dál Riata）所統治。這些移民從愛爾蘭來到不列顛的原因，可能是因為年代久遠、面積較大的愛爾蘭諸王國瓦解的關係（我們是從時代晚得多的傳說中得知這些王國的，但無法重建其歷史）。從數量激增的環形堡壘（ring forts，蓋爾語裡有各種稱呼，例如陸封堡壘稱為「*rath*」，蓋在湖上的稱為「*crannog*」），我們可以看出愛爾蘭分裂成新的、範圍較小的領地。或許是受到愛爾蘭移民的影響，類似的多重防禦工事遺跡也可以在克萊德—福特（Clyde–Forth）一線以北的不列顛看到，而比較大的皮克特政體在四世紀時仍活躍於索爾韋（Solway）與克萊德，然而到了五世紀末也已經消失。權力中心愈小、愈在地化，顯然就愈安全——我們先前在同一時代的西班牙西北部，也看到人們遷居山頂村落的現象。

由於愛爾蘭跟羅馬帝國的關係少之又少，而不列顛對帝國來說重要得多，學者因此不停爭論這些可見而劇烈的社會變遷，有沒有可能對西帝國的衰亡造成影響，程度又到底幾何。這個論點不無可能，但舊帝國邊陲其他許多地區發生的事件，顯然都是因為羅馬政府內部崩潰所引發的。因此，我們看到在菲里西亞（Frisia）、德國西北與丹麥西南的薩克森之地，羅馬貿易商品都從五世紀初期開始消失、聚落嚴重縮水、當地墓地遭到棄置。薩克森的大人物們一下子無法與經濟穩定的帝國貿易，也一下子少了帝國可以劫掠，因此再也無法獎賞他們的追隨者，權力開始崩潰。一直要到六世紀末（已經超出本書處理的時代之後），我們才能看到該區浮現新的物質文化，同時受到不列顛的雙向移民、易北河與斯堪地那維亞的發展所影響。

相較於薩克森人的這些土地，丹麥北部、挪威濱海地區以及瑞典南部則是受到牽引，以西帝國瓦解前所沒見過的方式，與舊帝國行省互動。斯堪地那維亞與羅馬帝國的交流向來屬於間接，透過靠近帝國界牆的蠻族群體為中介。其實在此之前，斯堪地那維亞便仰賴來自帝國的高價商品（尤其是金屬器、大量金索幣，以及來自帝國兵工廠的武器）以展現自己的地位，嘉勉其追隨者。

局面在四世紀時改變，一群群來自厄蘭島、斯堪尼亞（Scania）與日德蘭（Jutland）等地的斯堪地那維亞戰士，加入帝國軍隊擔任傭兵，最後再帶著新的財富返鄉。然而，當這些斯堪地那維亞人努力賺錢，在帝國或原本屬於帝國的土地上作戰時，流入斯堪地那維亞的奢侈品也逐漸乾涸。薩克森人在得不到來自帝國的商品時產生了危機，妙的是，斯堪地那維亞卻沒有發生一樣的事情，反而有本地設計（但模範來自羅馬）的新身分象徵物開始流行，尤其是稱為「薄片幣」（bracteate）的製品。這種類似錢幣的金質製品（極薄的小圓片，有如金箔，最早出土於丹麥菲因島〔Funen〕的古德梅〔Gudme〕遺址）大量出現在五世紀，上面擁有神話主題的設計、風格獨具的統治者肖像，以及錯綜複雜的動物圖案。薄片幣究竟是某種形式的政治展示，或者是實際交易用的貨幣，這一點仍有爭論。但是當權威象徵的羅馬商品突然消失時，它們多少可說是成功的替代方案。

我們無法得知這種考古文化上的轉變，究竟是單一的丹麥王國這樣，還是好幾個丹麥王國也如此。但這個文化從丹麥外部傳到日德蘭——我們可以證實，在六世紀時，首度有一位丹麥國王在此對抗法蘭克人（《貝武夫》〔*Beowulf*〕中的海格拉克〔Hygelac〕說的就是他）。這波丹麥人的擴張，可能迫使日德蘭的早期居民遷居，因為跟北日德蘭有關的陪葬品，在此時開始出現在挪威西南的考古遺跡裡，例如羅加蘭（Rogaland）面北海的亞倫海岸（Jaeren shore）。瑞典南部斯堪尼亞的物質文化，出現了不盡相同、但非常類似的發展：深受草原游牧戰士藝術與儀式風俗所影響的社會上層似乎掌握了權力，這可以從瑟斯達拉（Sösdala）出土、風格相當獨特的陪葬馬具中看得出來。在厄蘭島上，大批出土的羅馬索幣，佐證了彼此競爭的軍閥群體（過去曾為帝國效力，對抗汪達爾人，也參與過里奇莫與安特米烏斯的內戰中）已經返回故土，彼此打得僵持不下。我們的重點不在詳細檢視這些變化，也不是暗示上述現象中的任何一項是這整個時代的特色，而是要說明西帝國的崩潰往往伴隨著邊境數百公里外的社會轉型，甚至是推波助瀾。

另一個明確的例子，是來自德國易北河中游的圖林根王國。史料上起初提到圖林根人時，說他們是阿提拉的附庸，而他們的崛起無疑跟阿提拉帝國的迅速瓦解有關。五世紀下半葉，同時代諾里庫姆的聖塞維里努斯（Saint Severinus of Noricum）的《生平》（*Life*，一般認為內容相當準確，但也有一些內容據信是精巧的編造）一書，提到圖林根人與盧吉人為了戰利品，在阿爾卑斯山北的前行省河岸諾里庫姆互戰。六世紀時易北河畔的圖林根王國究竟成形於何時？我們很難確定。然而，根據考古證據，位於成形中的法蘭克王國邊境的當地統治者，似乎有意與圖林根人結盟，開始採納他們的物質文化。同樣的事情也發生在更東方的波西米亞（Bohemia），朗哥巴德人（Langobards）在東方扮演著有如法蘭克人的角色。圖林根王赫曼尼弗雷德與狄奧多里克姪女阿瑪拉貝爾珈的聯姻，也明確表示了這個文獻記載不多的王國，在後帝國局勢中具有重要性。

圖林根的霸權有多重要？從法蘭克人消滅圖林根、引發中歐政治動盪，就能切實感受到。朗哥巴德人（倫巴底人）過去既是圖林根人的附庸，也是競爭者，但到了五三〇年代，他們入侵了昔日的潘諾尼亞各省，以赫魯利人與格皮德人為芻狗，建立自己的根據地。如今，巴伐利亞人（Bavarians）首度出現在我們的文獻中。他們是生活在緩衝區內的族群，北有圖林根人，西有阿拉曼人，而南方則有東哥德義大利。法蘭克人消滅了阿拉曼與圖林根的勢力後，巴伐利亞人則是在東哥德人忙著防範東帝國入侵義大利期間，形成一群有獨特認同的族群。

每當新的族群或「族群們」成形，這個過程就稱為「族群創生」（ethnogenesis）。近年來，研究中世紀早期的學者投入大量的精力，思索族群與政治認同如何整併、轉變，有時甚至是在經歷數十年或數世紀之後再度浮現。眼下我們不用把時間耗在理論問題上，重點在於注意五世紀與六世紀期間（尤其是六世紀），歐洲發生了多重族群創生所造成的影響：由於西帝國徹底消失了，透過大規模整合、形成無所不包的帝國認同感也消失了。沒有任何類似的普世認同存在，或是能取而代之，因為沒有足夠的力量，可以讓認同與同化過程如同一直以來的「成為羅馬人」那麼魅力獨具。人們反而透過與鄰居的關係——以「我不是你」來定義自己。來自羅馬昔日的小小碎片，就和諸王代代傳承的武勇精神一樣，有助於形塑與再形塑這些自我認知。新的視覺傳達方式出現；習慣法興起，取代羅馬法律的普世性；最重要的一點——拉丁語作為通用語的地位不再。這一切都突顯出確確實實的文化斷裂，無論是否發生在舊帝國的疆域內，都無法用任何羅馬價值的記憶來掩蓋。

或許更讓人出乎意料的是，就連與君士坦丁堡及其皇帝仍有密切交流的地區，也有相同的趨勢。其實，巴爾幹與黑海濱海地區在文化與經濟上也邁向後帝國時期，步調遠比帝國其餘地方都快（不列顛例外）。傳統上，人們認為這跟斯拉夫人的族群創生（或者遷徙）有關。希臘與拉丁文獻稱之為「斯克拉文人」的他們，首先在五〇〇年左右出現，有時候是隨著不同的保加爾人群體而來，像是烏諾古爾人、庫特里古爾人、烏提古爾人——我們在四八〇年初遇過他們。由於保加爾人最初的襲擊，已經證實是發生在巴爾幹最東緣，我們因此可以推論他們來自黑海以北的草原。而且，因為他們似乎以騎馬作戰為主，羅馬作者立刻把他們塞進「斯基泰人」的刻板印象中——自記憶所不能及的時代開始，羅馬人就用「斯基泰人」來稱呼草原戰士。這也使得我們很難分辨保加爾人在部落名稱以外的獨特之處。

斯拉夫人和他們完全不同。我們第一次聽說這群人，是在普羅柯庇烏斯六世紀的作品中，據說他們生活在多瑙河左岸，也就是今天的羅馬尼亞。文獻學家對於這種說法從不買帳，他們以語言為基礎，主張斯拉夫語言若非緣自今日波蘭與烏克蘭邊界的沃里尼亞（Volhynia），就是來自更東方、介於白俄羅斯與烏克蘭邊境的普里佩特沼澤（Pripet marshes），因此在斯克拉文人首度見於古代晚期的文獻之前，斯拉夫人必然已經遷居到了多瑙河。我們沒有接受這種理論的充分根據，畢竟沒有斬釘截鐵的文獻或考古證據，能證實有大規模的遷徙。這個理論只不過能說明原始斯拉夫語所共有的最古老詞彙，可以回溯到沃里尼亞或普里佩特沼澤的動植物群與氣候。語言變化的機制其實沒有那麼直接。人稱「斯克拉文人」的這個族群，可能發源於羅馬尼亞、摩爾多瓦與烏克蘭的河谷——這三個國家都曾經發掘出數量可觀的小型家庭聚落。我們不曉得這些人是否開始講斯拉夫語言；他們使用斯拉夫語的時間可能是之後，但我們無法得知確切的情境（畢竟，我們稱之為「法語」的這種羅曼語，它的名字就來自講日耳曼語的法蘭克人）。

五四〇年代，斯克拉文人發動了破壞力驚人的襲擊，最遠來到愛琴海濱的帖撒羅尼迦，以及亞得里亞海濱的都拉奇烏姆。之後，查士丁尼的軍隊似乎成功鞏固了多瑙河畔的邊防，直到五七〇年代為止都足以抵擋斯克拉文人。接下來幾百年的時間裡，斯克拉文人似乎都是擔任騎馬游牧菁英——阿瓦爾人（Avars）與保加爾人的馬前卒與附庸；而保加爾人在中世紀時，其文化與語言皆已斯拉夫化。因此，我們看待斯克拉文人的方式，說不定要和看巴伐利亞人一樣，把他們當成區域性農民，在周邊舊有政治局面受到擾動時，發展出更明確的認同，並產生新的、堅定的領袖人物。就斯克拉文人而言，觸發族群創生的導火線，說不定是因為保加爾人、甚至是阿瓦爾人打擊了君士坦丁堡在巴爾幹的地位所產生的後果。

阿瓦爾人就和四世紀的匈人一樣，是歐亞草原史整體的現象。他們的歷史主要階段不在本書的探討範圍內，不過，帝國第一次注意到他們，則是在查士丁尼統治時——他們在五五八年派遣使團到君士坦丁堡，因而於史留名。人們向來把他們跟柔然人畫上等號。我們從漢語史料中得知，從四世紀到六世紀，他們統治了一個草原帝國，範圍從蒙古、天山南北路直至中亞。此前，他們則是從屬於鮮卑草原聯盟的一員。柔然人跟中國的北魏關係密切（北魏本身則是鮮卑拓跋部在四世紀晚期建立的朝代），也跟南邊、西邊的嚈噠「匈人」維持一定的關係。也就是說，柔然人位居網路的中心，銜接中國世界與南亞、伊朗，以及歐亞大草原各式各樣的游牧社群。根據漢語史料，柔然人首先採用了「可汗」（*khagan*）的頭銜，跟此前象徵草原政治威望的匈奴遺產分庭抗禮（匈奴領導人稱為「單于」）。五五〇年代，其中一支向柔然人朝貢的族群起身反抗，並擊潰了可汗。這些突厥人（他們的中文族名現代化土耳其語版，叫做「古突厥」〔Göktürks〕，意為「天突厥」）迅速站穩腳跟，成為草原世界的主導勢力。

傳統上，人們把古突厥擊敗柔然人一事，與阿瓦爾人突然現身在高加索與黑海北方聯繫在一起。這不無可能。蒙古與天山的權力平衡一旦受到嚴重擾動，當然就很容易掀起波瀾，並一路往喀爾巴阡平原蔓延。這不見得要理解成大規模的遷徙，而是草原聯盟階級體系的迅速重整，只要可以讓階級低的群體得到更好的位置，也會帶來若干人口流動。根據史籍，阿瓦爾人第一個統治者（伯顏〔Bayan〕）自稱可汗，而非單于，顯然意味著他遵奉的是柔然，而非草原霸主匈奴的傳統。但這不代表他在血緣上是個柔然人。至於查士丁尼則以行之有年的方式因應他：他買通這位可汗，去攻擊、征服烏提古爾人與庫特里古爾人，把他從多瑙河下游引入喀爾巴阡山。我們不用費心勾勒阿瓦爾汗國未來在中亞的發展，但這個最初階段，卻有兩點相當重要。

第一點，歐亞大陸東西十字路口的穩定，對於大局的開展有深遠的影響。由於六世紀的嚈噠人在帕米爾高原、興都庫什山脈與以前的貴霜擁有穩定稱霸的地位，柔然聯盟瓦解所激起的漣漪因此往西邊的歐洲盪漾，而不是南向進入伊朗邊境。第二點，當柔然人／阿瓦爾人在六世紀來到時，標誌著羅馬帝國看待廣大歐亞內陸方式，出現轉折。至少從西元三世紀以來的三百年間，草原局勢的發展都對帝國有著重大影響，有些直接來自草原，有些則是先影響了薩珊波斯，再間接影響到羅馬。皇帝有時固然會干預高加索、克里米亞，一直到阿拉伯、希木葉爾（Himyar，葉門）及衣索比亞，但他們向來都會等歐亞草原的發展自己找上門。

查士丁尼與根據地遠在裡海的阿瓦爾人直接協商，顯示他用新的外交觀點看世界——把草原當成羅馬世界的一部分，就像對待帝國邊陲的定居文化一樣，他必須小心翼翼。查士丁尼的後繼者派遣使者遠至天山，會見突厥可汗，促成同盟，不只是把這個新勢力當成遏止草原游牧民族擴張的辦法，也能箝制霍斯勞一世（Khusrau I）的波斯帝國。結果，等到歐洲北部邊陲在九世紀透過東歐水系與草原接觸時，那兒已經有一個歷史悠久的拜占庭外交網路，是直接從帝國六世紀的經驗中發展出來的。

第十五章　從羅馬到拜占庭

查士丁尼的漫長統治（從五二七年到五六五年），標誌著西部拉丁語區從古代蛻變為中世紀的最後轉折，而東部希臘語區也展開了一樣的轉變。六世紀初的西方諸王國，已經有了後羅馬時代的獨特外貌，但是，必須有查士丁尼的戰爭所造成的破壞，以及義大利東哥德人垮台後為法蘭克人霸權注入的強心針，才讓這場轉變真正完成。東帝國人力耗竭、財政困窘，無法止住巴爾幹傷口流出的汩汩鮮血，加上疏遠了埃及與敘利亞龐大的基督教一性論人口，讓東方也開始了西帝國晚期國家崩潰的過程。

從查士丁尼登基為唯一的統治者還不到一百年，皇帝赫拉克利烏斯（Heraclius，六一〇年至六四一年治世）的統治就已經稱不上是個帝國了；政府機構（已經有所轉變，部分更在查士丁尼手中私有化）已經萎縮，到了他統治的末年，羅馬只能勉強擋住軍事威脅，根本談不上鎮壓。對於這個由赫拉克利烏斯及其後繼者所統治的羅馬繼承政體，我們有合理的根據稱之為「拜占庭帝國」（「拜占庭」一詞，源自君士坦丁堡新地基之下的古代城市）。儘管「拜占庭」原本帶有貶義，但七世紀的拜占庭政體，已經與六世紀的前身大不相同（跟四、五世紀相比更是自不待言），足以為自己正名。這個政體的希臘語居民自稱「*Rhomaioi*」（希臘語的「羅馬人」），但他們僅僅控制著小亞細亞、與君士坦丁堡鄰接的色雷斯內陸，以及少數可以用船補給的地中海與巴爾幹前哨。查士丁尼並未創造這個拜占庭帝國，但為它的出現創造了條件。

查士丁尼的統治有大量的文獻，遠比阿納斯塔修斯，或是前任皇帝尤斯丁一世（查士丁尼的叔父）的資料還更多。對於他治世期間的神學衝突，我們有豐富的資料，有些材料說不定還是皇帝本人寫的。這些史料加上新法律的泉湧，讓我們得以罕見地一窺皇帝的內心；文獻描繪出一位嚴厲而不懈的狂人，對他來說事無分巨細，簡直是西班牙國王菲利普二世（Philip II of Spain）的古代版，只少了後者謙和與睿智的火花。除了教義分歧，我們還可以抽絲剝繭，找出多段邊境戰事的發展，建立詳盡準確、甚至是痛苦的細節。多虧了這些豐富的資料，有需要的讀者因此有大量的普及歷史書與似是而非的傳記可以看，甚至有數十部軍事史只是將普羅柯庇烏斯的《戰爭史》（*Wars*）披上現代的外衣。接下來的內容，會繞過這些細節，專注於這位嚴格的思想家如何掌權超過四十年，進而鍛造出帝國的轉型大局——有好有壞，只是多半是壞的。我的焦點將擺在羅馬政府上：天翻地覆的改變，對於財政、軍事與行政造成了有意或無意的影響。關於查士丁尼的希臘羅馬帝國，還有另一段故事，是關於藝術、語言與文學在一個創造力豐沛的新時代所共同構成的文化國度；不過，除了政府出資興建的宏偉建築之外，這場文化上的百花齊放，卻跟我們接下來主要關注的政治敘事踩著相當不同的步調。

在古代（此後皆然），人們有著一項共識：尤斯丁一世的統治，只不過是為了他的姪子鋪路，而查士丁尼對於叔父統治時的政局，無疑有著廣泛的影響力。然而，尤斯丁登基時所面對的多數難題，都是阿納斯塔修斯統治後期開始的延長賽。宗教是主要的導火線。先前提到，雖然一性論者遂行己意，趕走了迦克墩強硬派尤菲米烏斯，改由馬奇多尼烏斯登上帝都的主教座，但四九六年的君士坦丁堡支持的還是芝諾的《合一詔書》。阿納斯塔修斯雖然公開演出自己接受《合一詔書》的戲碼，但他明顯偏好一性論的神學，也讓整個東部省份的一性論高級教士膽子愈來愈大。到了五〇〇年代，一性論派教士在弗里吉亞希拉波利斯主教菲羅克塞努斯，以及領袖魅力過人的傳道士塞維魯斯（後來成為安提阿主教）的率領下，不再接受《合一詔書》所創造出來的妥協框架，反而開始指名道姓，要求教會中人譴責一系列的神學家及其著作，刻意推動一種連最溫和的迦克墩派都無法容身的立場。

阿納斯塔修斯愈來愈受到他們的觀點說服，他在五〇九年堅持迦克墩派的安提阿主教弗拉維阿努斯（Flavianus）召開宗教會議，為自己的正信辯護，由菲羅克塞努斯等一性論者審視他。儘管弗拉維阿努斯再度重申《合一詔書》，也願意指名道姓地譴責某些一性論者憎惡的神學家，但這還不夠。阿納斯塔修斯讓塞維魯斯起草一份信條，馬奇多尼烏斯則不得不簽字，內容明確譴責迦克墩派的信仰，導致君士坦丁堡的修士與神職人員群情激憤。馬奇多尼烏斯向來比大多數的迦克墩派更願意妥協，但他也同意修士們的看法，認為一性論者太過火了；他在五一一年遭到罷黜，被執事長官克勒爾逮捕並流放。一性論同情者弟茂德（Timothy）取代了他的位子，結果讓敘利亞的極端主義者更為猖狂。回來談安提阿，五一二年十一月，菲羅克塞努斯等人促成了一場暴動，趕走弗拉維阿努斯，讓塞維魯斯成為主教。同一時刻，阿納斯塔修斯指示弟茂德在君士坦丁堡的禮拜儀式中加入一性論的儀軌。他得到的回應，就是五一二年十一月四日禮拜日，聖索菲亞教堂發生了暴動，多人喪生。

都總長柏拉圖（Plato）請求軍長帕特里奇烏斯麾下的御前部隊前來支援。一如既往的百姓大屠殺就此展開。然而，迦克墩派仍不屈服，在君士坦丁廣場（Forum of Constantine）設置了臨時的起義大本營。他們試圖促成一場篡位，推舉如今垂垂老矣的弗拉維烏斯・阿雷歐賓都斯為皇帝，並拉倒阿納斯塔修斯的雕像。克勒爾把家中守衛調出來，加入帕特里奇烏斯，鎮壓暴動者，但民眾擊退他們，並繼續要求阿納斯塔修斯遜位。阿雷歐賓都斯明哲保身，沒有淌渾水，而隔天阿納斯塔修斯前往競技場，宣布自己願意退位。此舉還真的有撫平動亂的功用，暴動者先是擁護他為真正的皇帝，再請求他把冠冕戴回他頭上，然後散去——他統治期間有許多匪夷所思的事件，這是其中之一。還有另一個莫名其妙的轉折：阿雷歐賓都斯居然得以安享天年；雖然他不久後就因年邁而逝世，但他的孩子們到下一個皇帝統治時，仍然飛黃騰達。

難題仍舊重重累積。阿納斯塔修斯的長城雖然卓有成效，保護著君士坦丁堡及其城郊免於入侵，但色雷斯其餘地方與巴爾幹依然滿目瘡痍。這個區域失去的人口，多到不足以餵養防守當地的部隊，而在帝國境內，這裡也是阿納斯塔修斯唯一沒有廢除徭役與實物強制稅的地方。這個區域的問題，還因為野戰軍完全消失，改由傭兵「同盟軍」取代之而更形嚴重——名義上由「盟軍伯」（*comes foederatorum*）指揮，實則往往忠於他們的酋長，而非帝國政府。芝諾雖然成功擺脫了狄奧多里克，派他去義大利，但這位過於強大的盟友即便離開，也完全沒有減少帝國對於半獨立軍閥的仰賴，例如五一二年在伊利里亞安家落戶的大批赫魯利人。帝國對於巴爾幹的控制與行政管理究竟達到什麼程度？學界為此爭辯不休。許多稱得上是治理的行動，想必其實也是地方的自立自強，而帝國官員則是在敵對的強人之間做平衡，讓他們彼此對抗。

出於我們不完全清楚、但想必跟樽節有關的原因，阿納斯塔修斯在五一四年撤銷了巴爾幹同盟軍領取薪餉的資格——不難想見這會招來公開反抗。領導叛軍的是將軍維塔里阿努斯（Vitalianus，可能是盟軍伯），而支持他的可不只是士兵，還有一大部分的農民。維塔里阿努斯殺了好幾個可能反對他的同僚，並與默西亞公馬克森提烏斯（Maxentius）結盟。他們占領了色雷斯與斯基泰黑海側的主要城市，守住了自己可能遭到襲擊的潛在要道。接著他們挺進君士坦丁堡，將御前軍長之一的希帕提烏斯嚇到撤退之後，維塔里阿努斯開始用教義來遮掩，將自己的起事表現成是為了支持迦克墩派正統，以對抗如今顯然是一性論同情者的皇帝。他的要求還包括恢復馬奇多尼烏斯與弗拉維阿努斯的職務，讓他們重新擔任君士坦丁堡與安提阿的主教。他心想自己的條件一定會得到滿足，於是回到默西亞，但沒有進一步撤軍。阿納斯塔修斯對於主教的復職沒有採取任何行動，而是拔了敗軍之將希帕提烏斯。取而代之成為御前軍長的人是區利魯斯（Cyrillus），他率若干部隊追擊維塔里阿努斯，卻在奧德蘇斯（Odessus）被俘後殺害。

直到這一刻，阿納斯塔修斯才開始認真看待威脅的規模。他派自己的姪子（也叫希帕提烏斯）全權處理軍務，並指派阿拉塔里烏斯（Alatharius）為色雷斯軍長。一開始的戰局倒向阿納斯塔修斯這一方，但希帕提烏斯後來在奧德蘇斯附近的阿克萊（Acrae）慘敗，他和阿拉塔里烏斯都受俘，甚至派去協商贖金的使節也落入維塔里阿努斯之手，讓他得以大大獎賞自己的追隨者，還出資組成艦隊，跟隨他在五一四年再度攻擊君士坦丁堡時一同出航。阿納斯塔修斯再度議和，提議用九百磅的黃金贖回希帕提烏斯，並同意讓維塔里阿努斯成為色雷斯軍長，取代阿拉塔里烏斯。維塔里阿努斯同意了，但他進一步要求阿納斯塔修斯擁抱迦克墩派的正統信仰，甚至試圖把羅馬主教也拉進這場衝突中。阿納斯塔修斯大怒，收回維塔里阿努斯的軍長一職，而維塔里阿努斯也立刻在五一五年，再度往君士坦丁堡發進。這一回，他的艦隊碰上火災，許多船隻葬身普羅彭提斯海底（雖然有一份帶有民間故事筆觸的文獻表示，這是一場硫化物的火攻，但事實仍未有定論）。維塔里阿努斯和麾下的陸軍隨後在敘該（Sycae）敗北，大量士兵遭阿納斯塔修斯的正規軍屠殺，而正規軍後面還有帝都的競技隊所組成的大批非正規軍支援。維塔里阿努斯只好遁入安基阿盧斯（Anchialus），在那裡一直躲到阿納斯塔修斯駕崩為止。這幾場勝仗背後的推手是馬利努斯——他不是軍長，而是禁衛總長。民事官員在戰場上出生入死，是個很微妙的現象（就像政府許多角落裡發生的事情一樣），顯示在君士坦丁時期便開始實施的制度，已經在阿納斯塔修斯治世時開始轉型。

維塔里阿努斯事變之後，史事再度陷入五里霧中。亞歷山卓在五一五年或五一六年時，曾因為橄欖油短缺而陷入嚴重暴動。五一七年，烏諾古爾人襲擊馬其頓、伊庇魯斯與色薩利（Thessaly），最遠及於溫泉關。但直到阿納斯塔修斯在五一八年七月八日晚上過世之前，幾乎沒有其他政治事件值得一提——過世時，他將近九十歲，以古代標準而言算是極高壽。他沒有留下繼承方案，只有一窩姪子。阿納斯塔修斯的長姪希帕提烏斯是時任的東方軍長，自從被維塔里阿努斯羞辱之後，他的名聲從未恢復，而各個宮廷派系也競相把自己的人選往皇座上推，因此也不會考慮由他繼承。

在任已久的執事長官克勒爾與哨兵團指揮官尤斯提努斯（這是他當時的稱呼）相互較勁。尤斯提努斯出身行伍，在阿納斯塔修斯的波斯戰事順風階段時擔任軍官。另一位競爭者是狄奧克里圖斯

（Theocritus），他是勢力龐大的御寢長阿曼提烏斯（Amantius）的侍衛。阿曼提烏斯打算透過權勢，成為皇位後的影武者，因此上位的人就算不是他自己精心挑選後的人選也不要緊。由於民眾聚集在競技場，遲遲等不到繼位者而激動憤怒，各方也因為民怨而難以施展。君士坦丁堡元老院最終選擇支持尤斯提努斯，他很可能挪用了原本要給狄奧克里圖斯的資金，對著元老們砸大錢。事實證明，激憤的群眾接受了尤斯提努斯（今人稱他為尤斯丁），一部分是因為他是人盡皆知的迦克墩派，而其他的競爭者過去都支持阿納斯塔修斯轉往一性論。尤斯丁就這麼成了皇帝。

尤斯丁的統治起頭不錯。軍事威脅大致暫歇，阿納斯塔修斯又出名的節儉，為國庫留下三十二萬磅的黃金，而尤斯丁也立刻恢復迦克墩派正統，修復與羅馬的裂教。他來自帝國內殘餘的拉丁語地區，生於奈索斯（今塞爾維亞尼什）附近的貝德里亞納（Bederiana）。從文獻中可以看出他的出身並不高——據說他目不識丁，娶了自己買來的女奴為妻，在披上紫袍後將妻子的名字從露琵奇娜（Lupicina）改為尤菲米雅（Euphemia）。他最疼愛的姪子兼繼了隨著他來到帝都。這位尤斯提尼阿努斯（Iustinianus）原名佩特魯斯・薩巴提烏斯（Petrus Sabbatius），後來他重建自己出生的村子（今塞爾維亞察里欽格拉德〔Caričin Grad〕的考古遺址），稱為尤斯提尼亞納一區（Iustiniana Prima）。叔父收繼他之後，他按照古典風格，把自己的名字改為查士丁尼。

後來的證據顯示，查士丁尼極為虔誠，因此他叔父的宗教政策很可能泰半出自他的手筆，而且幾乎是阿納斯塔修斯一駕崩後就開始了，他即刻召集了人正好在君士坦丁堡的主教們開會。這些主教經過提點，不僅重申了擁護迦克墩正統的立場，還要求帝都主教展開任何必要的對話，促成與義大利的拉丁教會和解。一連串寫給羅馬主教何彌（Hormisdas）的信，結束了羅馬與君士坦丁堡之間自四八四年延續至當時的阿迦修裂教。只有在極端一性論者弟茂德主持下的埃及教會，拒絕與羅馬共融。迦克墩派的復興還有另一個跡象：尤斯丁恢復了維塔里阿努斯的職位。維塔里阿努斯不再躲藏，得到了御前軍長的位置，並擔任五二〇年的執政官。他還剷除了其餘潛在的競爭者——年邁的阿曼提烏斯被控引發暴動，和他的侍衛狄奧克里圖斯一同被處死。與此同時，尤斯丁任命另一位可靠的姪子格爾馬努斯（Germanus），以色雷斯軍長身分指揮色雷斯野戰軍。

皇帝把查士丁尼留在身邊，而查士丁尼也徹底運用了自己的特權。他在維塔里阿努斯擔任五二〇年執政官期間將之謀殺，把御前軍長一職占為己有。接著他在五二一年擔任執政，並在一年後的某一刻（可能是五二二年，但絕對早於五二四年），他締結了一樁比叔父更惹人閒話的婚事：狄奧多拉（Theodora）的父親是競技隊所雇用的養熊人，父親死後，她成了演員（因此是個妓女，在羅馬人心目中，這兩者沒有分別）。姑且聽聽普羅柯庇烏斯在《祕史》（*Anecdota*，他寫來記錄皇帝的黑歷史——那位他在公開作品中捧上天的皇帝）裡提到的故事吧，狄奧多拉因為性慾旺盛，加上願意接受恩客的各種特殊癖好而成為名人。

她先在埃及當了某位高官的小妾一段時間，結果她一返回君士坦丁堡，查士丁尼馬上就拜倒在她的石榴裙下。他讓叔父頒布法律，好讓他這樣的元老可以跟女演員結婚——過往的羅馬法律禁止這麼做，原因是她的職業在名聲上有汙點，因此女演員不適合跟出身良好的公民結婚。查士丁尼可以安排這麼明顯的立法以自肥，顯見他對叔父的影響力；相對來說，我們沒有理由相信古代作者那種對狄奧多拉如何祕密影響自己丈夫的頗有敵意說法。雖然一直到五四八年她過世為止，狄奧多拉確實在宮中不斷發揮影響力，但她和過往幾個世紀以來的強勢奧古斯塔們相比，並無二致，我們既不需要相信《祕史》的卑下厭女心態（以及太多現代學者從書中得來的含沙射影），也不用接受修正派學者信誓旦旦地稱她是女性主義的先驅。從查士丁尼後來的某些立法前言來看，他顯然認為狄奧多拉是他共治帝國的夥伴，但除此之外就不容我們置喙。

除了振興迦克墩神學之外，尤斯丁的治世重心似乎擺在跟西方各王國的外交關係上，以及對波斯的先禮而後「突然」兵。君士坦丁堡跟西方的關係大致良好。先前提到，勃艮第王希吉斯蒙德同時以國王和羅馬軍長的身分進行統治。東哥德使團經常出現在君士坦丁堡，而尤斯丁不僅與弗拉維烏斯・尤塔里庫斯（狄奧多里克的王儲）共享執政官的榮譽，還儀式性地收養他為自己的「持戈之子」（*filius per armas*，是種新發明，一方面承認西方諸王擁有自主權，一方面維持他們從屬於帝國的權力幻象）。至於汪達爾人，未來的國王希爾德里克（狄奧多西家的公主尤多基婭之子）曾經有大半輩子生活在君士坦丁堡，對於迦克墩派以及教義問題有著跟查士丁尼一樣的喜好。

來談東方。五〇六年時，阿納斯塔修斯與長壽的萬王之王喀瓦德一世（他統治到五三一年）達成一紙為時七年的和約，但和平延續的時間比這長得多。當喀瓦德遭遇基督教王國高加索伊倍利亞的反抗時（高加索伊倍利亞長久以來都是波斯的附庸，但此時偏向羅馬），兩大帝國避開了戰爭。但接下來由於拙劣的外交，戳破了眼前美好的景象。隨著年紀漸長，喀瓦德也預料到一場反覆上演的繼承危機即將發生，畢竟他的政府缺少一種穩定的方案來指定繼承人。喀瓦德希望三子霍斯勞繼承自己，但兩位兄長在貴族中各有派系支持，而由第三子繼承的作法也非比尋常，喀瓦德因此不願意發動全面整肅。他轉而下了一局不尋常的棋：請尤斯丁收霍斯勞為繼子。這確保了羅馬人在未來可能發生的內戰中，支持霍斯勞，或至少保持中立。尤斯丁雖然贊同，但有人說服他，身為皇帝之尊，不能以這種正式的方式收繼蠻族的兒子，只能用低一階的「持戈之子」，與西方各王國的方式相同。不出所料，如此的侮辱令喀瓦德大怒，他立即攻打羅馬的附庸國拉濟卡。尤斯丁派兵進入波斯亞美尼亞作為報復，但在這些危險的山區，兩邊的野心都會受到氣候的限制。

五二七年初，尤斯丁臥床不起（此時他已經七十多歲，以古代標準來說年紀很大）。在元老院的要求下，尤斯丁在四月四日立查士丁尼為共帝，因此當他在同年八月一日過世時，沒有發生尷尬的權力過渡。對於新任的唯一統治者來說，波斯戰爭是第一要務，為此他徹底改變了東部邊疆的指揮結構：軍政移交給地方層級的「公」，而非區域層級的「伯」，他還設立了新的軍職——亞美尼亞軍長（*magisterium militum per Armeniam*）。

第一個擔任此職的人，是一位名叫西塔斯（Sittas）的亞美尼亞裔軍官。他曾經在五二〇年代擔任查士丁尼的侍衛，至於他的同僚則是東方軍長貝利撒留（Belisarius），又一位曾經擔任皇帝侍衛的人——在普羅柯庇烏斯所寫的查士丁尼征戰史中（普羅柯庇烏斯曾擔任貝利撒留的參謀，親身經歷自己筆下的諸多事件）是個英勇的要角。五三〇年，戰局對羅馬有利，西塔斯在亞美尼亞的狄奧多西波利斯大獲全勝，而貝利撒留也在美索不達米亞的達拉（Dara）依樣畫葫蘆。但到了五三一年，喀瓦德在卡利尼庫姆痛擊貝利撒留，這位將軍受召返回君士坦丁堡，大有遭革職的危險。亞美尼亞固然守住了，但穿越美索不達米亞、前往敘利亞心臟地帶的要道卻受到威脅，情況非常危急。由於喀瓦德在五三一年秋天過世，羅馬人才得以暫時喘口氣。喀瓦德的愛子霍斯勞面對的是一場無法避免的內戰，雖然瑣羅亞斯德祭司階層完全支持他（因此他擁有神廟的豐富土地資源），但瑪茲達克派的教士卻站在他的大哥卡武斯（Kavus）那一方。因此，霍斯勞的當務之急，在於壓制內部的挑戰，於是他試圖與查士丁尼停戰。

五二三年，兩大帝國達成一項沒有明確日期的「永恆和約」（Eternal Peace），恢復了阿納斯塔修斯時代的領土分布，查士丁尼還支付一大筆金額，此後再也不用年年面對要求，補助打耳班與其他高加索過道的駐軍。霍斯勞騰出了手，與長兄卡武斯交戰並擊潰之，屠殺他所有能找到的瑪茲達克派，並把所有男性親屬處死。他統治到五七九年，是自沙普爾二世以來最令人敬畏的薩珊王朝統治者，後人尊他為「不朽英魂」（Anushirvan）。

霍斯勞有很好的理由談和，查士丁尼也是，他差點在五三二年丟掉自己的皇位。六世紀初的君士坦丁堡競技場，派系和過去一樣容易發生暴動。一月十四日，都總長尤達耶蒙（Eudaemon）出重手壓制兩個隊伍之間的騷動，結果兩隊竟然聯合起來，進攻都總長的官邸，高喊著「尼卡」（*Nika!*），亦即「勝利」。他們把被囚禁的隊友們放出來，放火燒了官邸與其他建築，接著聚集到競技場，開始高喊其訴求：不只尤達耶蒙要走人，禁衛總長約阿尼斯（Ioannes，現代學者稱他為卡帕多西亞人約翰〔John the Cappadocian〕）與按察官特里波尼阿努斯（Tribonianus，他密切參與查士丁尼編纂帝國法典的工作）也要丟官。查士丁尼同意了，但激憤的群情並未因此得到安撫，他們試圖找出阿納斯塔修斯的姪子普羅布斯（Probus），想立他為皇帝，接著在發現他躲起來之後，放火燒了他的房子。

儘管查士丁尼願意用大赦換取和平，但暴民接著找上阿納斯塔修斯的另一個姪子——倒楣的前任軍長希帕提烏斯，並擁立他為皇帝。從他和同派系的元老也加入了競技場的群眾來看，他似乎點頭接受了這個不太穩固的榮譽。也就是說，城中的一個權貴派系，已經受不了查士丁尼——尤其是他任命的官員們所懷抱的改革熱忱與財政紀律——於是抓住競技場暴動的機會，提出他們的訴求，甚至要罷黜皇帝。我們得知，當查士丁尼正準備逃跑時，狄奧多拉要他挺直腰桿：「紫袍是上好的裹屍布。」據說她這麼講。但說是這麼說啦，皇帝如今決定要走為上策。

身上籠罩著恥辱陰影的貝利撒留還在宮裡，「部曲」（*bucellarii*，當時的高級將領會以自己的開銷，維持這樣的半私兵）隨侍左右。同樣在宮中的還有格皮德王公蒙都，他曾經在義大利為狄奧多里克效力，後來當老國王在五二六年過世時，他加入帝國軍隊，擔任伊利里亞軍長。兩位指揮官率領各自的私兵與一些赫魯利傭兵，席捲了大競技場，結果不難想見。一大群人擠在狹小空間內，拿著臨時湊合的武器，就算是最堅毅的戰車手，也擋不住殺紅眼的士兵。現場血流漂杵，當時的文獻說有三萬至三萬五千名市民被殺。即便這個數字有誇大之嫌，傷亡人數無疑也不會是數以百計，而是以千為單位起跳。希帕提烏斯和他的兄弟龐培烏斯（Pompeius）被捕並處死，至於支持他們的元老則被流放。查士丁尼對於皇位的控制，此後再也沒有遭遇相當程度的威脅。

根據各家的說法，「尼卡暴動」（Nika riots）之後，就是漫長的查士丁尼西方戰事，紀載有時候還很冗長，一次是對汪達爾人的閃電戰，接著是為了奪取義大利而無止境的作戰。不過，在簡單來談這些事情之前，我們應該先來看看重要性遠甚於戰爭的事情——查士丁尼與臣子對帝國結構所做的長遠變革，因為這些改革，確實創造出一套治理框架，朝廷再也不受戴克里先與君士坦丁當年全面改革時所設下的原則給制約。

無庸置疑，查士丁尼影響最深遠的措施，就是編纂羅馬法法典。登基還不滿一年，皇帝便在五二八年二月二十八日任命委員編纂最新的法典，內容只收入有效的法律，取代所有官方與非官方的帝國大法彙編。過時的法律就此刪除，施行中的法律則加以修訂，剪裁到只剩有效的部分。委員會不到一年就完成工作——最早的《查士丁尼法典》（*Justiniamic Code*）在五二九年四月七日發布。

五三〇年十二月，第二個委員會組成，由特里波尼阿努斯主持（也就是後來在尼卡暴動期間擔任按察官的人），要回顧、編纂以民法為主題的法學著作。這個任務更為艱鉅，因為幾個世紀以來，圍繞著羅馬皇帝的立法而累積成的法學評論，此前從來沒有人把它們視為單一的研究課題，因此難以化約出一套完整體系。上千上萬頁的文件，必須先憑藉人力，處理成一部可用的彙編，只有仍有效力的才能留下來，接著根據主題，規畫不同標題，再加以編輯。儘管看起來難如登天，委員會還是完成了目標，並且在三年後的五三三年十二月十六日，發表這份羅馬法的《學說匯纂》（*Digest*）。一部以塞維魯時代法學家蓋烏斯（Gaius）的《法學階梯》（*Institutes*）為基礎所編寫的同名教科書，在皇帝的認可下發表，作為學習羅馬法的簡明導論。就其宗旨而論，這部著作至今仍然是必讀之作。接著在隔年十一月，新版《查士丁尼法典》（也就是我們今天仍可以看到的版本）發布，進一步校改了過去的法律文字，還收入了查士丁尼本人在前些年所頒布的大量敕令。

上述法律彙編在歷史上的重要性，怎麼說都不為過。在東羅馬帝國用了幾百年的時間之後，《法典》和《學說匯纂》在八世紀出了希臘語刪節本，接著被十世紀的彙編（分別叫《法律彙編》〔*Ekloga*〕與《皇家法律》〔*Basilika*〕）所取代，以更符合拜占庭帝國中期限縮的情境。征服非洲與義大利之後，查士丁尼的法律彙編也傳到了西方，但穆斯林在七世紀征服非洲之後，也就永遠終結了當地的羅馬法律制度。義大利亦然，當帝國的行政長官在八世紀中葉從拉溫納被逐出之後，這些彙編也消失了幾百年。不過，等到十一世紀的人在波隆納（Bologna）發現彙編之後，它們便迅速成為龐大法律行業的關注焦點。最後，查士丁尼的《法典》、《學說匯纂》、《法學階梯》與《新律》（*Novellae*）以私人藏書的形式廣為流傳，更成為近代早期最偉大的法學家德尼．哥德弗瓦（Denis Godefroy，以拉丁文名哥德弗列杜斯〔Gothofredus〕為人所知）所統稱的《民法大全》（*Corpus Iuris Civilis*）。

帝國時期的羅馬法律，賦予皇帝無所不包的權威。對於那些難以想像此等權力的統治者來說，可說是相當吸引人。中世紀的君主身處由習慣法所主宰的世界中，除了試圖建構政府結構，還要壓制一團混亂、無法相容的司法權。他們雙手歡迎羅馬法律與法理學，認為可以為他們的新主張帶來威望及無懈可擊的基礎。近代早期浮現的民族國家也以羅馬法為法律基礎。時至今日，查士丁尼的彙編對於歐洲國家及其前殖民地的法律制度來說，仍然是最堅實的基石。

不過，查士丁尼同一時期還有其他重要的改革，有些延續、並加速了阿納斯塔修斯時期的革新。這些改革分為不同階段，在統治的不同時期推動，但累積起來的效用，等於完全廢除了四帝共治與君士坦丁留下的體系。東方總長卡帕多西亞人約翰（掌權到五四一年，只有尼卡暴動期間短暫罷官）負責大多數的改革，但他的後繼者彼得．巴蘇梅斯（Peter Barsymes）無論是擔任總長或廣財伯，都是個積極程度不下於他的改革派。整體潮流就是精簡再精簡，並且將過往由政府負責的特定治理環節私有化。比方說，稱為「城市仲裁人」（*defensores civitatis*）的地方官，對於金額不到三百索幣的案件有最終仲裁權，至於更大的案件則留給費用更高的行省級審判。出於同樣的道理，行省行政長官對於價值不到七百五十索幣的案件有最終仲裁權，目標也是為了減少開銷（並減少貪汙的機會）。

行省本身經過大動作重組，代巡官管區則完全廢除。在原本的亞細亞納與本都管區，有好幾個行省兩兩一組合而為一，距離邊境地區尚有一步之遙的行省，其行政長官則同時授予軍事與民政權力（邊境行省則保持原有的民事行政官員，獨立於東方軍長與亞美尼亞軍長麾下的「公」所構成的複雜新式軍事網路）。亞美尼亞與高加索邊境行省也完全重塑，數量翻倍，城市則交由不同的新行省管轄。接下來在五四〇年代，過往管區的內陸行省則設立新的官職，擔負起跨省界的治安任務，據信是為了阻止盜匪利用管轄權的空隙作亂。東方管區（其代巡官向來稱為東方伯）也遭到廢止，職能移交給敘利亞行政長官。埃及管區也消失了，不過奧古斯都長官（埃及代巡官的頭銜）則保留下來，同時管轄軍事與民事，此外當局還為了西拜德與埃及南部創設了第二位奧古斯都長官。部分東方管區與埃及管區的行省經過重新編號，行政長官地位不僅調整，部分管轄權也重新分配。至於在比較靠近首都的地方，握有民政與軍事權力的「色雷斯執政」（*praetor per Thracias*），被設計來管理受長城保護、不受色雷斯其餘地區動盪所影響的城郊區域。

這些改革的重點，在於將監督最大化，同時限制中央政府的開銷，因為查士丁尼發現自己置身於止不住的經濟危機中。阿納斯塔修斯固然讓國庫充盈，但波斯戰爭向來所費不貲，甚至連阿納斯塔修斯也意識到，帝國裡有些地方（尤其是巴爾幹）根本不可能帶來歲入。更糟糕的是，先後對非洲與義大利的入侵，花費更是高得無法估計。一開始看起來也許不是如此——當查士丁尼介入非洲時，看起來是合情合理的。先前提到，汪達爾王希爾德里克登上王位時年紀已長，而且完全沒有軍事野心。然而，他是查士丁尼的老朋友，又是尼西亞派基督徒，終結了相似派的先王對尼西亞派主教的迫害。但當他的姪子蓋利摩在五三〇年罷黜他時，查士丁尼怒不可遏。他以此為藉口入侵非洲，即便帝國有一連串長征失敗的紀錄，甚至可以回溯到四四〇年代，而他的臣子也以此為根據反對他出征，他也在所不惜。

五三三年，貝利撒留在非洲登陸，勢如破竹。蓋利摩派了麾下最精良的一批部隊到薩丁尼亞鎮壓叛變，但這還不足以解釋貝利撒留勝利的規模，畢竟他率領的部隊不過兩萬人而已——汪達爾政府顯然找不到方法維持貴族的武勇傳統，也想不到可行的替代方案。僅僅經過兩次會戰，汪達爾王國便崩潰了，摩爾諸王也正式接受帝國的再統治。蓋利摩逃跑，但很快便在五三四年三月向貝利撒留投降。他跟好幾千名汪達爾貴族，隨著征服非洲的將軍返回君士坦丁堡，而後退隱到加拉太的華麗莊園，在此以知名的平民身分度過餘生。原本在他麾下的士兵則編入東部邊境的正規軍，而貝利撒留則獲得凱旋式的殊榮，是奧古斯都統治以來過了五百年才有第一位平民獲此榮耀。

但非洲遠遠稱不上和平——摩爾諸王對於帝國的征服只有名義上的認可，有好幾個摩爾王幾乎是貝利撒留一離開，就襲擊帝國領土。接著在五三六年，羅馬駐軍譁變。許多士兵娶了汪達爾女子，而且認為非洲的地產屬於自己，對於帝國的侵吞感到不滿。與此同時，勝利來得太快，也讓查士丁尼壯了膽。義大利提供了目標。狄奧多里克的孫子阿塔拉里克治世雖短，卻見證了元老階層權威在狄奧多里克晚年的騷動後再度復興。事實證明，年輕君主的母親阿瑪拉遜莎是一位優秀的攝政，而從我們的後見之明來看，在王國先後擔任過執事長官與禁衛總長的卡西奧多魯斯，也用他的管理讓政府運作良好，而且非常羅馬。然而，阿塔拉里克卻成為哥德貴族派系的工具——據說，女人的統治，加上國王浸淫於過多的羅馬教育，讓他們為之側目。面對這些難以忍受的衝突，阿塔拉里克借酒澆愁，最後在五三四年死於酗酒。

阿瑪拉遜莎先殺了最跟自己過不去的貴族，然後自立為王，再立表哥狄奧達哈德為王夫。狄奧達哈德是狄奧多里克的妹妹阿瑪拉芙莉妲和第一任丈夫（身分不詳）所生的兒子，他以大地主的身分，在舅父的義大利王國中長大。他陶冶出羅馬元老的嗜好：評注柏拉圖的作品，雙手擁抱那些沒有政治野心的貴族會喜愛的休閒活動。不過，當他娶了一位不受歡迎的新女王之後，他密謀畫策的靈魂突然覺醒了。他與那些看阿瑪拉遜莎最不順眼的哥德廷臣聯手，把她監禁在一座島上，並在五三五年四月將她祕密處死。即便卡西奧多魯斯等王國官員仍然願意接受王朝繼承的失調，但在查士丁尼眼中，一個會殺害族人的王家，等於為他再奉上贏取榮譽的機會。

皇帝對於狄奧達哈德的罪行極為不齒，派伊利里亞軍長蒙都，從哥德駐軍手中把達爾馬提亞搶過來。蒙都輕鬆拿下達爾馬提亞，但哥德軍隊撤退時，卻讓格皮德王有機會占領斯爾米烏姆，作為未來二十多年的大本營。同時，貝利撒留幾乎在兵不血刃的情況下占領西西里。狄奧達哈德在投降與抵抗間猶豫不決，於是貝利撒留對義大利第勒尼安海岸發動入侵。他沒有遭遇什麼抵抗，但也沒有誰夾道歡迎。假如查士丁尼以為人家會把他的軍隊當成解放者歡迎，那他可就錯估了民情——想成為解放者的人通常都有這種誤解。庶民對於五世紀亂局的記憶依舊鮮明，而先前半個世紀的後帝國統治對義大利百姓來說堪稱善治。貝利撒留在那不勒斯了解到這是什麼意思——城裡的百姓加入哥德駐軍，守住城池，對抗皇帝的軍隊。他們堅守了好幾個星期，甚至在多年後，還會有更多的義大利人對皇帝的士兵帶來的「自由」感到矛盾。

面對迅雷不及掩耳的進攻，狄奧達哈德在拉溫納坐困愁城。這位國王在民間與軍事領袖的一致同意下遜位，由將軍維提吉斯（Vitigis）取代，而後者則撤到亞平寧山北邊重組軍隊，召喚義大利半島各地的駐軍加入自己的陣容。也就是說，貝利撒留可以兵不血刃地占領羅馬城。從五三七年二月到隔年下半年，維提吉斯把帝國軍圍困在羅馬，雙方都因為缺乏補給而損失慘重，直到帝國軍的增援帶著給養出現，才迫使維提吉斯撤退。到了這個時候，卡西奧多魯斯和其他義大利政要也差不多要放棄哥德大業，逃往君士坦丁堡了。之後他們可以把履歷修得漂漂亮亮，期待復還。貝利撒留雖然不再受限於羅馬城牆之內，但他卻受到幾名屬下的野心所挫敗——其中包括查士丁尼的司庫（*sacellarius*）——閹人將軍納爾塞斯（Narses）。

司庫一職首見於芝諾統治時，似乎編屬於寢宮，說不定只是後來稱呼侍寢的同義詞。總之，納爾塞斯可以憑藉自己跟皇帝的密切關係，違抗指揮官的命令。軍官團的內鬥導致用兵效率低下，無法協同作戰，因此維提吉斯才能在五三八年拿下北義大利平原的大都市米底奧拉努姆。他洗劫這座城市，屠殺男人，把女人當成奴隸送給協助這場哥德戰事的勃艮第分隊。這段殘酷的尾聲，標誌著參戰各方一時之間也無力再戰了，於是雙方開始尋求休戰，而貝利撒留則在五四〇年帶著哥德王室的財寶，返回君士坦丁堡。維提吉斯隨貝利撒留前去，並受皇帝冊封成為貴族，領到采邑後，他在五四二年左右自然死亡。至於追隨他的貴族隨員，則是在不久之後發現自己得陪著貝利撒留，跟波斯打一場新的戰爭。

回來談義大利。事實證明，帝國的成功比在非洲時更加曇花一現——五三六年的譁變演變得太嚴重，查士丁尼必須派堂親格爾馬努斯去鎮壓，到了五三九年才召回，時間正好是貝利撒留的哥德討伐行動結束時。但是，貝利撒留與維提吉斯前腳才剛離開拉溫納，一些留在義大利的哥德人後腳就選出新王希爾德巴德（Hildebad），戰爭再度爆發。這一仗打了二十年。希爾德巴德遭人暗殺，他短命的繼承人埃拉里克（Eraric）也是。但在五四一年，一位才幹出眾的貴族托提拉（Totila，又名巴杜伊拉〔Baduila〕）獲立為王，並開始殲滅義大利半島各地的帝國駐軍。他的軍隊因為逃奴的加入而更形壯大，他重新占領城池、拆毀城牆，讓義大利許多最重要的城鎮毫不設防。儘管貝利撒留在五四四年親自重返戰場，但戰局依舊拉鋸，羅馬城多次易手，托提拉甚至在五五〇年策畫入侵西西里。五五二年夏天，納爾塞斯終於在高盧墓地戰役（battle of Busta Gallorum）中擊敗托提拉，而這位哥德王也於是役戰死。他的繼位者特伊亞斯（Teias）在隔年的拉克塔里烏斯山戰役（battle of Mons Lactarius）潰敗，哥德主力部隊投降。儘管查士丁尼覺得他的義大利征服戰爭大功告成，並頒布了新法令統治義大利人，但維洛納與布里克西亞（Brixia，今布雷西亞〔Brescia〕）的哥德駐軍其實還堅守到五六一年。

然而到了此時，帝國已經在每一條前線承受了多年戰事所帶來的沉重壓力。五四〇年，保加爾人大舉入侵，突破了長城，拉走一車車的財寶。接下來在同一年，霍斯勞也決定打破《永恆和約》，入侵東部行省。此舉純屬財政考量。儘管他開始推動土地登記與測量，為薩珊王朝的行政帶來有效的官僚體系，更大幅增加了王室的歲入，但霍斯勞不像羅馬皇帝，沒有那種即便在拮据時也可以仰賴的穩固稅收傳統。羅馬東部行省因此成為萬王之王垂涎三尺的掠奪目標，他率大軍從美索不達米亞入侵，向經過的城市榨取巨額財富，最遠推進到安提阿，並洗劫該城。他沒有遭遇到實質的抵抗，就這樣帶著戰利品班師回朝——其中包括許多安提阿市民，把他們送去胡齊斯坦種田。隔年，戰事交替發生在高加索（尤其是拉濟卡王國）與美索不達米亞，而五四五年達成的休戰（條件對羅馬不利）也沒有解決北方山區爭議不斷的附庸國問題。

達成停戰時，雙方還有一個更難應付的敵人：瘟疫。對於五四二年爆發的這場疾病，程度之駭人，讓古代文獻可說是異口同聲。然而學界過去多年來都無法就病原體的真實身分達成一致的意見，今人的共識是：不像病因仍有爭議的安東尼瘟疫（Antonine plague），也不像三世紀的「居普良氏」瘟疫（'Cyprianic' plague）是出血熱，查士丁尼時代的這場傳染病是耶爾辛氏桿菌（Yersinia pestis），也就是造成腺鼠疫的細菌所造成的。全球有三大疫源地（中亞、東非與北美西南部），鼠疫桿菌不時從齧齒目動物身上跑去感染新的宿主。對於齧齒目以及帶有鼠疫桿菌的跳蚤來說，這也是傳染病。由於發病率極高，潛伏期極短，鼠疫可以在極短的時間內感染群聚的人口。致死率取決於桿菌是否攻擊淋巴系統、血流或肺部，一旦到達肺部，幾乎是必死無疑。

紀錄中最早出現瘟疫的地方是埃及的佩魯希昂（Pelusium），而後瘟疫開始肆虐敘利亞與東部省份，往東傳入美索不達米亞與波斯，同時往西經巴爾幹、義大利與非洲，傳到高盧、西班牙，甚至是愛爾蘭。瘟疫一如往常，再接下來數十年間多次復發，接著約每個世代都再現一次（致病力逐漸下降，分布更為零星），直到七五〇年。我們無法準確評估瘟疫對帝國人口造成了什麼影響，但必然衝擊甚巨。更麻煩的是，由於這個時期的氣候條件惡化，導致瘟疫的高致死率又雪上加霜。古氣候學是一門非常年輕的科學，目前還沒有一種普遍獲得接受的堅實理論，可以把其發現與歷史事件連起來。但我們仍然知道在五四〇年前後，數十年來已被氣候不穩所苦害的歐洲，此時又進入了小冰河期（原因或許是因為太平洋地區的大規模火山活動）。雖然不需要把氣候、災難與瘟疫套上決定論的關聯，但至少我們可以確定環境因素阻止了人口迅速恢復，更何況都還沒有論及查士丁尼無止境的戰爭呢。

這些情況在義大利一直持續到五五四年（或者五六一年）；而在非洲，則有一系列的將領討伐各個茅利人群體，激烈程度不一，而成功鮮能長久。但在五五一年，查士丁尼又派了軍隊入侵西班牙。特烏狄斯原本是狄奧多里克派去統治西哥德王國殘餘領土的攝政。他統治一個獨立的西班牙王國將近二十年，雖然王國幅員與力量有限，但畢竟是他自己的王國。他在五四八年遭到暗殺，他的後繼者也在一年後步上後塵。下一個追求哥德王冠的人是阿吉拉（Agila），他疏遠了南方城市中潛在的西班牙羅馬人盟友，並遭到阿塔納吉爾德（Athanagild）的挑戰——後者請求查士丁尼支持自己。帝國的軍隊在新迦太基登陸，發現阿吉拉已死，而大多數的西班牙哥德人都接受了阿塔納吉爾德即位，伊比利亞沒有一個人歡迎帝國的干預。總之，帝國在迦太基西班牙與貝提卡的西南海岸開闢出立足點，這塊以新迦太基與馬拉加（Malaca）為核心的小小領土延續到六二〇年代。此時，五五〇年代還是苟延殘喘的哥德政府，已經重建成中世紀初期最富裕、文化上最重要的王國。

回來東方，查士丁尼與霍斯勞在五五一年時對五四五年的和約進行換約，但雙方依舊在高加索對彼此發動攻勢。即便是這個地區，雙方還是在五六一年針對拉濟卡達成了一紙永久協議，而同年哥德人在義大利的最後據點也終於弭平。兩大帝國還同意約束各自的阿拉伯附庸，不再透過伽珊尼德人與拉赫姆人進行代理人戰爭。查士丁尼在巴爾幹地區耗費巨資，修築防禦工事，但他的人力儲備太少，難以維持一支像樣的野戰軍——因此，考古發現的那些壯觀的防禦工事，也就是普羅柯庇烏斯在《建築》（*Aedificia*）一書中大拍馬屁的對象，才會不足以抵禦毀滅性的襲擊。我們在上一章結尾時提到阿瓦爾人，他們在巨資買通下，沒有入侵帝國的巴爾幹領土，轉而把朗哥巴德人與格皮德人從喀爾巴阡平原上趕出去——結果在查士丁尼過世後不久，他所征服的大多數義大利領土，全都落到了擋不住阿瓦爾人威脅的朗哥巴德人手中。總之，帝國許多個別的成就，一個接著一個轉瞬即逝。這對帝國財政來說是個沉重的打擊，尤其是有這麼多的人力遭到浪費，如今又因為瘟疫而無法填補。查士丁尼原本可以成為改革的征服者，最後卻讓帝國比他所認為的更虛弱、更貧窮。

到目前為止，我們在這一章裡一直沒有談到宗教問題——其實查士丁尼也讓帝國在宗教上更分裂。他跟他的叔父尤斯丁，以及帝國內多數的拉丁語子民一樣，是虔誠的迦克墩派。他採取堅定的措施，壓制君士坦丁堡尚存的異教徒，並資助宣教行動，促成小亞細亞等地的異教徒改信。在試圖讓猶太教徒改宗時，他的作法相對小心；但他推動反猶太人的法律，而這些法律又透過哥德西班牙傳入中世紀的西歐，為反猶創造了法律基礎，並且在中世紀晚期孳生出西方社會的反猶傾向，而後沿續至今。查士丁尼對於自己望而生厭的鄰人——猶太人，發動相當無情的迫害，引發嚴重暴動，接著把這個古老宗教的信徒從地圖上幾乎抹盡。

皇帝最積極插手的，還是基督徒之間的神學紛歧，這也不讓人意外。弗里吉亞的孟他努派（Montanist）異端受到嚴重的迫害，甚至因此集體自殺，不過查士丁尼真正的目標，想必還是東部行省的一性論者。尤斯丁統治伊始就跟羅馬重修舊好，這只不過是個起頭。亞歷山卓的弟茂德勢力龐大，由於亞歷山卓的主教們素來有引發激烈動盪的能耐，查士丁尼和他的叔父因此沒有對弟茂德動手。即便如此，弟茂德在五三五年過世之後，查士丁尼還是立了一位來自安提阿的溫和派一性論者為主教。這位主教狄奧多西烏斯（Theodosius）願意接受折衷的信條——排除聶斯脫里派，允許對基督的本質有一性論的詮釋，但不會採取弟茂德等極端主義者所使用的決絕表達方式。埃及的一性論教士對此仍深惡痛絕，導致狄奧多西烏斯非得靠武力才能保住自己的主教座。查士丁尼派駐軍隊為他撐腰到五三八年，此後皇帝放棄跟一性論者妥協，展開全面的迫害——先是在敘利亞，最終及於埃及。

此舉招致的只有更堅決的抵抗，於是查士丁尼在五四四年再度尋求和解，接受一性論者的若干要求：迦克墩派接受、但對於一性論者則絕對敵視為聶斯脫里派的若干神學著作（埃德薩的伊巴斯〔Ibbas of Edessa〕、居魯斯的狄奧多勒〔Theodoret of Cyrrhus〕與摩普綏提亞的狄奧多〔Theodore of Mopsuestia〕的作品）必須遭到譴責。他發表了一份有三個章節的詔書加以譴責（整起事件因此稱為「三章案」〔Three Chapters controversy〕），最後更在五四八年召開會議，以贏得東西方教士的贊同。羅馬主教被迫遵守，但他一意識到西方對這份皇帝詔書的抵制難以化解的時候，便馬上撤回了他的背書。五五三年，一場規模更大的會議——人稱第二次君士坦丁堡會議（Second Council of Constantinople），現代正教會依舊認為是次會議為大公會議——批准了三章詔書的譴責。這場空洞的勝利，意味著查士丁尼必須強行推動一套幾乎沒有拉丁主教會接受的新正統信仰，引發的裂教一直到皇帝本人死後仍方興未艾。至於東方，一性論者當年對芝諾的《合一詔書》並不買帳，而這次的會議也沒有更令他們信服。其實，只要沒有肯定他們完全無誤，他們就不會接受。敘利亞與埃及開始了一波祕密行動，為獨立的一性論主教體系授予聖職，不再與皇帝支持的迦克墩派競爭。造化弄人，敘利亞與埃及的一性論教會，即便羅馬帝國在這些行省結束統治之後，都還一直存在。

查士丁尼死於五六五年。如果以統治初期為標準，他統治的最後十年算是風平浪靜。透過外交與霍斯勞保持和平，加上中亞草原的古突厥帝國勢力穩固下來，而歐亞草原自阿瓦爾人遷居喀爾巴阡平原之後，每一次的劇烈動盪都過門不入。西歐的大部分地區如今各走各的路，與地中海核心區脫節，直到八、九世紀時，新的歐亞網路受到歐洲的法蘭克帝國主義，以及阿拔斯哈里發國（Abbasid caliphate）在亞非兩洲浩瀚的伊斯蘭文化影響下浮現，才重新接上線。查士丁尼的非洲享有一段脆弱的榮景——某些城市壯觀的市中心得到重建；金石銘文短暫再現；迦太基的穀物能夠補埃及之不足，供應君士坦丁堡；帝國與摩爾諸王之間的關係，也形成一套由貿易、劫掠與治安行動構成的穩定模式。

儘管查士丁尼蓋了這麼多新的防禦工事，巴爾幹內陸仍然無可救藥。雖然把阿瓦爾人安頓於此，一時帶來了緩解，但也無法長治久安。畢竟阿瓦爾人能有效動員斯拉夫人與其他的從屬人口，代表他們的可汗對七世紀帝國的威脅，更甚當年的阿提拉。「重新征服」的義大利所帶來的和平，更是自欺欺人。二十年的戰爭——尤其是托提拉對城牆、引水道等基礎建設的破壞——嚴重傷害了整個半島的生產力。羅馬城再也不是一座城，大部分的城區淪為廢墟或菜園，人口也縮減到小鎮等級。等到朗哥巴德王奧多因（Audoin）在五六八年入侵北義大利平原時，那兒已經沒剩多少帝國部隊能阻擋他。對於接下來的帝國政權來說，殘餘下來的義大利領土（西西里與南義大利地區〔Mezzogiorno〕，以及拉溫納周邊一塊亞得里亞海濱）無異於消耗接下來帝國政權資源的無底洞。義大利和查士丁尼其他的「重新」征服行動一樣，完全無法回本。

＊＊＊

當然，上述的所有事件確實可以排列成一套正大光明的「歐洲誕生」敘事：古代世界的地中海文化，逐漸為歐洲北方年輕活力的王國所取代，而後者保存了古代最美好的一切，為近代西方攻無不克的未來鋪路。中世紀文化的根源，連同中世紀的大教堂和宏偉城堡，也確實隱約在後羅馬時代的拉丁諸王國宮廷與教堂中初露端倪。但這幅歡欣鼓舞的畫面，卻忽略了五五〇年至七五〇年間，局勢根本不像古代世界那般有著創造性轉變，而是一場大混戰。唯有在那些擠不進「西方興起」敘事中的地區，才能找到「古代晚期後期」真正的光芒。

在我們的描繪下，查士丁尼的治世是一幅陰鬱的畫面。就政治、財政與軍事方面，這是唯一合理的畫法。查士丁尼留下來的羅馬帝國是個縮水的政府，不僅更窮，也更不靈光，只能勉勉強強阻止面臨到的諸多威脅。不過事情也有另一面，在查士丁尼與後繼者的統治下，文學與藝術文化的繁榮一分不減，為版圖縮水的拜占庭帝國，以及中世紀的阿拉伯與波斯大帝國留下了諸多遺產。

這種「古代晚期後期」的文化在許多地方開花結果，就像古代基督教建築的巔峰——君士坦丁堡的聖索菲亞教堂——至今依然矗立。還不只這裡。東部的各個都市中，新的宗教熱情（無論其神學傾向）重塑了都市生活的公共面貌，為伊斯蘭時代初期絕妙的住宅建築提供了典範。在埃及，我們從不斷堆積的莎草紙文件中得知，科普特語與希臘語經典並肩發展，創造了一個方言盛行的寫作世界。敘利亞語成為近東地區各地虔誠基督徒的共同語言，無論統治者是波斯或羅馬皆然。

阿拉伯聯盟在兩大帝國之間發展成愈來愈成熟的政體，既回應著夾擊自己的帝國霸權，也回應著南阿拉伯、葉門與衣索比亞的猶太教與基督教社群。自從過去幾百年來，誕生了猶太教、基督教與摩尼教等天啟宗教之後，古代最後一種偉大的一神教，便是誕生在這些阿拉伯人之間。穆罕默德的追隨者與繼承人，將會在七世紀徹底轉變古代世界的政治版圖，不僅征服波斯帝國，還把君士坦丁堡當局在托魯斯山脈以東、以南的所有領土收入囊中，並迅速攻占埃及，以及拜占庭帝國在北非脆弱、狹長的濱海地帶。

人們輕易將伊斯蘭的崛起，視為陌生的故事；它多少與我們主要關注的波斯—希臘—羅馬世界站在對立面。但伊斯蘭成長於東方世界的文化發酵之中，知曉眾多文化、眾多信仰，但只有兩種帝國政治模式可以被採用：羅馬與波斯。經歷了一開始的征服狂潮，伍麥亞王朝（Umayyad Caliphate）終於將伊斯蘭的治理方式穩定下來，以擁有閃族、波斯、希臘與羅馬等深厚古代淵源的城鎮——敘利亞的大馬士革——為首都。以拜占庭之名為人所熟知的希臘語羅馬帝國，是從七世紀的政治軍事苦難中艱辛建立起來的——事實上，脆弱、貧窮的西部拉丁語區諸王國也是。早期的伊斯蘭國家和它們一樣，都是古代最後階段的產物。不過，上述幾個世界也是很明顯的新世界，跟君士坦丁與沙普爾的帝國之間，有著無法縮短的距離。古代的帝國——數千年歷史的古代帝國——留下了看得到的文化與政治遺產，在西元第一個千禧年的後半，時而清晰，時而迷離。但這些遺產再也不屬於那個古代世界了，而這必須留待另一本書才能說分明。

謝辭

正當我寫作時，「當前的世界正處於危機之中」似乎已經成為一種信念。每當這種時刻，就免不了有人提到羅馬的衰亡，言詞強烈的程度，與話中的見識成反比。專業史家難免會想添上一筆，但這並不正確。歷史的類比免不了簡化，免不了與歷史思維不符的簡化。歷史既不會重複，也不會押韻，而歷史只應該教我們一件事——凡人受到風俗、心理狀態與我們總是錯誤百出的記憶所制約，尤其是受到他人行動所帶來的處境所制約，而這樣的肉體凡胎總是吹皺了自身命運之春水。我希望自己能對這一池春水公允以待。

本書的姐妹作兼前作《帝國的勝利》（*Imperial Triumph*），有一篇很長的謝辭。對於先前謝過的許多人，我仍然銘感五內，特別是David與Ellen。（以及Melvin，雖然他不是人類。）

Susan Welch擔任我們學院的院長將近三十年，我想在她卸任之際特別感謝她：她的身教，讓我更了解複雜的機制如何運作，以及一板一眼的教育所教不出來的領導精髓。幸虧有她的支持與諄諄指導，我才能一面研究、寫作，一面擔任系主任——我承認我當得挺享受的，這真是難以置信。

傳略出版社（Profile）與哈佛出版社（Harvard）的製作團隊一如既往，是技巧與效率的典範，尤其是我的編輯Louisa Dunnigan與Penny Daniel，審校Sally Holloway，以及哈佛的Sharmila Sen與Heather Hughes。John Davey把這本書囑託給我，他清晰而宏大的願景支撐著傳略古代世界史（Profile History of the Ancient World）叢書，我很遺憾他未能看到成果便先行辭世。過去三十年來，生老病死帶走了太多的老師與友人，但他們在每一頁都留下了他們自己的痕跡。

就在本書即將大功告成之前，我祖父母輩的最後一人也過世了。從波蘇戰爭（Polish-Soviet War）到倫敦大轟炸（the Blitz），從西伯利亞到安德斯軍團（Anders army）與卡西諾山（Monte Cassino），從布羅克斯本（Broxbourne）到裴隆（Perón）的布宜諾斯艾利斯，他們經歷了二十世紀的大帝國悲劇，倖存了下來。身為郊區的學童，我從他們不經意透露，或是感覺可以分享的點點滴滴中，把他們的故事編織起來，想像無以想像之事——早在我意識到之前，他們便幫助我成為一名歷史學者了。他們的記憶，讓我不致放棄。

從君士坦丁一世到查士丁尼一世的羅馬皇帝與統治期（不包括明顯的篡奪者）

君士坦丁一世（Constantine I），三〇六年至三三七年
李錫尼（Licinius），三〇八年至三二四年
君士坦提努斯（Constantinus，君士坦丁二世〔Constantine II〕），三三七年至三四〇年
君士坦提烏斯二世（Constantius II），三三七年至三六一年
君士坦斯（Constans），三三七年至三五〇年
尤利安（Julian），三六一年至三六三年
約維安（Jovian），三六三年至三六四年

西皇帝

瓦倫提尼安一世（Valentinian I），三六四年至三七五年
格拉蒂安（Gratian），三六七年至三八三年
瓦倫提尼安二世（Valentinian II），三七五年至三九二年
狄奧多西一世（Theodosius I），三七九年至三九五年
霍諾留（Honorius），三九三年至四二三年
君士坦提烏斯三世（Constantius III），四二一年
瓦倫提尼安三世（Valentinian III），四二五年至四五五年
佩特羅尼烏斯·馬克西穆斯（Petronius Maximus），四五五年
阿維圖斯（Avitus），四五五年至四五六年
馬約里安（Majorian），四五七年至四六一年
利比烏斯·塞維魯斯（Libius Severus），四六一年至四六五年
安特米烏斯（Anthemius），四六七年至四七二年
奧里布里烏斯（Olybrius），四七二年
格里克里烏斯（Glycerius），四七三年至四七四年
尤利烏斯·尼波斯（Julius Nepos），四七四年至四八〇年

羅慕路斯（Romulus），四七五年至四七六年

東皇帝

瓦倫斯（Valens），三六四年至三七八年

狄奧多西一世（Theodosius I），三七九年至三九五年

阿爾卡迪烏斯（Arcadius），三八三年至四〇八年

狄奧多西二世（Theodosius II），四〇二年至四五〇年

馬爾西安（Marcian），四五〇年至四五七年

利奧一世（Leo I），四五七年至四七四年

利奧二世（Leo II），四七四年

芝諾（Zeno），四七四年至四九一年

巴西利斯庫斯（Basiliscus），四七五年至四七六年

阿納斯塔修斯（Anastasius），四九一年至五一八年

尤斯丁一世（Justin I），五一八年至五二七年

查世丁尼一世（Justinian I），五二七年至五六五年

從沙普爾二世到霍斯勞一世的波斯王

沙普爾二世（Shapur II），三〇九年至三七九年
阿爾達希爾二世（Adrashir II），三七九年至三八三年
沙普爾三世（Shapur III），三八三年至三八八年
巴赫拉姆四世（Bahram IV），三八八年至三九九年
伊嗣俟一世（Yazdgerd I），三九九年至四二〇年
巴赫拉姆五世（Bahram V），四二〇年至四三八年
伊嗣俟二世（Yazdgerd II），四三八年至四五七年
卑路斯（Peroz），四五七年至四八四年
巴拉什（Valazh），四八四年至四八八年
喀瓦德一世（Kavad I），四八八年至四九六年；四九九年至五三一年
賈馬斯（Jamasp），四九六年至四九九年
霍斯勞一世（Khusrau I），五三一年至五七八年

圖片出處

1. Cosmographia Scoti,《百官志》（Notitia dignitatum）。Photo: Bodleian Libraries, Shelfmark & folio no: MS. Canon. Misc. 378, fol. 122r
2. 修院聖人，薩卡拉聖耶利米修道院（monastery of Saint Jeremias, Saqqara），現藏於埃及開羅科普特博物館（Coptic Museum）。Photo: B. O'Kane/Alamy Stock
3. 拉溫納的加拉・普拉琪迪雅陵墓（Mausoleum of Galla Placicia, Ravenna）。Photo: Lanmas/ Alamy Stock Photo
4. 執政官阿尼奇烏斯・佩特羅尼烏斯・普羅布斯（Anicius Petronius Probus）的象牙雙連畫屏（diptych），繪有皇帝霍諾留（Honorius），四〇六年，今藏於義大利奧斯塔大教堂（Aosta Cathedral）。Photo: De Agostini Picture Library/Bridgeman Images
5. 凱旋的皇帝，稱為「巴爾貝里尼象牙鑲版」（Barberini Ivory），藏於法國巴黎羅浮宮。Photo: Bridgeman Images

6. 米蘭的安博（Ambrose of Milan）的馬賽克壁畫，義大利拉溫納聖維大理教堂（church of San Vitale）。Photo:/Contributor/Getty
7. 君士坦丁堡的安提米城牆（Anthemian Wall）。Photo: Chris Hellier/ Alamy Stock Photo
8. 亞拉里克二世（Alaric II）的陰刻寶石。Photo: KHM-Museumsverband
9. 多馬尼亞諾寶藏（Domagnano Treasure）中的鷹形胸針。Photo: akg-images/ullstein bild
10. 西奈聖凱瑟琳修道院（St Catherine's Monastery）的基督普世君王像（Christ Pantocrator）。Photo: © Zev Radovan/Bridgeman Images
11. （上圖）耶路撒冷城與周邊環境，出自約旦馬德巴（Madaba）聖喬治教堂（Church of Saint George）的馬德巴馬賽克地圖。Photo: Bridgeman Images.（下圖）Photo: Library of Congress
12. 狄奧多西的銘盤（*Missorium*）。Photo: Juan Aunion/Alamy Stock Photo
13. 霍諾留浮雕，描繪皇帝霍諾留（三九五年至四二三年治世）與其妻瑪麗亞（Maria）（象牙與金屬材質）。Photo: Private Collection/ Bridgeman Images
14. 馬克西米阿努斯（Maximianus）的主教座，美因茲羅馬日耳曼中央博物館（Mainz Romano-Germanic Central Museum）。Photo: akg-images
15. 狄多（Dido）獻祭，出自《梵諦岡維吉爾抄本》（*Vergilius Vaticanus*，Lat 3225 f.33v)）。Photo: Vatican Library, Vatican City/Bridgeman Images
16. 尤尼烏斯・巴斯蘇斯（Junius Bassus）的石棺。Photo: De Agostini Picture Library/G. Cigolini/ Bridgeman Images

17. 伊斯坦堡福音書作者。Photo: De Agostini Picture Library/Bridgeman Images
18. 阿爾罕「匈人」。Photo: Public domain
19. 巴西利烏斯鑲嵌的小方磚（*Tessera* of Basilius）。Photo: Public domain
20. 泰西封的塔克基思拉宮（Taq-e Kesra, Ctesiphon）。Photo: Library of Congress
21. 卡斯圖洛祝聖餅盤（Castulo Paten）。Photo: Wikipedia
22. 濟拉吉索姆約黃金勳章（Szilágysomlyó Medallion）。Photo: KHM-Museumsverband
23. 來自菲因島（Funen）的薄片幣（bracteate）。Photo: KHM-Museumsverband
24. 葡萄牙聖古古法特（São Cucufate）。Photo: Wikipedia
25. 科布里治銀盤（Corbridge *Lanx*）。Photo: with permission of the Trustees of the British Museum

地圖

地圖一　君士坦丁治下的羅馬帝國
地圖二　羅馬帝國，約四〇〇年時
地圖三　羅馬帝國，約五五〇年時

延伸閱讀

原典

幾乎到三世紀為止的整套希臘羅馬名家經典，Loeb Classical Library都有收入，原文與英譯文左右對照，近年來也有新版，改善了二十世紀初製作上的問題。雖然情況有所改變，但Loeb叢書對古代晚期的網羅還是沒那麼全面。Liverpool University Press' Translated Texts for Historians系列，用絕佳的評注譯本，彌補了那些缺漏。另外，Fathers of the Church與Ancient Christian Writers這兩部叢書也可以參考：後一套叢書的翻譯品質幾乎一致地好，但前一套就差異很大。對於羅馬帝國史來說，錢幣是不可或缺的一手史料，而十卷本Roman Imperial Coinage (London, 1923–94)仍然是基礎參考書。順帶一提，Classical Numismatic Group網站(http://www.cngcoins.com)的研究頁面有彩色圖片，甚至也有古代最罕見的錢幣形制。

工具書

凡是對羅馬歷史有興趣的人，手邊都該有這兩部基本參考書：*The Oxford Classical Dictionary* (Oxford, 1996)第三版，也是最好的版本；以及Richard Talbert編的*The Barrington Atlas of the Greek and Roman World* (Princeton, NJ, 2000)，涵蓋範圍之廣、內容之詳盡與地圖之美麗，令人屏息。

通史

以這段時期為主題的教科書不多，寫得好的就更少了。J. B. Bury的*History of the Later Roman Empire from the Death of Theodosius* (London, 1923)長久以來都是經典，但歲月不饒人。Stephen Mitchell的*A History of the Later Roman Empire, ad 284–641* (London, 2006)包羅萬象，卻缺乏敘事主幹。Hugh Elton的*The Roman Empire in Late Antiquity: A Political and Military History* (Cambridge, 2018)必讀。Mitchell和Elton，以及筆者我，當年皆嘉惠於A. H. M. Jones的根柢大作*The Later Roman Empire, 284–602*, 4 vols. (Oxford, 1964)，以及其他語言所寫的類似作品，尤其是Ernst Stein's *Histoire du Bas-Empire* (Paris, 1949)。Scott Johnson, ed., *The Oxford Handbook of Late Antiquity* (Oxford, 2012)完全不輸由一群作者所寫出來的手冊。W. V. Harris' *Roman Power: A Thousand Years of Empire* (Cambridge, 2016)振聾發聵，試圖分三個發展階段——共和晚期、君士坦丁帝國以及第七世紀，來談羅馬力量的規模與本質，是種頗具啟發的作法。

無數書籍談西羅馬帝國的衰亡，而且年年都有新書，各有各的學術困境，但幾乎每一本的寫法都很傳統。至今，每間書店都還是有那種天南地北的說書，以及新維多利亞式的分析。心中已有歧見的人，也不難找到談移民（與「移民暴力」）如何毀滅帝國的那類排外主義宣傳手冊。不過指名道姓會招人討厭。

總之，西帝國確實在五世紀崩解，東方世界則是在七世紀，而本書討論的是「羅馬的衰亡」，而非「古代世界的轉型」。但是，我還是主張「帝國瓦解」這個不舒服、激烈而無法挽回的事實，不能只用「好人輸給壞人」來解釋。近年來有三帖偏好複雜甚於簡化的藥方，我個人也從中得到最多的是：Guy Halsall, *Barbarian Migrations and the Roman West, 376–568* (Cambridge, 2007); Henning Börm, *Westrom von Honorius bis Justinian* (Stuttgart, 2013); 以及Christine Delaplace, *La fin de l'Empire romain de Occident* (Rennes, 2015)。真心推薦。氣候變遷與疾病造成的衝擊，是歷史研究中相當新的方向，頗具啟發，而且很有說服力，但還無法驗證。總之，大家都該讀Kyle Harper, *The Fate of Rome* (Princeton, NJ, 2017)。

關於本書談到的許多主題——宗教、帝國行政、軍事——最優秀的研究都是跨整個時期的。凡是想深入了解「皇帝」的意識形態，以及其呈現與支配方式的人，都不能錯過列在參考書目中Andreas Alföldi與Johannes Straub的德語著作（同時不妨思索一下，研究羅馬政府晚期心態最優秀，最洞若觀火的著作，為何都是右派的人寫出來的——Straub更是極右派）。Christopher Kelly's *Ruling the Later Roman Empire* (Cambridge, MA, 2004)的範圍很廣，也很誘人，從四世紀談到六世紀。對多數讀者來說，這本比較好讀。

關於基督教與羅馬生活的結合，最好的敲門磚是Gillian Clark, *Christianity and Roman Society* (Cambridge, 2004)。儘管Henry Chadwick的*The Church in Ancient Society from Galilee to Gregory the Great* (Oxford, 2002)對於早期教會懷抱著傳統的護教心態，但這本書仍然是學人一輩子深厚研究的全面精華之作。此後Brent D. Shaw的*Sacred Violence* (Cambridge, 2011)顛覆了我們對宗教暴徒的看法，而G. E. M. de Ste Croix近年推出的論文集*Christian Persecution, Martyrdom and Orthodoxy* (Oxford, 2006)，則顯示了文章作者的遠見。

Gunnar Mickwitz的*Geld und Wirtschaft im römischen Reich des vierten Jahrhunderts n. Chr.* (Helsinki, 1932)推斷出今已獲得證實的論點——四世紀初，東帝國得到新的黃金來源，而西帝國則否。近年來，Jairus Banaji寫了一本非常難的書，*Agrarian Change in Late Antiquity*, revised edn (Oxford, 2007)，以引人入勝的方式探討經濟變化，堪與前面提到的de Ste Croix的先見之明——*The Class Struggle in the Ancient Greek World from the Archaic Age to the Arab Conquests* (Ithaca, NY, 1983)媲美。Banaji收入*Exploring the Economy of Late Antiquity* (Cambridge, 2016)的論文也很關鍵。Chris Wickham的*Framing the Early Middle Ages* (Oxford, 2005)在文獻與考古證據的運用上都很傑出，顯示古代經濟在少了帝國的薪餉（尤其是非洲的「稅收任督二脈」）這顆引擎之後終究失效，由中世紀的諸多小世界取而代之。Wickham的結論不僅全面，與晚近的考古發現也不衝突。

關於羅馬軍事，Martijn Nicasie, *Twilight of Empire* (Amsterdam, 1998)是一盞單調但重要的明燈，不過A. H. M. Jones的*The Later Roman Empire*（見前書引論）的相關章節依然是無法超越之作。Hugh Elton的知味之作*Warfare in Roman Europe, ad 350–425* (Oxford, 1996)涵蓋的範圍比書名提

到的長得多，而A. D. Lee's *Information and Frontiers* (Cambridge, 1993)對於軍事活動與外交政策之間的縱橫交錯，有非常細緻的處理。John Matthews, *Western Aristocracies and Imperial Court, ad 364–425* (Oxford, 1975)一書的書名，讓人看不出其內容居然如此豐富，讓人每一回翻閱都有新的反思。

除了Ronald Syme、Arnaldo Momigliano與Louis Robert等上一代的著作，Glen W. Bowersock、Peter Brown與Sabine MacCormack的著作不僅甚豐，而且面貌多元，深刻影響了我們對於古代晚期的認知，而且每一篇論文都值得推薦。從你最有興趣的開始，但之後**全部**都要讀。

一手與二手讀物，根據時代排序

從君士坦丁到狄奥多西一世過世

關於君士坦丁及其子的統治，一手史料相當零碎。古代最後一位偉大的拉丁語史家阿米阿努斯．馬爾切利努斯，從三五三年才開始寫——他的*Res Gestae*頭十三冊（甚或是十八冊）今已不存。Loeb叢書的阿米阿努斯譯本不只難讀，而且不見得可靠，比較好的Penguin譯本卻又是刪節本，恐怕會造成誤解。我的同事Gavin Kelly（研究阿米阿努斯作者身分最優秀的著作*Ammianus Marcellinus: The Allusive Historian* (Cambridge, 2008)就出自他的手筆）和我目前正在處理全文的完整評注新版譯文，將由Oxford University Press發行為*The Landmark Ammianus Marcellinus*。如果想對阿米阿努斯的生平與時代氛圍有更多了解，有三本英語的研究必不可少：E. A. Thompson, *The Historical Work of Ammianus Marcellinus* (Cambridge, 1947); John Matthews, *The Roman Empire of*

Ammianus (Baltimore, MD, 1989); 以及T. D. Barnes, *Ammianus Marcellinus and the Representation of Historical Reality* (Ithaca, NY, 1998)。對於非專業讀者來說，十八卷的*Philological and Historical Commentary on Ammianus Marcellinus* (Leiden and Boston, 1934–2018)固然有點太多——P. de Jonge在第二次世界大戰前就展開了這部書的製作，最後由J. den Boeft、J. W. Drijvers、D. den Hengst與H. C. Teitler畫下點睛的句點。對於我們所認知的四世紀來說，這架「荷蘭四馬戰車」（quadriga Batavorum）的價值怎麼說都不為過。

沒有阿米阿努斯可以參考時，四世紀的簡短史書能填補我們知識的一些空隙（Liverpool叢書中有Eutropius的*Breviarium*，以及Aurelius Victor的*Caesares*的譯本）。近年來，學界發現少數十二與十三世紀的拜占庭史書，保存了關於三、四世紀的重要資訊。這些資料可能經過代代傳遞，最早出自於某個今已不詳的四世紀希臘史家。其中一部這樣的拜占庭史書，Thomas M. Banchich and Eugene Lane, *The History of Zonaras* (London, 2009)一書裡譯出了相關的段落。Ronald T. Ridley將六世紀希臘作家Zosimus（他大大仰賴四世紀的Eunapius）的作品譯為*Zosimus: New History* (Canberra, 1982)，而Eunapius與三位五世紀傳人流下的斷簡殘編，則由R. C. Blockley譯為*The Fragmentary Classicising Historians of the Later Roman Empire II: Text, Translation and Historiographical Notes* (Liverpool, 1983)。Theophanes的編年史中保有一些其他地方找不到的四世紀細節，Cyril Mango與Roger Scott將之譯出，並附上優秀的評註。Eusebius of Caesarea的君士坦丁生平有著明確的宣傳傾向，Averil Cameron and Stuart G. Hall, eds., *Eusebius: Life of Constantine* (Oxford, 1999)有專業的註解，而古代人對於君士坦丁看法的轉變，可以從Samuel N. C. Lieu and Dominic Montserrat, eds.,

From Constantine to Julian (London, 1996) 追本溯源。法律可說是我們擁有最重要的四世紀見證，大多數的法律都是由《狄奧多西法典》所傳遞下來，Clyde Pharr 的譯本 (Princeton, NJ, 1952) 非常可靠。

談君士坦丁的書可謂汗牛充棟，每年、每種語言都在成長。Paul Stephenson, *Constantine: Unconquered Emperor, Christian Victor* (London, 2009) 是少數值得一讀的傳記體材作品。T. D. Barnes, *Constantine and Eusebius* (Cambridge, MA, 1980) 是開創性的著作，現在又有他所寫的激昂之作 *Constantine: Dynasty, Religion and Power in the Later Roman Empire* (Maldon, MA, 2011) 加以補足（但並未超越）。Noel Lenski, ed., *The Cambridge Companion to the Age of Constantine* (Cambridge, 2005) 收入一些相當重要的論文，堪稱是對這段期間最優秀的介紹。鮮少有人單獨處理君士坦提烏斯的統治，但可參考 T. D. Barnes, *Athanasius and Constantius* (Cambridge, MA, 1993)。相較之下，談尤利安的書之重，都要把書架壓垮了。Polymnia Athanassiadi-Fowden, *Julian and Hellenism* (Oxford, 1981) 捕捉到了皇帝的思維世界，而 G. W. Bowersock, *Julian the Apostate* (Cambridge, MA, 1978) 則掌握了他的生平。J. E. Lendon 的 *Soldiers & Ghosts* (New Haven, CT, 1985) 對於尤利安的軍事動機有一些精妙的觀察，而 Shaun Tougher 的 *Julian the Apostate* (Edinburgh, 2007) 則是集文獻與評註之大成。Matthews 的 *The Roman Empire of Ammianus*（見前）對尤利安、瓦倫提尼安一世與瓦倫斯的統治來說，都是必不可少的著作。Noel Lenski 的 *Failure of Empire* (Berkeley, CA, 2002) 對瓦倫斯多加探討，但對這位皇帝的評價可能太正面了。對於瓦倫提尼安一世，以及狄奧多西一世，英語世界中沒有夠好的研究——前面提到的通史足矣。

關於四世紀的帝國，Matthews 的 *Ammianus* 有一章談羅馬的非洲世界，寫得極佳。我自己的

Late Roman Spain and Its Cities (Baltimore, MD, 2004)則處理伊比利半島。Damián Fernández的*Aristocrats and Statehood in Western Iberia, 200–600 CE* (Berkeley, CA, 2017)提供了新的洞見。關於不列顛，David Mattingly, *An Imperial Possession* (London, 2008)通暢好讀；Anthony R . Birley, *The Roman Government of Britain* (Oxford, 2005)寫得艱深，但很重要。對於這段期間的高盧與巴爾幹，我們缺少更新的研究，而深入探討羅馬東部者（例如Warwick Ball, *Rome in the East: The Transformation of an Empire* (London, 2000)）則在進入古代晚期後漸不可聞。目前為止，對於四世紀歐洲蠻族最優秀的研究，就數John F. Drinkwater's *The Alamanni and Rome, 213–496* (Oxford, 2007)，而Elton的*Warfare in Roman Europe*（見前）可以作為很好的補充。關於波斯，必須參閱Matthew P. Canepa, *The Two Eyes of the Earth* (Berkeley, CA, 2009)與Richard Payne, *A State of Mixture* (Berkeley, CA, 2015)，歷來各種語言的著作中對薩珊王朝處理最精妙者，就是這兩本書。D. T. Potts, *Nomadism in Iran from Antiquity to the Modern Era* (Oxford, 2014)是一部劃時代的研究，對我們這個時代有極大的價值。最後，R. Malcolm Errington, *Roman Imperial Policy from Julian to Theodosius* (Chapel Hill, NC, 2006)有時候不好讀，但值得下功夫。

談四世紀基督教的書多如繁星，尤其是對個別教士的研究。關於這些人物，最優秀的研究有Peter Brown的*Augustine of Hippo* (London, 1967); Clare Stancliffe, *St Martin and His Hagiographer* (Oxford, 1983); Neil McLynn, *Ambrose of Milan* (Berkeley, CA, 1994); 以及Philip Rousseau, *Basil of Caesarea* (Berkeley, CA, 1994)。關於安提阿——許多基督教教義紛歧的現場，有著好辯的市民風氣，參見：J. H. W. G. Liebeschuetz, *Antioch* (Oxford, 1972); Isabella Sandwell, *Religious Identity in Late*

Antiquity (Cambridge, 2007); 以及Christine Shepardson, *Controlling Contested Places* (Berkeley, CA, 2014)。透過Edward J. Watts, *City and School in Late Antique Athens and Alexandria* (Berkeley, CA, 2006)，最是能掌握亞歷山卓問題重重的歷史。Alan Cameron的傑作*The Last Pagans of Rome* (Oxford, 2010)，精闢批駁了數十年來談羅馬西部異教的著作之不公允（有時甚至異想天開）。這本書篇幅很長，有時候還很艱深，卻是歷來談古代晚期最偉大的著作之一。

五世紀

與五世紀有關的史料，分布非常不平均。文獻的噴發一陣陣，中間則是幾近於無聲的漫長。Zosimus的著作（見前）止於四一〇年，卻是對該世紀頭十年彌足珍貴的見證。Olympiodorus、Priscus與Malchus大量的斷簡殘編，收入於Blockley的*Fragmentary Classicising Historians*（見上）。Socrates、Sozomen與Theoderet這三位關鍵教會史家的作品，僅有的英語譯本已極為過時。不過，Evagrius Scholasticus的教會史，以及奧古斯丁狂熱追隨者Orosius偏頗的*History against the Pagans*，則有極為出彩的譯本（兩者皆收入在Liverpool Translated Texts）。馬爾切利努斯簡短但資料豐富的編年史，有Brian Croke的譯本(Canberra, 1995)，而Sergei Mariev版本的John of Antioch的殘編(Berlin, 2008)則有收入英譯文。關於這個時代的東部歷史，有兩份以假名所寫的文件非常重要，分別是Pseudo-Zachariah Rhetor與Pseudo-Joshua the Stylite的著作，而兩者在Liverpool叢書中都有翻譯。卷帙浩繁的Acts of the Council of Chalcedon亦然。雕塑與裝飾藝術讓我們得以一窺五、六世紀的羅馬貴族，關於這些藝術品，見R. R. R. Smith and Bryan Ward-Perkins, eds., *The Last Statues of*

Antiquity (Oxford, 2016)，以及Richard Delbrueck的經典*Die Consulardiptychen* (Berlin, 1929)，附有雙連畫屏真實大小的圖片。

五世紀皇帝的傳記都應該懷疑以對。我們對於他們的生平了解太少，寫傳記體裁很難站得住腳。儘管如此，F. K. Haarer的*Anastasius I: Politics and Empire in the Late Roman World* (Liverpool, 2006)仍然是對其治世很精采的研究，而Alan Cameron與Jacqueline Long的*Barbarians and Politics at the Court of Arcadius* (Berkeley, CA, 1993)則描寫這個世紀的另一頭，稍微拉開距離，以澄清四〇〇年前後君士坦丁堡晦暗的政局。這本書以Cameron開創性的*Claudian: Poetry and Propaganda at the Court of Honorius* (Oxford, 1970)為榜樣，後者成功從Claudian矯揉做作的韻文中，汲取出有意義的歷史資料。Kenneth G. Holum的*Theodosian Empresses* (Berkeley, CA, 1982)雖然偶有不精確之處，但確實有真知灼見，比幾部加拉・普拉琪迪雅為主題的著作寫得還好；對於這位非凡的奧古斯塔，Chris Lawrence曾跟我談到他還沒發表的著作，而我們的對話對於我的解讀助益甚多。Werner Lütkenhaus以及Timo Stickler各自對君士坦丁三世和阿耶提烏斯的研究（德語，見參考書目）相當優秀，還沒有英語的研究能出其右。除了Fergus Millar的*A Greek Roman Empire* (Berkeley, CA, 2006)，很少有人把狄奧多西二世的治世當成獨立的研究主題，當然《狄奧多西法典》是很重要的題目：John F. Matthews的*Laying Down the Law* (New Haven, CT, 2000)現在是，許久之後也將是英語研究中的重要著作，不過也可以參考Jill Harries and Ian Wood's *The Theodosian Code*, 2nd edn (Bristol, 2010)收錄的論文，以及Tony Honoré具有爭議性的*Law in the Crisis of Empire* (Oxford, 1998)。Christopher Kelly, ed., *Theodosius II* (Cambridge, 2013)水準不太一致，但有幾篇絕佳的論文。

關於西帝國，讀者應參閱一開始提到的通史。若以或此或彼的蠻族王國（或者稱為「王國」就好）為主，有落入目的論窠臼的風險。Ian Wood的*Merovingian Kingdoms* (London, 1993)避開了上述的陷阱。關於哥德人或汪達爾人，英語學界還沒有能跟Roland Steinacher的*Die Vandalen* (Stuttgart, 2016)比肩的成果，在此懇請能人翻譯，這本書的說法將來有很長的一段時間都會是定本。Yves Modéran的*Les Maures et l'Afrique romaine* (Rome, 2003)堪稱法語學界傳統之豐碑。關於羅馬不列顛的終結，見Birley的*The Roman Government of Britain*（見前）的末章，至於高盧的結束，則可參考John Drinkwater and Hugh Elton, *Fifth-century Gaul: A Crisis of Identity?* (Cambridge, 1992)，在多作者彙編中有著難能可貴的一貫性。Jill Harries的*Sidonius Apollinaris and the Fall of Rome* (Oxford, 1994)雖然是透過昔多尼烏斯・阿波利納里斯的生平為架構，卻有著對五世紀西帝國歷史的精妙解讀。

關於亞拉里克與羅馬城遭劫，已經有太多人寫過了。我個人的觀點（在本書中經大幅精簡）可以在*Rome's Gothic Wars* (Cambridge, 2006)找到。Johannes Lipps, et al., *The Sack of Rome in 410 ad* (Rome, 2014)收錄了最新的研究，只是大部分都不是以英語寫就。對於能閱讀德文的人來說，Mischa Meier and Stefan Patzold's *August 410 – Ein Kampf um Rom* (Stuttgart, 2010)是史學論文的模範。

寫阿提拉與匈人的就跟寫羅馬遭劫的一樣多，而且大多數都是連篇廢話。E. A. Thompson的*A History of Attila and the Huns* (Oxford, 1948)還不差。Hyun Jin Kim, *The Huns, Rome and the Birth of Europe* (Cambridge, 2013)對於其餘汗牛充棟的書籍有概括介紹，如果想看看表面上審慎的學術研究會怎麼急轉直下變成幻想，不妨一讀。關於整體歐亞脈絡，Nicola di Cosmo and Michael Maas, eds., *Empires and Exchanges in Eurasian Late Antiquity* (Cambridge, 2018)開闢了新天地，而且一反尋常，

同樣看重中國與西方對於草原世界的觀點。關於本書時代斷代同時期的中國，見Mark Edward Lewis, *China between Empires: The Northern and Southern Dynasties* (Cambridge, MA, 2009)。Hermann Parzinger, *Die frühen Völker Eurasiens vom Neolithikum bis zum Mittelalter*, 2nd edn (Munich, 2011)是必備參考讀物。Alram、Bopearachchi、Göbl以錢幣學為主的著作（見參考書目）非常重要。

歐洲的語言地圖正是在五、六世紀時開始發展為如今的型態。關於希臘語的發展，見包羅萬象的A. F. Christidis, ed., *A History of Ancient Greek from the Beginnings to Late Antiquity* (Cambridge, 2007); 關於拉丁語，見James Clackson and Geoffrey Horrocks, eds., *The Blackwell History of the Latin Language* (Oxford, 2007)以及J. N. Adams, *The Regional Diversification of Latin* (Cambridge, 2007)。Roger Wright的*Late Latin and Early Romance in Spain and Carolingian France* (Liverpool, 1982)尚未讓人皆信服，但我個人認為他的結論多半都是對的。最後，關於採用方法上有風險的文獻學取徑處理歷史變化，見D. H. Green, *Language and History in the Early Germanic World* (Cambridge, 1998).

六世紀

相較於先前的時期，查士丁尼統治時期的資料不可謂不豐富。Procopius的所有作品都可以在Loeb叢書中找到，而Loeb的*The Wars of Justinian*譯本經過Anthony Kaldellis的更新與修正，有不貴的平裝本(Cambridge, MA, 2014)。Agathias從Procopius停筆的地方接手，他的作品有Joseph D. Frendo (Berlin, 1975)的罕見譯本，而Agathias後繼者Menander的著作可以在R. C. Blockley的*The History of Menander the Guardsman* (Liverpool, 1985)找到。Evagrius、Pseudo-Zachariah Rhetor、

Pseudo-Joshua the Stylite、John of Antioch與Theophanes（見前）依然重要。Peter N. Bell的*Three Political Voices from the Age of Justinian* (Liverpool, 2009)收入了當代的好幾本小書，而Sebastian Brock與Brian Fitzgerald則譯有*Two Early Lives of Severos, Patriarch of Antioch* (Liverpool, 2013)。最後則是查士丁尼的偉大法律編纂，*Digest*有Alan Watson監修的四卷本譯本，*Code*有Bruce Frier監修的三卷本譯本，而*Novels*則有David Miller與Peter Sarris監修的兩卷本譯本。

大批著作以查士丁尼與狄奧多拉為題，大多只是以現代風格改寫Procopius的作品，多到讓人懶得提到這些書名。John Moorhead, *Justinian* (London, 1994)與J. A. S. Evans, *The Age of Justinian* (London, 1996)是兩部非常優秀的導論。Michael Maas, ed., *The Cambridge Companion to the Age of Justinian* (Cambridge, 2005)貢獻不算多，但整體而言相當好讀。Geoffrey Greatrex, *Rome and Persia at War, 502–532* (Leeds, 1998)對於這個通常沒有非洲與義大利戰爭的熱門主題有著全面的處理，而Alexander Sarantis, *Justinian's Balkan Wars* (Liverpool, 2016)對於巴爾幹地區也有類似的貢獻。關於查士丁尼統治時的經濟，Peter Sarris, *Economy and Society in the Age of Justinian* (Cambridge, 2006)對於前述Banaji的著作來說是非常有用的補充。Averil Cameron, *Procopius and the Sixth Century* (Berkley, CA, 1985)與Anthony Kaldellis, *Procopius: Tyranny, History and Philosophy at the End of Antiquity* (Philadelphia, PA, 2004)以另闢蹊徑的方式探討Procopius。近年來出現一批對東哥德王國的絕佳研究，可以從J. Arnold, M. Shane Bjornlie and K. Sessa, eds., *A Companion to Ostrogothic Italy* (Leiden, 2016)，以及M. Shane Bjornlie的*Politics and Tradition between Rome, Ravenna and Constantinople* (Cambridge, 2013)和Kristina Sessa的*The Formation of Papal Authority in Late Antique Italy* (Cambridge,

2012)有一番了解。Massimiliano Vitiello對阿瑪拉遜莎(Philadelphia, PA, 2017)以及狄奧達哈德(Toronto, 2014)有著絕佳、細緻的研究，只不過對一般讀者來說可能太難消化了。除了上述兩書之外，還有John Moorhead, *Theodoric in Italy* (Oxford, 1992)的開創性著作，對於這個新王國的價值觀有非常優秀的研究，至今猶是。關於狄奧多里克統治時期最知名的刀下亡魂，Henry Chadwick的*Boethius* (Oxford, 1980)仍然無人能出其右。

進入中世紀

以各個蠻族王國為主題的書多不勝數，尤其是因為它們在歐洲民族的起源神話中扮演的角色。過去這三十年，研究中世紀早期的歐陸學者（以及一部分英語系學者）把焦點擺在文本、認同與族群特性之上。關於近年學界的這種主流口味，可以參考Walter Pohl編輯或共同編輯的諸多著作附上的參考資料，尤其是*Strategies of Distinction* (Leiden, 1998)與*Kingdoms of the Empire* (Leiden, 1997)、*Die Suche nach den Ursprüngen* (Vienna, 2004)以及*Post-Roman Transitions* (Turnhout, 2013)——儘管書名不見得是英語，但書中的許多文章都是英語文章。Magali Coumert的*Origines des peuples* (Paris, 2007)採取非常不同的觀點，深具啟發。Guy Halsall以中世紀早期為主題，寫出若干最深入、最具有史家風範的近作。他的*Warfare and Society in the Barbarian West, 450–900* (London, 2003)徹底粉碎了某些多產的中世紀學者發展出來的錯覺——也就是蠻族王國可以跟過往的羅馬帝國發揮相同的功能；他的*Cemeteries and Society in Merovingian Gaul* (Leiden, 2009)所收入的論文也有類似的、有益的破除偶像之作用。Bonnie Effros的*Merovingian Mortuary Archaeology and the Making of the Early*

Middle Ages (Berkeley, CA, 2003)與*Uncovering the Germanic Past* (Oxford, 2012)探討了讓這段時期如此重要的近代史。

上述論辯把重點擺在未來的法蘭克王國，而西班牙與非洲就不是主戰場。我的*Late Roman Spain*（見前）把地方的敘事（雖然不多）延伸到六世紀晚期。Roger Collins的*Early Medieval Spain*比起新版，最好還是參考原版(London, 1983)。Steinacher的*Die Vandalen*依舊是處理非洲的關鍵著作。

多虧了亞瑟王產業（當然，沒有語言障礙也是個因素），中世紀早期史多得不成比例。但老實說，比起許多徒有表面的學術著作來說，Mary Stewart的亞瑟王小說還更有歷史價值。John Morris的*The Age of Arthur* (London, 1973)（至今仍是讓史料說鬼話的魅力傑作）啟迪了許多學者（還有更多的怪人）。關於對傳說嚴肅以對的當代嘗試，可以參考Christopher Gidlow, *The Reign of Arthur* (Stroud, 2004)。認真看待歷史的著作，見Guy Halsall, *Worlds of Arthur* (Oxford, 2013)。

中世紀早期愛爾蘭引出的怪胎簡直不下於亞瑟王。Dáibhí Ó Cróinín的*Early Medieval Ireland, 400–1200* (London, 1995)算是最無害的敘事了。關於低地國、北海海濱、斯堪地那維亞與波羅的海世界，還沒有更新的綜論足以取代Lotte Hedeager的*Iron-Age Societies* (Oxford, 1992)。要不是Svante Fischer的*Roman Imperialism and Runic Literacy* (Uppsala, 2005)純屬推測，原本是可以補上一部分的空隙的，不過這本書還是值得一讀。

往東走，Florin Curta的作品稱霸了以斯拉夫與巴爾幹世界為主題的英語著作。大部分都很專業，但可參考他比較好讀的*Southeastern Europe in the Middle Ages, 500–1250* (Cambridge, 2006)。關於東羅馬帝國由古代往中世紀的轉型，見Mark Whittow的*The Making of Orthodox Byzantium, 600–*

1025 (London, 1996)與John Haldon的*The Empire That Would Not Die* (Cambridge, MA, 2016)。T. S. Brown, *Gentlemen and Officers* (Rome, 1984)把拜占庭義大利苟延殘喘得情狀寫得栩栩如生。

關於宗教與教會，Judith Herrin的*The Formation of Christendom* (Princeton, NJ, 1987)活靈活現顛覆了書名的四平八穩。Robert Markus的*The End of Ancient Christianity* (Cambridge, 1990)與*Gregory the Great and His World* (Cambridge, 1997)也是一樣的情況。

關於早期伊斯蘭歷史，Hugh Kennedy的*The Prophet and the Age of the Caliphates* (London, 1986)依然是安全的選擇，而Aziz Al-Azmeh的*The Emergence of Islam in Late Antiquity* (Cambridge, 2014)則顯示了學術對話已經推進了多少。即便Patricia Crone與Michael Cook共同或各自寫的眾多作品，對非專家來說很難閱讀，但無論哪一個領域的史學家，都能從中獲益良多。兩人的*Hagarism* (Cambridge, 1977)大破大立，令人屏息（也是公認的難讀），至今依舊深具啟發，但兩位作者在後來的著作中觀點變得溫和許多。Garth Fowden的*Empire to Commonwealth: Consequences of Monotheism in Late Antiquity* (Princeton, NJ, 1993)與*Before and after Muhammad* (Princeton, NJ, 2013)沒那麼激進，但同樣帶給人靈感。最後，G. W. Bowersock引人入勝的*The Throne of Adulis* (Oxford, 2013)帶領讀者進入一個此前幾無人知的世界，讓他們想了解更多更多。

參考書目

下面提到的著作，是我在寫作時最常參考的二手文獻（只列出書，要是連期刊論文都列出來的話，會讓已經夠長的篇幅變成三倍）。相關的一手文獻，已經在延伸閱讀中提到，也有建議的譯本；學者想必知道哪個版本最一絲不苟，值得參考，而面對更令人費解的文獻時，*The Oxford Classical Dictionary*或*The Oxford Dictionary of Byzantium*必能指點迷津。我分成幾個階段，用了好幾年寫這本書，過程中自然會運用到我這輩子讀過的書。如果我吸收了誰的想法，卻沒有意識到，或是我在無意間遺漏了誰的著作，請接受我的致歉；尤其是對那些影響我甚深的作品，但因為是用英語以外的語言寫就，因此沒有在延伸閱讀中提到，而是在此羅列的那些學者，我要致上至高的歉意。

Adams, J. N. *The Regional Diversification of Latin, 200 BC–AD 600*. Cambridge, 2007.

Agusta-Boularot, Sandrine, Joëlle Beaucamp, et al., eds. *Recherches sur la chronique de Jean Malalas II*. Paris, 2006.

Al-Azmeh, Aziz. *The Emergence of Islam in Late Antiquity: Allah and His People*. Cambridge, 2014.

Albert, Gerhard. *Goten in Konstantinopel. Untersuchungen zur oströmischen Geschichte um das Jahr 400 n. Chr.* Paderborn, 1984.

Alföldi, Andreas. *Der Untergang der Römerherrschaft in Pannonien*. 2 vols. Berlin, 1924–6.

Alföldi, Andrew. *A Conflict of Ideas in the Late Roman Empire*. H. Mattingly, trans. Oxford, 1952.

Alföldi, Andreas. *Die monarchische Repräsentation im römischen Kaiserreiche*. E. Alföldi-Rosenbaum, ed. Darmstadt, 1970.

Alföldy, Géza. *Noricum*. London, 1974.

Allen, Pauline and Elizabeth M. Jeffreys, eds. *The Sixth Century: End or Beginning?* Canberra, 1996.

Alram, Michael. *Das Antlitz des Fremden: Die Münzprägung der Hunnen und Westtürken in Zentralasien und Indien.* Vienna, 2016.

Alram, Michael and Deborah E. Klimburg-Salter, eds. *Coins, Art and Chronology: Essays on the Pre-Islamic History of the Indo-Iranian Borderlands*. Vienna, 1999.

Alram, Michael, Deborah E. Klimburg-Salter, Minoru Inaba and Matthias Pfisterer, eds. *Coins, Art and Chronology II: The First Millennium CE in the Indo-Iranian Borderlands*. Vienna, 2010.

Amitai, Reuven and Michal Biran, eds. *Nomads as Agents of Cultural Change: The Mongols and Their Eurasian Predecessors*. Honolulu, HI, 2015.

Amory, Patrick. *People and Identity in Ostrogothic Italy, 489–554*. Cambridge, 1997.

Ando, Clifford and Seth Richardson, eds. *Ancient States and Infrastructural Power: Europe, Asia, America*. Philadelphia, PA, 2017.

Antela-Bernárdez, Borja and Jordi Vidal, eds. *Central Asia in Antiquity: Interdisciplinary Perspectives*, British Archaeological Reports International Series 2665. Oxford, 2014.

Arce, Javier. *Scripta varia. Estudios de Historia y Arqueología sobre la Antigüedad Tardía.* Madrid, 2018.

Arnheim, M. T. W. *The Senatorial Aristocracy in the Later Roman Empire*. Oxford, 1972.

Arnold, Jonathan J., M. Shane Bjornlie and Kristina Sessa, eds. *A Companion to Ostrogothic Italy*. Leiden, 2016.

Athanassiadi-Fowden, Polymnia. *Julian and Hellenism: An Intellectual Biography*. Oxford, 1981.

Athanassiadi, Polymnia and Michael Frede, eds. *Pagan Monotheism in Late Antiquity.* Oxford, 1999.

Ausenda, Giorgio, ed. *After Empire: Towards an Ethnology of Europe's Barbarians.* Woodbridge, 1995.

Austin, N. J. E. *Ammianus on Warfare. An Investigation into Ammianus' Military Knowledge.* Brussels, 1979.

Austin, N. J. E. and N. B. Rankov. *Exploratio: Military and Political Intelligence in the Roman World from the Second Punic War to the Battle of Adrianople*. London, 1995.

Axboe, Morten. *Die Goldbrakteaten der Völkerwanderungszeit.* Ergänzungsbande zum Reallexikon der Germanischen Altertumskunde 38. Berlin, 2004.

Babut, E.-Ch. *Priscillien et le Priscillianisme.* Paris, 1909.

Bagnall, Roger S. *Egypt in Late Antiquity.* Princeton, NJ, 1993.

Bagnall, Roger S., ed. *Egypt in the Byzantine World, 200–700*. Cambridge, 2007.

Bagnall, Roger S., Alan Cameron, Seth R. Schwartz and K. A. Worp. *Consuls of the Later Roman Empire.* APA Philological Monographs. Atlanta, GA, 1987.

Balmelle, Catherine. *Les demeures aristocratiques d'Aquitaine*. Supplément Aquitania 10. Bordeaux, 2001.

Banaji, Jairus. *Agrarian Change in Late Antiquity*, revised edn. Oxford, 2007.

Banaji, Jairus. *Exploring the Economy of Late Antiquity: Selected Essays.* Cambridge, 2016.

Banchich, Thomas M. *The Lost History of Peter the Patrician: An Account of Rome's Imperial Past from the Age of Justinian.* London, 2015.

Banchich, Thomas M. and Eugene N. Lane. *The History of Zonaras: From Alexander Severus to the Death of Theodosius the Great.* London, 2009.

Barceló, Pedro A. *Roms auswärtige Beziehungen unter den Constantinischen Dynastie (306–363)*. Regensburg, 1981.

Barnes, T. D. *Constantine and Eusebius*. Cambridge, MA, 1980.

Barnes, T. D. *The New Empire of Diocletian and Constantine.* Cambridge, MA, 1982.

Barnes, T. D. *Athanasius and Constantius*. Cambridge, MA, 1993.

Barnes, T. D. *From Eusebius to Augustine: Selected Papers, 1982–1993*. Aldershot, 1994.

Barnes, T. D. *Ammianus Marcellinus and the Representation of Historical Reality*. Ithaca, NY, 1998.

Barnes, T. D. *Constantine: Dynasty, Religion and Power in the Later Roman Empire*. Maldon, MA, 2011.

Barrow, R. H. *Prefect and Emperor: The Relationes of Symmachus, AD 384*. Oxford, 1972.

Barthold, W. *Turkestan down to the Mongol Invasion*. H. A. R. Gibb, ed. 2nd edn. London, 1958.

Bastien, Pierre. *Le monnayage de Magnence (350–353)*. 2nd edn. Wetteren, 1983.

Bastien, Pierre. *Le buste monétaire des empereurs romains*. 3 vols. Wetteren, 1992–4.

Batty, Roger. *Rome and the Nomads: The Pontic-Danubian Realm in Antiquity.* Oxford, 2007.

Baumgart, Susanne. *Die Bischofsherrschaft im Gallien des 5. Jahrhunderts*. Munich, 1995.

Beaucamp, Joëlle, ed. *Recherches sur la chronique de Jean Malalas*. Paris, 2004.

Becker, Audrey. *Les relations diplomatiques romano-barbares en Occident au Ve siècle: Acteurs, fonctions, modalités*. Paris, 2013.

Becker, Audrey and Nicolas Drocourt, eds. *Ambassadeurs et ambassades au coeur des relations diplomatique. Rome–Occident Médiéval–Byzance (VIII-e avant J.-C.–XII-e après J.-C.)*. Centre de Recherche Universitaire Lorrain d'Histoire; Université de Lorraine – Site de Metz 47. Metz, 2012.

Behrwald, Ralf and Christian Witschel, eds. *Rom in der Spätantike: Historische Erinnerung im städtischen Raum*. Habes 51. Stuttgart, 2012.

Bell, H. I., et al., eds. *The Abinnaeus Archive: Papers of a Roman Officer in the Reign of Constantius II*. Oxford, 1962.

Bell, Peter N. *Three Political Voices from the Age of Justinian*. Translated Texts for Historians 52. Liverpool, 2009.

Bell-Fialkoff, Andrew, ed. *The Role of Migration in the History of the Eurasian Steppe: Sedentary Civilization vs. 'Barbarian' and Nomad*. London, 2000.

Bemmann, Jan and Michael Schmauder, eds. *Complexity of Interaction along the Eurasian Steppe Zone in the First Millennium*

CE. Bonn Contributions to Asian Archaeology 7. Bonn, 2015.

Ben-Eliyahu, Eyal, Yehudah Cohn and Fergus Millar. *Handbook of Jewish Literature from Late Antiquity, 135–700 CE*. Oxford, 2012.

Berndt, Guido M. and Roland Steinacher, eds. *Das Reich der Vandalen und seine (Vor-) Geschichten*. Forschungen zur Geschichte des Mittelalters 13. Vienna, 2008.

Bidez, J. *La vie de l'empereur Julien*. Paris, 1930.

Birley, Anthony R. *The Roman Government of Britain*. Oxford, 2005.

Bjornlie, M. Shane. *Politics and Tradition between Rome, Ravenna and Constantinople*. Cambridge, 2013.

Bland, Roger and Xavier Loriot. *Roman and Early Byzantine Gold Coins Found in Britain and Ireland with an Appendix of New Finds from Gaul*. Royal Numismatic Society Special Publication 46. London, 2010.

Blockley, R. C. *The Fragmentary Classicising Historians of the Later Roman Empire I: Eunapius, Olympiodorus, Priscus and Malchus*. Liverpool, 1981.

Blockley, R. C. *The Fragmentary Classicising Historians of the Later Roman Empire II: Text, Translation and Historiographical Notes*. Liverpool, 1983.

Blockley, R. C. *The History of Menander the Guardsman: Introductory Essay, Text, Translation and Historiographical Notes*. Liverpool, 1985.

Blockley, R. C. *East Roman Foreign Policy: Formation and Conduct from Diocletian to Anastasius*. Liverpool, 1992.

Bolle, Katharina, Carlos Machado and Christian Witschel, eds. *The Epigraphic Cultures of Late Antiquity*. Heidelberger Althistorische Beiträge und Epigraphische Studien 60. Stuttgart, 2017.

Bóna, István. *Das Hunnenreich*. Stuttgart, 1991.

Bonamente, Giorgio, Noel Lenski and Rita Lizzi Testa, eds. *Costantino prima e dopo Costantino*. Bari, 2012.

Bopearachchi, Osmund. *Indo-Greek, Indo-Scythian and Indo-Parthian Coins in the Smithsonian Institution*. Washington DC,

1993.

Börm, Henning. *Westrom von Honorius bis Justinian.* Stuttgart, 2013.

Bourgeois, Luc, ed. *Wisigoths et Francs autour de la bataille de Vouillé (507).* Saint-Germain-en-Laye, 2010.

Bowersock, G. W. *Julian the Apostate.* Cambridge, MA, 1978.

Bowersock, G. W. *Hellenism in Late Antiquity*. Ann Arbor, MI, 1990.

Bowersock, G. W. *Selected Papers on Late Antiquity.* Bari, 2000.

Bowersock, G. W. *The Throne of Adulis: Red Sea Wars on the Eve of Islam*. Oxford, 2013.

Bowman, Alan K. and Andrew Wilson, eds. *The Roman Agricultural Economy: Organization, Investment and Production.* Oxford, 2013.

Bratoz, Rajko, ed. *Westillyricum und Nordostitalien in der spätrömischen Zeit*. Ljubljana, 1996.

Braund, David. *Georgia in Antiquity: A History of Colchis and Transcaucasian Iberia, 550 BC–AD 562*. Oxford, 1994.

Brenot, Claude and Xavier Loriot, eds. *L'Or monnayé: Cahiers Ernest-Babelon*. Paris, 1992.

Brock, Sebastian and Brian Fitzgerald. *Two Early Lives of Severos, Patriarch of Antioch*. Translated Texts for Historians 59. Liverpool, 2013.

Brown, Peter. *Augustine of Hippo: A Biography*. London, 1967.

Brown, Peter. *The World of Late Antiquity*. London, 1971.

Brown, Peter. *Religion and Society in the Age of St Augustine*. London, 1972.

Brown, Peter. *Power and Persuasion in Late Antiquity: Towards a Christian Empire*. Madison, WI, 1992.

Brown, T. S. *Gentlemen and Officers: Imperial Administration and Aristocratic Power in Byzantine Italy, AD 554–800*. Rome, 1984.

Burgess, R. W. *The Chronicle of Hydatius and the Consularia Constantinopolitana*. Oxford, 1993.

Burgess, R. W. *Studies in Eusebian and Post-Eusebian Chronography*. Historia Einzelschriften 135. Stuttgart, 1999.

Burgess, R. W. *Chronicles, Consuls and Coins: Historiography and History in the Later Roman Empire*. Variorum Collected Studies 984. Burlington, VT, 2011.

Burrus, Virginia. *The Making of a Heretic: Gender, Authority and the Priscillianist Controversy*. Berkeley, CA, 1995.

Bursche, Aleksander. *Later Roman-Barbarian Contacts in Central Europe: Numismatic Evidence*. Berlin, 1996.

Bury, J. B. *History of the Later Roman Empire from the Death of Theodosius I to the Death of Justinian*. 2 vols. London, 1923.

Callu, J.-P. *La monnaie dans l'antiquité tardive: Trente-quatre études de 1972 à 2002*. Bari, 2010.

Cameron, Alan. *Claudian: Poetry and Propaganda at the Court of Honorius*. Oxford, 1970.

Cameron, Alan. *Circus Factions: Blues and Greens at Rome and Byzantium*. Oxford, 1975.

Cameron, Alan. *The Last Pagans of Rome*. Oxford, 2010.

Cameron, Alan. *Wandering Poets and Other Essays on Late Greek Literature and Philosophy*. Oxford, 2015.

Cameron, Alan and Jacqueline Long. *Barbarians and Politics at the Court of Arcadius*. Berkeley, CA, 1993.

Cameron, Averil. *Procopius and the Sixth Century*. Berkeley, CA, 1985.

Cameron, Averil. *Christianity and the Rhetoric of Empire*. Berkeley, CA, 1991.

Cameron, Averil, ed. *The Byzantine and Early Islamic Near East III: States, Resources and Armies*. Princeton, NJ, 1995.

Cameron, Averil and Lawrence I. Conrad, eds. *The Byzantine and Early Islamic Near East I: Problems in the Literary Source Material*. Princeton, NJ, 1992.

Canepa, Matthew P. *The Two Eyes of the Earth: Art and Ritual of Kingship between Rome and Sasanian Iran*. Berkeley, CA, 2009.

Capizzi, Carmelo. *L'imperatore Anastasio I (491–518)*. Rome, 1969.

Carlà, Filippo. *L'oro nella tarda antichità: aspetti economici e sociali*. Turin, 2009.

Cerati, André. *Caractère annonaire et assiette de l'impôt foncier au Bas-Empire*. Paris, 1975.

Cesa, Maria. *Impero tardoantico e barbari: la crisi militare da Adrianopoli al 418* Como, 1994.

Chadwick, Henry. *Priscillian of Avila: The Occult and the Charismatic in the Early Church*. Oxford, 1976.

Chadwick, Henry. *Boethius: The Consolations of Music, Logic, Theology and Philosophy.* Oxford, 1980.

Chadwick, Henry. *Augustine*. Oxford Past Masters. Oxford, 1986.

Chadwick, Henry. *The Church in Ancient Society from Galilee to Gregory the Great*. Oxford, 2002.

Chastagnol, André. *La préfecture urbaine à Rome sous le Bas-Empire.* Paris, 1960.

Chastagnol, André. *Les fastes de la préfecture de Rome au Bas-Empire.* Paris, 1962.

Chastagnol, André. *Le sénat romain sous le règne d'Odoacre.* Bonn, 1966.

Chaumont, Marie-Louise. *Recherches sur l'histoire d'Arménie de l'avènement des Sassanides à la conversion du royaume*. Paris, 1969.

Chaumont, Marie-Louise. *La Christianisation de l'empire iranien des origines aux grandes persécutions du IVe siècle*. Louvain, 1988.

Chauvot, Alain. *Opinions romaines face aux barbares au IVe siècle ap. J.-C.* Paris, 1998.

Chin, Catherine M. *Grammar and Christianity in the Late Roman World*. Philadelphia, PA, 2008.

Christensen, Arthur. *L'Iran sous les Sassanides*. 2nd edn. Copenhagen, 1944.

Christidis, A. F., ed. *A History of Ancient Greek from the Beginnings to Late Antiquity.* Cambridge, 2007.

Christie, Neil. *The Fall of the Western Roman Empire: An Archaeological and Historical Perspective*. London, 2012.

Clackson, James and Geoffrey Horrocks, eds. *The Blackwell History of the Latin Language*. Oxford, 2007.

Clark, Gillian. *Iamblichus: On the Pythagorean Life*. Translated Texts for Historians 8. Liverpool, 1989.

Classen, Peter. *Kaiserreskript und Königsurkunde: Diplomatische Studien zum Problem der Kontinuität zwischen Altertum und Mittelalter*. Thessaloniki, 1977. Clauss, Manfred. *Der magister officiorum in der Spätantike (4.–6. Jahrhundert)*. Munich, 1981.

Clover, Frank M. *The Late Roman West and the Vandals*. Variorum Collected Studies 401. Aldershot, 1993.

Collins, Roger. *Early Medieval Spain: Unity in Diversity, 400–1000*. London, 1983.

Cooper, Kate and Julia Hillner, eds. *Religion, Dynasty and Patronage in Early Christian Rome, 300–900*. Cambridge, 2008.

Coumert, Magali. *Origines des peuples: Le récits du Haut Moyen Âge occidental (550–850)*. Paris, 2007.

Courcelle, Pierre. *Les lettres grecques en Occident de Macrobe à Cassiodore*. Paris, 1948.

Courcelle, Pierre. *Histoire littéraire des grandes invasions germaniques*. 3rd edn. Paris, 1964.

Courtois, Christian et al., eds. *Tablettes Albertini: Actes privés de l'époque vandale (fin du Ve siècle)*. Paris, 1952.

Courtois, Christian. *Les Vandales et l'Afrique*. Paris, 1955.

Coville, Alfred. *Recherches sur l'histoire de Lyon du V-me au IX-me siècle (450–800)*. Paris, 1928.

Cracco Ruggini, Lellia. *Gli ebrei in età tardoantica: Presenze, intolleranze, incontri*. Rome, 2011.

Cribiore, Raffaela. *The School of Libanius in Late Antique Antioch*. Princeton, NJ, 2007.

Cribiore, Raffaela. *Between City and School: Selected Orations of Libanius*. Translated Texts for Historians 65. Liverpool, 2016.

Croke, Brian. *Christian Chronicles and Byzantine History, 5th–6th Centuries*. Variorum Collected Studies 386. Aldershot, 1992.

Croke, Brian. *The Chronicle of Marcellinus, Translation and Commentary*. Canberra, 1995.

Croke, Brian. *Count Marcellinus and His Chronicle*. Oxford, 2001.

Crone, Patricia and Michael Cook. *Hagarism: The Making of the Islamic World*. Cambridge, 1977.

Crone, Patricia. *Meccan Trade and the Rise of Islam*. Princeton, 1987.

Curran, John. *Pagan City and Christian Capital: Rome in the Fourth Century*. Oxford, 2000.

Curta, Florin. *The Making of the Slavs: History and Archaeology of the Lower Danube Region, c. 500–700*. Cambridge, 2001.

Curta, Florin. *Southeastern Europe in the Middle Ages, 500–1250*. Cambridge, 2006.

Curta, Florin, ed. *Neglected Barbarians*. Turnhout, 2010.

Dagron, Gilbert. *Naissance d'une capitale: Constantinople et ses institutions de 330 à 451*. Paris, 1974.

Deichmann, Friedrich Wilhelm. *Ravenna, Hauptstadt des spätantiken Abendlandes*. 5 vols. Wiesbaden, 1958–89.

Delaplace, Christine. *La fin de l'Empire romain d'Occident: Rome et les Wisigoths de 382 à 531*. Rennes, 2015.

Delbrueck, Richard. *Die Consulardiptychen*. Berlin, 1929.

Delbrueck, Richard. *Spätantike Kaiserporträts von Constantinus Magnus bis zum Ende des Westreichs*. 2 vols. Berlin, 1933.

Delbrueck, Richard. *Dittici consolari tardoantichi*. Marilena Abbatepaolo, ed. Bari, 2009.

Déleage, André. *La capitation du Bas-Empire*. Mâcon, 1945.

De Lepper, J. L. M. *De rebus gestis Bonifatii comitis Africae et magistri militum*. Breda, 1941.

Delmaire, Roland. *Largesses sacrées et Res Privata: L'aerarium impérial et son administration du IVe au VIe siècle*. Rome, 1989.

Delmaire, Roland. *Les responsables des finances impériales au Bas-Empire romain (IVe–VIe s.)*. Collection Latomus 203. Brussels, 1989.

Delmaire, Roland. *Les institutions du Bas-Empire romain de Constantin à Justinien: Les institutions civiles palatines*. Paris, 1995.

Demandt, Alexander. *Die Spätantike: Römische Geschichte von Diocletian bis Justinian 284–565 n. Chr.* Handbuch der Altertumswissenschaft III.6. Munich, 1989.

Demougeot, Émilienne. *De l'unité à la division de l'empire romain, 395–410*. Paris, 1951.

Demougeot, Émilienne. *L'Empire romain et les barbares d'Occident (IV-e–VI-e siècles). Scripta Varia*. Paris, 1988.

Den Boeft, J., J. W. Drijvers, D. den Hengst and H. C. Teitler, eds. *Ammianus After Julian: The Reign of Valentinian and Valens in Books 26–31 of the Res Gestae*. Leiden, 2007.

Den Hengst, Daniel. *Emperors and Historiography: Collected Essays on the Literature of the Roman Empire*. D. W. P. Burgersdijk and J. A. van Waarden, eds. Mnemosyne Supplements. Leiden, 2010.

Dey, Hendrik W. *The Afterlife of the Roman City: Architecture and Ceremony in Late Antiquity and the Early Middle Ages*. Cambridge, 2015.

Di Cosmo, Nicola and Michael Maas, eds. *Empires and Exchanges in Eurasian Late Antiquity: Rome, China, Iran, and the Steppe, ca. 250–750*. Cambridge, 2018.

Diefenbach, Steffen and Gernot Michael Müller, eds. *Gallien in Spätantike und Frühmittelalter: Kulturgeschichte einer Region*.

Millennium Studien 43. Berlin, 2013.

Diesner, Hans-Joachim. *Der Untergang der römischen Herrschaft in Nordafrika* Weimar, 1964.

Diesner, Hans-Joachim. *Das Vandalenreich: Aufstieg und Untergang*. Stuttgart, 1966.

Dittrich, Ursula-Barbara. *Die Beziehungen Roms zu den Sarmaten und Quaden im vierten Jahrhundert n. Chr*. Bonn, 1984.

Downey, Glanville. *A History of Antioch in Syria from Seleucus to the Arab Conquest.* Princeton, NJ, 1961.

Drijvers, Jan Willem and David Hunt, eds. *The Late Roman World and Its Historian: Interpreting Ammianus Marcellinus.* London, 1999.

Drinkwater, John. *The Alamanni and Rome, 213–496*. Oxford, 2007.

Drinkwater, John and Hugh Elton, eds. *Fifth-century Gaul: A Crisis of Identity?* Cambridge, 1992.

Duncan, G. L. *Coin Circulation in the Danubian and Balkan Provinces of the Roman Empire, AD 294–578*. London, 1993.

Duval, Yves-Marie. *L'extirpation de l'Arianisme en Italie du Nord et en Occident.* Variorum Collected Studies Series 611. Brookfield, VT, 1998.

Ebert, Max. *Sudrussland im Altertum.* Bonn, 1921.

Edwards, Mark. *Optatus: Against the Donatists*. Translated Texts for Historians 27. Liverpool, 1997.

Effros, Bonnie. *Merovingian Mortuary Archaeology and the Making of the Early Middle Ages.* Berkeley, CA, 2003.

Effros, Bonnie. *Uncovering the Germanic Past: Merovingian Archaeology in France, 1830–1914*. Oxford, 2012.

Ellegard, Alvar and Gunilla Akerström-Hougen, eds. *Rome and the North*. Jonsered, 1993.

Elton, Hugh. *Warfare in Roman Europe, AD 350–425.* Oxford, 1996.

Ensslin, Wilhelm. *Theoderich der Grosse*. Munich, 1947.

Errington, R. Malcolm. *Roman Imperial Policy from Julian to Theodosius*. Chapel Hill, NC, 2006.

Esmonde Cleary, Simon. *The Roman West, AD 200–500: An Archaeological Study*. Cambridge, 2013.

Evans, J. A. S. *The Age of Justinian*. London, 1996.

Ewig, Eugen. *Spätantikes und fränkisches Gallien I–II.* Beihefte der Francia, Band 3/1–3/2. Munich, 1976–9.

Fabech, Charlotte and Ulf Näsman, eds. *The Sösdala Horsemen and the Equestrian Elite of Fifth-century Europe*. Moesgard, 2017.

Fagerlie, Joan M. *Late Roman and Byzantine Solidi Found in Sweden and Denmark*. New York, NY, 1967.

Favrod, Justin. *Histoire politique du royaume burgonde (443–534)*. Lausanne, 1997.

Fehr, Hubert. *Germanen und Romanen im Merowingerreich*. Ergänzungsbande zum Reallexikon der Germanischen Altertumskunde 68. Berlin, 2010.

Fehr, Hubert and Philipp von Rummel. *Die Völkerwanderung*. Stuttgart, 2011. Fernández, Damián. *Aristocrats and Statehood in Western Iberia, 200–600 CE*. Berkeley, CA, 2017.

Ferris, I. M. *Enemies of Rome: Barbarians through Roman Eyes*. Stroud, 2000.

Festugière, A. J. *Antioche païenne et chrétienne: Libanius, Chrysostome et les moines de Syrie*. Paris, 1959.

Fischer, Svante. *Roman Imperialism and Runic Literacy: The Westernization of Northern Europe (150–800 ad)*. Uppsala, 2005.

Fisher, Greg. *Between Empires: Arabs, Romans and Sasanians in Late Antiquity*. Oxford, 2011.

Fisher, Greg, ed. *Arabs and Empires before Islam*. Oxford, 2015.

Fornasier, Jochen and Burkhard Böttger, eds. *Das Bosporanische Reich*. Mainz, 2002. Foss, Clive. *Ephesus after Antiquity: A Late Antique, Byzantine and Turkish City*. Cambridge, 1979.

Frend, W. H. C. *The Rise of the Monophysite Movement*. Cambridge, 1972.

Friedländer, Julius. *Die Münzen der Vandalen: Nachträge zu den Münzen der Ostgothen*. Leipzig, 1849.

Frolova, Nina A. *Essays on the Northern Black Sea Region Numismatics*. Odessa, 1995.

Frye, Richard N. *The History of Ancient Iran*. Handbuch der Altertumswissenschaft 3.7. Munich, 1984.

Gamillscheg, Ernst. *Romania Germanica: Sprach- und Siedlungsgeschichte der Germanen auf den Boden des alten Römerreiches*, 3 vols. Berlin, 1935–70.

García-Gasco, Rosa, Sergio González Sánchez and David Hernández de la Fuente, eds. *The Theodosian Age (AD 379–455):*

Power, Place, Belief and Learning at the End of the Western Empire. British Archaeological Reports International Series 2493. Oxford, 2013.

Gariboldi, Andrea. *Sylloge Nummorum Sasanidarum, Tajikistan: Sasanian Coins and Their Imitations from Sogdiana and Tocharistan*. Veröffentlichen der numismatischen Kommission der Österreichischen Akademie der Wissenschaft 61. Vienna, 2017.

Garzya, Antonio. *Il mandarino e il quotidiano: Saggi sulla letteratura tardoantica e bizantina*. Naples, 1983.

Gaupp, Ernst Theodor. *Die germanischen Ansiedlungen und Landtheilungen in den Provinzen des römischen Westreiches*. Breslau, 1844.

Gazeau, Véronique, Pierre Bauduin and Yves Moderan, eds. *Identité et Ethnicité. Concepts, débats historiographiques, exemples (III-e–XII-e siècle)*. Caen, 2008.

Geuenich, Dieter. *Geschichte der Alemannen*. Stuttgart, 1997.

Gheller, Viola. *'Identità' e 'arianesimo gotico': genesi di un topos storiografico*. Bologna, 2017.

Giardina, Andrea. *Aspetti della burocrazia nel basso imperio*. Urbino, 1977.

Gidlow, Christopher. *The Reign of Arthur: From History to Legend*. Stroud, 2004.

Göbl, Robert. *Dokumente zur Geschichte der iranischen Hunnen in Baktrien und Indien*. 4 vols. Wiesbaden, 1967.

Göbl, Robert. *Sasanidische Numismatik*. Braunschweig, 1968.

Goetz, Hans-Werner, Jörg Jarnut and Walter Pohl, eds. *Regna and Gentes: The Relationship between Late Antique and Early Medieval Peoples and Kingdoms in the Transformation of the Roman World*. Leiden, 2001.

Goffart, Walter. *Barbarians and Romans: The Techniques of Accommodation, AD 418–584*. Princeton, NJ, 1980.

Goffart, Walter. *Rome's Fall and After*. London, 1989.

Goffart, Walter. *Barbarian Tides: The Migration Age and the Later Roman Empire*. Philadelphia, PA, 2006.

Greatrex, Geoffrey, *Rome and Persia at War, 502–532*. Leeds, 1998.

Greatrex, Geoffrey and Samuel N. C. Lieu. *The Roman Eastern Frontier and the Persian Wars, Part II: AD 363–630*. London, 2002.

Green, D. H. *Language and History in the Early Germanic World*. Cambridge, 1998. Grey, Cam. *Constructing Communities in the Late Roman Countryside*. Cambridge, 2011.

Grierson, Philip and Mark Blackburn, *Medieval European Coinage with a Catalogue of the Coins in the Fitzwilliam Museum, Cambridge, Volume I: The Early Middle Ages (5th–10th Centuries)*. Cambridge, 1986.

Griffe, Élie. *La Gaule chrétienne à l'époque romain*. 3 vols. Paris, 1964–6.

Grig, Lucy and Gavin Kelly, eds. *Two Romes: Rome and Constantinople in Late Antiquity*. New York, NY, 2012.

Grosse, Robert. *Römische Militärgeschichte von Gallienus bis zum Beginn der byzantinischen Themenverfassung*. Berlin, 1920.

Guilland, Rodolphe. *Titres et fonctions de l'Empire byzantin*. Variorum Collected Studies 50. London, 1976.

Güldenpenning, Albert. *Geschichte des oströmischen Reiches unter den Kaisern Arcadius und Theodosius II*. Halle, 1885.

Haarer, F. K. *Anastasius I: Politics and Empire in the Late Roman World*. Liverpool, 2006.

Hachmann, Rolf. *Die Goten und Skandinavien*. Berlin, 1970.

Halsall, Guy. *Warfare and Society in the Barbarian West, 450–900*. London, 2003.

Halsall, Guy. *Barbarian Migrations and the Roman West, 376–568*. Cambridge, 2007.

Halsall, Guy. *Cemeteries and Society in Merovingian Gaul: Selected Studies in History and Archaeology*. Leiden, 2009.

Halsall, Guy. *Worlds of Arthur: Facts and Fictions of the Dark Ages*. Oxford, 2013.

Handley, Mark A. *Death, Society and Culture: Inscriptions and Epitaphs in Gaul and Spain, AD 300–750*. British Archaeological Reports International Series 1135. Oxford, 2003.

Hanson, R. P. C. *Saint Patrick: His Origins and Career*. Oxford, 1968.

Harl, Kenneth W. *Coinage in the Roman Economy, 300 BC to AD 700*. Baltimore, MD, 1996.

Harper, Kyle. *Slavery in the Late Roman World, AD 275–425*. Cambridge, 2011. Harper, Kyle. *The Fate of Rome: Climate,*

Disease, and the End of an Empire. Princeton, NJ, 2017.

Harries, Jill. *Sidonius Apollinaris and the Fall of Rome*. Oxford, 1994.

Harries, Jill. *Law and Empire in Late Antiquity*. Cambridge, 1999.

Harries, Jill and Ian Wood, eds. *The Theodosian Code*. 2nd edn. Bristol, 2010.

Harris, William V. *Rome's Imperial Economy: Twelve Essays*. New York, NY, 2011.

Harris, William V. *Roman Power: A Thousand Years of Empire*. Cambridge, 2016.

Harris, William V., ed. *The Transformations of Urbs Roma in Late Antiquity*, Journal of Roman Archaeology Supplementary Series 33. Portsmouth, RI, 1999.

Harris, William V., ed. *The Spread of Christianity in the First Four Centuries: Essays in Explanation*. Leiden, 2005.

Hartmann, Ludo Moritz. *Untersuchungen zur Geschichte der byzantinischen Verwaltung in Italien (540–750)*. Leipzig, 1889.

Heather, Peter. *Goths and Romans, 332–489*. Oxford, 1991.

Heather, Peter. *The Fall of the Roman Empire: A New History of Rome and the Barbarians*. New York, NY, 2005.

Heather, Peter J. and John Matthews. *The Goths in the Fourth Century*. Translated Texts for Historians. Liverpool, 1991.

Hedeager, Lotte. *Iron-Age Societies: From Tribe to State in Northern Europe, 500 BC–700 AD*, John Hines, trans. Oxford, 1992.

Hendy, Michael. *Studies in the Byzantine Monetary Economy c. 350–1450*. Cambridge, 1985.

Herrin, Judith. *The Formation of Christendom*. Princeton, NJ, 1987.

Herrin, Judith and Jinty Nelson, eds. *Ravenna: Its Role in Earlier Medieval Change and Exchange*. London, 2016.

Hodgkin, Thomas. *Italy and Her Invaders*. 8 vols. Oxford, 1880–99.

Hoffmann, Dietrich. *Das spätrömische Bewegungsheer und die Notitia Dignitatum*. Epigraphische Studien 7/1–2. 2 vols. Düsseldorf, 1969–70.

Holum, Kenneth G. *Theodosian Empresses: Women and Imperial Dominion in Late Antiquity*. Berkeley, CA, 1982.

Honoré, Tony. *Law in the Crisis of Empire: The Theodosian Dynasty and Its Quaestors*. Oxford, 1998.

Horsnaes, Helle W. *Crossing Boundaries: An Analysis of Roman Coins in Danish Contexts, Volume 1: Finds from Sealand, Funen and Jutland.* Aarhus, 2010.

Howard-Johnston, James. *East Rome, Sasanian Persia and the End of Antiquity*. Variorum Collected Studies. London, 2006.

Hübener, Wolfgang, ed. *Die Alemannen in der Frühzeit*. Bühl, 1974.

Hudson, Benjamin. *The Picts*. Chichester, 2014.

Humphrey, J. H., ed. *The Roman and Byzantine Near East: Some Recent Archaeological Research*. Journal of Roman Archaeology Supplement 14. Portsmouth, RI, 1995.

Humphrey, J. H., ed. *The Roman and Byzantine Near East Volume 2: Some Recent Archaeological Research*. Journal of Roman Archaeology Supplement 31. Portsmouth, RI, 1999.

Ivanišević, Vujadin and Michel Kazanski, eds. *The Pontic-Danubian Realm in the Period of the Great Migration*. Paris, 2010.

James, Edward. *The Franks*. Oxford, 1988.

James, Edward. *Europe's Barbarians, AD 200–600*. London, 2009.

Janiszewski, Paweł. *The Missing Link: Greek Pagan Historiography in the Second Half of the Third Century and in the Fourth Century ad.* Warsaw, 2006.

Jeffreys, Elizabeth, Brian Croke and Roger Scott, eds. *Studies in John Malalas*. Byzantina Australiensia 6. Sydney, 1990.

Johnson, Mark J. *The Roman Imperial Mausoleum in Late Antiquity*. Cambridge, 2009.

Johnson, Scott Fitzgerald, ed. *The Oxford Handbook of Late Antiquity*. New York, NY, 2012.

Johnson, Stephen. *Late Roman Fortifications*. New York, NY, 1983.

Jones, A. H. M. *The Later Roman Empire, 284–602*. 4 vols. Oxford, 1964.

Jones, A. H. M. *The Roman Economy*. P. A. Brunt, ed. Oxford, 1975.

Jones, Christopher P. *Between Pagan and Christian*. Cambridge, MA, 2014.

Jongeward, David and Joe Cribb. *Kushan, Kushano-Sasanian and Kidarite Coins: A Catalogue of the Coins from the American*

Numismatic Society. New York, NY, 2014.

Jullian, Camille. *Histoire de la Gaule*. 8 vols. Paris, 1909–26.

Kahlos, Maijastina. *Vettius Agorius Praetextatus*. Rome, 2002.

Kaldellis, Anthony. *Procopius: Tyranny, History and Philosophy at the End of Antiquity*. Philadelphia, PA, 2004.

Kazanski, Michel. *Les Goths (Ier–VIIe après J.-C.)*. Paris, 1993.

Kazanski, Michel. *Les Slaves: Les origines I-er–VII-e siècle après J.-C.* Paris, 1999. Kelly, Christopher. *Ruling the Later Roman Empire*. Cambridge, MA, 2004.

Kelly, Christopher, ed. *Theodosius II: Rethinking the Roman Empire in Late Antiquity*. Cambridge, 2013.

Kelly, Gavin. *Ammianus Marcellinus: The Allusive Historian*. Cambridge, 2008.

Kennedy, David and Derrick Riley. *Rome's Desert Frontier from the Air*. London, 1990.

Kennedy, Hugh. *The Prophet and the Age of the Caliphates: The Islamic Near East from the Sixth to the Eleventh Century*. London, 1986.

Kim, Hyun Jin. *The Huns, Rome and the Birth of Europe*. Cambridge, 2013.

Kim, Hyun Jin. *The Huns*. London, 2015.

Kraus, F. F. *Die Münzen Odovacars und des Ostgotenreiches in Italien*. Halle, 1923.

Krause, Jens-Uwe and Christian Witschel, eds. *Die Stadt in der Spätantike – Niedergang oder Wandel?* Historia Einzelschriften 190. Stuttgart, 2006.

Krieger, Rommel. *Untersuchungen und Hypothesen zur Ansiedlung der Westgoten, Burgunder und Ostgoten*. Bern, 1992.

Kuhoff, Wolfgang. *Studien zur zivilen senatorischen Laufbahn im 4. Jhr. n. Chr*. Bern, 1983.

Kulikowski, Michael. *Late Roman Spain and Its Cities*. Baltimore, MD, 2004. Kulikowski, Michael. *Rome's Gothic Wars: From the Third Century to Alaric*. Cambridge, 2006.

Lammers, Walther, ed. *Entstehung und Verfassung des Sachsenstammes*. Darmstadt, 1967.

Langgärtner, Georg. *Die Gallienpolitik der Päpste im 5. und 6. Jahrhundert*. Theophaneia 16. Bonn, 1964.

Laniado, Avshalom. *Ethnos et droit dans le monde protobyzantin, v-e–vi-e siècle*. Paris, 2015.

Lapidge, Michael and David Dumville, eds. *Gildas: New Approaches*. Woodbridge, 1984.

Lebedynsky, Iaroslav. *Sur les traces des Alains et Sarmates en Gaule: Du Caucase à la Gaule, IVe–Ve siècle*. Paris, 2011.

Lebedynsky, Iaroslav. *Les Nomades: Les peuples nomades de la steppe des origines aux invasions mongoles (IXe siècle av. J.-C.–XIIIe siècle apr. J.-C.)*. Paris, 2017.

Le Bohec, Yann and Catherine Wolff, eds. *L'Armée romaine de Dioclétien à Valentinien Ier*. Paris, 2004.

Lee, A. D. *Information and Frontiers: Roman Foreign Relations in Late Antiquity*. Cambridge, 1993.

Lendon, J. E. *Soldiers & Ghosts: A History of Battle in Classical Antiquity*. New Haven, CT, 2005.

Lenski, Noel. *Failure of Empire: Valens and the Roman State in the Fourth Century ad.* Berkeley, CA, 2002.

Lenski, Noel. *Constantine and the Cities: Imperial Authority and Civic Politics*. Philadelphia, PA, 2016.

Léotard, E. *Essai sur la condition des barbares établis dans l'empire romain au quatrième siècle*. Paris, 1873.

Lepelley, Claude. *Les cités de l'Afrique romaine au Bas-Empire*. 2 vols. Paris, 1979–81.

Leppin, Hartmut. *Von Constantin dem Grossen zu Theodosius II: Das christliche Kaisertum bei den Kirchenhistorikern Socrates, Sozomenus und Theoderet.* Göttingen, 1995.

Lerner, Judith A. and N. Sims-Williams, eds. *Seals, Sealings and Tokens from Bactria to Gandhara (4th to 8th century CE)*. Vienna, 2011.

Lewin, Ariel S. and Pietrina Pellegrini, eds. *The Late Roman Army in the Near East from Diocletian to the Arab Conquest: Proceedings of a Colloquium Held at Potenza, Acerenza and Matera, Italy (May 2005)*. British Archaeological Reports International Series 1717. Oxford, 2007.

Lewis, Mark Edward. *China between Empires: The Northern and Southern Dynasties*. Cambridge, MA, 2009.

Liebeschuetz, J. H. W. G. *Antioch: City and Imperial Administration in the Later Roman Empire.* Oxford, 1972.

Liebeschuetz, J. H. W. G. *From Diocletian to the Arab Conquest.* Variorum Collected Studies 310. Aldershot, 1990.

Liebeschuetz, J. H. W. G. *Barbarians and Bishops: Army, Church, and State in the Age of Arcadius and Chrysostom.* Oxford, 1991.

Liebs, Detlef. *Die Jurisprudenz im spätantiken Italien (260–640 n. Chr.).* Berlin, 1987.

Liebs, Detlef. *Römische Jurisprudenz in Gallien (2. bis 8. Jahrhundert).* Berlin, 2002.

Lieu, Samuel N. C. *Manichaeism in the Later Roman Empire and Medieval China: A Historical Survey.* Manchester, 1985.

Lipps, Johannes, Carlos Machado and Philipp von Rummel, eds. *The Sack of Rome in 410 ad: The Event, Its Context and Its Impact*. Rome, 2014.

Little, Lester K. *Plague and the End of Antiquity: The Pandemic of 541–750*. Cambridge, 2007.

Lizzi Testa, Rita. *Senatori, popolo, papi: Il governo di Roma al tempo dei Valentiniani.* Bari, 2004.

Löfstedt, Einar. *Late Latin*. Oslo, 1959.

Löhken, Henrik. *Ordines dignitatum: Untersuchungen zur formalen Konstituierung der spätantiken Führungsschicht.* Cologne, 1982.

L'Orange, H. P. *Studien zur Geschichte des spätantiken Porträts*. Oslo, 1933.

Lounghis, T. C., B. Blysidu and St Lampakes. *Regesten der Kaiserurkunden des oströmischen Reiches von 476 bis 565*. Quellen und Studien zur Geschichte Zyperns 52. Nicosia, 2005.

Loyen, André. *Recherches historiques sur les panégyriques de Sidoine Apollinaire.* Paris, 1942.

Loyen, André. *Sidoine Apollinaire et l'esprit précieux en Gaule aux derniers jours de l'Empire.* Paris, 1943.

Lütkenhaus, Werner. *Constantius III: Studien zu seiner Tätigkeit und Stellung im Westreich 411–421.* Bonn, 1998.

Maas, Michael. *John Lydus and the Roman Past: Antiquarianism and Politics in the Age of Justinian.* London, 1992.

Maas, Michael, ed. *The Cambridge Companion to the Age of Justinian.* Cambridge, 2005.

MacMullen, Ramsay. *Corruption and the Decline of Rome*. New Haven, CT, 1988.

MacMullen, Ramsay. *Changes in the Roman Empire: Essays in the Ordinary.* Princeton, NJ, 1990.

Maenchen-Helfen, Otto J. *The World of the Huns: Studies in Their History and Culture*. Berkeley, CA, 1970.

Mango, Cyril and Roger Scott. *The Chronicle of Theophanes Confessor: Byzantine and Near Eastern History, AD 284–813*. Oxford, 1997.

Marchetta, Antonio. *Orosio e Ataulfo nell'ideologia dei rapporti romano-barbarici*. Rome, 1987.

Markus, Robert. *The End of Ancient Christianity*. Cambridge, 1990.

Marrou, H.-I. *Saint Augustin et la fin de la culture antique*. 4th edn. Paris, 1958.

Marrou, H.-I. *Christiana Tempora: Mélanges d'histoire, d'archéologie, d'épigraphie et de patristique*. Rome, 1978.

Mathisen, Ralph Whitney. *Ecclesiastical Factionalism and Religious Controversy in Fifth-century Gaul*. Washington, DC, 1989.

Mathisen, Ralph W., ed. *Law, Society, and Authority in Late Antiquity*. Oxford, 2001.

Mathisen, Ralph W. and Danuta Shanzer, eds. *Society and Culture in Late Antiquity: Revisiting the Sources*. Aldershot, 2001.

Mathisen, R. W. and Hagith S. Sivan, eds. *Shifting Frontiers in Late Antiquity*. Aldershot, 1996.

Matthews, John. *Western Aristocracies and Imperial Court, AD 364–425*. Oxford, 1975.

Matthews, John. *The Roman Empire of Ammianus*. Baltimore, MD, 1989.

Matthews, John. *Laying down the Law: A Study of the Theodosian Code*. New Haven, CT, 2000.

Matthews, John. *Roman Perspectives*. Lampeter, 2010.

Mattingly, David. *An Imperial Possession: Britain in the Roman Empire, 54BC– AD409*. London, 2008.

Mazzarino, Santo. *Stilicone: La crisi imperiale dopo Teodosio*. Rome, 1942.

Mazzarino, Santo. *Aspetti sociali del quarto secolo*. Rome, 1951.

Mazzarino, Santo. *Il basso impero: Antico, tardoantico ed èra costantiniana*. 2 vols. Bari, 1974.

McCormick, Michael. *Eternal Victory: Triumphal Rulership in Late Antiquity, Byzantium and the Early Medieval West*. Cambridge, 1986.

McCormick, Michael. *Origins of the European Economy: Communications and Commerce, AD 300–900*. Cambridge, 2001.

McEvoy, Meaghan A. *Child Emperor Rule in the Late Roman West, AD 367–455*. Oxford, 2013.

McGill, Scott, Cristiana Sogno and Edward Watts, eds. *From the Tetrarchs to the Theodosians: Later Roman History and Culture, 284–450 CE*. Yale Classical Studies 34. Cambridge, 2010.

McLynn, Neil. *Ambrose of Milan: Church and Court in a Christian Capital*. Berkeley, CA, 1994.

Meier, Mischa. *Der Völkerwanderung ins Auge blicken: Individuelle Handlungsspielräume im 5. Jahrhundert n. Chr*. Karl-Christ Preis für Alte Geschichte Band 2. Heidelberg, 2016.

Meier, Mischa and Steffen Patzold. *August 410 – Ein Kampf um Rom*. Stuttgart, 2010.

Meier, Mischa, Christine Radtki and Fabian Schulz, eds. *Die Weltchronik des Johannes Malalas: Autor – Werk – Überliefrung*. Stuttgart, 2016.

Menze, Volker L. *Justinian and the Making of the Syrian Orthodox Church*. Oxford, 2008.

Merrills, A. H., ed. *Vandals, Romans and Berbers: New Perspectives on Late Antique North Africa*. Aldershot, 2004.

Meslin, Michel. *Les Ariens d'Occident, 335–430*. Paris, 1967.

Mickwitz, Gunnar. *Geld und Wirtschaft im römischen Reich des vierten Jahrhunderts n. Chr.* Helsinki, 1932.

Millar, Fergus. *A Greek Roman Empire: Power and Belief under Theodosius II (408–450)*. Berkeley, CA, 2006.

Minns, Ellis H. *Scythians and Greeks: A Survey of Ancient History and Archaeology on the North Coast of the Euxine from the Danube to the Caucasus*. Cambridge, 1913.

Mitchell, Stephen. *Anatolia: Land, Men and Gods in Asia Minor. Volume II: The Rise of the Church*. Oxford, 1993.

Mócsy, András. *Pannonia and Upper Moesia*. Sheppard Frere, trans. London, 1974.

Mócsy, András. *Pannonien und das römische Heer: Ausgewählte Aufsätze*. Mavors 7. Stuttgart, 1992.

Modéran, Yves. *Les Maures et l'Afrique romaine (iv-e–vii-e siècle)*. Rome, 2003.

Modéran, Yves. *Les Vandales et l'Empire romaine*. Paris, 2014.

Mohl, F. George. *Introduction à la chronologie du latin vulgaire*. Paris, 1899.

Moorhead, John. *Theodoric in Italy.* Oxford, 1992.

Moorhead, John. *Justinian.* London, 1994.

Moravcsik, Gyula. *Byzantinoturcica I–II*. Budapest, 1942–3.

Moravcsik, Gyula. *Studia Byzantina.* Budapest, 1967.

Mühlberger, Steven. *The Fifth-century Chroniclers: Prosper, Hydatius, and the Gallic Chronicler of 452.* Leeds, 1989.

Müller, Wolfgang, ed. *Zur Geschichte der Alemannen.* Darmstadt, 1975.

Murray, Alexander C., ed. *After Rome's Fall: Narrators and Sources of Early Medieval History.* Toronto, 1998.

Nechaeva, Ekaterina. *Embassies–Negotiations–Gifts: Systems of East Roman Diplomacy in Late Antiquity*. Geographica Historica 30. Stuttgart, 2014.

Nelson, Bradley R. *Numismatic Art of Persia: The Sunrise Collection Part I: Ancient – 650 BC–AD 650*. Lancaster, PA, 2011.

Nicolet, Claude, ed. *Les littératures techniques dans l'Antiquité romaine: Statut, public et destination, tradition*. Entretiens de la Fondation Hardt XLII. VandoeuvresGeneva, 1996.

Nixon, C. E. V. and Barbara Saylor Rodgers. *In Praise of Later Roman Emperors: The Panegyrici Latini.* Berkeley, CA, 1994.

Nock, Arthur Darby. *Essays on Religion and the Ancient World.* 2 vols. Cambridge, MA, 1972.

Norberg, Dag. *Beiträge zur spätlateinischen Syntax*. Uppsala, 1944.

Norberg, Dag. *Au seuil du Moyen Age: Études linguistiques, métriques et littéraires*. Padua, 1974.

Ó Cróinín, Dáibhí. Early Medieval Ireland, 400–1200. London, 1995.

O'Donnell, J. J. *Cassiodorus*. Berkeley, CA, 1979.

O'Flynn, John Michael. *Generalissimos of the Western Roman Empire*. Calgary, 1983.

Oost, S. I. *Galla Placidia Augusta*. Chicago, IL, 1968.

Orlandi, Silvia. *Epigrafia anfitreale dell'Occidente Romano VI. Roma: Anfiteatri e strutture annesse con un nuova edizione e commento delle iscrizioni del Colosseo.* Rome, 2004.

Palanque, J. R. *Essai sur la préfecture du prétoire du Bas-Empire*. Paris, 1933.

Palanque, J. R. *Saint Ambroise et l'empire romain*. Paris, 1933.

Parzinger, Hermann. *Die frühen Völker Eurasiens vom Neolithikum bis zum Mittelalter*. 2nd edn. Munich, 2011.

Paschoud, François. *Roma Aeterna*. Neuchâtel, 1967.

Paschoud, François. *Eunape, Olympiodore, Zosime. Scripta Minora*. Bari, 2006.

Paschoud, François and Joachim Szidat, eds. *Usurpationen in der Spätantike*. Historia Einzelschriften 111. Stuttgart, 1997.

Payne, Richard E. *A State of Mixture: Christians, Zoroastrians, and Iranian Political Culture in Late Antiquity*. Berkeley, CA, 2015.

Pelka, Wilhelm. *Studien zur Geschichte des Untergangs des alten Thüringischen Königreichs im Jahre 531 n. Chr*. Jena, 1903.

Peregrinatio Gothica I, Polonia 84/85. Archaeologica Baltica VII. Łodz, 1986.

Peregrinatio Gothica III, Frederikstad, Norway, 1991. Oslo, 1992.

Perin, Patrick, ed. *Gallo-Romains, Wisigoths et Francs en Aquitaine, Septimanie et Espagne*. Paris, 1991.

Perrin, Odet. *Les Burgondes: Leur histoire, des origines à la fin du premier Royaume 534, contribution à l'histoire des invasions*. Neuchâtel, 1968.

Petit, Paul. *Libanius et la vie municipale à Antioche au IV-e siècle après J.C.* Paris, 1955.

Petit, Paul. *Les étudiants de Libanius*. Paris, 1957.

Pfisterer, Matthias. *Hunnen in Indien: Die Münzen der Kidariten und Alchan aus dem Bernischen Historischen Museum und der Sammlung Jean-Pierre Righetti*. Vienna, 2012.

Pietri, Charles. *Roma Christiana*. 2 vols. Rome, 1976.

Pietri, Charles. *Christiana Respublica: Éléments d'une enquête sur le christianisme antique*. 3 vols. Collection de l'École Française de Rome 234. Rome, 1997.

Piganiol, André. *L'Impôt de capitation sous le Bas-Empire romain*. Chambéry, 1916.

Piganiol, André. *L'Empire chrétien*. 2nd edn. Paris, 1972.

Pohl, Walter. *Die Awaren: Ein Steppenvolk in Mitteleuropa 567–822 N. Chr.* Munich, 1988.

Pohl, Walter, ed. *Kingdoms of the Empire: The Integration of Barbarians in Late Antiquity*. Leiden, 1998.

Pohl, Walter, ed. *Die Suche nach den Ursprüngen: Von der Bedeutung des frühen Mittelalters*. Forschungen zur Geschichte des Mittelalters 8. Vienna, 2004.

Pohl, Walter and Max Diesenberger, eds. *Eugippius und Severin*. Forschungen zur Geschichte des Mittelaters 2. Vienna, 2001.

Pohl, Walter and Max Diesenberger, eds. *Integration und Herrschaft: Ethnische Identitäten und soziale Organisation im Frühmittelalter.* Forschungen zur Geschichte des Mittelalters 3. Vienna, 2002.

Pohl, Walter and Gerda Heydemann, eds. *Post-Roman Transitions: Christian and Barbarian Identities in the Early Medieval West.* Turnhout, 2013.

Pohl, Walter and Gerda Heydemann, eds. *Strategies of Identification: Ethnicity and Religion in Early Medieval Europe.* Turnhout, 2013.

Pohl, Walter and Mathias Mehofer, eds. *Archaeology of Identity – Archäologie der Identität*. Forschungen zur Geschichte des Mittelalters 17. Vienna, 2010.

Pohl, Walter and Helmut Reimitz, eds. *Strategies of Distinction: The Construction of Ethnic Communities, 300–800.* Leiden, 1998.

Porena, Pierfrancesco. *L'insediamento degli Ostrogoti in Italia.* Rome, 2012.

Porena, Pierfrancesco and Yann Rivière, eds. *Expropriations et confiscations dans les royaumes barbare: Une approche régionale.* Rome, 2012.

Potts, D. T. *Mesopotamia, Iran and Arabia from the Seleucids to the Sasanians*. Variorum Collected Studies 962. Burlington, VT, 2010.

Potts, D. T. *Nomadism in Iran from Antiquity to the Modern Era*. Oxford, 2014.

Price, Richard and Michael Gaddis. *The Acts of the Council of Chalcedon*. 3 vols. Translated Texts for Historians 45. Liverpool, 2005.

Price, Richard and Mary Whitby, eds. *Chalcedon in Context: Church Councils 400–700*. Translated Texts for Historians Supplemental Volume. Liverpool, 2009.

Prostko-Prostynski, Jan. *Utraeque res publicae: The Emperor Anastasius I's Gothic Policy (491–518)*. Poznan, 1994.

Reddé, Michel. *Mare Nostrum: Les infrastructures, le dispositif et l'histoire de la marine militaire sous l'empire romain.* Rome, 1986.

Rezakhani, Khodadad. *ReOrienting the Sasanians: East Iran in Late Antiquity.* Edinburgh, 2017.

Rich, John, ed. *The City in Late Antiquity.* London, 1992.

Rouche, Michel. *L'Aquitaine des Wisigoths aux Arabes, 418–781: Naissance d'une région.* Paris, 1979.

Rousseau, Philip. *Basil of Caesarea.* Berkeley, CA, 1994.

Rubin, Berthold. *Das Zeitalter Iustinians I.* Berlin, 1960.

Ruggini, Lellia. *Economia e società nell'Italia Annonaria: Rapporti fra agricoltura e commercio dal IV al VI secolo d.C.* 2nd edn. Bari, 1995.

Sabbah, Guy. *La méthode d'Ammien Marcellin.* Paris, 1978.

Sabin, Philip, Hans van Wees and Michael Whitby, eds. *The Cambridge History of Greek and Roman Warfare*. 2 vols. Cambridge, 2007.

Salzman, Michele Renee. *The Making of a Christian Aristocracy.* Cambridge, MA, 2002.

Sandwell, Isabella. *Religious Identity in Late Antiquity: Greeks, Jews and Christians in Antioch.* Cambridge, 2007.

Sarantis, Alexander. *Justinian's Balkan Wars: Campaigning, Diplomacy and Development in Illyricum, Thrace and the Northern World, AD 527–65.* Liverpool, 2016.

Sarris, Peter. *Economy and Society in the Age of Justinian.* Cambridge, 2006.

Šašel, Jaroslav. Opera Selecta. Situla 30. Ljubljana, 1992.

Sauer, Eberhard W., ed. *Sasanian Persia: Between Rome and the Steppes of Eurasia.* Edinburgh, 2017.

Sauer, Eberhard W., Hamid Omrani Rekavandi, Tony J. Wilkinson and Jebrael Nokandeh. *Persia's Imperial Power in Late Antiquity: The Great Wall of Gorgan and Frontier Landscapes of Sasanian Iran.* British Institute of Persian Studies Archaeological Monographs Series II. Oxford, 2013.

Schäfer, Tibor. *Untersuchungen zur Gesellschaft des Hunnenreiches auf kulturanthropologischer Grundlage.* Hamburg, 1998.

Scharf, Ralf. *Der Dux Mogontiacensis und die Notitia Dignitatum.* Ergänzungsbande zum Reallexikon der Germanischen Altertumskunde 50. Berlin, 2005.

Scheidel, Walter, Ian Morris and Richard Saller, eds. *The Cambridge Economic History of the Greco-Roman World.* Cambridge, 2007.

Schenk von Stauffenberg and Alexander Graf. *Das Imperium und die Völkerwanderung.* Munich, 1947.

Schlinkert, Dirk. *Ordo Senatorius und nobilitas: Die Konstitution des Senatsadels in der Spätantike.* Stuttgart, 1996.

Schmidt, Ludwig. *Geschichte der deutschen Stämme: Die Ostgermanen.* 2nd edn. Munich, 1938.

Schmidt, Ludwig. *Geschichte der deutschen Stämme: Die Westgermanen.* 2nd edn. Munich, 1940.

Schmidt, Ludwig. *Geschichte der Wandalen.* 2nd edn. Munich, 1942.

Scott, Roger. *Byzantine Chronicles and the Sixth Century.* Variorum Collected Studies 1004. Farnham, 2012.

Seeck, Otto. *Die Briefe des Libanius zeitlich geordnet.* Leipzig, 1906.

Seeck, Otto. *Geschichte des Untergangs der antiken Welt.* 6 vols. Berlin, 1910–21. Seeck, Otto. *Regesten der Kaiser und Päpste für die Jahre 311 bis 476 n. Chr.* Stuttgart, 1919.

Seibt, Werner, ed. *Die Christianisierung des Kaukasus/The Christianization of the Caucasus (Armenia, Georgia, Albania).* Vienna, 2002.

Sergeev, Andrei. *Barbarian Coins on the Territory between the Balkans and Central Asia: Catalog of Andrei Sergeev's Collection at the State Historical Museum (Moscow).* Moscow, 2012.

Sessa, Kristina. *The Formation of Papal Authority in Late Antique Italy: Roman Bishops and the Domestic Sphere.* Cambridge,

2012.

Shahid, Irfan. *Rome and the Arabs: A Prolegomenon to the Study of Byzantium and the Arabs*. Washington, DC, 1984.

Shaw, Brent D. *Rulers, Nomads and Christians in Roman North Africa*. Variorum Collected Studies. Aldershot, 1995.

Shaw, Brent D. *Sacred Violence: African Christians and Sectarian Hatred in the Age of Augustine*. Cambridge, 2011.

Shepardson, Christine. *Controlling Contested Spaces: Late Antique Antioch and the Spatial Politics of Religious Controversy*. Berkeley, 2014.

Sinnigen, William Gurnee. *The Officium of the Urban Prefecture during the Later Roman Empire*. Papers and Monographs of the American Academy in Rome 17. Rome, 1957.

Sinor, David, ed. *The Cambridge History of Early Inner Asia*. Cambridge, 1990.

Sivan, Hagith. *Ausonius of Bordeaux and the Genesis of a Gallic Aristocracy*. London, 1993.

Sivan, Hagith. *Galla Placidia: The Last Roman Empress*. Oxford, 2011.

Smith, R. R. R. and Bryan Ward-Perkins, eds. *The Last Statues of Antiquity*. Oxford, 2016.

Sneath, David. *The Headless State: Aristocratic Orders, Kinship Society, and Misrepresentations of Nomadic Inner Asia*. New York, NY, 2007.

Sogno, Cristiana, *Q. Aurelius Symmachus*. Ann Arbor, MI, 2006.

Sogno, Cristiana, Bradley K. Storin and Edward J. Watts, eds. *Late Antique Letter Collections: A Critical Introduction and Reference Guide*. Berkeley, CA, 2017.

Soproni, Sándor. *Die letzten Jahrzehnte des pannonischen Limes*. Munich, 1985.

Stallknecht, Bernt. *Untersuchungen zur römischen Aussenpolitik in der Spätantike (306–395 n. Chr.)*. Bonn, 1967.

Stancliffe, Clare. *St Martin and His Hagiographer: History and Miracle in Sulpicius Severus*. Oxford, 1983.

Ste Croix, G. E. M. de. *The Class Struggle in the Ancient Greek World from the Archaic Age to the Arab Conquests*. Ithaca, NY, 1983.

Ste Croix, G. E. M. de. *Christian Persecution, Martyrdom and Orthodoxy.* Oxford, 2006.

Stein, Ernst. *Geschichte des spätrömischen Reiches I: Vom römischen zum byzantinischen Staate (204–476 n. Chr.).* Vienna, 1928.

Stein, Ernst. *Histoire du Bas-Empire 1: De l'état romain à l'état byzantin.* Paris, 1949.

Stein, Ernst. *Histoire du Bas-Empire 2: De la disparition de l'Empire d'Occident à la mort de Justinien (475–565).* Paris, 1949.

Steinacher, Roland. *Die Vandalen. Aufstieg und Fall eines Barbarenreiches.* Stuttgart, 2016.

Steinacher, Roland. *Rom und die Barbaren: Völker im Alpen- und Donauraum (300–600).* Stuttgart, 2017.

Stevens, C. E. *Sidonius Apollinaris and His Age.* Oxford, 1933.

Stickler, Timo. *Aëtius: Gestaltungsspielräume eines Heermeisters im ausgehenden Weströmischen Reich.* Vestigia 54. Munich, 2002.

Storgaard, Birger, ed. *Military Aspects of the Aristocracy in the Barbaricum in the Roman and Early Migration Periods.* Publications of the National Museum Studies in Archaeology and History, vol. 5. Copenhagen, 2001.

Straub, Johannes. *Vom Herrscherideal in der Spätantike.* Stuttgart, 1939.

Straub, Johannes. *Regeneratio Imperii: Aufsätze über Roms Kaisertum und Reich im Spiegel der heidnischen und christlichen Publiztik.* 2 vols. Darmstadt, 1972–86.

Stroheker, Karl Friedrich. *Der senatorische Adel im spätantiken Gallien. Tübingen,* 1948.

Stroheker, Karl Friedrich. *Germanentum und Spätantike.* Stuttgart, 1966.

Strootman, Rolf and Miguel John Veluys, eds. *Persianism in Antiquity*. Oriens et Occidens 25. Stuttgart, 2015.

Suerbaum, Werner. *Vom antiken zum frühmittelalterlichen Staatsbegriff. Münster,* 1970.

Sundwall, Johannes. *Weströmische Studien.* Berlin, 1915.

Sundwall, Johannes. *Abhandlungen zur ausgehenden Römertums.* Helsinki, 1919.

Swain, Simon and Mark Edwards, eds. *Approaching Late Antiquity: The Transformation from Early to Late Empire.* Oxford, 2004.

Szidat, Joachim. *Usurpator tanti nominis. Kaiser und Usurpator in der Spätantike (337–476 n. Chr.).* Historia Einzelschriften

210. Stuttgart, 2010.

Teillet, Suzanne. *Des Goths à la nation gothique.* Paris, 1984.

Thompson, E. A. *A History of Attila and the Huns.* Oxford, 1948.

Thompson, E. A. *Romans and Barbarians: The Decline of the Western Empire.* Madison, WI, 1980.

Thompson, E. A. *The Visigoths in the Time of Ulfila*, 2nd edn. with a foreword by Michael Kulikowski. London, 2008.

Tougher, Shaun. *Julian the Apostate.* Edinburgh, 2007.

Tseng, Chin-Yin. *The Making of the Tuoba Northern Wei: Constructing Material Cultural Expressions in the Northern Wei Pingcheng Period (398–494 CE).* British Archaeological Reports International Series 2567. Oxford, 2013.

Tsetskhladze, Gocha R., ed. *New Studies on the Black Sea Littoral.* Oxford, 1996.

Ulrich-Bansa, Oscar. *Moneta Mediolanensis (352–498).* Venice, 1949.

Vallet, Françoise and Michel Kazanski, eds. *L'armée romaine et les barbares du III-e au VII-e siècle.* Paris, 1993.

Vallet, Françoise and Michel Kazanski, eds. *La noblesse romaine et les barbares du IIIe au VIIe siècle.* Paris, 1995.

Van Dam, Raymond. *Leadership and Community in Late Antique Gaul.* Berkeley, CA, 1985.

Vanderspoel, John. *Themistius and the Imperial Court: Oratory, Civic Duty and Paideia from Constantius to Theodosius.* Ann Arbor, MI, 1995.

Van Hoof, Lieve, ed. *Libanius: A Critical Introduction.* Cambridge, 2014.

Vannesse, Michaël. *La défense de l'Occident romain pendant l'Antiquité tardive.* Collection Latomus 326. Brussels, 2010.

Varady, László. *Das letzte Jahrhundert Pannoniens, 376–476.* Amsterdam, 1969.

Varady, László. *Die Auflösung des Altertums. Beiträge zu einer Umdeutung der Alten Geschichte.* Budapest, 1978.

Vasiliev, A. A. *Justin the First: An Introduction to the Epoch of Justinian the Great.* Cambridge, MA, 1950.

Vitiello, Massimiliano. *Theodahad: A Platonic King at the Collapse of Ostrogothic Italy.* Toronto, 2014.

Vitiello, Massimiliano. *Amalasuintha: The Transformation of Kingship in the PostRoman World.* Philadelphia, PA, 2017.

Vogler, Chantal. *Constance II et l'administration impériale*. Strasbourg, 1979.

Vondrovec, Klaus. *Coinage of the Iranian Huns and Their Successors from Bactria to Gandhara (4th to 8th century CE)*. 2 vols. Vienna, 2014.

von Haehling, Raban. *Die Religionszugehörigkeit der hohen Amtsträger des römischen Reiches seit Constantins I: Alleinherrschaft bis zum Ende der Theodosianischen Dynastie*. Bonn, 1978.

von Rummel, Philipp. *Habitus barbarus: Kleidung und Repräsentation spätantiker Eliten im 4. und 5. Jahrhundert*. Ergänzungsbände zum Reallexicon der Germanischen Altertumskunde, Band 55. Berlin, 2007.

von Simson, Otto G. *Sacred Fortress: Byzantine Art and Statecraft in Ravenna*. Chicago, IL, 1948.

von Wartburg, Walther. *Die Ausgliederung der romanischen Sprachräume*. Bern, 1950.

Waas, Manfred. *Germanen im römischen Dienst im 4. Jahrhundert nach Christus*. Bonn, 1965.

Wallace-Hadrill, J. M. *The Long-haired Kings and Other Studies in Frankish History*. London, 1962.

Watts, Edward J. *City and School in Late Antique Athens and Alexandria*. Berkeley, CA, 2006.

Wenskus, Reinhard. *Stammesbildung und Verfassung: Das Werden der frühmittelalterlichen gentes*. Cologne and Vienna, 1961.

Whelan, Robin. *Being Christian in Vandal Africa: The Politics of Orthodoxy in the Post-Imperial West*. Berkeley, CA, 2018.

Whitby, Mary, ed. *The Propaganda of Power: The Role of Panegyric in Late Antiquity*. Leiden, 1998.

Whittaker, C. R. *Rome and Its Frontiers: The Dynamics of Empire*. London, 2004.

Wibszycka, Ewa. *The Alexandrian Church: People and Institutions*. Warsaw, 2015.

Wickham, Chris. *Early Medieval Italy: Central Power and Local Society, 400–1000*. Ann Arbor, MI, 1990.

Wickham, Chris. *Framing the Early Middle Ages: Europe and the Mediterranean, 400–800*. Oxford, 2005.

Wienand, Johannes, ed. *Contested Monarchy: Integrating the Roman Empire in the Fourth Century ad*. New York, NY, 2015.

Wijnendaele, Jeroen W. P. *The Last of the Romans: Bonifatius – Warlord and Comes Africae*. London, 2015.

Winkelmann, Friedhelm. *Ausgewählte Aufsätze. Studien zu Konstantin dem Grossen und zur byzantinischen Kirchengeschichte*.

Wolfram Brandes and John Haldon, eds. Birmingham, 1993.

Winkler, Gerhard. *Die Reichsbeamten von Noricum und ihr Personal bis zum Ende der römischen Herrschaft*. Sitzungsberichte der Österreichische Akademie der Wissenschaften, Philosophisch-Historische Klasse, Band 261. Vienna, 1969.

Wolfram, Herwig. *Intitulatio I: Lateinische Königs- und Fürstentitel bis zum Ende des 8. Jahrhunderts*. Mitteilungen des Instituts für Österreichische Geschichtsforschung Ergänzungsband 21. Graz, 1967.

Wolfram, Herwig. *Gotische Studien: Volk und Herrschaft im frühen Mittelalter.* Munich, 2005.

Wolfram, Herwig. *Die Goten: Von den Anfängen bis zur Mitte des sechsten Jahrhunderts. Entwurf einer historischen Ethnographie*. 5th edn. Munich, 2009.

Wolfram, Herwig and Andreas Schwarcz, eds. *Anerkennung und Integration.* Vienna, 1989.

Wolfram, Herwig and Walter Pohl, eds. *Typen der Ethnogeses unter besonderer Berücksichtigung der Bayern*. 2 vols. Vienna, 1989.

Woloszyn, Marcin, ed. *Byzantine Coins in Central Europe between the 5th and 10th Century.* Krakow, 2008.

Wood, Ian. *The Merovingian Kingdoms, 450–751.* London, 1993.

Wood, Ian, ed. *Franks and Alamanni in the Merovingian Period: An Ethnographic Perspective*. Woodbridge, 1993.

Wright, Roger. *Late Latin and Early Romance in Spain and Carolingian France.* Liverpool, 1982.

Zabiela, Gintautas, Zenonas Baubonis and Egle Marcinkeviciute, eds. *Archaeological Investigations in Independent Lithuania 1990–2010.* Vilnius, 2012.

Zazzaro, Chiara. *The Ancient Red Sea Port of Adulis and the Eritrean Coastal Region: Previous Investigations and Museum Collections*. British Archaeological Reports International Series 2569. Oxford, 2013.

Zecchini, Giuseppe. *Aezio: L'ultima difesa dell'Occidente romano.* Rome, 1983.

Zecchini, Giuseppe. *Ricerche di storiografia latina tardoantica*. Rome, 1993.

Ziegler, Joachim. *Zur religiösen Haltung der Gegenkaiser im 4. Jh. n. Chr*. Kallmünz, 1970.

Zöllner, Erich. *Geschichte der Franken bis zur Mitte des 6. Jahrhunderts.* Munich, 1970.

索引

帝國早期與盛期時，羅馬公民的命名方式通常（堪稱一成不變）是三名法（*tria nomina*，分為個人名〔*praenomen*〕、氏族名〔*nomen*〕與家族名〔*cognomen*〕），傳統上會根據氏族名製作索引。這種命名習慣在三世紀期間開始改變，在四世紀時完全瓦解。在社會階級的底部，單名成為常態。至於在社會中間階層，背景各異、進入帝國體系效力的人逐漸採用氏族名「弗拉維烏斯」（Flavius）；這個名字變得相當於西班牙語的「老爺」（Don）或波蘭語的「閣下」（Pan）（倒沒有那麼像英語的「先生」〔Mr〕），因此並不用於索引的排序。然而，在最高的社會階級，帝國各地的權貴（尤其是義大利與羅馬城）開始採用數量多得誇張的名字（即所謂的多名命名法〔polyonymous nomenclature〕），以求與大量為帝國效力的人區別。在各種社交情境下，這些名字會以二或三個姓名元素，產生多重的組合方式。但在正式場合，也就是只能使用一個姓名元素時，這一個單一姓名元素在個人生命歷程中絕對不會改變（學者稱之為區別名〔diacritical name〕）。在標準的學術性參考書 *The Prosopography of the Roman Empire*（三卷本，時代斷限從二六〇年至六四一年）裡，個人是根據其區別名製作索引，本索引也會按照這種作法。假如有混淆的可能性，例如有標準的英文拼寫形式，或是近代學者習慣用區別名以外的某個姓名稱呼某個個人時，則會附上相互參照（因此稱「馬約里安」（Majorian），而非「麥奧里阿努斯」〔Maiorianus〕；有「馬格努斯・馬克西穆斯」〔Magnus Maximus〕，也有「馬克西穆斯，馬格努斯」〔Maximus, Magnus〕）。「聖」（St）採用縮寫，不完整拼出。圖說內容不製作索引。

Aix-en-Provence　艾克斯普羅旺斯
Akhisar　阿克希薩爾
Alamanni　阿拉曼人
Alamannia　阿拉曼尼亞
Alamannicus　阿拉曼尼庫斯
Alans　阿蘭人
Alaric II　亞拉里克二世
Alaric　亞拉里克
Alatharius　阿拉塔里烏斯
Alatheus　阿拉特烏斯
Alavivus　阿拉維烏斯
Albinus　阿爾比努斯
Alentejo　阿連特茹
al-Harith　阿勒哈里特
Alkhan　阿爾罕人
Alla　阿勒拉
Almendralejo　阿爾門德拉萊霍
al-Numan　阿勒努曼
Alpes Maritimae　海岸阿爾卑斯
Alsace　阿爾薩斯
Altai　阿爾泰山
Altar of Victory　勝利女神祭壇
Altaripa　阿爾塔里帕
Altava　阿爾塔瓦
Alypia　雅莉琵雅
Amalaberga　阿瑪拉貝爾珈
Amalafrida　阿瑪拉芙莉妲
Amalaric　阿瑪拉里克
Amalasuntha　阿瑪拉遜莎
Amantius　阿曼提烏斯
Ambacia　阿姆巴奇亞
Ambiani　安比阿尼
Amboise　昂布瓦斯
Ambrose　安博
Ambrosius Aurelianus　安布羅希烏斯・奧雷里阿努斯
Amida　阿米達
Amiens　亞眠
Ammianus Marcellinus　阿米阿努斯・馬爾切利努斯
Amu Darya　阿姆河
Anastasia　阿娜絲塔夏
Anastasian Wall　阿納斯塔修斯城牆
Anastasiopolis　阿納斯塔修斯波利斯
Anastasius　阿納斯塔修斯
Anatolius of Constantinople　君士坦丁堡的安納托利烏斯
Anatolius　安納托利烏斯
Anchialus　安基阿魯斯

Argentaria 阿爾根塔里亞
argentarii comitatenses 銀守官
Argentoratum 銀堡
Argyll 阿蓋爾
Ariadne 阿莉雅德妮
Arian controversy 亞流教爭
Ariminum 阿里米努姆
Arinthaeus 阿林蘇斯
Aristaenetus 阿利斯泰內圖斯
Aristus 阿里斯圖斯
Arius 亞流
Arles 亞爾
Armatus 阿爾瑪圖斯
Armorica 阿勒莫里卡
Arnaldo Momigliano 阿納爾多·莫米吉里阿諾
Arnegisclus 阿內吉斯克魯斯
Arris 阿希斯
Arsaces 阿爾沙克
Arvandus 阿爾萬杜斯
Ascholius 阿斯克里烏斯
Asclepiodotus 阿斯克列庇歐多圖斯
Asdings 阿斯丁人
Asia 亞細亞行省
Asiana 亞細亞納
Aspacures 阿斯帕庫雷斯
Aspona 阿斯波納
Assanitae 阿薩尼特人
assessor 主秘
Asterius 阿斯特里烏斯
Asturius 阿斯圖里烏斯
Athalaric 阿塔拉里克
Athanagild 阿塔納吉爾德
Athanaric 阿塔納里克
Athanasius II 亞他那修二世
Athanasius 亞他那修
Athaulf 阿陶爾夫
Athenaïs 雅典娜絲
Attecotti 阿特克提人
Attica 阿提卡
Attila 阿提拉
Audofleda 奧多芙列妲
Audoin 奧多因
augusta 奧古斯塔
Augustodunum 奧古斯托杜努姆
Aurelian 奧勒良
Aurelianum 奧雷里阿努姆

Belgica Secunda　比利時高盧二區
Belgica　比利時高盧
Belisarius　貝利撒留
Beorgor　貝奧爾戈爾
Beowulf《貝武夫》
Bergamum　貝爾加姆
Beroea　貝羅亞
Besançon　貝桑松
Bezabde　貝扎布德
Biraparakh　彼拉帕拉赫
Bithynia　比提尼亞
Black Forest　黑森林
Bleda　布列達
Blemmyes　布雷米人
Bodleian　博德利圖書館
Boethius　波愛修斯
Bohemia　波西米亞
Bolia　波利亞河
Bologna　波隆納
Bonifatius　波尼法提烏斯
Bononia　波諾尼亞
Bora　布拉風
Borbetomagus　勃爾貝托馬古斯
Bordeaux　波爾多
boule　公民會議
bouletai　公民會議議員
Bourges　布爾吉
Bracara Augusta　奧古斯塔布拉卡拉
bracteate　薄片幣
Braga　布拉加
Brahmi　婆羅米文
Breisgau　布賴斯高
Brescia　布雷西亞
Brideshead Revisited《慾望莊園》
Brigetio　布里吉提歐
Brisigavi　布賴斯高人
Britannia　不列顛
Britons　布立吞人
Brixia　布里克西亞
Brontotae　布隆托塔耶
Bruttium　布魯提烏姆
bucellarii　部曲
Buddhamitra　彌陀密多
Bulgars　保加爾人
Buzau range　布澤烏山脈
Byrsa hill　布爾薩山

Chaves　沙未斯
Cherris　切里斯
Childebert　奇爾德貝爾特
Childeric　希爾德里克
Chilperic　希爾佩里克
Chionitae　匈尼特
chiton　貼身短袍
Chlodomer　克羅多米爾
Chlodovechus　克洛多維庫斯
Chlodwig　克洛德維希
Chlothar　克洛塔
chrismon　凱樂符號
Christ Pantocrator　基督普世君王
Christ the Good Shepherd　善牧基督
christogram　聖名符號
Christotokos　基督之母
Chrysaphius　克里薩菲烏斯
chrysárgyron　金銀稅
Cilicia　奇里乞亞
Circesium　奇克修姆
Circumcellions　圍剿者
civilitas　禮
Civitas Arvernorum　阿爾維諾自治市
civitas Remorum/Remi　雷米自治市／雷米
civitas Turonum　土爾城
civitas　城市領地
Claudius Claudianus　克勞狄烏斯・克勞狄阿努斯
Claudius Mamertinus　克勞狄烏斯・馬梅提努斯
Clermont-Ferrand　克勒蒙費宏
cloisonné　金屬胎嵌琺琅
Clothilda　克蘿媞爾妲
Clovis　克洛維
Clyde　克萊德
Clyde–Forth　克萊德—福特
Clysma　克里斯瑪
Codex Spirensis《斯派爾手抄本》
Colchis　科爾基斯
Colias　柯利亞斯
collatio glebalis　土地稅
collatio lustralis　清稅
comes Africae　阿非利加伯
comes domesticorum　禁軍伯
comes foederatorum　盟軍伯
comes Hispaniarum　西班牙伯
comes Isauriae　伊索里亞伯
comes litus Saxonici　撒克遜海岸伯

Epirus　伊庇魯斯
episcopi　主教
equites sagittarii　騎射隊
Equitius　易奎提烏斯
Eranshahr　埃蘭薩爾
Eraric　埃拉里克
Ermenrichus　厄爾門里庫斯，亦作 Ermanaric
Escaut　埃斯科河
Essex　埃塞克斯
Eternal Peace　永久和約
ethnogenesis　族群創生
Euchaita　猶凱塔
Eucherius　尤切里烏斯
Eudaemon　尤達耶蒙
Eudoxius　尤多基烏斯
Eugenius　尤蓋尼烏斯
Eunapius of Sardis　薩第斯的尤納皮烏斯
Euphemia Eugenius　尤菲米雅
Euphemius　尤菲米烏斯
Euphrasius　尤弗拉西烏斯
Euphratensis　幼發拉底
Eupraxius　尤普拉克修斯
Euric　尤里克
European modernity　歐洲現代性
Eusebia　尤賽比婭
Eusebius of Myndos　敏德斯的優西比烏
Eusebius of Nicomedia　尼科米底亞的優西比烏
Eusebius　尤賽博
Eusebius　優西比烏
Eustathius of Antioch　安提阿的歐大邱
Eutolmius Tatianus　尤托勒彌烏斯・塔提阿努斯
Eutropius　尤特羅比烏斯
Eutyches　歐迪奇
Eutychianus　尤提奇阿努斯
Euzoeus　尤佐烏斯
Excubitors　哨兵團
fabricae　兵工廠
fabricenses　軍械士
Faesulae　弗埃蘇萊
failed state　失能國家
famulus　僕人
Farnobius　法爾諾比烏斯
Fars　法爾斯
Faustina　傅天娜
Faustus of Byzantium　法烏斯圖斯
Feletheus　費勒瑟烏斯

Flavius Victor　弗拉維烏斯・維克托
Flemish　法蘭德斯語
Florentinus　弗洛倫提努斯
foederati　同盟軍
Forum Iudicum《裁決書》
Forum of Constantine　君士坦丁廣場
Francesco Barberini　法蘭切斯科・巴爾貝里尼
Franks　法蘭克人
Frederic　弗里德里克
Frigeridus　弗里格里杜斯
Frigidus　冷河
Frisia　夫里西亞
Fritigern　弗里提葛恩
Fullofaudes　弗洛法烏德斯
Funen　菲因島
Gabala son of Arethas　阿瑞塔斯之子迦巴拉
Gabinius　加比尼烏斯
Gaelic　蓋爾語
Gaiseric　蓋塞里克
Gaius　蓋烏斯
Galatia　加拉太
Galerius　加利流
Galla Placidia　加拉・普拉琪迪雅
Galla　加拉
Gallego　加利西亞語
Gallia Lugdunensis　盧格杜高盧
Gallia Narbonensis　納博訥高盧
Gallia Viennensis　維埃恩高盧
Gallienus　加里恩努斯
Gallus　蓋魯斯
Gandhara　犍陀羅
Gaudentius　高登提烏斯
Ge'ez　吉茲語
Gelimer　蓋利摩
Gennadius Avienus　格恩納狄烏斯・阿維耶努斯
Gepids　格皮德人
Germania Prima　日耳曼尼亞一區
Germania Secunda　日耳曼尼亞二區
Germanus　格爾馬努斯
Gerontius　格隆提烏斯
Gervasius　蓋法削
Gesalic　蓋薩里克
Ghassanids　伽珊尼德人，亦作Banu Ghassan
Gibich　基比克
Gildas　基爾達斯
Gildo　吉爾多

Herat 赫拉特
Herefordshire 赫瑞福夏
Hermanifred 赫曼尼弗雷德
Hermeneric 赫爾梅內里克
Hermogenianus 赫爾默格尼阿努斯
Heruli 赫魯利人
Hesperius 赫斯佩里烏斯
Hierapolis 希拉波利斯
Hierius 錫耶里烏斯
Hieron 希隆
high Middle Ages 中世紀盛期
Hildebad 希爾德巴德
Hilderic 希爾德里克
himation 披風
Himyar 希木葉爾
Hippo Regius 希波王城
Hira 希拉
Hispania Carthaginiensis 迦太基西班牙
Hispania Gallaecia 蓋萊奇亞西班牙
Hispania Tarraconensis 塔拉科西班牙
Hispania 西班牙
Holy Cross 聖十字教堂
Holy Sepulchre 聖墓教堂
homoios 相似
homoousios 同本體
honestiores 尊貴之人
Honorius 霍諾留
Hormisdas 何彌
Hosius 何西烏，亦作Ossius
hostis publicus 全民公敵
Hubelj 呼貝利河
Humberside 亨伯塞
Huna 匈那
Huneric 胡內里克
Hungarian National Museum 匈牙利國家博物館
Hunnensturm 匈人風暴
Hunnoi 匈諾
Huns 匈人
Hydatius of Emerita Augusta 奧古斯塔艾梅利塔的敘達提烏斯
Hydatius 希達提烏斯
Hygelac 海格拉克
Hyginus of Corduba 哥爾杜瓦的敘吉努斯
Hypatia 希帕提雅
Hypatius 希帕提烏斯
hypostatic union 位格合一

Jordanes　約達尼斯
Joseph　約瑟
Jovian　約維安
Jovinus　約維努斯
Jugurtha　朱古達
Julian Alps　朱利安阿爾卑斯山
Julian　尤利安
Julio-Claudian　儒略—克勞狄王朝
Julius Ausonius　尤利烏斯．奧索尼烏斯
Julius Nepos　尤利烏斯．尼波斯
Justin　尤斯丁
Justina　尤絲提娜
Justinianic Code　《查士丁尼法典》
Jutland　日德蘭
Kabul　喀布爾
Kabulistan　喀布里斯坦
Kathisma　皇帝包廂
Kavadh　喀瓦德
Kavus　卡武斯
kay　英雄
khagan　可汗
Khusrau I　霍斯勞一世
Khuzestan　胡齊斯坦
Khyber pass　開伯爾山口
Kidara　寄多羅
Kidarites　寄多羅人
Kindite kingdom　肯德王國
Kinghila　金基拉
Koblenz　科布倫茨
Kopet Dag　克佩特山脈
Kunsthistorisches Museum　藝術史博物館
Kupa　庫帕河
Kushanshahr　貴霜薩爾
Kutrigurs　庫特里古爾人
labarum　拉布蘭旗
Lake Balaton　巴拉頓湖
Lake Geneva　日內瓦湖
Lakhmids　拉赫姆人
Lampadius　蘭帕迪烏斯
Langobards　朗哥巴德人
Languedoc　隆格多克
Lantechilda　蘭媞琪爾妲
lanx　銀盤
Laodicea　老底嘉
Lares　拉雷斯
later late antiquity　古代晚期後期

Lugdunensis Prima 盧格杜高盧一區
Lugdunum 盧格杜努姆
Lupicina 露琵奇娜
Lupicinus 盧比奇努斯
Lusitania 盧西塔尼亞
Lutèce 盧泰西
Lutetia Parisiorum 帕里西盧泰西亞
Lutetia 盧泰西亞
Lycia 呂基亞
Lydia 呂底亞
lyre 里拉琴
Maccabees 馬加比家族
Macedonia 馬其頓
Macedonius 馬其多尼烏斯
Macrianus 馬克里阿努斯
Macrobius Longinianus 馬克羅比烏斯・隆吉尼阿努斯
Macrones 馬克羅尼人
Madaba 馬德巴
Madaurus 馬達烏魯斯
magister epistularum 書信吏
magister equitum praesentalis 御前騎兵長
magister equitum 騎兵長
magister libellorum 監查吏
magister memoriae 機要吏
magister officiorum 執事長官
magister peditum praesentalis 御前步兵長
magister per Gallias 高盧軍長
magister per Illyricum 伊利里亞軍長
magister per Orientem 東方軍長
magisterium militum per Armeniam 亞美尼亞軍長
magisterium utriusque militia 步騎軍長
magistri militum praesentales 御前軍長
Magna Mater 地母神
Magnentius 馬格能提烏斯
Magnus Aurelius Cassiodorus Senator 馬格努斯・奧雷里烏斯・卡西奧多魯斯・瑟納托
Magnus Maximus 馬格努斯・馬克西穆斯
maiestas 叛國
Mainz 美因茨
Maiorianus 麥奧里阿努斯
Maiozamalcha 邁歐札馬勒查
Majorian 馬約里安
Makelles 屠夫
Malaca 馬拉加
Malarich 馬拉里希
Mallobaudes 馬洛巴烏德斯

polis　城邦
Pollentia　波倫提亞
Polycarp　波利卡普
Pompeius　龐培烏斯
Pompey the Great　龐培
Porphyry　波菲利
Portus　波爾圖斯
praefectus annonae　薪餉總長
praefectus Augustalis　奧古斯都長官
praefectus urbi　都總長
praepositus sacri cubicula　御寢長
praetor per Thracias　色雷斯執政
praetorian prefects　禁衛總長
praetorian prefecture　禁衛總長轄區
presbyter　司祭
Priarius　普里阿里烏斯
primicerius domesticorum　禁衛軍首席
primicerius notariorum　首席書記官
Pripet marshes　普里佩特沼澤
Priscillian　普利西里安
Priscillianism　普利西里安派
Priscillianus　普利西里阿努斯
Priscus Attalus　普里斯庫斯・阿塔魯斯
Priscus　普里斯庫斯
Pristensis　普里斯騰西斯
privatus　普通公民
Probinus　普羅比努斯
Probus　普羅布斯
proconsul　資深執政官
Procopius　普羅柯庇烏斯
procurator　代理人
Profuturus　普羅弗圖魯斯
Promotus　普羅莫圖斯
Propontis　普羅彭提斯海
Prosper　普羅斯珀
Protasius　玻羅大削
protector domesticus　宮廷侍衛
protectores domestici　禁軍
Proterius　波德烈
Provençal　普羅旺斯語
Provence　普羅旺斯
Prut　普魯特河
pseudocomitatenses　假野戰軍
Ptolemy　托勒密
Ptuj　普圖伊
Pula　普拉

Sisak　錫薩克
Siscia　錫斯齊亞
Sittas　西塔斯
skull deformation　顱骨形變
Soča　索查河
Sogdiana　粟特
Solent　索倫特
Solicinium　索利奇紐
solidus　索幣
Solway　索爾韋
Somerset　薩默塞特
Somme　索姆河
Sophanene　索非尼
Sopianae　索皮亞諾
Sösdala　瑟斯達拉
South Wales　南威爾斯
Sozomenus　索若門勒斯
Spangenhelm　箍頭盔
Sporacius　斯波拉基烏斯
sportulae　籃禮
Sremska Mitrovica　斯雷母斯卡米特羅維察
Strabo　斜眼
Strasbourg　史特拉斯堡
Strathclyde　斯特拉思克萊德
Studion monastery　斯圖狄奧斯修道院
Succi　蘇齊隘口
Sueridas　蘇耶里達斯
Suevi　蘇維匯人
suffragan　輔理主教
Sunigilda　蘇妮吉爾妲
Surami ridge　素拉米山脈
Swat　斯瓦特
Syagrius　塞阿格里烏斯
Sycae　敘該
Synesius　希內希烏斯
Synesius　辛奈西烏斯
Syr Darya　錫爾河
Szilágysomlyó　濟拉吉索姆約
Szőny　佐尼
Taiga　寒林
Tanaïs　塔奈斯河
Taq-e Kesra　塔克基思拉宮
Tarasicodissa　塔拉希科狄薩
Tarraco　塔拉科
Tarragona　塔拉哥納
Tarsus　塔爾蘇斯

Victor　維克托
Vicus Augusti　奧古斯都村
vicus Carporum　卡爾皮人的村子
Viderich　維德里克
Vidimer　維狄米爾
Vidimir　維迪米爾
Vienna　維埃納
Vienne　維埃恩
vilicus　監工
Villa of Casale　卡薩勒別墅
Viminacium　維米納奇烏姆
Vincentius　文肯提烏斯
vindices　奉行官
Vipava　維帕瓦河
Virgil　維吉爾
Virius Nicomachus Flavianus　維里烏斯・尼可馬庫斯・弗拉維阿努斯
Visigoths　西哥德人
Vitalianus　維塔里阿努斯
Vitalis　維大理
Vithimer　維提莫
Vitigis　維提吉斯
Vogladum　沃格拉杜姆
Volhynia　沃里尼亞
Völkerwanderung　民族大遷徙
Volubilis　瓦盧比里斯
Vouillé　武耶
Wallia　瓦利亞
Wars　《戰爭史》
Wash　瓦許
White Monastery　白修道院
Xwn　匈
Yazdgerd I　伊嗣俟一世
Yazdgerd II　伊嗣俟二世
Yeats　葉慈
Yersinia pestis　耶爾辛氏桿菌
Yorkshire　約克夏
Zaitha　扎伊塔
Zamasp　賈馬斯
Zammac　札馬克
Zaragoza　薩拉戈薩
Zeno　芝諾
Zenonis　芝諾妮絲
Zeus Marnas　宙斯—馬爾納斯
Zosimus　佐西姆斯
Θεοδ　狄奧多